KB042428

민주화 이후 한국의 국가

박종민 편

박영사

감사의 글

본서는 한국연구재단(이하 재단)이 지원하는 '정부의 질과 거버넌스의 다양성' 연구과제의 일부로 기획되었다. 이 연구과제는 '정치·시장의 변화와 정부역할의 재정립'이라는 재단이 제시한 연구의제에 초점을 두고 있다. 이 연구의제는 무엇보다도 정치의 민주화와 경제의 글로벌화에 대응한 정부의 역할이 무엇인지에 대한 물음이라고 할 수 있다. 이 화두를 염두에 두고 2018년 대형단계를 시작한 연구단은 동년 12월 전체연구회의를 통해 '민주화 이후 한국 국가의 변형'이라는 주제를 확정하고 북 프로젝트를 기획하였다. 재단의 사회과학연구지원사업의 취지에 맞게 연구를 공동 작업으로 수행하는 것이 바람직하다고 보고 공동연구원 다수가 집필자로 참여하도록 권유하였다. 2019년 8월 집필자 워크숍을 통해 진행 중인 연구 결과를 발표할 기회를 가졌고, 일부는 2019년 12월 주요 국내 학회에서 발표할 추가 기회를 가졌으며, 이후 집중적인 수정과 보완 작업을 거쳐 대부분의 작업 내용이 한 권의 연구서로 묶일 수 있게 되었다.

본서에서 다룰 주제를 재단의 연구의제와 연계해 구체화하면서 두 가지 쟁점을 고려하였다. 첫째, 연구의제에 포함된 '정부역할의 재정립'이 국가의 역할만을 강조하고 있어 역량과 같은 국가의 다른 측면을 다루기 어렵다고 보고 국가의 변형(state transformation)이라는 포괄적인 개념을 사용해 변형의 다양한 차원을 다룰 수 있도록 하였다. 즉, 국가의 변형을 역할만이 아니라 권력과 역량 및 권위구조의 차원에서도 접근할 수 있도록 한 것이다. 둘째, 연구의제에 포함된 '정치·시장의 변화'는 변화의 시점에 관해 모호하지만 민주화가 한국의 국가 환경의 분기점을 만든 역사적 사건이라는 점을 고려해 분석시기를 민주화 이후에 두도록 하였다. 그러나 민주화 이후 전개된 국가의 변형을 강조하기 위해 필요에 따라 민주화 이전 시기에 대한 분석도 포함하도록 하였다. 이러한 논거에서 '민주화 이후 한국 국가의 변형'이라는 주제가 설정되었고 각 집필자는 국가 변형의 차원을 선택해 한국의 국가가 민주화 이후 어떻게 변화되었는지를 다루도록 하였다. 이를 통해 본서는 한국 국가의 변형에 대한 다차원적 분석을 시도하게 된 것이다.

민주화 이후 '정치·시장의 변화'가 한국 국가의 변형에 어떤 영향을 주었는가는 이론적으로나 실제적으로 중요한 질문이다. 민주화와 글로벌화 및 냉전체제의 종식과 신자유주의 이념의 확산으로 지난 삼십년 동안 한국의 국가가 직면한 국내외적 환경은 부단히 변해왔다고 할 수 있다. 이러한 환경의 변화 속에서 국가가 어떤 역할을 수행해야 하는지, 이를 위해 어떤 권력과 역량이 필요한지, 권위구조의 정당성을 어떻게 담보할 것인지는 민주적 근대국가가 직면한 주요한 도전이라고 할 수 있다. 능력의 부족으로 북 프로젝트를 기획했을 때 가졌던 기대에는 미치지는 못하지만 본서가 한국 국가의 변형에 관한 연구프로그램을 형성하는 마중물이 되기를 바란다.

북 프로젝트 기획에 참여하였던 이창길(세종대), 김서용(아주대), 박나라(제주대) 교수에게 감사하고 본서의 편집과정에서 수고해 준 연구단 연구보조원인 김소희, 김영은, 김현정, 상민정, 정민경, 정환훈 고려대학교 대학원생들에게 감사한다. 끝으로 본서가 나올 수 있도록 글을 기고해 주시고 협력해 주신 집필자들께 진심으로 감사한다.

편자 박종민

목차

제1편 국가의 역할

제2편 국가의 역량

제3편 국가 관료제

제4편 국가 권력구조

에필로그

CHAPTER 01

민주화와 글로벌화 및 한국의 국가

박종민

본서는 민주화 이후의 한국의 국가를 다룬다. 민주화 이후 전개된 국내외 환경의 변화 속에서 이루어진 한국 국가의 변형을 살펴보려는 것이다. 본 연구에서는 국가의 변형을 분석할 수 있는 차원을 크게 세 가지로 구분하고 민주화 이후 이들 차원에서 한국의 국가가 어떻게 변했는지를 기술하려고 한다. 본서에서 초점을 두는 국가 변형의 차원은 국가의 역할, 역량 및 권위구조이다. 본서는 이들 차원에서 민주화 이후 한국 국가의 변화를 조망하려는 것이다.

1970년대 중반 남유럽에서 시작되어 1980년대 후반 아시아에 도착한 제3의 민주주의 물결과 구소련의 붕괴로 해체된 탈냉전 및 신자유주의 이념에 기반을 둔 글로벌화의 물결은 권위주의 통치 하에서 국가 주도의 산업화를 추구해 온 한국의 국가 환경을 질적으로 바꾸었다(Huntington, 1991; Evans, 1997). 한국은 1987년 자유 및 경쟁선거를 통해 정부를 구성하는 민주국가로 전환하였다. 1987년 헌법은 대의민주주의를 위한 제도적 토대를 놓았다. 헌법은 대통령 직선제를 보장하면서 국가와 정부의 수반인 대통령의 권한을 축소하였다. 국회의 행정부 감독권을 확대하고 사법부의 독립을 강화하여 견제와 균형의 원리를 제도화하였다. 헌법재판소를 설치하여 헌법을 수호하고 법의 지배를 담보하였다. 시민의 자유와 정치적 권리를 보장하고 경제적 및 사회적 권리를 확대하였다. 헌법은 군의 정치적 중립을 명시하고 군에 대한 문민 통제를 공고화하였다. 민주국가의 특징이 자유 및 보편선거, 직접 선출되거나 의회에 책임을 지는 정부, 시민적 자유와 정치적 권리의 보장, 법의 지배와 헌정주의, 군에 대한 문민 통제 등을 포함한다면 1987년 후 한국의 근대국가는 민주국가로 변형되었다고 할 수 있다(박종민·마인섭, 2018), 민주화 이후 구소련의 해체와 동구권의 민주화 및 시장경제로의 전환은 이념적 환경의 변화를 가져왔다. 특히 신자유주의 이념에 기반을 둔 글로벌화의 물결은 국가개입의 축소와 시장경쟁의 질서를 정당화하였다.

민주화 이후 한국의 국가는 과거 개발연대와는 질적으로 다른 새로운 정치적, 경제적 및 이념적 환경에 직면한 것이다. 민주화 이전 산업화와 경제축적을 설계하고 집행한 '관료적 권위주의' 발전국가가 민주화 이후 전개된 국내외적 환경의 변화 속에 어떻게 변하였는가? 민주화와 글로벌화로 특징지을 수 있는 정치와 시장의 변화로 한국의 국가가 역할, 역량 및 권위구조의 측면에서 어떻게 변하였는지를 살펴보는 것이 본서의 주요 목적이다.

Ⅰ 국가 변형의 차원

본 연구에서 국가는 핵심 개념이다. 국가에 대한 이해는 이론적 시각에 따라 다르다(Levy et al., 2015; vom Hau, 2015). 그 가운데 하나인 베버의 전통에 기반을 둔 접근에 따르면 국가는 일정한 영토 내에서 물리력을 독점적으로 행사하는 합법적 권한을 갖는다(Weber, 1978). 본서의 저자들이 강조하는 국가의 측면도 다양하지만 대체로 베버의 전통에서 국가를 이해하고 있다. 즉, 국가는 전 영토와 주민 전체에 대해 합법적 강제의 수단을 가진 정치단위를 가리킨다. 본 연구에서 국가는 조직화된 입법권, 집행권, 사법권을 행사하는 제도들의 집합이다. 그런 점에서 국가는 정부, 사법부, 관료제, 군, 경찰 등 근대국가의 주요 제도들을 모두 포함한다.

안데르센 외(Andersen et al., 2014)는 국가(성)의 차원으로 폭력에 대한 독점(monopoly of violence), 행정의 효과성(administrative effectiveness) 및 시민권 합의(citizenship agreement)를 구분하면서 민주주의가 이들과 어떻게 연계되는지 분석할 수 있다고 하였다. 첫째, 폭력에 대한 독점은 구성원의 순응을 담보하는 물리적 힘을 사용할 수 있는 실제적인 능력이다. 둘째, 행정의 효과성은 정책을 형성하고 집행하며 공공서비스를 제공하는 관료제의 역량이다. 셋째,

시민권 합의는 국가권력이 작용하는 정치공동체 구성원의 자격과 영토의 경계에 대해 근본적 갈등이 없는 상태이다. 즉, 국가성은 국가가 영토 내에서 법과 질서를 강제할 수 있는 능력, 정책을 구성하고 집행할 수 있는 능력 및 정치적 단위로서 자발적 순응을 담보해줄 정당성을 주장할 수 있는 능력을 포함한다. 그들의 시각에서 보면 민주화가 국가의 변형에 주는 영향은 폭력의 독점과 행정의 효과성을 반영하는 국가역량의 차원과 시민권 합의를 반영하는 국가 정당성의 차원에서 볼 수 있다.

마주카와 문크(Mazzuca and Munck, 2014)는 국가의 유형을 세 가지로 구분한다. 이들은 영토 안에서 폭력을 독점하는 정치적 중심으로서의 영토국가(territorial state), 국민의 신분을 공유한 주민 전체를 지배하는 정치적 중심으로서의 국민국가(national state), 경제적 및 사회적 복지 등의 공공재를 공급하는 정치적 중심으로서의 행정국가(administrative state)이다. 그들은 "국가가 없으면 민주주의가 없다"는 전통적 견해의 한계를 지적하고 거꾸로 민주주의가 국가 성격의 변화에 주는 영향에도 주목할 것을 주문한다. 특히 영토국가, 국민국가, 행정국가를 구축하는 과제를 동시에 직면한 우리와 같은 제2차 세계대전 이후의 신생국의 경우 거시적 차원에서 민주화 혹은 민주주의가 이들 국가의 성격을 어떻게 변형시키고 있는지 살펴볼 수 있다고 하였다.

후기(脫)식민국가의 실패와 붕괴를 다룬 밀리켄과 크라우제(Milliken and Krause, 2002)는 기능적 차원의 국가실패(state failure)를 제도적 차원의 국가붕괴(state collapse)로부터 구분한다. 제도가 있어도 기능적으로 실패할 수 있다는 것이다. 그들은 국가의 기능을 질서와 안전, 대의와 정당성 및 부와 복지의 세 가지로 요약하였다. 이들 기능을 제대로 수행하지 못하는 국가는 실패를 경험한다는 것이다. 즉, 첫째 국가가 전 영토와 주민 전체를 대상으로 한 강제력의 독점적 행사 권한을 갖지 못해 안전과 질서를 보장하지 못하면 국가실패를 경험하는 것이다. 둘째, 국가가 민주주의와 법치의 원리에 따라 민의를 대표하거나 구성원의 인권을 보호하지 못해 정당성을 상실하면 국가실패를 경험하는 것이다. 셋째, 국가가 경제축적과 배분을 위한 제도를 구축하지 못해 번영과 복지를 가져오지 못하면 국가실패를 경험하는 것이다.

서구 선진국 특히 OECD 국가를 중심으로 국가의 변형을 다룬 쥐른과

라이브프리드(Zürn and Leibfried, 2005)는 근대국가를 네 가지 차원에서 분석할 것을 제안한다. 첫째는 영토국가와 관련된 것으로 영토 내 물적 자원에 대한 통제를 강조하는 자원(resources)의 차원이다. 둘째는 법치국가 혹은 헌정국가와 관련된 것으로 국가권력에 대한 제한 혹은 물리력의 합법적 행사를 강조한 법적 차원이다. 셋째는 민주적 국민국가와 관련된 것으로 집합적으로 구속하는 규칙에 대한 자발적 수용을 강조한 정당화(legitimation)의 차원이다. 넷째는 개입국가와 관련된 것으로 경제번영과 분배를 강조한 복지(welfare)의 차원이다.

OECD 국가를 대상으로 국가의 변형을 다룬 겐쉘과 잔을(Genschel and Zangl, 2014)은 국가권력 혹은 권위를 세 가지 차원에서 접근할 수 있다고 하였다. 첫째는 통제(regulation)의 차원으로 국가는 사회를 위해 집합적으로 구속력을 지닌 결정을 내릴 권위를 갖는다. 둘째는 운영적 권력(operational power)의 차원으로 국가는 자체의 조직적 수단을 통해 그러한 결정을 집행하고 감독하고 강제할 수 있는 역량을 갖는다. 셋째는 정당성(legitimacy)의 차원으로 국가는 그러한 결정과 집행에 대한 국민의 자발적 순응을 끌어내는 정당성을 확보한다. 여기서 권위의 정당성은 공동체 구성원의 참여를 통해 집합적 결정이 이루어지는 투입 차원의 정당성과 공동체 구성원을 위한 정책 결과를 보장하는 결과(산출) 차원의 정당성을 포함한다.

OECD 국가뿐만 아니라 개발도상국(Global South)을 포함해 국가의 변형을 다룬 휴버 외(Huber et al., 2015)는 변형의 차원으로 다섯 가지를 제시하고 있다. 첫째는 국가개입의 범위이다. 국가개입의 주요 대상은 경제개입이다. 여기서 국가개입의 범위는 자유주의 최소국가에서 전체주의 국가에 이르기까지 광범하다. 국가개입의 대상은 경제가 아닌 사회의 다른 영역도 포함된다. 교육과 의료보건 등 전통적으로 공적 책임에 속하는 분야는 물론 복지와 환경 및 시장조성에 대한 국가개입도 포함된다. 둘째는 국가역량으로 특히 관료적 역량이 강조된다. 개입영역과 관료적 역량 간의 간격이 크면 국가의 무능 혹은 과부하로 인해 국가실패가 초래될 수 있다. 이러한 점에서 국가개입의 범위와 관료적 역량 간의 일치는 중요하다. 셋째는 국가의 목적이다. 국가는 경제성장을 촉진하거나 지속 가능한 발전을 추구하거나 빈곤과 경제적 불평등을 줄이거나 국민에 대한 이념적 통제를 강화하는 목적을 설정하고 이를 위해 국가역량을 사용하고 개입의 범위를 결정할 수 있다. 같은 유형의 국가역량이 다양한 목적을 위해 사용될 수 있지만 목적에 따라 요구되는 국가역량의 유형이 달라질 수도 있다. 넷째는 정부가 동원하는 수단과 정책 도구이다. 정부의 정책목표는 같지만 이를 달성하기 위해 동원되는 수단은 다를 수 있다. 즉, 빈곤을 줄이기 위해 이전지출을 사용하는 것보다 고용을 강조하는 정책 수단이 선택될 수 있다. 빈곤을 줄이는 것이 목적이지만 사용되는 정책 수단은 이전지출보다 고용창출인 것이다. 다섯째는 국가의 권위구조 및 공동체 기반이다. 국가의 정당성은 권위구조의 성격 및 권력에의 접근성에 따라 달라질 수 있다. 정치권력에 대한 접근성이 열려있지 않고 권력행사에 대한 민주적 문책성이 담보되지 못하면 국가의 공동체 기반이 훼손되어 정당성이 약화되고 분리 독립운동도 발생할 수 있다.

전술한 선행연구와 이론은 민주화 이후 한국 국가의 변형을 다룰 때 주목할 수 있는 국가의 다양한 측면을 제시한다. 여기에는 기능과 목적, 개입의 범위와 수단, 관료적 역량, 권위구조 등을 포함한다. 본서는 이들을 크게 역할, 역량 및 권위구조로 구분한다. 기능과 목적 및 개입의 범위와 수단은 광의로 해석하면 국가의 역할 개념에 포함될 수 있기 때문이다.

Ⅱ 국가의 역할, 역량 및 권위구조

1. 국가의 역할

국가의 역할은 단일하고 정태적이지 않고 복수이고 역동적이다. 국가의 역할은 시대와 공공의 기대에 따라 변화되어 왔다. 세계은행 보고서는 주로 경제발전의 시각에서 국가기능의 유용한 범주를 제시한다(World Bank, 1997). 그 보고서는 국가개입의 논거와 수준을 중심으로 국가 기능의 유형을 구분한다. 국가개입의 논거는 크게 두 가지로 하나는 시장실패의 극복이고 다른 하나는 형평성의 개선이다. 국가개입의 수준은 세 단계로 최소 개입, 중간 수준의 개입 그리고 적극 개입으로 구분된다.

시장이 제대로 작동하지 못하여 자원이 효율적으로 배분되지 못하는 상태를 가리키는 시장실패는 국가개입을 정당화하는 주요 논거의 하나이다. 시장실패의 원인에 따라 국가개입의 구체적 논거가 달라진다. 순수공공재의 공급은 시장실패를 교정하는 최소 개입이다. 국방이나 치안, 재산권 보호, 거시경제관리, 공중보건이 이에 속한다. 시장실패의 또 다른 근원으로 외부성, 독점, 불완전(비대칭) 정보가 있는데 이에 대응하는 국가 활동은 중간 수준의 개입이다. 기초교육과 환경보호는 외부성에서 오는 시장실패에, 유틸리티(공익사업)규제와 독점금지정책은 독점에서 오는 시장실패에, 그리고 보험, 금융규제, 소비자보호는 불완전 정보에서 오는 시장실패에 각각 대응하는 국가 활동이다. 시장실패의 또 다른 근원은 시장부재와 관련되는데 민간 활동을 조정해 이에 대응하는 것은 적극 개입이다. 산업 및 재정정책을 통해 시장을 조성하거나 클러스터 개발을 주도하는 것이 이에 속한다. 한편 형평성의 개선은 국가개입을 정당화하는 또 다른 주요 논거이다. 빈민을 보호하는 것은 형평성을 개선하려는 최소 개입이며 빈곤퇴치프로그램과 재난구호가 이에 속한다. 사회보험의 제공은 형평성을 개선하려는 중간 수준의 개입이며 재분배성격의 연금, 가족수당, 실업보험이 이에 속한다. 재분배는 형평성을 개선하려는 적극 개입이며 재산의 재분배가 이에 속한다.

개입의 논거와 수준에서 분류된 국가 기능과 활동은 그것이 지향하는 목적과 연결될 수 있다. 센테노 외(Centeno et al., 2017)는 투입인 국가역량을 통해 산출하려는 결과(outcomes) 혹은 달성하려는 목적의 유형을 구분하려고 한다. 목적에 따라 요구되는 국가역량의 유형과 평가되는 성과의 차원이 달라질 수 있기 때문이다. 그들이 제시한 국가의 목적은 질서, 경제발전 및 포괄(inclusion)이다.[1] 첫째, 질서는 시민의 안전을 위해서만이 아니라 번영과 복지의 전제조건이라는 점에서 중요하다. 이를 위해 폭력의 합법적 사용의 중앙집권화가 이루어져야 하고 강압적 및 사법적 관료제가 구축되어야 한다. 국가권

---

[1] 흔히 inclusion은 포용으로 번역된다. 표준국어대사전에 따르면 포용은 "남을 너그럽게 감싸 주거나 받아들임"이다. 이는 관용 혹은 용서와 유사해 inclusion의 의미를 전달하기 어렵다. 여기서는 포괄로 번역한다.

력의 행사가 유보된 지역이나 부문이 없이 균일하게 행사될 수 있어야 하고 국가의 영향력이 전 영토에 미치고 사회 전체에 침투되어야 한다(O'Donnell 1993). 둘째, 경제발전은 축적과 배분을 모두 포함하는 목적이다.[2] 경제에 대한 국가개입의 패턴은 다양하다. 최소한의 역할을 추구하는 국가라도 법과 질서를 제공하고 재산과 계약을 보호하며 세금을 거둬들이고 기반시설에 투자하며 거시경제를 관리한다. 발전국가는 여기서 더 나아가 국영기업을 운영하고 산업정책을 추구하며 투자와 생산성을 촉진한다. 셋째, 포괄은 누가 정치공동체의 구성원이고 어떤 권리와 책임을 가지며 어떻게 참여하는지를 규정하는 규칙과 제도와 관련된다. 주민 전체를 포함시키고 공동체의 복지를 촉진하며 국가가 특정 집단이나 부문의 소유가 아님을 구축하는 것이 포괄이다. 이는 시민권에 대한 보편적 규정을 통해, 다양한 형태의 이익대변과 정책결정 참여를 통해, 다양한 형태의 재분배와 사회발전을 통해 이루어진다.

이들 세 가지 목적 유형을 세계은행 보고서가 분류한 국가기능과 연계시키면 시장실패의 교정을 위한 국가 활동은 질서 목적과 관련된 일부(국방과 치안)를 제외하고 대부분 경제발전 목적과 관련되고 형평성의 개선을 위한 국가 활동은 주로 포괄 목적과 관련된다. 마주카와 문크의 영토국가는 질서 목적을, 행정국가는 경제발전 목적을, 국민국가는 포괄 목적을 강조한다고 할 수 있다.

---

2) 스티글리츠(Stiglitz, 1997)는 경제발전을 위한 정부역할에 대해 동아시아 및 산업국가의 경험에 비추어 다음의 여섯 가지 역할을 옹호하였다. 첫째는 교육 촉진의 역할로 보편교육은 산업화의 필수 요소이면서도 평등사회를 구축하는 데 기여한다고 하였다. 교육을 특히 인적자본 축적의 핵심적 요소로 보았다. 둘째는 기술 촉진의 역할로 지적 재산권의 보호를 넘어 정부의 적극적인 연구개발 및 기술이전 지원이 경제발전에 주요한 기여를 한다고 하였다. 셋째는 금융규제의 역할이다. 정부가 이 역할을 제대로 못하면 시장실패로 인해 자본의 효율적 배분이 어렵기 때문에 금융기관의 안전성과 건전성을 담보하기 위한 정부의 역할이 필요하다고 하였다. 넷째는 도로와 통신만이 아니라 제도를 포함하는 인프라 투자의 역할로 경쟁시장이 성장하도록 정부가 법제도의 인프라를 구축하는 것이 중요하다고 하였다. 다섯째는 환경보호의 역할로 삶의 질 및 지속적인 발전을 고려한다면 환경파괴를 억제하는 정부역할은 사치스러운 것이 아니라고 하였다. 마지막 여섯째는 기본적인 공공의료서비스를 포함하는 사회안전망을 구축하는 역할로 이는 노동력의 생산성을 제고하는 효용적 관점에서도 정당화될 수 있지만 삶의 질 개선을 생각하면 근본 가치의 관점에서도 정당화될 수 있다고 하였다. 이들 여섯 가지 역할은 경제발전의 차원에서 제시되었기 때문에 주로 시장실패에 대응하는 다양한 형태의 정부역할과 관련된다고 할 수 있다.

밀리켄과 크라우제의 질서와 안전 기능은 질서 목적과, 부와 복지 기능은 경제발전 목적과, 대의와 정당성 기능은 포괄 목적과 주로 관련된다고 할 수 있다. 국가의 역할, 기능 및 개입의 범위는 정태적이지 않고 시대와 공공의 기대에 따라 변천되어 왔다. 후술하지만 민주화 이전 한국의 국가의 역할은 주로 안보와 질서 그리고 경제성장을 위한 기능을 강조하였다면 민주화 이후에는 형평성의 개선과 정당성의 확장을 위한 재분배 및 포괄의 기능을 강조하면서 다양해졌다고 할 수 있다.

2. 국가의 역량

국가 변형의 또 다른 주요한 차원은 국가의 역량이다. 국가 목적과 개입을 효과적이고 능률적으로 달성하려면 그에 상응하는 역량이 있어야 하는 것은 당연하다. 국가실패는 야심적으로 확대된 역할에 부응하지 못하는 부실한 국가역량에서 초래될 수 있다. 역량에 맞는 목적을 설정하고 개입의 범위를 조정하거나 혹은 목적이나 개입의 범위에 부응하는 역량을 발전시키는 것이 중요하다(World Bank, 1997). 이런 점에서 국가역량과 역할은 떼어서 고려되기 어렵다.

국가역량의 중요성에 대해서는 광범한 합의가 있지만, 국가역량의 개념적 정의와 측정에 관해서는 논란이 있다. 국가역량은 국가 목적을 달성하고 그 기능을 수행하기 위한 국가의 제도적 및 조직적 능력이다. 경험적 연구를 위한 국가역량의 개념화와 관련해 핸손과 시그먼(Hanson and Sigman, 2013)은 잠재적으로 정부가 하는 일 모두를 고려하기보다 국가의 핵심적 기능에 초점을 둘 것과 다른 유사개념들과 차별화할 것을 강조한다. 그들은 현대국가의 기능을 달성하는 데 최소한의 필수적인 국가역량을 세 가지 유형으로 구분한다. 첫째는 추출역량(extractive capacity)이다. 이는 조세징수 능력 등 국가권력의 토대가 되는 역량을 포함한다. 국가는 재원이 있어야 영토 내 모든 주민에 도달할 수 있고, 정보를 수집하고 관리할 수 있고, 세입 관리자들을 유지할 수 있고, 사람들을 조세정책에 순응하게 할 수 있다는 것이다. 둘째는 강압역량(coercive capacity)이다. 이는 국가가 영토 내에서 물리력을 합법적으로 사용하는 것을 독점하는 조직이라는 베버의 전통에 따른 것이다. 강제력은 국경을 보존하고 영토를 외부의 위협으로부터 방어하며 내부의 질서를 유지하고 정책을 강제하는 능력과 직접 관련된다. 강제력만으로 질서를 유지하고 주민의 순응을 담보하는 것은 아니지만 이를 국가가 생존하고 정책을 집행하는 능력의 핵심이라고 본다. 셋째는 행정적 역량(administrative capacity)이다.[3] 정책을 개발하는 능력, 공공재와 서비스를 생산하고 전달하는 능력 및 상업적 활동을 규제하는 능력을 포함한다. 이는 국가 사무를 관리하는 자율적이고 전문적인 관료제의 중요성을 강조한 베버의 전통과 일치한다.

발전을 위한 국가역량에 관한 선행연구를 개관한 사보이아와 센(Savoia and Sen, 2015)은 국가역량의 유형을 다섯 가지로 구분한다. 첫째는 관료적－행정적 역량이다. 정책을 설계하고 집행하는 관료기구, 특히 베버 관료제의 구조와 특성을 포함하고 있다(Evans and Rauch, 1999). 둘째는 사법적 역량이다. 이는 계약과 재산권을 강제하는 역량으로 사법제도와 관련된다(Besley and Persson, 2009). 셋째는 기반구조(infrastructural) 역량이다. 이는 국가 통제가 미치는 영토의 범위, 즉 영토에 대해 국가 통제가 이루어지는 정도 혹은 정책이 강제될 수 있는 지리적 영역과 관련된다(Mann, 1984; Soifer, 2008). 넷째는 재정 능력이다. 이는 세금을 거두어들일 수 있는 능력이며 앞의 관료적－행정적 역량과 밀접히 관련된다(Besley and Persson, 2009). 다섯째는 군사적 능력이다. 이는 강제력으로 국가의 권위에 대한 위협과 도전을 막는 역량이다(Hendrix, 2010).

센테노 외(Centeno et al., 2017)는 국가역량에 대한 네 가지 접근을 구분한다. 첫째는 집행을 강조한다. 둘째는 개입의 범위를 강조한다. 셋째는 관계적 권력과 시민사회로부터의 자율성을 강조한다. 넷째는 관료제의 조직적 능력을 강조한다. 그들은 이들 접근을 병치해서 보면 국가역량의 개념이 그것의 원인 혹은 결과와 혼재되어 있다고 비판한다. 집행이나 범위 혹은 관계적 권력을 강조하는 접근은 역량 자체보다는 결과를 포함한다고 지적한 그들은 결과에 독립적인, 국가가 갖추고 있는 것에 초점을 두기 위해 네 번째 접근을 수용하면서 국가역량을 관료제의 질로 한정한다. 국가역량을 어떤 목적을 위해 전개

---

3) 근대국가의 문제해결 역량을 다룬 로지와 웨그리치(Lodge and Wegrich, 2014)는 행정적 역량을 전달(delivery), 조정(coordination), 규제(regulatory) 및 분석(analytical) 역량으로 세분하고 있다.

할 것인지는 정치가 결정한다고 하였다. 권력의 도구로서 국가는 다양한 목적을 위해 다양한 집단에 의해 사용될 수 있으며 그런 점에서 국가역량은 분석적으로 중립적이라는 것이다. 이런 맥락에서 그들은 국가성과를 분석할 때 국가역량과 더불어 정치행위자들을 분석할 것을 강조한다.[4] 여기서 국가역량은 정보를 처리하고 정책을 집행하고 통치시스템을 유지하는 관료적, 관리적 및 조직적 능력을 가리키며 이의 지표는 자원(재정자원), (기반구조 권력을 반영하는) 국가주둔(presence of the state), 훈련되고 전문적인 공무원단(mandarins) 및 제도적 응집성(coherence)을 포함한다.

후쿠야마(Fukuyama 2013)는 거버넌스를 정의하면서 이를 "규칙을 만들고 강제하며 서비스를 전달하는 정부의 능력"으로 한정하였다. 즉, 정책을 설계하고 집행하는 능력과 관련된 것으로 본 것이다. 그는 정부와 관료제의 능력을 통해 거버넌스의 질을 이해하였다. 거버넌스의 질의 측정과 관련해 그는 네 가지 접근을 구분한다. 첫째는 베버가 제시한 관료적 근대성의 기준과 같은 절차의 측면, 둘째는 자원과 전문화 수준 등을 포함하는 역량의 측면, 셋째는 산출 혹은 결과의 측면, 그리고 넷째는 관료제의 자율성 측면을 각각 강조한다. 그는 산출을 강조하는 접근의 경우 산출이 결국은 정부활동의 결과물이라는 점, 산출 측정이 방법론적으로 문제가 있다는 점, 결과 측정이 절차나 규범 측정과 쉽게 분리되기 어렵다는 점 등을 지적하면서 거버넌스의 질을 관료제의 역량(일부 행정절차 포함)과 자율성의 두 차원에서 이해한다. 자율성을 배제한 센테노 외와는 달리 후쿠야마는 좋은 거버넌스를 위한 국가역량을 관료제의 합리적 절차와 역량 및 자율성의 결합으로 보고 있다.

3. 국가의 권위구조

국가의 권위구조는 특히 민주화 이후 국가의 변형을 다루는 데 있어 주목해야 할 주요한 차원이라고 할 수 있다. 국가가 사회보다 우월하며 공동선을

---

4) 그들에 따르면 국가역량이 국가성과와 바로 연결되는 것은 아니다. 정치적 변수가 영향을 주기 때문이다. 즉 정치행위자들이 의제를 설정하고 경쟁목표 가운데 우선순위를 매기며 국가기관을 활용해 이들 의제를 집행하고 사회세력을 동원해 이들 의제를 지지하도록 한다. 따라서 국가성과를 설명하기 위해서는 국가역량과 정치를 동시에 고려해야 한다는 것이다.

지향하고 사익의 영역으로부터 절연되어 있다고 보는 국가주의 전통이 강한 우리의 경우 국가와 민주주의를 결합시켜야 하는 도전에 직면해 있다. 민주화는 국가제도들 간의 관계는 물론 국가와 사회, 즉 국가와 시민, 정당 및 사회단체 간의 관계에 변화를 가져온다. 국가 권위구조의 민주적 질은 국가의 정당성을 보장하는 핵심 열쇠라고 할 수 있다(Mullemeier et al., 2015).

민주화 이후 국가의 권위구조의 변화는 두 가지 측면에서 접근할 수 있다. 하나는 국가권력의 배분이고 다른 하나는 국가권력에의 접근성이다. 라이파트(Lijphart, 1999)는 국가권력 즉 통치권의 배분 유형에 따라 민주주의를 합의제와 다수제로 구분한다. 그는 열 가지 제도를 두 차원으로 묶은 후 유형을 구분하는 분석 틀을 제시한다. 그가 제시한 두 차원은 집행부-정당(executive-parties) 차원과 연방-단일(federal-unitary) 차원이다. 첫째, 집행부-정당 차원은 정당체제가 양당제인지 다당제인지, 집행부(내각)가 단일 정당으로 구성되는지 다수정당연합으로 구성되는지, 집행부-입법부 관계가 집행부 지배적인지 혹은 균형적인지, 선거제도가 과반수제나 다수제인지 혹은 비례제인지, 그리고 이익집단체계가 다원주의인지 조합주의인지를 포함한다. 둘째, 연방-단일 차원은 권력이 집중된 단일제인지 분산된 연방제인지, 입법권이 집중된 단원제인지 분산된 양원제인지, 헌법의 수정절차가 유연한지 경직적인지, 위헌입법에 대한 사법심사권이 있는지 그리고 중앙은행이 독립적인지를 포함한다. 국가권력이 어떻게 배분되어 행사되느냐에 따라 민주주의의 유형을 둘로 구분한 것이다. 이와 유사하게 Norris(2008)는 선거제도의 유형, 대통령 집행부 혹은 의회 집행부, 중앙국가와 지역(지방) 간의 권력배분 및 독립 언론의 자유 등 공식제도의 규칙을 기초로 권력공유 체제와 권력집중 체제를 구분한다.

이처럼 국가권력의 배분은 수평적 차원과 수직적 차원에서 볼 수 있다. 수직적 차원에서 국가권위의 배분은 집권화와 분권화, 즉 단일국가와 연방국가의 차원에서 접근될 수 있다. 단일국가라 하더라도 중앙의 권력이 지방으로 얼마나 위임되어 있는지는 다를 수 있다. 민주화 이후 지방자치의 실시와 지방분권의 개혁이 한국의 국가를 어떻게 변형시켰는지는 이 차원과 관련된다. 우리의 관심을 더욱 끄는 것은 중앙정부의 권력이 제도들 간에 수평적으로 어떻게 배분되고 공유되어 있는가이다. 입법부와 집행부 간의 관계는 물론, 시민 참여의 확대와는 상반된 흐름인 非다수주의(non-majoritarian) 제도의 강화, 특히 민주국가의 사법화 현상도 주목해야 할 측면이다. 사법부의 독립과 헌법재판소의 설치 및 사법심사는 입법행위에 대한 통제를 가능하게 하고 국가 권력의 자의적 행사에 대해 안전장치의 역할을 한다. 아울러 중앙은행 등 독립기구의 강화도 非다수주의 제도를 통한 권력 공유의 차원에서 볼 수 있다.

민주화 이후 국가의 변형을 논의하면서 강조되어야 할 차원은 국가권력에의 접근성이다(Mullemeier et al., 2015). 국가권력에의 접근성은 정당, 이익단체, 사회운동을 통한 이익집약과 대변의 차원에서 볼 수 있다. 민주화 이후 투입 측면에서 국가와 시민사회 간의 연계 변화는 국가의 공동체 기반 및 정당성의 차원과 관련된다. 정책의 결정만이 아니라 집행의 단계에서 시민과 사회단체의 참여는 국가 역할의 조정과 새로운 유형의 역량을 요구한다는 점에서 국가의 변형을 초래한다. 민주화 이후 시민참여는 국가권력에 대한 접근 양식과 수준에 변화를 가져온다. 선거 경쟁의 확대, 직접민주제 방식 도입, 분권화 등이 국가권력에의 접근성을 높이고 수직적 문책성을 강화한다. 국가권력에의 접근성의 변화와 관련해 주목할 수 있는 것은 국가권한의 민간위임이다. 신자유주의 이념의 물결 속에서 비영리·영리단체, 공사혼합, 공공-민간파트너십 등을 통해 중앙국가의 권한이 시민사회로 위임되고 있다(Kettl, 2000). 글로벌화로 국가권위가 국제기구 혹은 시장 행위자로 이전되면서 국가의 역할과 권위구조가 변하고 있음에 주목할 필요가 있다.

Ⅲ 한국의 국가

민주화 이후 한국 국가의 변형은 전술한 국가의 역할(기능과 목적), 역량 및 권위구조의 차원에서 기술할 수 있다. 여기서는 민주화 이전과 이후의 시기를 구분하고 시기별 국가 환경의 특징 및 그러한 환경 속에서 전개된 한국 국가의 변형을 개략적으로 조망하고자 한다.

1. 민주화 이전

식민지배 이후 한국의 신생 독립국가는 무엇보다도 국가형성이라는 중대한 과제에 직면했다. 냉전체제의 이념적 대립구조 속에서 국가를 세우고 지키는 것이 일차적 도전이었다. 식민통치 시대부터 구축되어온 사회통제를 위한 국가기구, 특히 경찰조직과 한국전쟁을 통해 근대화된 군조직은 질서와 안보의 기능을 수행하는 데 결정적이었다. 그러나 전제 권력을 동원하여 질서와 안보를 유지하는 것만으로는 국가의 정당성을 담보할 수는 없는 것이다. 정전 후 국가재건과 산업화는 근대적 관료제의 미비와 부패 및 정실주의 정치로 지지부진하였다. 관료적－행정적 역량의 확충 및 산업화를 위한 국가역량의 전개는 군사 쿠데타로 정권을 장악한 세력에 의해 1960년대 중반부터 이루어졌다. 이때부터 민주화 시기 이전까지는 발전국가의 시기라고 할 수 있다(Woo, 1999). 한국은 냉전체제가 형성한 지정학적 위치를 활용해 국가 주도의 수출지향 전략으로 급속한 산업화를 이룰 수 있었다(Evans, 1989).

한국의 발전국가는 식민통치의 유산이었고 전쟁을 거치면서 증가된 국가역량, 특히 기반구조 역량을 활용할 수 있었다(Kohli, 1994). 안보와 치안을 위한 전제 권력과 경제발전을 위한 기반구조 권력이 갱신되거나 강화되었다. 전후 복구사업이 추진되기 시작한 1950년대 중반부터 정책을 설계하고 집행할 유능한 관료제의 구축이 시작되었다. 박정희 정권은 국가의 기반구조 권력을 확장시키고 특히 정책을 설계하고 집행할 관료제의 역량 강화를 촉진하였다(B. Kim, 2011; H. Kim, 2011). 정치적으로 절연된 전문적인 실적기반 관료제의 존재는 1960~1970년대 한국의 경제발전의 주요한 요인이었다(World Bank, 1993).

개발연대 한국은 국가의 기반구조 권력, 특히 관료적 역량과 자율성을 구축하는 데 유리한 조건을 갖고 있었다. 국가 관료를 실적으로 충원하는 오랜 전통을 갖고 있었고(Cheng et al., 1998; 박종민·윤견수, 2014), 1950년대 초반 농지개혁의 실시로 지주계급의 영향력이 쇠락한 상태였다. 민주주의가 작동하는 곳에서라면 정권이 민의에 대응하지 않을 수 없고 따라서 사회적 보호를 위한 역할을 확대하지 않을 수 없었겠지만, 민주화 이전이라 선거 경쟁을 통한 시민사회의 압력에 덜 민감할 수 있었다. 전제 권력을 사용해 노조와 좌파 정당은 억압되었고 사회적 보호를 요구하는 세력은 정치적으로 기피되었다. 대신 국가는 보편교육에 집중적으로 투자하여 경제발전을 위한 인적 자본을 조성하였다.

건국 후 1950년대 중반까지는 영토의 보존과 국가의 생존을 위한 기간이라고 할 수 있다. 전후 복구사업이 본격화된 1950년대 중반부터 산업화가 본격화된 1960년대 중반까지는 국가 관료제와 군의 근대화 과정이라고 할 수 있다. 1960년대 중반부터는 증강된 국가의 관료적—행정적 역량이 정치적 리더십에 의해 산업화의 목적으로 효과적으로 전개된 시기라고 할 수 있다. 건국 후 1987년 민주화 이전 한국의 국가는 전제 권력과 기반구조 권력을 갖춘 근대국가로서의 특징을 발전시켜 왔다고 할 수 있다. 1960년대 중반까지는 정치 단위로서 국가의 생존을 위해 전제 권력이 동원되었다면 1960년대 중반부터 1980년대 중반까지는 국가의 전제 권력과 기반구조 권력이 경제축적을 위해 전개되었다고 할 수 있다. 그리고 1987년 이후에는 민주화, 글로벌화 및 이념적 환경의 변화 속에서 한국의 국가는 새로운 정치 환경에 직면하게 되었다.

2. 민주화 이후

민주화 이후 한국 국가의 변형을 다루는 데 있어 고려해야 할 것은 민주화 전후 일어난 국가 환경의 변화이다. 이는 외부적인 것과 내부적인 것으로 구분할 수 있다. 민주화를 통한 정치체제의 변화는 물론 산업화의 결과인 사회구조의 변화, 냉전체제의 종식, 글로벌화와 경제위기 및 신자유주의 이념의 세계적 확산은 한국 국가의 정치적, 경제적, 사회적, 이념적 환경을 변화시켰다.

민주화는 국가의 권력구조와 공동체 기반에 영향을 주었다. 민주화는 시민참여를 증대시켰고 정당의 역할을 활성화하였으며 이익의 조직화와 동원을 촉진하였다. 민주화로 정치 권력에 대한 접근성이 높아졌다. 민주화 이전에도 보편참정권이 부여되어 있었지만, 민주화 이후 선거 경쟁의 대상과 문책성의 기제가 확대되었다. 민주화는 직접 참여를 확대하고 여성 등 소수집단의 정치적 대표성을 높이고 민의의 대한 반응성을 강화하였다. 지방자치의 실시로 중앙의 권한이 지방으로 이전되면서 국가 권력에의 접근성이 높아졌다. 민주화는 제도들 간의 관계와 구조를 변화시켰다. 권위주의 체제가 집행부 우위의 구조였다면 민주화는 대의기관인 국회의 권한을 강화하였고 법치기관인 사법부의 역할을 확대하였다. 주요 국가기구 간의 관계는 삼권분립 및 견제와 균형의 원리를 구현하도록 설계되었다. 헌법의 수호기관으로서 헌법재판소의 설치는 국가 정당성의 토대로서 헌법의 중심성을 구축하였다. 다수지배에 기반을 둔 선거민주주의의 확대 속에 非다수주의 제도를 강화하여 국가권력의 오남용을 견제하도록 하였다.

민주화 이후 한국의 국가는 산업화가 가져온 사회구조의 변화와 더불어 글로벌화로 인한 자본시장의 국제화, 외국인 직접투자 증대와 같은 국제경제 환경의 변화에도 직면하였다. 산업화는 경제구조를 변화시켰고 노동과 중간계급을 성장시켰으며 경제발전은 인구구조 및 정치문화와 사회규범의 변화를 가져왔다. 선거 경쟁 속에서 시민사회와 사회운동의 압력으로 사회복지와 환경보호에서 국가개입이 확대되었고 1990년대 말의 경제위기는 사회적 보호에 대한 이러한 압력을 가중시켰다. 신흥 경제강국으로 부상할 정도로 국가재정이 늘어나면서 다양한 정책 분야에서 정부지출이 늘어나고 국가개입의 범위가 확대되었다.

1990년대 말 경제위기가 글로벌화된 경제를 관리하는 국가역량의 한계를 드러내면서 국가의 경제개입이 축소되었다. 신자유주의 이념은 이러한 국가의 변형을 정당화하고 글로벌 스탠다드의 확산을 촉진하였다. 정부의 규모가 축소되고 국영기업이 민영화되고 관세장벽이 낮아지고 시장 규범이 강조되었다. 노동시장과 관련해서도 공식 부문이 축소되고 실업과 비공식고용이 확대되고 빈곤과 불평등이 증가하였다. 노동시장의 변화에서 온 위기에 대한 국가의 반응은 사회안전망의 확대였고 이를 위해 국가의 사회복지 역량을 강화하였다.

민주화 이후 표현의 자유, 결사의 자유가 보장되고 인권 보호가 확대되었다. 대중매체가 발전하고 사회이익이 조직되고 정치적으로 동원되면서 특히, 정당과 사회운동의 영향력이 확대되었다. 그러나 민주화로 국가가 특정 정치세력에 의해 포획돼 자율성을 상실하고 특정 부문의 협소한 이익에 동원될 가능성이 높아졌다. 관료제에 대한 민주적 통제가 강화되면서 관료제의 전문성과 자율성이 축소되고 정치인과 정당의 역할이 확대되면서 정치적 후견주의와 정실주의를 조장할 가능성이 높아졌다(Fukuyama, 2014).

3. 도전과 과제

요약하면 민주화 이후 정치체제의 변화, 글로벌화와 경제위기, 신자유주의 이념의 확산 등으로 한국의 국가 환경은 크게 변하였다. 국가의 권력 행사에 대한 민주적 통제가 강화되고 정치권력에의 접근성이 확대되었다. 글로벌화와 경제위기는 역량을 초월하는 국가의 경제개입의 한계를 드러냈다. 냉전체제의 종식과 신자유주의 이념의 확산은 경제에서 국가 역할의 축소와 시장 역할의 확대를 정당화하였다.5) 민주화 이후의 경제위기는 사회안전망의 확충에 대한 압력을 증가시키면서 사회적 보호의 영역에서는 정부개입이 확대되었다. 권위주의 통치를 유지시켜준 국가의 전제 권력에 대한 통제가 강조되면서 강압기구의 역할이 축소되고 공권력의 행사가 제한되었다. 민주화 이전 한국의 국가는 주로 안보와 질서 및 경제축적에 초점을 두었지만 민주화 이후 사회적 보호, 그리고 그 뒤를 이어 환경보호가 주요한 정책의제가 되었다. 산업화로 가족에 기반을 둔 전통적인 사회적 보호 방식이 약화되었다. 산업화를 거쳐 성장하고 조직된 노조는 국가가 제공하는 사회안전망의 확대와 복지국가의 구축을 위한 재정지출의 증가를 요구하였다. 여성의 지위와 가족의 기능과 같은 쟁점에 대한 사회규범의 변화는 여성의 정치적, 경제적 및 사회적 권리 보호와 신장을 위한 국가개입을 요구하였다.

민주화 이후 국가의 전제 권력은 약화되었지만 경제발전의 지속 및 사회적 보호와 환경보호의 확대를 위해서도 기반구조 권력을 포함한 국가역량은 유지되고 개선될 필요가 있다. 이러한 국가역량과 관련해 주목할 수 있는 것은 관료적-행정적 역량이다. 관료제에 대한 민주적 책임성의 강조는 관료제의 전문성과 자율성을 약화시킬 수 있다(박종민·윤견수, 2015). 최근 신공공관리 개혁은 민간기업의 관리방식을 도입해 관료제의 성과를 높이려고 하지만 이는 관료제의 응집성을 훼손해 관료적-행정적 역량을 약화시킬 수도 있다. 민주적 통제의 지나친 강조로 관료제가 정치화되면 행정에서 합법적 규칙보다 정치적 고려가 중요해지고 인사에서 정실주의와 후견주의가 증가할 수 있다.

---

5) 에반스(Evans 1997)에 따르면 시장의 유효성과 시민사회의 재발견으로 국가의 쇠퇴를 경험하였다고 하지만 자세히 보면 오히려 쇠퇴보다는 국가 역할의 재발견 혹은 갱신이 이루어지고 있다고 하였다.

관료제가 특정한 사회집단에 의해 포획되면 국가의 공동체 기반이 약화되고 정당성이 훼손될 수 있다. 국가의 기반구조 권력이 약화되면 국가의 영향력이 유보된 지역이나 부문이 등장하면서 국가권력의 균일한 행사가 제한되어 국가의 민주적 질이 하락할 수 있다(O'Donnell, 1993). 지방자치와 분권개혁 이후 중앙집권화의 수준 및 중앙 – 지방정부 간의 상호의존성이 효과적으로 관리되지 못하면 국가의 기반구조 권력 혹은 관료적 – 행정적 역량이 약화될 수 있다. 민주화 이후 정책 결정 및 집행에 관련된 이해당사자들이 늘어나면서 정책 결정의 무대가 더욱 파편화될 수 있다. 국가가 종전처럼 명령과 지시를 하는 것이 아니라 다양한 행위자들과 협상과 타협을 해야 하는 상황에서 국가와 시민사회 간의 협력적 관계는 중요해졌다. 민주화 이후 한국의 국가는 정치적, 경제적, 사회적 및 이념적 환경의 변화 속에서 역할을 갱신하고 역량을 개선하며 정당성을 보장하는 도전과 과제에 직면해 있다고 할 수 있다.

Ⅳ 책의 구성

본서는 이 장을 포함 모두 11개의 장으로 구성되어 있다. 제1편을 구성하는 제2장과 제3장은 국가의 역할에 초점을 둔다. 제2편을 구성하는 제4장부터 제6장은 국가의 역량에 초점을 둔다. 제3편을 구성하는 제7장과 제8장은 국가 역량의 핵심을 구성하는 관료제에 초점을 둔다. 제4편을 구성하는 제9장과 제10장은 국가의 권위구조에 초점을 둔다. 제11장은 발전국가 경험을 반추하며 교훈을 끌어낸다.

각 장의 내용을 요약하면 제2장에서 조인영은 민주화 이후 정부의 복지 역할이 어떻게 변화하였는지를 노동시장 제도를 중심으로 살펴본다. 저자는 시장화에서 오는 노동시장의 변화에 대응하여 민주화가 사회적 보호에서 국가 개입을 증대시켰지만, 당파성과 복지공급 간의 관계가 낮은 것은 한국의 복지 정치가 선거제도와 정당과 유권자를 비롯한 다양한 행위자들 간의 역동적 관계를 보여준다고 하였다. 신자유주의가 강조하는 시장화는 국가개입의 축소와 기업규제의 완화를 촉진하지만 강한 국가주의 전통으로 시장 규범의 확대에 대한 반발과 저항도 만만치 않아 민주화와 시장화가 국가 역할의 확대 혹은 축소라는 단일한 방향으로 국가의 변형을 가져오지 않는다고 주장한다.

제3장에서 오현진은 사회정책 분야에서 정부역할에 대한 시민의 태도를 통해 한국인의 복지국가에 대한 지지를 비교론적 맥락에서 다룬다. 저자는 진보정권 시기인 2000년대 중반과 보수정권 시기인 2010년대 중반에 각각 실시된 조사결과를 비교하면서 정부의 사회복지 지출 및 책임에 대한 태도를 분석한다. 대체로 사회정책 분야에서 정부지출이나 책임에 대한 지지는 높은 편이지만 조사된 두 시기를 비교하면 감소 혹은 약화된 것으로 나타났다. 사회정책분야 공공지출 비중이 유사한 OECD 국가들과 비교해 한국의 경우 정부지출에 대한 대중의 기대가 상대적으로 높지 않다는 점에 주목한 저자는 개인적 차원에서 태도에 영향을 주는 요인을 분석한다. 저자는 한국인의 정부역할에 대한 태도가 소득이나 고용여부와 관련된 사회구조보다 가치나 신념과 관련된 정치문화의 영향을 반영하고 있음을 시사한다.

제4장에서 신진욱은 국가역량의 개념과 차원 및 민주주의와 국가역량 간의 관계에 관한 이론과 선행 연구를 검토한 후 강압, 조세, 분배 역량의 개별 차원 및 이들 개별 역량의 결합 차원에서 민주화 이후 한국의 국가역량의 변화를 분석한다. 저자는 한국의 국가역량이 민주화 이후 전반적으로 크게 개선되어 왔으며 이는 민주주의가 국가역량을 강화시킨다는 주장을 지지한다고 하였다. 구체적으로 보면 정치적 억압을 위한 강압역량은 약화된 반면 '국민적' 이익을 위한 강압 및 조세역량이나 경제적 불평등을 완화시키는 '민중적' 분배역량은 증대되었다고 하였다. 그럼에도 불구하고 한국의 국가는 권위주의 발전국가의 유산으로 국제비교의 관점에서 보았을 때 사회적 책임을 수행하기 위한 국가역할과 역량은 여전히 약하다는 점을 지적한다.

제5장에서 박선경은 다양한 국제비교지표, 전문가조사 및 여론조사 자료를 활용하여 한국의 국가역량을 미국을 포함 동아시아 주요 국가들과 비교하고 있다. 먼저 종합적 측면에서 보면 한국의 국가역량은 미국이나 일본보다는 낮지만 동아시아 대부분의 국가들보다 월등히 높고 지속적으로 나아진 것으로 나타났다. 국가 역량을 구성하는 주요 하위 차원별로 보면 강압역량과 행정역

량의 경우 동아시아 주요 국가들보다 강하며 꾸준히 높아졌다. 그러나 조세역량은 소득세 징수 기준으로는 전 세계 중간 수준이며 동아시아 일부 국가들보다도 낮은 것으로 나타났다. 흥미로운 발견은 국가역량에 대한 여론의 평가가 국제비교지표 결과와 반대로 부정적이라는 것이다. 이와 관련해 저자는 국제비교지표와 일반대중의 인식 간의 간극을 어떻게 설명할 것인지에 대한 과제를 제시하고 있다.

제6장에서 김정은 민주화 이후 한국의 분점정부 사례를 통해 민주헌정국가의 "법률생산능력"을 다룬다. 대통령제 민주주의에서 발생하는 분점정부란 국회와 행정부를 장악한 정당이 서로 다른 정치적 상황을 말한다. 저자는 이러한 정치적 상황이 입법성공 혹은 의제통제 수준에 미치는 영향을 분석하고 인과경로를 규명하려고 하였다. 분석결과 분점정부는 행정부의 입법결과에 영향을 미치는데 행정부 제출 법안이 원안 그대로 국회를 통과할 가능성, 수정을 거쳐 통과할 가능성, 대안으로 반영되어 통과할 가능성은 모두 낮추고, 폐기될 가능성은 높이는 것으로 나타났다. 저자는 이러한 결과가 집권당과 주축 반대당 간의 정책거리 및 대통령제라는 정부형태에 기인한다고 주장한다. 이는 분점정부가 출현하는 정치적 상황에 기여하는 권력구조와 제도배열이 민주헌정국가의 통치능력을 저하시킬 수 있음을 시사한다.

제7장에서 윤견수는 집행적 역량에 초점을 두고 한국 국가의 행정적 특징을 다룬다. 저자는 국가의 집행적 역량에 기여하는 중앙집권적이고 계몽적이고 사회침투적인 국가의 기반구조 권력이 개발연대에 구축되어 작동해 왔음을 보여준다. 이러한 구조적 요인과 더불어 관료적 역량의 동원을 위한 행정입법의 광범한 사용은 민주화 이후에도 집행의 효과성을 보장한다고 하였다. 그리고 국가의 집행적 권력행사의 반응성과 정당성을 제고하기 위해 민주화 이전 구축되었던 당정협조체제도 민주화 이후 지속되고 있다고 하였다. 저자에 따르면 민주화 이후 정당의 영향력이 확대되고 있지만 개발연대부터 사용되었던 정책집행의 효과성과 반응성을 담보하는 구조와 방식은 민주화 이후에도 큰 변화 없이 지속되고 있다고 주장한다.

제8장에서 이병량은 민주화 이후 국가 관료제의 자율성을 다루고 있다. 개발연대 경제발전의 제도적 조건으로 제시된 국가 관료제의 정치적 절연성이

민주화 이후에도 지속되고 있는지를 보려는 것이다. 관료제의 자율성을 국가목표를 수립하고 이를 효율적으로 달성하는 것으로 이해한 저자는 민주화 이후에도 행정국가 현상이 지속되는 가운데 관료제가 담당하고 효율적으로 달성해야 할 국가목표가 확장되고 있다고 주장하면서 발전국가의 특징인 관료제의 자율성이 축소되고 있는지에 의구심을 보이고 있다. 저자는 민주화 이후의 정책결정과 자원배분의 정치화가 일상화되고 의원발의 법률안이 증가하고 있지만 관료제에 대한 정치적 통제의 한계를 지적하면서 관료제의 자율성이라는 발전국가의 유산이 여전히 남아 있음에 주목하고 있다.

제9장에서 오향미는 사법적 권력통제 방식에 대한 분석을 통해 국가 권력구조의 변화를 다룬다. 저자는 민주화 이후 헌법재판권의 확립과 이의 적극적 행사로 국가권력 관계가 변화되었음을 보여준다. 건국헌법 이후부터 헌법재판권의 변천을 검토한 저자는 권력배분이 민주화 이전 입법우위에서 사법우위로 그리고 다시 행정우위로 바뀌었고 민주화 이후 입법우위나 사법우위로 복귀한 것이 아니라 헌법우위로 전환하였다고 주장한다. 그리고 이는 다수주의 제도의 역할을 강조하는 민주국가의 이상과 非다수주의 제도의 역할을 강조하는 헌법국가의 이상 간의 갈등을 조성하고 있다고 하였다. 민주화 이후 헌법이 정치공동체의 토대로 부상했다고 하면서 저자는 한국의 국가 성격이 입법국가나 행정국가 혹은 사법국가를 넘어 헌법국가임을 강조한다.

제10장에서 배진석은 민주국가의 권력구조와 정치적 책임성 간의 관계를 다루었다. 저자는 선거 책임성－국가기구 내 책임성의 구분에 따라 대통령제와 의회제를 비교하고 있다. 선거 책임성의 경우 권력분립을 기반으로 한 대통령제의 책임의 명확성에 대한 영향은 혼합적이지만 유권자의 심판능력에 대한 영향은 의회제보다 우월하다고 주장한다. 그러나 권력분립과 더불어 목적분리의 제도적 특징을 갖는 대통령제는 정당을 대통령 개인에 의존하게 만들어 정당의 대통령제화를 초래하고 대중정당의 위기 혹은 쇠퇴를 야기할 수 있음을 지적하고 있다. 한국적 맥락에서 이러한 논의의 함의를 검토한 저자는 국가의 민주적 질을 위한 개혁은 대통령제 혹은 의회제가 민주적 책임성에 주는 다양한 영향을 고려해야 한다고 강조한다.

끝으로 제11장에서 강명구는 발전에서의 국가의 역할에 대한 두 가지 시각을 비교하면서 한국의 발전에 있어 성공의 제도적 요인 및 이러한 성공의 제도적 요인에 내장된 위기의 요소를 반추하였다. 저자는 중앙집권과 다원주의를 기반으로 하는 포괄적 제도의 중요성을 강조한 시각을 통해 한국의 발전에 있어 제도의 중요성을 이해할 수 있지만 고도의 근대성을 반영하는 맥락이 간과된 국가주도 발전프로젝트에 대한 회의적 시각을 통해 성공의 유산인 국가역량에 대한 과신으로 민주화 이후 위기적 상황에 직면할 수 있음을 지적하였다. 저자는 민주화 이후 지속 가능한 발전을 위해서는 포괄적 제도의 구축과 지방적 지식의 활용이 모두 필요할 수 있다고 주장한다.

　　본서는 민주화 이후 한국의 국가 변형을 다양한 차원에서 살펴보려고 하였다. 주요한 차원을 모두 다룬 것도 아니고 자료가 풍부하게 동원된 것도 아니라 한계가 적지 않다는 점을 고백하지 않을 수 없다. 그럼에도 민주화 및 글로벌화 이후 한국의 국가가 어떻게 변형되는가는 이론적으로나 실제적으로나 중요한 질문이라고 할 수 있다. 민주화, 글로벌화와 경제위기 및 냉전체제의 종식과 신자유주의 이념의 확산으로 한국 국가가 직면한 정치적, 경제적, 사회적 및 이념적 환경은 부단히 변해왔다. 본서는 이러한 환경의 변화에 대응해 한국의 국가가 역할, 역량 및 권위구조에서 어떻게 변형되었는지를 기술한다. 선행연구는 신자유주의 이념의 확산과 복지국가의 위기 및 발전국가의 한계에도 불구하고 국가의 중심성은 지속되고 있음을 확인하고 있다(Leibfried et al., 2015; Nettle, 1968). 사회와 경제에서 국가의 역할은 다른 형태로 갱신되고 있을 뿐이라는 것이다. 이러한 맥락에서 본서는 한국 국가의 변형에 대한 다차원적 분석을 시도한다. 본서가 민주화 이후 한국 국가의 변형에 관한 연구프로그램을 형성하는 마중물이 되기를 기대한다.

| 참고문헌 |

박종민·마인섭 편. 2018.『한국 민주주의의 질: 민주화 이후 30년』. 서울: 박영사.

박종민·윤견수. 2014. "한국 국가관료제의 세 가지 전통"『한국행정학보』48권 1
호, 1−24.

박종민·윤견수. 2015. "민주화 및 신자유주의−신공공관리 이후 한국의 국가관료
제: 변화와 지속"『정부학연구』21권 3호, 135−63.

Andersen, David, Jørgen Møller and Svend−Erik Skaaning. 2014. "The
State−Democracy Nexus: Conceptual Distinctions, Theoretical Perspectives,
and Comparative Approaches." *Democratization* 21(7): 1203−1220.

Besley, Timothy and Torsten Persson. 2009. "The Origins of State Capacity:
Property Rights, Taxation, and Politics." *American Economic Review* 99(4):
1218−44.

Centeno, Miguel Angel, Atul Kohli and Deborah J. Yashar. 2017. "Unpacking
States in the Developing World: Capacity, Performance, and Politics." *In
States in Developing World*, edited by Miguel Centeno, Atul Kohli and
Deborah J. Yashar with Dinsha Mistree, 1−31. Cambridge: Cambridge
University Press.

Cheng, Tun−jen, Stephen Haggard, and David Kang. 1998. "Institutions and
Growth in Korea and Taiwan: The Bureaucracy." *The Journal of
Developmental Studies* 34(6): 87−111.

Evans, Peter B. 1989. "Predatory, Developmental, and Other Apparatuses: A
Comparative Political Economy Perspective on the Third World State."
Sociological Forum 4(4): 561−587.

Evans. Peter B. 1997. "The Eclipse of the State? Reflections on Stateness in an
Era of Globalization." *World Politics* 50(1): 62−87.

Evans, Peter B. and James E. Rauch. 1999. "Bureaucracy and Growth: A
Cross−national Analysis of the Effects of 'Weberian' State Structures on
Economic Growth." *American Sociological Review* 64: 748−765.

Fukuyama, Francis. 2013. "What is Governance?" *Governance: An International
Journal of Policy, Administration, and Institutions* 26(3): 347−368.

Fukuyama, Francis. 2014. "States and Democracy." *Democratization* 21(7): 1326－1340.

Genschel, Philipp and Bernhard Zangl. 2014. "State Transformation in OECD Countries." *Annual Review of Political Science* 17: 337－54.

Hanson, Jonathan K. and Rachel Sigman. 2013. *Leviathan's Latent Dimensions: Measuring State Capacity for Comparative Political Research* (American Political Science Association 2011 annual meeting paper).

Hendrix, Cullen S. 2010. "Measuring State Capacity: Theoretical and Empirical Implications for the Study of Civil Conflict." *Journal of Peace Research* 47(3): 273－285.

Huber, Evelyne, Matthew Lange, Stephan Leibfried, Jonah D. Levy, Frank Nullmeier, and John D. Stephens 2015. "Introduction: Transformations of the State." In *The Oxford Handbook of Transformations of the States*, edited by Stephan Leibfried, Evelyne Huber, Matthew Lange, Jonah D. Levy, Frank Nullmeier, and John D. Stephens, 1－32. Oxford: Oxford University Press.

Huntington, Samuel P. 1991. *The Third Wave: Democratization on the Late Twentieth Century*. Norman: University of Oklahoma Press.

Kettl, Donald F. 2000. "The Transformation of Governance: Globalization, Devolution, and the Role of Government." *Public Administration Review* 60(6): 488－497.

Kim, Byung－Kok. 2011. "The Leviathan: Economic Bureaucracy under Park." In *The Park Chung Hee Era*, edited by Ezra F. Vogel and Byung－Kook Kim, 200－232. Harvard University Press.

Kim, Hyung－A. 2011. "State Building: The Military Junta's Path to Modernity through Administrative Reforms." In *The Park Chung Hee Era*, edited by Ezra F. Vogel and Byung－Kook Kim, 85－111. Harvard University Press.

Kohli, Atul. 1994. "Where Do high Growth Political Economies Come From? The Japanese Lineage of Korea's 'Developmental State.'" *World Development* 22(9): 1269－1293.

Leibfried, Stephan, Evelyne Huber, Matthew Lange, Jonah D. Levy, Frank

Nullmeier, and John D. Stephens, (eds). 2015. *The Oxford Handbook of Transformations of the States.* Oxford: Oxford University Press.

Levy, Jonah, Stephan Leibfried, and Frank Nullmeier. 2015. "Changing Perspectives on the State." In *The Oxford Handbook of Transformations of the States*, edited by Stephan Leibfried, Evelyne Huber, Matthew Lange, Jonah D. Levy, Frank Nullmeier, and John D. Stephens, 33－57. Oxford: Oxford University Press.

Lijphart, Arend. 1999. *Patterns of Democracy: Government Forms and Performance in 36 Countries.* New Haven: Yale University Press.

Lodge, Martin and Kai Wegrich. 2014. "Introduction: Governance Innovation, Administrative Capacities, and Policy Instruments." In *The Problem－solving Capacity of the Modern State: Governance Challenges and Administrative Capacities*, edited by Martin Lodge and Kai Wegrich, 1－22. Oxford: Oxford University Press.

Mann, Michael. 1984. "The Autonomous Power of the State: Its Origins, Mechanisms and Results." *European Journal of Sociology* 25: 185－213.

Mazzuca, Sebastián and Gerardo L. Munck. 2014. "State or Democracy First? Alternative Perspectives on the State－Democracy Nexus." *Democratization* 21(7): 1221－1243.

Milliken, Jennifer and Keith Krause. 2002. "State Failure, State Collapse, and State Reconstruction: Concepts, Lessons and Strategies." *Development and Change* 33(5): 753－774.

Nettle, J. P. 1968. "The State as a Conceptual Variable." *World Politics* 20(4): 559－592.

Norris, Pippa. 2008. *Driving Democracy: Do Power－Sharing Institutions Work?* New York: Cambridge University Press.

Nullmeier, Frank, Steffen Schneider, and Andreas Hepp. 2015. "Transformation of the Democratic State." In *The Oxford Handbook of Transformations of the States*, edited by Stephan Leibfried, Evelyne Huber, Matthew Lange, Jonah D. Levy, Frank Nullmeier, and John D. Stephens, 565－584. Oxford: Oxford University Press.

O'Donnell, Guillermo. 1993. "On the State, Democratization and Some Conceptual Problems: A Latin American View with Glances at Some Postcommunist Countries." *World Development* 21(8): 1355−1369.

Savoia, Antonio and Kunal Sen. 2015. "Measurement, Evolution, Determinants, and Consequences of State Capacity: A Review of Recent Research." *Journal of Economic Surveys* 29(3): 441−458.

Soifer, Hillel David. 2008. "State Infrastructural Power: Approaches to Conceptualization and Measurement." *Studies in Comparative international Development* 43: 231−251.

Stiglitz, Joseph E. 1997. "The Role of Government in Economic Development." In *Annual World Bank Conference on Development Economics 1996*, edited by Michael Bruno and Boris Pleskovic, 11−16. Washington DC: World Bank.

vom Hau, Matthias. 2015. "State Theory: Four Analytical Tradition." In *The Oxford Handbook of Transformations of the States*, edited by Stephan Leibfried, Evelyne Huber, Matthew Lange, Jonah D. Levy, Frank Nullmeier, and John D. Stephens, 131−151. Oxford: Oxford University Press.

Weber, Max. 1978. *Economy and Society: An Outline of Interpretative Sociology*. Berkeley: University of California Press.

Woo−Cumings, Meredith, (ed). 1999. *The Developmental States*. Ithaca: Cornell University Press.

World Bank. 1993. *The East Asian Miracle: Economic Growth and Public Policy*. Oxford: Oxford University Press.

World Bank. 1997. *World Development Report 1997: The State in a Changing World*. Washington DC: World Bank.

Zürn, Michael and Stephan Leibfried. 2005. "A New Perspective on the State Reconfiguring the National Constellation." In *Transformations of the State*, edited by Stephan Leibfried and Michael Zürn, 1−36. Cambridge: Cambridge University Press.

제 **1**편

국가의 역할

민주화 이후 한국의 국가

CHAPTER 02

정치 · 시장의 변화와 국가의 복지 역할: 노동시장을 중심으로

조인영

---

① 서론

　민주화 이후 30여 년, 97년의 외환 위기 이후 20여 년이 흐른 지금, 한국 사회는 정치, 시장의 영역에서 많은 변화를 겪었다. 이에 대응하여 한국의 국가 역할은 어떻게 변화하고 있는가? 이 장은 주로 노동시장에서의 국가의 복지역할을 중심으로 이 질문에 답해보려 한다.

　지난 30년간의 변화는 민주화와 시장화라는 두 키워드로 요약할 수 있다. 이 두 변화는 특히 한국의 노동시장의 모습에 많은 영향을 미쳤다. 정부수립 이후 개발연대기 한국은 주로 국가가 주도하는 계획하에 수출지향의 경제성장 전략을 추진했다. 수출목표를 달성하며 상승한 성장률은 완전고용에 가까운 고용률을 유지할 수 있게 하였으나, 열악한 근로 환경이나 높은 주당 노동시간과 같은 노동시장의 관례들은 이 같은 성과에 묻혀왔으며, 노동비용을 낮추어 수출경쟁력을 높이기 위한 임금 압착(compression)이나 노조 탄압과 같은 국가의 압력은 당연시되었다. 다만 임금 외의 보상, 가령 기업에서 제공하는 직원 복지나 명시적이지는 않더라도 암묵적인 평생 고용 등의 혜택은 상당히 보편적이었다.

　그러나 이러한 상황은 87년의 민주화와 특히 1990년대 후반의 경제위기 및 IMF 구제금융을 계기로 상당한 변화를 겪게 되었다. IMF의 경제 구조 및 제도 개선 권고에 따라 사업과 인력의 구조조정이 일반화되었고, 권고사직과 명예퇴직이 급증하였으며, 노동 유연성 개선을 이유로 비정규직, 시간제 노동자가 증가하고, 또한 파견직 노동이 합법화되는 등 노동시장의 구조적 변화가 있었다. 이러한 흐름은 최근까지 계속되어 노동시장의 이중구조가 굳어지는 데 일조해 왔다. 반면 민주화는 저소득층과 취약계층의 정치적 대표성을 높여, 약자도 소외되지 않고 최소한의 복지 혜택을 받는 것이 국민으로서 당연한 권리라는 인식의 전환을 가져왔다.

　이 장은 민주화와 시장화라는 일견 양면성을 가지는 두 핵심적 변화 이후, 노동시장제도의 변화를 추적하여 노동시장에서 국가의 복지 역할이 어떻게 변화해왔으며, 4차 산업혁명과 이의 여파로 노동수요 감소가 예측되는 현시점에서 미래 한국의 국가 역할은 어떠해야 하는지에 대해 고찰해보고자 한다. 다른 어떤 분야에서보다 노동시장의 미래 충격이 클 것으로 예상되며, 또한 모든 분야에서의 국가의 복지역할을 확인하기에는 연구의 범위가 너무 광범위하므로 이 글은 노동시장으로 한정하여 논의를 진행한다. 지난 20~30여 년 동안 노동시장에서의 국가의 역할, 특히 복지 역할은 어떠했는가? 시장에 순응하여 단순히 관조적인 자세를 취하였는가? 아니면 시장의 변화에 적극적으로 대응하였거나, 혹은 절충적인 접근을 취했는가? 이 같은 질문에 응답하기 위해 이 글에서는 사회보장의 성격을 가지고 있는 노동시장제도인 실업급여정책 및 고용보호법제가 어떻게 변화해왔는지 검토한다. 또한, 그 방향성을 검토하여 미래 노동시장에서의 국가의 복지 역할에 대해 고찰하려 한다.

Ⅱ 시장화와 민주화, 그리고 복지국가

시장화와 민주화라는 두 근본적인 변화는 국가 역할에 대한 논의에 있어 일견 상충하는 의미를 함축하고 있다. 시장화는 국가가 다른 무엇보다도 시장 질서를 존중하기를 원하며, 따라서 국가의 시장에 대한 인위적 개입을 최소화할 것, 즉 국가 역할의 축소를 함축한다. 반면 민주화는 국가에 의한 개인의 자유와 권리의 침해를 경계하면서도, 동시에 국민의 삶의 질에 대한 국가의 책임성을 강조한다. 국가 역할에 대한 논의는 주로 복지국가에 대한 논의에서 가장 활발하게 전개되는데, 시장화와 복지국가의 관계에 집중한 저작들은 주로 세계화와 신자유주의가 진전되던 시기, 작은 정부로의 수렴과 복지 축소의 가능성에 대해 논의하였다. 이는 일명 효율성 가설(efficiency hypothesis)로 불리는데, 국가의 기능이 주요 경제 활동의 세계화, 자유화에 의해 크게 제약되고 약화한다고 보는 입장이다(Castells 2004; Brady et al., 2005). 반면 민주화와 복지국가의 관계에 집중한 저작들은 민주화가 복지의 확대를 가져올 가능성에 대해 논의하였다(Haggard and Kaufman, 2008; Huber and Stephens, 2001, 2012).

흥미롭게도 민주화와 복지국가의 관계에 대한 문헌들은 그 관계가 경험적으로 직선적(straightforward)이지도, 양의 관계인 것도 아니라고 보고하고 있다(Rudra and Haggard, 2005). 즉, 민주화와 민주정치의 진전이 자연적으로 복지의 확대를 가져오는 것은 아니라는 것이다. 세계 최초의 복지국가의 시작이라 불리는 독일 사회보험의 도입이 비스마르크 시기에 이루어졌다는 점은 이를 분명히 보여주는 한 예시일 것이다. 중위투표자 모형(Hotelling 1929; Downs 1957)에 기반하여, 가령 멜쩌와 리처드(Meltzer and Richard 1981) 모델은 민주주의를 가정한 상황에서, 불평등의 확대에 따른 복지요구의 확대를 증명하였으나, 이론적 예상과는 다르게 실제 경험적 증거들은 그와는 반대되는 경향을 보여주기도 하였다(Lindert 2004; Iversen and Soskice 2006, 2009). 그럼에도 불구하고, 민주화가 복지의 확대에 긍정적인 영향을 미칠 것이라고 예상할 만한 이유 역시 상당하다 (Dahl 1985; Huber et al., 2006). 투표권이 사회적 취약계층에게도 고르게 보장된다는 점은 민주적 대표성의 증가를 의미하며, 민주주의 하에서 저소득층이 자신들의 이익을 위해 복지 수혜를 지지할 가능성이 높기 때문이다(Meltzer and Richard 1981). 민주주의 국가의 입장에서도 국민의 복지수요가 늘어나면, 정권에 대한 지지를 유지하기 위해서라도 그 요구에 어느 정도 반응할 수밖에 없다.

유사하게, 시장화, 혹은 신자유주의적 재편이라고 불릴 수 있는 자유주의적 시장질서의 강화 역시 복지국가에 단선적인 영향을 미치는 것만은 아니다. 한편으로 시장화와 신자유주의는 정부의 효율성을 중시하며, 작은 정부와 정부지출 감축을 요구한다. 하지만 다른 한편으로는 시장화 및 신자유주의의 압력에도 불구하고, 당파성의 영향 및 정치 제도적 여건은 복지국가의 축소를 저지하며, 시장화가 가져온 노동시장의 재편 과정에서 탈락한 사람들을 보호하기 위해 복지지출을 유지하고 수혜자를 확대한다. 새로운 노동시장의 위험에 주목하거나(Taylor－Gooby, 2004; Esping－Andersen et al., 2002) 특히 시장화가 반드시 복지국가의 축소를 가져오지 않는다는 일련의 연구들(Cameron, 1978; Katzenstein, 1985; Pierson, 1996; Garett, 1998; Rodrik, 1998; Swank, 2002)은 이 점을 잘 지적하고 있다.[1] 시장화보다는 탈산업화의 역할에 주목한 연구도 있다(Iversen and Cusack, 2000). 이후 연구들은 복지레짐, 당파성, 선거제도, 산업구조의 제도적 맥락이 복지의 축소를 저지한다는 것을 보여주었다(Korpi, 1980, 1985; Hall and Soskice, 2001; Kim and Zurlo, 2009). 연구들의 발견이 일관적이지는 않지만, 적어도 다양한 제도적 여건이 복지국가의 확대와 축소를 설명한다는 것은 분명하다. 특히 당파성, 선거제도 및 정당의 역할과 같은 정치적 여건은 서구 선진민주주의 국가의 복지의 확대와 축소를 보다 잘 설명하고 있다.

이 장에서 다루고 있는 노동시장의 위험과 국가의 복지역할에 대한 논의를 위해 특히 유럽의 사례를 흥미롭게 관찰할 필요가 있다. 노동시장의 변화와 위험의 정도에 따라 복지나 재분배에 대한 선호가 변화하는 매커니즘에 대한 논의는 최근 정치경제학의 큰 연구 흐름 중 하나이다(Rehm, 2009; Wren and Rehm, 2013; Rueda, 2014, 2015; Häusermann et al., 2015; Walter, 2017). 정당정치와 관련, 특히 유럽에서는 좌파정당의 주요 고객인 전통적 유권자층의 소

---

1) 다만 Rudra(2002)의 연구는 세계화가 저발전 국가들에서는 복지의 축소를 낳았다는 경험적 결과를 보여준다.

득이 줄어들면서 이들의 정치참여가 줄어들거나, 혹은 이들이 이민자 거부와 같은 보다 극단적인 시각을 갖게 되면서 전통적 좌파정당들의 입지가 좁아지고 극우 정당들이 득세하고 있는데 이는 암울한 고용시장의 상황과 매우 밀접하게 연계되어 있다. 한국에서도 유사한 경우가 발생할 수 있다는 점에서 노동시장의 위험과 정책적 선호, 그리고 정부의 역할에 대한 기대의 변화에 대해 고찰할 필요가 있을 것이다.

Ⅲ 정부역할의 변화: 노동시장을 중심으로

노동시장 전반에 대한 정부의 역할을 확인하기 위해 이 장에서는 노동시장 정부지출의 추이, 국가의 노동시장 개입 수준 및 노동시장 정부역할에 대한 국민의 인식을 간략히 살펴보려 한다.

1. 노동시장 정부지출의 추이

먼저 노동시장에 대한 정부지출은 OECD의 고용 및 노동시장 통계(Employment and Labour Market Statistics)에서 확인한 것으로, 이는 공적 고용, 훈련(및 재교육), 고용 인센티브, 고용보조금, 직접 일자리 창출, 스타트업 인센티브, 실업 보조, 이른 은퇴에 대한 지출을 총괄하는 통계이다. 여기서는 그중 네 가지 수치를 확인한다. 종합적으로 볼 때 한국의 노동시장 지출은 GDP 대비 0.6% 수준으로 OECD 평균(2017년 기준 1.2%)에 크게 못 미치지만, 적어도 시계열적으로는 지난 20여 년간 완만한 증가세를 보이고 있다. 2009년의 일시적 증가는 당시 경제위기 시기에 한정된 변화로 보인다. 특히 실업급여 지출, 직접 일자리 창출 및 총 지출이 꾸준히 증가하고 있으나, 훈련 및 재교육 관련 지출은 극히 낮으며, 오히려 감소하고 있는 것을 확인할 수 있다.

그림 1   노동시장에 대한 정부지출 – 총액

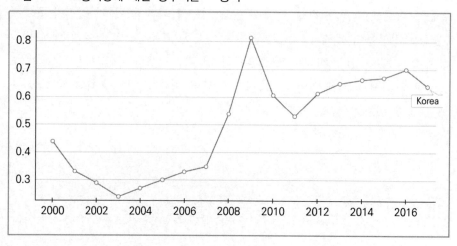

그림 2   노동시장에 대한 정부지출 – 실업급여

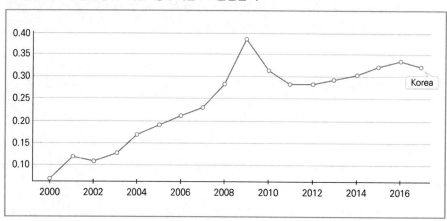

그림 3   노동시장에 대한 정부지출 – 직접 일자리 창출

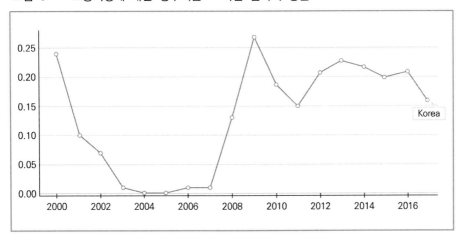

그림 4   노동시장에 대한 정부지출 – 훈련 및 교육

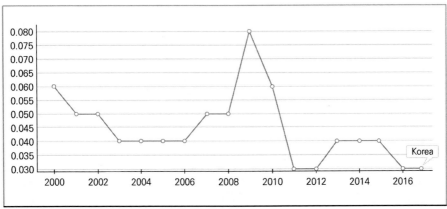

출처: OECD, Public spending on labour markets (indicator)
    (단위는 GDP 대비 %)

2. 노동시장의 개입에 대한 평가

지출수준으로 확인한 한국의 노동시장 개입정도는 OECD 평균보다는 상당히 낮은 편이었으나, 실질적인 정부의 개입 정도는 어떠한가? 이 장에서는 Heritage Foundation의 경제적 자유도 지수를 종합적으로 확인하고, 또한 노동시장 자유도 지수를 시계열적으로 확인하였다. 경제적 자유도 지수는 정부지출, 사업, 노동, 무역, 투자 등의 각 영역에 대해 측정되었으며, 노동자유도는 최저임금, 고용 및 해고 규제, 중앙화 된 임금협상, 고용 및 해고의 비용 등을 종합하여 매겨진 점수이다.

분석 결과는 한국의 경제적 자유도(총점)는 1995년과 유사한 수준이나, 특히 기업(사업)의 자유도는 과거와 비교하면 많이 증가한 것을 확인할 수 있다. 하지만 노동의 자유도는 2005년에 비해 2020년의 수치가 크게 다르지 않았으며, 2009년 이명박 정부에서 일시적으로 상당한 하락이 있었음을 관찰할 수 있었다. 미국, 독일, 일본, 대만과의 비교의 맥락에서 확인해보면 최근 한국의 노동자유도는 미국, 일본, 대만에 비해서는 낮으며, 다만 독일보다는 약간 높은 것으로 확인되었다. 이 같은 결과는 지출수준에서 본 개입 정도와는 다르게 실질적으로는 노동시장에서 여전히 제도나 정책을 통한 국가의 개입과 규제가 지속해서 유지되고 있는 것으로 보인다.

표 1   경제적 자유도

연도	총점	정부지출	사업	노동	무역	투자	금융
1995	72	85.6	70	.	69.2	50	70
2000	69.7	85.5	70	.	69.2	70	50
2005	66.4	77.8	70	56.6	73.6	70	50
2010	69.9	74.9	91.9	47.1	70.8	70	70
2015	71.5	67.9	89.7	51.1	72.6	70	80
2020	74	67.7	90.5	56.2	80	70	70

출처: The Heritage Foundation (2020)

표 2   노동자유도: 국제비교

	미국	일본	독일	대만	한국
2005	95.4	83.3	48.7	46.1	56.6
2006	97.8	84.4	44.4	47.3	57.7
2007	94.7	83	44.2	47.2	57.3
2008	95.4	85.1	46.3	49.2	56
2009	95.1	82.5	43.4	45.7	46.4
2010	94.8	82.4	39.9	47.7	47.1
2011	95.7	81.1	40.6	46.1	46.5
2012	95.8	81.4	41.4	46.6	49.7
2013	95.5	80.3	43.8	53.3	48.7
2014	97.2	79.8	46.4	53.1	47.8
2015	98.5	90.2	51.2	55.2	51.1
2016	91.4	83.9	50.6	53.8	50.6
2017	91	77.5	42.8	55	57
2018	91.4	79.2	53.3	54.9	58.7
2019	89.4	79	52.8	60.9	57.4
2020	87.9	78.7	53	60.3	56.2

출처: The Heritage Foundation (2020)

그림 5 　노동자유도

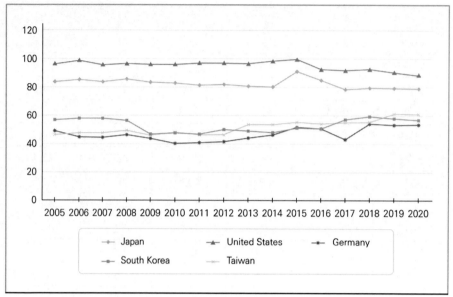

출처: The Heritage Foundation (2020)

3. 노동시장에서의 정부의 역할에 대한 인식

마지막으로 노동시장의 정부의 역할에 대한 국민의 인식을 확인한다. 이는 ISSP의 Role of Government 설문의 2006년 자료와 2016년 설문자료 중에서 노동시장에서의 국가의 역할에 대한 질문만을 추려 검토한 것이다.

우선 국가의 노동시장 개입 관련 국민의 인식을 살펴보면 <표 3>과 같다. 종합적으로 보아 한국 시민들은 노동시장에서의 정부의 개입에 대해 긍정적인 의견을 가진 것으로 나타났다. 정부가 일자리 창출에 재정지원을 해야 한다는 문항에 대해서는 2006년에는 92.8%가, 2016년에는 85.2%가 찬성하였다(매우 찬성과 어느 정도 찬성의 응답을 통합한 비율). 2016년에 다소 줄어들기는 했으나 이는 여전히 상당히 높은 수치로 노동시장에 대한 정부의 적극적 개입을 주문하고 있다. 다만 증가하고 있는 실업률을 고려하면 최근의 찬성 비율이 조금 더 떨어졌다는 것은 예상과는 다소 다른 결론으로, 어쩌면 이는 정부가 창출하는 일자리들이 주로 비정규직, 임시직 일자리에 불과하므로

표 3	정부의 노동시장 개입 관련 인식			
	2006		2016	
	찬성	반대	찬성	반대
새 일자리 창출에 재정지원	92.8	5.2	85.2	11.7
기업에 대한 규제 축소	68.9	10.7	48.7	23.4
일자리 보호를 위해 사양산업 보조	70.5	14.4	65.8	20.7
더 많은 일자리를 위해 근무시간 단축	59	22.4	57.2	24.8

출처: ISSP Role of Government (2006, 2016)
　　(찬성: 매우 찬성과 어느 정도 찬성의 합, 반대: 매우 반대와 어느 정도 반대의 합)

그 효용성이 낮다는 인식이 반영된 결과일 수 있다. 다음으로 정부가 기업 규제를 낮춰야 한다는 문항에 대해서는 2006년에는 68.9%가 찬성하였으나 2016년에는 48.7%만이 찬성하는 것으로 나타나 큰 인식의 변화가 관찰되었다. 위에서 살펴본 경제적 자유도 지수 결과에서도 실질적으로 기업의 자율성이 상당히 증가했다고 분석된 것을 고려하면, 기업의 자율성이 상당히 개선되었다는 인식이 반영된 결과일 수도 있다. 다음으로 실업을 막기 위한 사양 사업 지원에 .대한 찬성 비율은 2006년 70.5%에서 2016년 65.8%로 다소 낮아진 것을 확인할 수 있으나, 이 역시 여전히 높은 찬성 비율이다. 추가로 일자리를 늘리기 위한 노동시간 단축 문항에는 약 57%의 시민이 찬성하는 것으로 조사되었다. 이는 2006년의 59%에서 약간 줄어든 수치이다.

　　다음으로 정부지출 관련 문항을 확인하면, 정부는 실업급여를 제공해야 한다는 문항에 대해 2006년에는 약 51.8%가 찬성하였고 2016년에는 44.1%만이 찬성한 것으로 조사되었다. 이는 다소 낮은 수치로, 특히 실업률이 더 증가한 2016년에 반대비율이 높아졌다는 것은 다소 흥미로운 결과이다.

표 4	정부지출: 실업급여			
	2006		2016	
	찬성	반대	찬성	반대
정부지출: 실업급여(employment benefits)	51.8	35.2	44.1	43.2

출처: ISSP Role of Government (2006, 2016)
　　(찬성: 매우 찬성과 어느 정도 찬성의 합, 반대: 매우 반대와 어느 정도 반대의 합)

마지막으로 노동시장에서의 정부책임 관련 문항을 살펴보면 <표 5>와 같다. 주목할 만한 부분은 2006년의 응답에 비해 2016년의 응답에서는 모두 정부 책임이라고 응답한 비율이 하락하였다는 점이다. 먼저 일자리 제공이 정부 책임인가 하는 질문에서는 2006년에는 약 70%가, 2016년에는 약 59.7%가 정부책임이라고 응답하였다. 다음으로 산업 발전에 대한 지원 관련해서도 그 응답률이 약 11%포인트가량 하락하기는 했으나 여전히 77.6%나 되는 시민이 이를 정부 책임이라고 응답하였다. 실업자 (최저)생계 지원 문항은 다른 문항에 비해 그 하락 폭이 다소 낮아, 약 65.6%의 시민이 여전이 이것이 정부의 책임이라고 응답한 것으로 조사되었다.

표 5   정부책임-노동시장

Q. 다음은 정부책임인가?	2006		2016	
	그렇다	아니다	그렇다	아니다
모두에게 일자리 제공	70.1	29.8	59.7	40.3
산업 발전 조력	88.5	11.5	77.6	22.3
실업자에 생계 지원	70.2	29.7	65.6	34.3

출처: ISSP Role of Government (2006, 2016)

(그렇다: 그렇다와 어느 정도 그렇다의 합, 아니다: 매우 아니다와 어느 정도 아니다의 합)

즉, 위 세 영역에서의 분석 결과를 종합하면, 결론적으로 지출 비중으로 바라본 노동시장에서의 한국의 정부 역할은 점점 증가하고 있는 것을 확인할 수 있다. 특히 실업급여와 일자리 창출 분야에 대한 지출이 증가하고 있다. 다음으로 실질적인 노동자유도와 관련하여 국가의 개입 및 규제 역할은 여전히 강한 것으로 조사되었다. 마지막으로 국민이 생각하는 노동시장에서의 국가 역할은 최근 그 수치의 하락은 있었으나 여전히 그 절대적 수치는 상당히 높은 것으로 분석되었다. 산업정책의 영역에서의 국가 역할뿐만 아니라 복지 영역에서의 국가의 역할(실업자 지원 등)에 대한 기대가 여전하다는 것을 확인할 수 있다.

다음 장에서는 민주화, 시장화 이후 한국 노동시장제도의 변화를 확인하여, 실질적으로 한국의 노동시장제도가 어떻게 변화해왔으며, 특히 국가의 복지역할의 변화는 어떠한지 확인한다.

Ⅵ 노동시장제도의 변화와 정부 역할

1. 민주화 · 시장화 이전과 이후: 노동시장에서의 한국의 정부 역할

민주화와 시장화 이전, 노동시장에서 정부는 국가는 주로 산업정책의 주도적 견인 역할을 수행했으며, 산재보험의 도입을 제외하면 노동시장에서의 복지에 대한 고려, 특히 실업에 대한 고려는 부재했다. 산업화의 중심에는 정부가 존재했으며, 엘리트 경제 관료가 기업을 규율하고 규제하는 역할을 담당했다. 특히 경제기획원은 경제개발계획을 기획, 수립했을 뿐만 아니라, 계획의 실시와 관리, 조정 기능을 수행하며, 이에 필요한 예산을 편성하고 배분하는 핵심적인 기구로 기능하였다.

개발연대기, 노동시장에서 특히 중요했던 정부의 역할은 수출을 위해 노동비용을 줄이는 것이었다. 특히 경공업 중심 수출지향 경제에서 가격경쟁력을 갖추기 위해서는 노동비용을 줄이는 것이 핵심적이었기 때문에 노조 활동 억제 및 노동자의 임금 압착(compression)을 추구하였다. 1970년대부터 1990년대 초까지는 성장률이 높았으며 거의 완전고용에 가까운 낮은 실업률을 유지할 수 있었기 때문에 노동자의 불만을 어느 정도 억누를 수 있었다. 이후 경제 구조가 중공업 중심으로 이행하면서 숙련노동자의 임금에 대한 정부의 압박은 다소 완화되었으나, 노조 활동 억제를 통한 임금 인상 압박은 상당 기간 지속되었다.

민주화 이후에는 경제기획원의 중앙집중적인 기능이 각 부처로 분산되는 등 그 기능이 다원화되었으며, 개발연대기의 강력한 관료적 통제의 전통은 점차 민주적 전환을 꾀해야 했다. 예전과 같이 정부의 기업에 대한 직접적인 간섭은 가능하지 않게 되었으나, 여전히 수출중심의 경제 구조는 어느 정도 국가의 기업에 대한 조력을 필요로 한다. 고도화되는 국제 경쟁 속에서 성장률 유지와 고용 유지, 세수 확보라는 목표를 위해 기업을 돕고, 미래 신성장동력을 위해 산업정책을 마련해야 할 필요성은 여전하기 때문이다.

현시점에서 특히 노동시장에서의 정부의 역할에 대해 관찰할 필요가 있는 영역은 고용 부문인데, 1980~1990년대의 급속한 세계화 진행, 아시아 경제위기 이후 노동유연성 증진을 위한 IMF의 권고, 자본과 서비스의 경계를 넘어선 이동 추세, 그리고 더욱 직접적으로는 수출지향경제의 노동비용 인하 필요성에 의해 한국의 노동시장은 결과적으로 시간제, 비정규직이 증가하는 방향으로 이동하게 되었다. IMF 외환위기 이후, 자의 반 타의 반으로 진행된 구조조정은 현시점에서 볼 때 기업 규모와 고용형태에 따른 차별이 존재하며, 정규직과 비정규직 간에 상당한 균열이 존재하는 분절 노동시장을 고착화하는데 상당한 영향을 미쳤다. 민주화 이전, 정부에 의한 노조 활동의 억제는 결과적으로 영향력이 낮고 파편화된 기업별 노조와 10% 초반대의 노조 조직률 및 단체협약 적용률이라는 결과로 이어졌다. 대기업 위주의 한국 경제구조는 대기업 정규직 노동자의 규모가 높은데, 이들은 전체 임금노동자의 23.4%, 전체 취업자의 19.3%를 차지하고 있다(윤홍식, 2018). 정부는 이러한 상황에서 비정규직을 인위적으로 줄이려 하기보다는 노동시장에서 밀려난 노동자들에게 재정적 보조를 하는 형태로 움직이고 있다. 근로자가 노동시장에서 밀려났을 때 국가가 어느 정도 보조해주는 방향(실업급여, 청년수당, 근로장려금 등)으로 민주성을 반영하려는 것이다. 근본적으로 수출지향 국가가 가지는 생산비용(노동비용) 감축 필요성이라는 환경적 한계는 극복하기 어렵기에, 한국 정부는 비정규직의 정규직 전환보다는 새로이 도입한 노동시장정책들에 복지의 성격을 반영하는 것(수급 범위 확대 및 재교육 지원 등)으로 문제를 해결하려는 의도가 엿보인다.[2]

---

2) 노동유연성에 더 방점을 둔 정부의 정책적 접근을 개발연대기 정부−기업의 유착의 관성이 지속되고 있는 것으로 해석할 수도 있을 것이다.

2. 민주화, 시장화 이후, 노동시장 제도의 변화

이 장에서는 민주화 이후 노동시장 제도의 실질적 변화를 간략히 확인하기 위해 주로 실업급여와 고용보호제도의 변화를 추적한다.

1) 실업급여제도의 도입 및 변천

실업급여제도의 구조

1995년 고용보험의 도입 이후, 실업급여는 보험의 성격과 복지의 성격을 동시에 가지는 한국 노동시장의 핵심 제도로서 기능하고 있다. 실업급여는 도입 이후 몇 번의 제도 개선을 거쳐 현재의 내용으로 정착되었는데, 일단 실업급여의 구조를 살펴보면 변화의 핵심은 세부 수당과 급여를 마련함으로써 노동시장의 위험의 다각화에 따른 연장된 지원을 추진하고 있다는 점이다.

실업급여[3]는 기본급여와 취업촉진수당으로 구성되어 있으며, 이 기본 구성은 95년 도입 이후 현재까지 유지되고 있다. 기본급여(구직급여)는 비자발적인 실업자가 기본 생계를 유지할 수 있도록 하며 동시에 구직활동을 계속해 나갈 수 있도록 돕는다는 측면에서 복지의 성격을 지닌다. 취업촉진수당은 빠른 재취업을 독려하기 위한 것으로 조기 재취업에 대한 인센티브의 성격과, 구직에 도움을 주는 능력개발 및 구직활동비, 이주비 등으로 구성되어 있다. 1998년에는 구직급여 안에 상병급여 및 연장급여제도[4]가 도입되었는데, 이

---

[3] 1996년 8,103명으로 시작된 구직급여 수급자수는 경제위기로 인한 구조조정 여파로 1998년 574,067명으로 급증. 이후 2000년대 초중반 내내 꾸준히 수급자수가 증가하였다(성재민, 2016). 지금은 90만명 수준을 유지하고 있다.

[4] 연장급여는 훈련연장급여, 개별연장급여, 특별연장급여의 세 항목으로 구성되어 있는데, 훈련연장급여란 고용센터의 장이 직업능력개발 훈련 등을 받도록 지시한 경우에 수급자격자가 그 직업능력개발 훈련 등을 받는 기간 중 실업의 인정을 받은 날에 대해 소정급여일수를 초과하여 받을 수 있는 연장된 구직급여를 말한다(수급기간은 2년을 한도로 하며, 우선선정 대상자는 일용근로자, 중증장애인 등의 취약 계층이며, 그 수급은 훈련연장급여 심의위원회의 결정을 거쳐 결정된다(「고용보험법」 제51조제2항)). 개별연장급여란 취업이 특히 곤란하고 생활이 어려운 수급자격자로서 일정한 요건을 갖춘 경우에 실업의 인정을 받은 날에 대해 소정급여일수를 초과하여 받을 수 있는 연장된 구직급여로 최대 60일 간 받을 수 있다(「고용보험법」 제52조제1항). 특별연장급여란 실업의 급증 등 일정한 사유가 발생한 경우에 수급자격자가 실업의 인정을 받은 날에 대해 소정급여일수를 초과하여(60일까지) 받을 수 있는 연장된 구직급여를 의미한다.

또한 복지의 성격이 강한 급여이다. 상병급여란 수급자격자의 질병·부상 때문에 구직급여를 지급할 수 없거나 수급자격자가 출산으로 인해 구직활동을 할 수 없게 되는 경우 지급하는 실업급여이다. 훈련연장급여는 노동자의 재교육을 통해 재취업과 노동자의 생산성 향상을 꾀한다는 적극적 노동시장제도 (Active labor market policy)의 성격을 지니고 있으나, 일용근로자 및 장애인이 우선급여 대상이라는 점을 볼 때 산업구조의 개편으로 인해 적응이 어려운 피해자를 구제하는 복지의 성격도 가미되어 있는 것으로 해석할 수 있다. 2004년에는 일용근로자, 2012년에는 자영업자에 대해서도 실업급여가 확대되었으며, 최근에는 고용보험 사각지대에 있던 특수형태근로종사자와 예술인도 실업급여 등 고용보험 혜택을 받을 수 있도록 고용보험법 개정이 추진되고 있다. 다만 2020년 상반기 현시점에서 아직 적용되지는 못한 상태이다.

수급 자격요건 변화-대상의 확대, 적용기간 요건의 완화

한편 실업급여 수급자격의 지난 20여 년간의 변화는 수급 대상의 확대 및 수급 자격 기간 요건의 완화로 요약할 수 있다. 이는 고용보험의 주된 가입자인 정규직 노동자에 대한 보호뿐만이 아닌, 간헐적이고 비 상시적인 가입자에 대해서도 그 보호를 확대하려는 노력의 일환으로 볼 수 있다. 또한, 민주화 이후 다양한 취약계층의 필요를 반영할 필요가 있다는 문제의식이 받아들여진 결과라고도 해석할 수 있을 것이다. 급여 수급 자격은 비록 큰 차이는 아니라 할지라도, 자격 발생의 기간이 한 번씩 완화되었다. 1995년 제도 도입 당시에는 실직 이전 12개월 이상 근무한 경우에 자격이 발생하는 것으로 규정하였으나, IMF 구제금융기에는 한시적으로 6개월 이상으로 완화하기도 하였다. 2000년 4월부터는 실업 전 18개월 동안 180일 이상 근로하면 받을 수 있도록 제도를 변경하였는데, 이는 임시직, 시간제 근로자를 위한 고려의 일환으로 이해할 수 있다. 2004년에는 신청일 이전 1개월간 근로한 일수가 10일 미만이어야 한다는 추가규정을 만들어, 일용직 근로자도 실업급여를 받을 수 있도록 자격이 조정되었다. 이후로도 실업급여의 수급 자격요건은 점진적으로 완화되어 왔는

「고용보험법」 제53조제1항 http://easylaw.go.kr/CSP/CnpClsMain.laf?popMenu=ov&csmSeq=722&ccfNo=2&cciNo=4&cnpClsNo=3.

데, 실업을 엄격하게 비자발적 해고로 해석하던 것에서 직장 내 차별이나 부당한 대우 등에 근거한 자발적 실업인 경우에도 그 정당성을 인정하는 것으로 변화해왔다. 2012년부터는 자영업자도 실업급여를 받을 수 있도록 하는 임의가입제도를 시행하였는데, 불가피한 사정으로 사업장을 폐업한 경우 지급한다. 다만 자영업자의 경우 최대 급여일수는 180일로 제한한다.

급여일수 및 임금대체율

급여일수는 1995년 제도 도입 초기 30일이었으나 이후 점차 증가해왔다. 정권이나 당파성의 차이에 따라 급여일수에 조정이 있었다기보다는 경기침체와 같은 계기가 있을 때 급여일수가 점차 증가하는 패턴을 관찰할 수 있다. 2015년에는 급여일수가 90일로 증가하였고, 현재 240일까지 확대되었다. 다만, 특수형태 근로자의 경우, 가령 자영업자의 경우는 급여일이 180일로 제한된다. 급여의 지급은 약 8달의 기간 동안 기본적인 생활을 영위하면서 구직활동을 계속할 수 있게 하기 위한 것으로, 계약 기간이 만료된 비정규직도 정규직과 차이 없이 실업급여를 수급할 수 있다.

임금대체율과 관련, 급여액을 보면 1995년 제도 도입 초창기에는 최저임금의 50%로 매우 낮은 금액이었으나, 1998년 2월 고용보험법 개정에 따라 최저임금의 70%로 상향조정되었다. 2000년 1월부터는 최저임금의 90%를 지급하는 것으로 변경되어 현재까지 큰 변화는 없다. 실업급여액은 실업 전 평균임금의 50%[5]로, 제도 도입 이후 현재까지 수치상의 변동은 없었다. 다만 하한액과(1일 60,220원) 상한액 (1일 66,000원)이 존재하며, 그 간격이 매우 좁아, 기존 고임금을 받던 노동자의 경우 이 액수에 큰 의미를 두기 어렵다. 하한액과 상한액의 좁은 차이(일 5,780원의 차이)가 갖는 의미는, 이 제도가 급여가 높고 안정적인 정규직 종사자의 실업에 대한 위험에 대처하기보다는 노동시장의 외부자에게 최소한의 안정 자금을 제공한다는 뜻이라 보인다. 즉, 실업급여제도 도입 이후 임금대체율과 관련한 제도상의 진보는 없었으며 약간의 물가상승률만 고려하여 상한액과 하한액 기준이 정해졌다고 볼 수 있다. 즉 한국의 경우

---

5) 제도상으로는 실업 전 평균임금의 50%이나, 상한액의 존재로 인해 실제 임금대체율은 40%대이다.

는, 수혜대상은 넓게 하되 그 혜택이 크지는 않게 하는, 일종의 얕지만 넓은 복지를 추구하는 것일 수 있다. 임금과 고용의 안정성이 높은 정규직 노동자의 경우 실업의 위험이 그리 높지 않다는 점을 고려하면, 실업급여의 임금대체율은 비정규직, 시간제, 일용직 노동자에게 주로 적용된다. 따라서 임금대체율을 보다 높일 경우 이는 어느 정도 저소득층의 소득을 보전하는 복지의 성격을 가지며, 특히 저소득 실업자를 위해서는 하한액 기준이 더 중요하다.

지금까지의 내용을 요약 정리하자면, 고용보험이 내실화되는 과정에서 이전에는 가입이 안 되던 취약근로자 집단의 고용보험 가입이 가능해지는 방향으로 제도가 변화하였다. 비정규직의 증가, 상시적인 고용조정에 따른 실업 위험 증가 등으로 인한 비자발적 실업자가 많이 증가함에 따라 이들의 실업급여 수급 역시 크게 늘어났다. 도입 초에 비해 여성의 수급비율이 크게 증가한 것도 확인된다(초기 24%에서 50%까지 증가함). 임금대체율 추이를 보면, 제도 출범 초기 43.3%로 출발하였으며, 2000년대 중반까지 45% 미만, 그 이후로는 50%에 근접하고 있다. 이는 OECD 평균에 비해 상당히 낮은 대체율이다.[6]

그림 6   임금대체율 추이

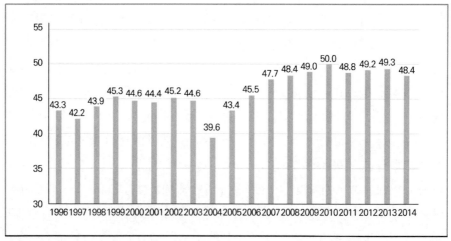

출처: 고용보험 DB (성재민 2016 재인용)

---

6) 평균임금을 받는, 아이가 없는 독신 근로자를 기준으로 실업급여 대체율을 비교해보면, OECD평균은 2017년 기준 55%, 한국은 46%이다(OECD, Net Replacement Rates in Unemployment, https://stats.oecd.org/Index.aspx?DataSetCode=NRR#, accessed on 20 March, 2020)

2) 고용 보호

다음으로 고용 보호와 관련된 제도, 즉 고용 및 해고와 관련된 절차 및 규제 등이 민주화, 시장화 이후 어떻게 변화해왔는지 추적한다.

한국의 고용보호법제는 근로기준법을 기준으로 하고 있다. 한국의 근로기준법은 민주화 이전에는 거의 작동하지 않다가 민주화 이후, 그리고 1995 개정 이후 상당한 실효성을 갖게 되었다. 민주화 이전에는 사실상 근로기준법이 유명무실했던 것에 비해, 민주화 이후에는 근로기준법에 명시된 노동자의 권리가 법적으로 인정받게 되었다. 해고와 관련하여, 1998년 근로기준법 개정 때까지는 무엇이 해고의 정당한 사유인지 명시적인 규정은 없었고, 주로 판례에 의존해 왔다. 1998년의 근로기준법 개정은 IMF 구제금융의 조건으로 노동 유연성 증가를 요구받은 후, 기업 구조조정의 일환으로 인원 감축에 대한 법령상의 근거를 마련하기 위함이었다. 이후 경영상 이유로 정리해고가 가능해졌으며(근로기준법 제31조, 1998년 개정), 이후 경영상 정리해고의 필요성의 범위 해석에 대한 대법원 판결이 보다 유연해졌다(1991년 판례).

먼저 해고 관련 법제를 확인해보면, 우리나라의 경우 근로기준법에서 정당한 이유가 없는 해고를 금하고 있기 때문에, 법제의 경직성이 상당히 높은 편이다. 1997년의 근로기준법 개정은 '긴박한 경영상의 이유'를 정리해고의 정당한 이유 중 하나로 명시하였으나 무엇이 긴박한 경영상의 이유에 해당하는지에 대해서는 구체적으로 명시하지 않아 상당한 혼란이 존재한다. 결과적으로 해고가 정당한지에 대해 일일이 법원의 판단을 구하고 있는 실정이다. 외환위기 이후 1998년의 근로기준법 재개정 이후에는 사업장의 폐쇄, 사업의 양도 및 M&A 등을 긴박한 경영상의 이유에 포함시키는 것으로 구체화하였다. (다만 사측과 노측의 긴박한 경영상의 이유에 대한 의견 일치가 어려워, 계속적으로 법원에 판단을 구하고 있는 실정이다). 98년 법 개정 이후 해고의 경직성이 증가하였는데, 해고 대상자의 선정 기준 등에 대해 노조대표자 등과 협의를 거쳐야 한다는 규정 등이 추가되었기 때문이다. 해고예고기간에 대한 규정의 경우, 사전 통보와 관련 1997년 법개정 이전에는 30일 이전 해고통지를 해야 했는데, 1998년 개정 이후 60일 이전 통보로 바뀌었다.[7] 해고예고수당의 경우에는, 해고예고기간을 지키지 못했을 경우에는 30일 분의 통상임금을 지급해야 한다는 규정이 만들어졌고, 그 액수의 경우에도 최소한 퇴직 전 임금×근속연수의 50%을 상회해야 한다는 규정이 추가되었다. 부당해고의 경우, 2014년 7월 신설된 규정에 따라 부당해고에 대해 노동위원회에 구제신청이 가능해졌다.

해고를 어렵게 하는 것은 노동자 보호를 위한 것이기도 하지만, 그 경직성이 높아지는 경우 부작용이 발생할 수 있다. 우선 기업들이 절차적 제도적 규정을 회피하면서도 정당성을 확보하기 위해 한직 발령이나 소위 따돌림과 같은 부도덕한 수단을 활용하여 자발적 사직을 강요하거나, 집단 해고 등의 협상 과정에서 노조 협의에 긴 시간을 소요하게 함으로써 절차적 비용이 크게 증가할 수 있으며, 또는 무능력하거나 회사에 불필요한 사람을 계속 고용해야 한다는 데서 오는 불합리함이 있다. 또한 해고의 경직성은 외부자의 정규직 노동시장 진입을 어렵게 함으로써 노동자 보호라는 취지에 걸맞지 않게 노동시장 이중구조를 오히려 고착화할 위험이 있다.

종합적으로 판단할 때 한국은 1997년의 근로기준법 개정을 통해 정리해고가 가능해지면서 집단해고에 대한 규제는 완화되었으나, 개별해고 측면에서는 해고를 위한 요건과 절차를 까다롭게 만듦으로써 규제를 강화한 측면이 있으며, 2010년 이후에도 특히 부당해고에 대해서는 규제를 완화하기보다는 보다 강화하는 추세이다. 결과적으로 한국의 정규직 고용유연성 수준은 OECD 국가 중에서도 낮은 수준이다. OECD가 제공하는 해고의 엄격성 지수(Strictness of Employment Protection Legislation)를 확인하면 <표 6>과 같다.

그렇다면 임시직에 대한 고용 및 해고 관련 규제는 어떠한 변화를 겪었는가? IMF구제금융기에 한국은 노동유연성을 크게 높일 것을 주문받았는데, 제도적으로 확인해보면 한국은 정규직에 대한 고용보호장치 및 고용안정성과 관련된 법제들은 크게 변화시키지 않으면서 임시직을 허용하는 법을 통해 전체적인 고용유연성을 확보한 것으로 보인다.[8] 2007년 비정규직법 도입 이후, 기

---

7) 이 외에도 98년 재개정에서는 세 가지 추가적인 절차가 명문화되었다. ① 고용주는 해고회피를 위한 모든 노력을 해야 하며, ② 합리적이고 공정한 해고의 기준을 세워 해고 대상자를 선정해야 하며, ③ 해고 회피 방법 및 해고 기준과 관련하여 노동조합 혹은 근로자대표와 성실한 협의를 갖는다. 1998년의 법개정은 두 가지 요건이 추가되었다. ① 경영상의 이유에 의한 고용조정의 경우 노조에 60일 이전에 통보하여야 하며 ② 일정한 규모 이상의 고용조정을 하려는 경우 노동부 장관에게 신고해야 한다.

업 입장에서는 정규직 고용보다는 규제가 다소 약한 임시직을 활용하는 것이 비용 감축과 제도적 유인이 크다. 1년 미만의 계약직 고용의 경우 사용규제가 거의 없고, 퇴직금을 지급할 필요도 없기 때문이다. 또한 계약직 고용의 경우 고용 종료일이 분명하게 명시되어 있으며, 파견제도를 이용하면 자사의 고용 인원이 아니기 때문에 해고통지나 해고수당 등과 같은 절차적 요건을 회피할 수 있다. 하지만 이는 사회적 약자의 비용으로 정규직 고용보호를 유지하는, 일종의 역진적 성격을 지닌다. 비정규직 사용규제는 비정규직의 정규직 전환을 염두에 둔 입법 취지와는 다르게, 비정규직의 계약기간과 갱신 횟수를 법으로 명시함으로써 기업 입장에서는 오히려 재계약과 정규직화에 부담을 느끼게 되어 인력을 지속적으로 교체하게 만들었기 때문이다. 정규직 사원을 해고하기가 훨씬 더 어렵다는 점도 기업이 비정규직을 통해 유연성을 확보하고자 하는 유인을 준다. 그러나 적어도 계약 기간 내에 대해서는 비정규직도 정규직에 비교해 유사한 수준의 보호를 받는다. 또한 비정규직의 갱신 기대권에 무게를 두고, 계약기간을 2년으로 제한한 기간제 근로자라도 정당한 사유 없이 계약 만료를 이유로 함부로 해고할 수 없다는 2014년의 판례도 존재한다.

---

8) 가령 정부가 보조하는 단기취업정책 등을 통해 유연성 조절이 가능하다(남성일, 1999). Houseman and Abraham(1995)은 미국과 유럽국가들의 고용조정의 중요한 차이로서 정부가 보조하는 단기취업정책을 들고 있다.

표 6	해고의 엄격성 지수−1990 이후					
	개별해고(정규직)		개별해고(비정규직)		집단해고*	
	한국	OECD평균	한국	OECD평균	한국	OECD평균
1990	3.04		3.13			
1991	3.04		3.13			
1992	3.04		3.13			
1993	3.04		3.13			
1994	3.04		3.13			
1995	3.04		3.13			
1996	3.04		3.13			
1997	3.04		3.13			
1998	2.37		3.13			
1999	2.37		2.13			
2000	2.37		2.13			
2001	2.37		2.13			
2002	2.37		2.13			
2003	2.37		2.13			
2004	2.37		2.13		1.88	
2005	2.37		2.13		1.88	
2006	2.37		2.13		1.88	
2007	2.37		2.13		1.88	
2008	2.37	2.17	2.13	1.75	1.88	2.89
2009	2.37	2.16	2.13	1.75	1.88	2.89
2010	2.37	2.15	2.13	1.76	1.88	2.92
2011	2.37	2.12	2.13	1.74	1.88	2.92
2012	2.37	2.08	2.13	1.74	1.88	2.91
2013	2.37	2.04	2.13	1.72	1.88	2.9

출처: OECD

* 집단해고의 경우 개별해고와 비교해 추가적으로 요구되는 제약을 측정한 것으로, 따라서 단독 해석은 불가, 개별해고 지수에 부가하여 해석해야 함

한편 비정규직에 대한 고용규제를 회피하기 위해 활용되는 것은 파견직 고용으로, 이는 근로자를 직접고용하는 것이 아니라 파견 회사에 고용되어 있는 근로자를 빌려 쓰는 제도이다. 한국에서는 1998년에 [파견근로자보호 등에 대한 법률]로 합법화되었다. 당시 파견을 허용하는 직종은 26개 직종이었으나, 현재는 32개 직종으로 늘어났다. 이명박 정부 시기 파견직종의 수를 크게 늘리려는 입법 시도가 있었으나 노동계의 반발로 무산된 바 있다. 한국은 1회에 한하여 파견계약을 허용하며 최대계약기간이 24개월을 넘을 수 없으며, 파견허용직종은 대부분의 국가들과는 다르게 포지티브제로 운영하고 있어 기업들의 반발을 사고 있다.

한국의 경우 다른 국가들과 달리 임시직이라 하여도 노동법의 보호측면에서는 상당부분 정규직과 동일한 수준으로, 해고통지 규정 및 퇴직금 및 4대 보험 규정은 동일하다. 근로기준법 적용범위의 확대로 인해 고용보호의 수준은 적어도 계약 기간 내에는 동일하다는 점을 확인할 수 있다. 1989년 근로기준법 개정 이전에는 근로기준법의 적용 범위를 10인 이상 사업장으로 두었지만, 점차 5인 이상, 그리고 현재는 전체 사업장으로 확대되었기 때문이다. 따라서 민주화, 시장화 이전에 비해서도 파견법의 시행을 제외하고는 임시직 고용 유연성이 높아졌다고 볼 수는 없다고 주장하는 연구 결과도 있다. 즉, 노동시장의 필요에 따라 파견이나 용역 등의 규제를 완화하면서도, 적어도 계약 기간 내에는 유사한 권리가 부여될 수 있도록 노력해왔다는 것이다(김승택, 2006).

Ⓥ 노동시장에서의 국가의 복지역할의 변화와 해석

위에서 살펴본 제도 변화를 중심으로 노동시장에서의 한국의 복지역할의 변화를 해석해보면 다음과 같다. 일단 실업급여의 경우 수급 대상을 크게 확대하였는데, 1996년 8,000명 수준에서 현재 90만명 수준으로 실업급여 수급자 수가 증가하였다. 고용보호법에 따라 일부 시간제 노동자를 제외하면 고용보험 가입이 의무화되면서 취약근로자 계층의 고용보험 가입이 늘어났고, 비정규직의 증가 및 상시적인 고용조정에 따른 실업 위험 증가 등으로 인한 비자발적 실업자의 실업급여 수급이 늘어난 것으로 보인다. 이는 결과적으로 시장화가 가져온 노동시장의 위험 증가에 대해 정부가 민주적 반응성을 통해 응답하는, 복지적 성격의 확대로 해석할 수 있을 것이다. 수급자가 증가함에 따라 고용보험료율도 조금씩 상승해왔다(현행 1.3%에서 1.6%로 증가 예정). 다만 신사업의 등장으로 인해 전면에 등장했으나, 제도의 사각지대에 놓여있는 플랫폼 노동자에 대한 보호가 부재하다는 점은 현 노동시장제도가 가지는 제도적 한계이다. 현 제도하에서 전체 실업자 중 실업급여 수급자는 약 60% 정도로, 여전히 제도의 밖에서 수급 요건을 충족하지 못한 실업자들이 상당수 존재한다는 점은 장기실업자에 대한 정부역할의 필요성을 보여준다.

해고 관련 법제의 경우, 해고예고기간, 해고예고수당의 지급 관련 일수 등에 있어 아주 근본적인 변화는 없었지만, 예고기간 및 지급 일수는 약간씩 상승한 것을 확인할 수 있다. 그러나 사용자의 입장을 반영한 예외규정이나, 반대로 노동자의 입장을 반영한 추가 법제들이 추가, 개정된 것 역시 확인할 수 있어, 시장의 상황과 노동자 모두를 고려하기 위한 조치로 보인다. 정부가 양자의 입장을 모두 고려하려는 의도가 엿보이지만 기업계나 노동계 모두가 주장하는 노동법 개정의 방향이 극단적으로 다르기에, 조정의 역할은 사실상 정치적으로나 실질적으로나 쉽지 않은 과업으로 보인다.

우선 사회보장의 성격을 지닌 실업급여 도입 이후의 급여액 확대에 대해서는 당파성의 영향력은 낮은 것으로 해석된다. 당파에 상관없이 1995년 도입 이후 지속해서 실업급여 요건은 완화되었고, 수급자는 확대되었기 때문이다. 임금대체율 개선 역시 김대중 정부와 이명박 정부에서 이루어진 것으로 보인다. 또한 비정규직법과 파견법 등이 진보정권 하에서 도입되었다는 것도 한국의 노동시장제도의 변화에 당파성의 영향은 비교적 제한적이라는 것을 엿보게 한다. 물론 이명박, 박근혜 정부 하에서 임시직 고용규제를 완화하려는 시도가 있었기에, 비록 실패하였으나 이에는 사용자 입장을 반영하려는 의도가 엿보인다는 평가도 가능하다.

또 하나 주목할 만한 점은 노동시장제도의 모호성에 대한 해석이 결국 법원의 판단에 달려있다는 것이다. 특히 해고 관련 규정이 경직적이기 때문에, 이에 관한 판단은 주로 법원에 맡겨지는 상황이다. 가령, "한 번 고용한 직원의 업무능력이 아무리 떨어지더라도 이를 마음대로 해고(일반해고)할 수 없는 게 국내 기업의 현실"9)이라는 지적이 존재하는데, 판례를 살펴보면 법원은 성과나 능력이 기준 미달이더라도 직원이 회사에 아주 큰 손실을 입히지 않는 이상, 무능력이라는 사유로는 고용된 직원의 해고를 거의 허용하지 않는 편이다. 성과에 대한 명확한 기준을 제시하는 것이 어려우며, 이를 입증하더라도 무능력을 개선하기 위한 회사의 노력과 근로자의 개선 가능성 등을 중요하게 판단하기 때문으로 보인다. 근로기준법 제23조에 명시된 해고의 사유는 회사에 끼친 손실 등으로 인한 징계해고 등으로 엄격하게 해석되는 경향이 있어 업무성과 부진으로 인한 해고는 사실상 불가능하다. 노동위원회에서 지난 15년 동안 발생한 저성과 해고사건 중 정규직 노동자에 대한 해고가 정당하다고 본 판정례는 11건으로(2000~2015년 기준), 그만큼 정규직 해고는 경직적이라는 것을 확인할 수 있다.10)

플랫폼 노동과 4차 산업혁명 등으로 노동수요가 줄어들 것으로 예상되는 미래에는 좋은 직업과 노동유연성을 둘러싼 더 많은 갈등이 존재할 가능성이 높은데, 결국 해고에 대한 명확한 법적 기준의 마련에 대한 개정의 노력이 상당히 요구될 것이다. 즉, 정부는 제도의 마련 및 개선에 있어 노동계와 사용자를 중재하는 조정자의 역할을 수행해야 하며, 노동시장 수요충격이 예상되는 상황에서 결국 도입하지 않을 수 없을 것으로 보이는 일반해고안을 어떻게 마련할 것인가에 대해서도 준비가 필요할 것으로 보인다. 이는 정치의 영역이기도 한데, 박근혜 정부가 일반해고에 대한 기준안 마련11)을 시도하였으나, 문재인 정부에서는 공약에 의해 폐기된 바 있다. 그러나 저성과자에 대한 일반해고는 독일에서도 가능하며, 법률보다는 사업장평의회를 통한 평가를 거쳐 보수를 감액하거나, 다른 직무로 배치하는 등의 변경해고제도를 도입하고 있

---

9) http://www.munhwa.com/news/view.html?no=2017092501070539274001
10) http://www.klsi.org/content/8380
11) 소위 '양대지침'으로 불리는 것으로, '공정인사 지침'과 '취업규칙 해석 및 운영에 관한 지침으로 구성되어 있다. 저성과자 해고를 가능하게 하는 일반해고 허용과 취업규칙 변경 요건 완화를 핵심으로 한다.

다는 점을 감안하면, 노동자의 성과에 대한 공정한 평가를 반영하여 노동 유연성을 확보하면서도 노동자의 권리를 크게 침해하지 않을 수 있는 유연한 제도안에 대한 정부의 고려의 필요성이 있다고 볼 수 있다. 노사 불신이 큰 한국의 상황에서 사업장평의회를 통한 중재는 쉽지 않을 수 있다는 점을 고려하면, 정부가 다시금 중재의 역할을 담당해야 할 가능성도 있다.

Ⅵ 결론

IMF 구제금융을 계기로 신자유주의적 경제 구조 개편이 보다 본격화되고 시장화가 진전되면서, 현재 한국의 노동시장은 내부자–외부자로 층화된 (stratified) 구조를 갖추게 되었다. 지난 20여 년, 정부의 노동시장정책 및 제도를 이러한 이중구조를 완화하기 위한 적극적인 시도로 보기는 어렵다. 비정규직 및 파견직의 계약기간을 제한하여 정규직 전환을 유도하겠다는 입법 의도와는 다르게 비정규직 법은 사용자 입장에서는 어느 정도 제도적 회피가 가능하게끔 구성되어 있다. 노동유연성의 확보는 정규직에 대한 보호의 완화보다는 비정규직의 증가와 일시적인 일자리 마련과 같은 정책적 개입을 통해 이루어지고 있다. 다만 노동시장의 외부자에 대한 재정적 보조를 상당부문 그리고 지속적으로 강화함으로써, 재정적 보조를 받는 노동시장의 취약계층의 범위를 넓히기 위해 정부가 복지 노력을 강화한 것은 분명해 보인다.

시장환경의 변화와 경제적 제약은 분명 노동유연화의 필요성을 강조한다. 다만 그 유연성을 어떻게 확보할 수 있는가에 대한 당파적 고민이나 환경적 맥락을 고려한 본격적인 제도적 고안은 상당히 부재한 실정이다. 한국 정당들은 복지와 노동보호에 대해 명쾌한 당파적 차이를 보이지 않고 복지이슈에 대해 단기적인 선거공학적 접근을 추구하기 때문에, 한국의 노동시장제도와 정책들을 어떠한 일관성이나 당파성으로는 설명하기란 어려운 실정이다.

그러나 4차 산업혁명과 플랫폼 노동의 등장 등으로 노동시장의 강력한 수요충격이 예상되는 현 시점에서 노동시장에서의 국가의 역할에 대해 다시금

고민할 필요가 있을 것이다. 변화하는 노동시장에 적응하지 못한 사람들은 어떻게 되는가? 그리고 이들에 대한 국가의 대응은 어떠해야 하는가? 즉, 앞으로 노동시장에서의 국가의 역할은 시장에 순응하되, 노동시장에서 밀려난 취약계층 노동자를 단순 보조하는 것으로 충분할까? 아니면 적극적 노동시장 정책을 통해 노동자의 재교육을 독려하고, 일자리 자체가 부족해진다면 노동시간 조정 등을 통해 일자리의 수를 의도적으로 조정하는 보다 적극적인 역할을 추구해야 하는가? 세수의 충분한 증가 요인이 있는 게 아니라면 노동시장의 수요 감소 상황에서 실업에 대한 보조를 지속적으로 높이는 것은 상당한 재정부담을 낳을 수 있다. 현재의 저출산 기조가 지속된다면 미래 부담은 더욱 증가할 것이며 결국 세수 부담 때문에 국가의 복지역할에 대한 축소 요구 또한 강화될 것이다. 반면 적극적 노동시장 정책을 해법으로 제시한다 해도, 한국의 적극적 노동시장 정책에 대한 지출은 점차 증가하고 있으나 OECD 평균 수준에 비하면 아직 크게 낮은 실정이며 그 효과성은 사실 모호하다. 일회성 일자리 창출에 쓰이는 비용은 상당하나, 교육훈련에 쓰이는 지출의 수준은 낮고 교육 프로그램의 질도 기초적이거나 다양성이 부족한, 정부 지원금 요건에 맞춰 업체들이 제공한 커리큘럼에 맞춰져 있는 형편이다. 교육훈련과 같은 적극적 노동시장 정책이 반드시 정답일 수는 없는 이유는 노동 수요 자체가 감소한다면 재교육을 통한 재취업의 효과가 크게 떨어지고, 결국 상향평준화 된 인재들 사이에서의 제로섬 취업 경쟁이 되어버릴 가능성이 높아 정책의 효과성이 크게 떨어질 수 있기 때문이다. 정규직의 고용유연성이 크게 낮아 새로운 기술을 가진 필요한 인재를 고용하는 것이 부담스럽다는 목소리가 높으나, 이를 조정하려는 시도는 상당한 정치적 위험을 수반하기 때문에 의제로 공론화되기도 어려운 실정이다. 그렇다면 결국 국가의 역할은 신성장동력을 발굴하여 일자리를 창출해야 하는 것일까? 즉, 이 시점에서 정부의 적절한 역할을 무엇이라 규정하는 것은 매우 어려운 일이다.

조심스럽게 예견해보자면 결국 미래 노동시장에 대응하는 국가의 역할은 대표성 있는 집단의 정치적 동원과 조직화, 그리고 이에 대한 민주적 반응성의 복합적 결과가 될 것이라 보인다. 어쩌면 취약계층 노동자들이 아예 정치적 대표성에서도 가장 약한 자리로 밀려날 수도 있으나, 한국의 경우 기존 정당들이 아웃사이더들을 어느 정도 끌어안으려고 시도하지 않은 것은 아니다. 반값 등록금이나 무상급식 등의 복지국가 논쟁이 파편적이나마 지속하여 왔고, 일련의 정당들이 이에 대한 공론화 시도를 활발히 해 온 것도 사실이기 때문이다. 복지 의제가 모두 좌파정당에 의해서 주도된 것도 아니다. 기초연금은 박근혜 정부의 공이며, 무당파층을 끌어들이기 위한 전략으로써 복지 의제와 불평등 문제가 선거의 단골 이슈로 등장하고 있다. 한국의 정당은 복지 의제에 대한 확고한 입장이나 계급의식을 가지고 있지 않기 때문에 어쩌면 더 유연한 태도로 사안에 집중할 가능성도 있다.

결국 이 모든 것은 시장 질서에 의존하며 정부 역할이 축소될 것이라 예상하는 의견과 새로운 수요층에 대응하여 정부의 역할이 재편될 가능성에 대한 논쟁을 중심으로 하고 있다. 다만 그 어떤 경우라도 새로운 복지수요(특히 노동시장에서 밀려난 계층)가 발생하리라는 것은 분명하다. 즉, 고용상황에 연계된, 노동시장 연동형 복지수요가 증가할 것이며, 기초소득 도입에 대한 논쟁은 더욱더 활발해질 것으로 보인다. 또한 적극적 노동시장정책과 관련된 논쟁에서는 생산성을 높이면서도 노동수요가 감소하지 않도록, 결국 국가 자체가 노동수요를 만들어내고 적극적 R&D 지원을 통해 새 성장동력을 만들어내는 국가역할의 재정립이 필요할지도 모른다. 시장은 국가로 하여금 시장이 원하는 유연한 노동시장을 만들어주는 보조의 역할을 수행하도록 강요하고 있지만, 민주적 반응성과 국민들의 삶의 질 역시 중시해야 하는 국가는, 오랜 기간 산업정책을 수립하고 집행해 온 한국의 관료적 통제의 관성을 통해 새로운 해법을 적극적으로 고안할 필요성을 절감하고 있을지 모른다. 시장에 반응하면서도 산업정책과 노동시장정책을 통해 국가경쟁력을 유지하면서도 국민의 삶의 질을 유지해야 하는 등, 국가의 복지역할에는 새로운 책임이 부과되고 있다.

| 참고문헌 |

김승택. 2006. 『파견허용업종 연구』. 노동부 연구용역보고서(수행기관: 한국노동연구원).

남성일. 1999. 『노동시장 유연성의 국제비교: 고용유연성 분석』. 고용노동부.

성재민. 2016. "실업급여의 역사와 과제."『노동리뷰』 (2016.11), 20−37.

윤홍식 외. 2018. 『사회경제변화에 따른 지속가능한 사회보장체계 구축을 위한 쟁점』. 경제사회노동위원회 연구용역보고서(수행기관: 인하대학교 산학협력단).

Brady, David, Jason Beckfield, and Martin Seeleib−Kaiser. 2005. "Economic Globalization and the Welfare State in Affluent Democracies, 1975-2001." *American Sociological Review* 70(6): 921-948.

Castells, Manuel. 2004. *The Power of Identity*. Malden: Wiley−Blackwell Publishing.

Dahl, Robert A. 1985. *A Preface to Economic Democracy*. Berkeley: University of California Press.

Downs, Anthony. 1957. "An Economic Theory of Political Action in a Democracy." *The Journal of Political Economy* 65(2): 135−150.

Esping−Andersen, Gøsta, Duncan Gallie, Anton Hemerijck, and John Myles. 2002. *Why We Need a New Welfare State*. New York: Oxford University Press.

Garrett, Geoffrey. 1998. "Global Markets and National Politics: Collision Course or Virtuous Circle?." *International Organization* 52(4): 787-824.

Haggard, Stephan, and Robert R. Kaufman. 2008. *Development, Democracy, and Welfare States: Latin America, East Asia, and Eastern Europe*, Princeton: Princeton University Press.

Hall, Peter A., and David Soskice. 2001. *Varieties Of Capitalism: The Institutional Foundations of Comparative Advantage*. New York: Oxford University Press.

Häusermann, Silja, Tomas Kurer, and Hanna Schwander. 2015. "High−Skilled Outsiders? Labor Market Vulnerability, Education and Welfare State Preferences." *Socio−Economic Review* 13(2): 235−258.

Heritage Foundation. 2020. Index of Economic Freedom. Washington, D.C: Heritage Foundation.

Hotelling, Harold. 1929. "Stability in Competition." *The Economic Journal* 39(153): 41−57.

Houseman, Susan N.. and Katharine G. Abraham. 1995. "Labor Adjustment under Different Institutional Structures." In *Institutional Frameworks and Labour Market Performance*, edited by Friedrich Buttler, Wolfgang Franz, Ronald Schettkat, and David Soskice, 285−315. London: Routledge,

Huber, Evelyne, and John D. Stephens. 2001. *Development and Crisis of the Welfare State*. Chicago: University of Chicago Press.

Huber, Evelyne, and John D. Stephens. 2012. *Democracy and the Left: Social Policy and Inequality in Latin America*. Chicago: University of Chicago Press.

Huber, Evelyne, Francois Nielsen, Jenny Pribble, and John D. Stephens. 2006. "Politics and Inequality in Latin America and the Caribbean." *American Sociological Review* 71(6): 943−963.

ISSP Research Group. 2006. ISSP Role of Government. doi: 10.4232/1.4700 (검색일: 2020. 03. 08.)

ISSP Research Group. 2016. ISSP Role of Government. doi: 10.4232/1.13052 (검색일: 2020. 03. 08.)

Iversen, Torben, and Thomas R. Cusack. 2000. "The Causes of Welfare State Expansion: Deindustrialization or Globalization?." *World Politics* 52(3): 313−349.

Iversen, Torben, and David Soskice. 2006. "Electoral Institutions and the Politics of Coalitions: Why Some Democracies Redistribute More Than Others." *American Political Science Review* 100(2): 165−181.

Iversen, Torben, and David Soskice. 2009. "Distribution and Redistribution: The Shadow of the Nineteenth Century." *World Politics* 61(3): 438−486.

Kim, Tae Kuen, and Karen Zurlo. 2009. "How Does Economic Globalisation Affect the Welfare State? Focusing on the Mediating Effect of Welfare Regimes." *International Journal of Social Welfare* 18(2): 130−141.

Korpi, Walter. 1980. "Social Policy and Distributional Conflict in the Capitalist Democracies. A Preliminary Comparative Framework." *West European Politics* 3(3): 296−316.

Korpi, Walter. 1985. "Power Resources Approach vs. Action and Conflict: On Causal and Intentional Explanations in the Study of Power." *Sociological Theory* 3(2): 31−45.

Lindert, Peter. 2004. *Growing Public: Social Spending and Economic Growth since the Eighteenth Century*. New York: Cambridge University Press.

Meltzer, Allan H., and Scott F. Richard. 1981. "A Rational Theory of the Size of Government." *Journal of Political Economy* 89(5): 914−927.

OECD. 2020. "Net Replacement Rates in Unemployment." https://stats.oecd.org/

Index.aspx?DataSetCode=NRR# (검색일: 2020. 03. 20.)

OECD. 2020. Public Spending on Labour Markets (Indicator). doi: 10.1787/911b8753−en (검색일: 2020. 03. 08.)

OECD. 2020. "Strictness of Employment Protection." https://stats.oecd.org/ Index.

aspx?DataSetCode=EPL_OV (검색일: 2020. 03. 19.)

Pierson, Paul. 1996. "The New Politics of the Welfare State." *World Politics* 48(2): 143−179.

Rehm, Philipp. 2009. "Risks and Redistribution: An Individual−Level Analysis." *Comparative Political Studies* 42(7): 855-881.

Rudra, Nita, and Stephan Haggard. 2005. "Globalization, Democracy, and Effective Welfare Spending in the Developing World." *Comparative Political Studies* 38(9): 1015−1049.

Rueda, David. 2014. "Dualization, Crisis and the Welfare State." *Socio−Economic Review* 12(2): 381−407.

Rueda, David. 2015. "The State of the Welfare State: Unemployment, Labor Market Policy, and Inequality in the Age of Workfare." *Comparative Politics* 47(3): 296−314.

Swank, Duane. 2002. *Global Capital, Political Institutions, and Policy Change in Developed Welfare States.* Cambridge: Cambridge University Press.

Taylor−Gooby, Peter. 2004. *New Risks, New Welfare: The Transformation of the European Welfare State.* New York: Oxford University Press.

Walter, Stefanie. 2017. "Globalization and the Demand−Side of Politics: How Globalization Shapes Labor Market Risk Perceptions and Policy Preferences." *Political Science Research and Methods* 5(1): 55−80.

Wren, Anne, and Philipp Rehm. 2013. "Service Expansion, International Exposure, and Political Preferences." In *The Political Economy of the Service Transition,* edited by Wren Anne, 248-281. Oxford: Oxford University Press.

CHAPTER 03

한국인의 정부역할에 대한 기대와 형성 요인

오현진

Ⅰ 서론

　　민주주의 정치체제에서 거버넌스의 질을 평가하기 위해서는 비단 정부활동과 기능을 효과적으로 수행할 수 있는 제도적 역량뿐만 아니라 정부역할과 성과가 일반 대중의 기대에 얼마나 부응하며 이를 통해 아래로부터의 정당성을 확보하고 있는지 역시 중요하다. 또한 사회구성원이 최소한의 정부개입을 원하는지 혹은 보다 적극적인 정부개입을 원하는지에 따라 요구되는 정부역량과 거버넌스의 형태 역시 달라질 수 있다. 다시 말해 경제 및 복지영역에 있어 정부의 역할이 사회적 합의에 기반을 둘 때 정책실행의 효과와 정당성을 제고할 수 있고, 이러한 사회적 합의나 갈등 여부를 살피기 위해서는 일반 대중들의 정부역할에 대한 인식과 태도가 확인되어야 한다는 점에서 정부활동에 대한 공공의 기대수준과 이를 형성하는 요인이 무엇인지를 이해하는 것이 중요하다(박종민 외, 2016: 63; 박종민·김현정, 2018: 147). 따라서 이 연구는 2006년과 2016년 국제사회조사프로그램(International Social Survey Program, 이하 ISSP)의 정부역할(Role of Government, IV & V)에 대한 인식조사 자료를 활용하여 주로 사회정책 분야에서 한국인들의 정부역할에 대한 기대가 다른 OECD 국가들과 비교할 때 어떤 특성을 보이며, 지난 10년간 어떤 방향으로 변화했는지를 살펴보고, 이러한 기대를 형성하는 개인수준의 요인은 무엇인지를 탐색하고자 한다.[1]

---

1) 정부개입에 대한 시민의 태도라는 영역을 포괄적으로 개념정의하고 있는 롤러(Roller,

정부역할에 대한 여론을 다루는 기존 연구들의 관심은 크게 두 가지 유형으로 수렴된다고 볼 수 있다. 첫째, 정부책임, 정부지출, 정부의 경제개입에 대한 태도 혹은 주요 정책분야별 운영 주체에 대한 태도를 분석함으로써 시민들이 정부에 대해 보다 큰 역할을 기대하는지 혹은 보다 작은 역할을 기대하는지를 집합적 수준에서 살피거나 둘째, 이러한 정부역할에 대한 태도와 주요 사회경제적 배경변수 또는 가치·이념변수 간의 관계를 분석해 누가 어떤 정부를 지지하는지 미시적으로 들여다본다. 주로 서구 복지국가를 다룰 때 언급되는 계급이나 계층에 기반을 둔 균열구조를 반영하는 분화양상이 한국의 경우에도 나타나는지, 아니면 다른 비(非)계급적 요소가 태도의 수렴 혹은 분화를 더 명확하게 설명할 수 있는지를 논의한다.

　　이와 관련한 앞선 연구들은 한국인들이 사회정책분야에 대한 정부개입에 대하여 비교적 합일된 확고한 지지를 보여 왔으며 이를 주로 정치 문화적 요인, 즉, 한국에서만 볼 수 있는 강고한 평등주의로 해석하거나(강명세, 2018) 발전국가라는 역사적 맥락 속에서 국가적극주의(state activism) 전통이 여전히 지배적이라고 결론 내리기도 한다(박종민, 2008). 과연 복지국가의 정당성(legitimacy)은 사회정책분야에 있어서 정부의 적극적 개입에 대한 대중의 합일된 지지가 확보되어야 함을 의미하며, 이것이 정부 사회정책의 효과를 최적화하는 데 있어 선행되어야 할 필수조건이라고 할 수 있는가? 이러한 문제의식으로부터 출발해 이 글에서는 정부역할에 대한 한국인의 기대만을 따로 추출하여 "여론－정책 연계(opinion－policy link)"의 가정을 대입시키기보다는 실제 제공되고 있는 정부의 사회정책과 관련한 객관적 경제지표와 시민의 기대를 서로 병렬시켜 봄으로써 정책수요와 공급의 균형 차원에서 보다 입체적으로 보고자 한다. 즉 한국의 현 경제규모를 감안해볼 때, 다른 OECD 국가들과 비교할 경우 국민총생산 대비 사회정책분야 공공지출의 규모나 재분배효과를 나타내는 세전－세후 지니계수의 감소분은 아직도 상당히 낮은 편이며 이로 인해 왜소한

1998: 165)는 일반적인 수준에서 정부역할에 대한 시민의 기대를 다룬다 하더라도 응답자들은 자연히 사회복지분야를 연상하기 마련이며 따라서 정부역할의 확장 혹은 축소에 대한 시민의 선호는 주로 복지국가담론의 맥락에서 논의되어 왔다는 점을 환기시키고 있다. 이 글에서도 경제, 국방, 치안, 환경, 문화예술 등의 영역을 모두 포괄하기보다는 주로 사회정책분야에 있어서 정부의 공적책임에 대한 기대와 정부관여의 강도에 관한 선호에 보다 초점을 맞추고자 한다.

(small) 혹은 미성숙한(immature) 복지국가에 머물러있다고 평가되기도 한다 (Yang 2017; 강명세 2018). 그러나 한국과 비슷한 공공복지지출 규모나 재분배 효과를 보이는 칠레, 터키에서의 정부책임 및 지출 증대에 대한 사회적 요구는 한국에 비해 훨씬 강한 편이다. 그렇다면 왜 칠레나 터키에 비해 한국에서는 정부역할의 확장에 대한 지지 여론이 상대적으로 약하게 표출되고 있는가라는 질문을 제기해볼 수 있다. 이러한 횡적 비교와 더불어 종적인 변화 역시 살펴본다면 2016년 조사된 ISSP 한국 자료를 통해 본 사회정책분야 정부역할의 확대에 대한 여론은 여전히 지지 의견이 축소보다 우세하기는 하나 10년 전인 2006년에 비해 그 비중이 현저히 감소한 편이다. 2008~2010년 글로벌 금융위기 등의 확산으로 시장의 불확실성이 높아지면서 미래에 대한 위험인식과 사회안전망에 대한 필요가 급증하였고 국내적으로도 정부의 사회복지서비스 확대 노력이 계속되어 시민의 가시적이고 직접적인 복지수혜경험이 누적되고 있음에도 불구하고 사회정책분야에 대한 정부개입 지지 의견이 줄어든 이유는 무엇인가. 이 글에서는 이러한 집합적 수준에서 나타나는 한국인의 정부역할에 대한 기대의 특성과 진화 양상을 기술하고는 있으나 이에 대한 인과적 설명을 시도하지는 않는다. 대신 한국인의 정부역할에 대한 태도를 형성하는 기반이 무엇인지에 대한 미시적인 접근에 보다 집중함으로써 앞선 두 개의 질문과 연계될 수 있는 함의를 도출하는데 의의를 둔다. 따라서 이후 본문에서는 정부역할에 대한 태도의 형성이 선행연구들에서 강조하는 사회경제적 지위 및 인구사회학적 요인에 근거한 합리적 이해계산에 기반해 있는지, 아니면 보다 근본적인 개인의 가치나 정치이념에 의해 큰 정부 또는 작은 정부를 선호하는지, 혹은 공적주체에 대한 신뢰나 현재 실행중인 사회정책의 효과성에 대한 평가와 같은 주관적 태도변수가 중요한지를 탐색해본다. 이러한 작업을 통해 한국에서 정부역할을 둘러싼 사회적 합의 및 갈등양상을 심층적으로 들여다보고 한국사회에서 정부역할의 재정립에 대한 이론적·경험적 논의를 이어가고자 한다.

1970년대 중반 이후 서구의 복지수요로 인한 재정위기 및 정부과부하 문제 등으로 큰 정부에 대한 비판이 대두되면서 비효율적인 공공부문의 축소 및 시장기능의 강화를 강조하는 신자유주의 정책이념이 확산되었다. 특히 급증하는 정부지출에 따른 세금부담과 조세저항으로 복지국가에 대한 시민들의 지지가 약화됨에 따라 복지국가의 정당성이 위기에 직면할 것이라는 담론 역시 팽배하였다(Wilensky, 1975; Offe, 1987; Pierson, 1994). 이후 전 세계적으로 강도 높은 복지국가 구조조정 및 재편이 시행되었음에도 불구하고 학계나 언론의 우려와 달리 실제 여론조사 상으로는 사회복지제공의 공적책임에 대한 시민의 지지가 여전히 상당한 수준을 유지하였고 국가별로도 다양한 차이를 보였다(Gelissen, 2000). 이러한 현상을 설명하기 위해 현재까지 여론조사 자료를 활용한 국가수준의 비교연구 및 개인수준의 선호형성 연구가 활발히 진행되어 오고 있다.

먼저 기존 연구들은 정부가 관할하는 영역(scope of government)에 대한 기대를 크게 정부활동의 범위(range/extensiveness)와 정부관여의 강도(degree/intensity)로 개념적으로 구분하는데서 출발한다(Roller, 1995; Gelissen, 2000). 즉 하나는 시민들이 정부책임에 해당한다고 보는 정책분야의 범위가 어디까지인지, 다른 하나는 일반 시민의 기대에 부응하기 위한 정부개입의 강도가 어떠한지에 대한 시민의 인식을 가리킨다(박종민, 2008; 박종민·왕재선, 2004). 먼저 롤러(Roller, 1995: 165)에 따르면 정부역할에 대한 시민의 지지는 크게 정부개입의 목표(goals), 정부개입의 수단(means), 정부개입의 결과(outcome), 이러한 세 가지 차원으로 나눌 수 있다.[2] 이 중 정부개입의 목표의 경우 앞서 말했듯이 사회복지에 대한 공적책임의 범위, 공적책임을 수행하기 위해 요구되는 정부개입의 강도로 구분할 수 있다(Roller, 1995: 167). 이러한 두 가지 유형의 시민 기대를 측정하기 위해 주로 활용되는 설문문항은 사회정책분야에 대한 국가의 공적책임이 어느 정도인지를 묻는 문항과 정부재정지출 수준에 대한 주관적 의견을 묻는 문항들이다. 다음으

---

2) 복지국가에 대한 태도의 다차원성을 다룬 Roosma et al.(2013: 238)의 연구도 정책목표의 수립-실행-결과의 과정을 따라 총 7가지의 세부차원으로 구분하고 있다.

로 정부개입의 수단(means)의 경우에도 보다 장기적인 시점에서 사회복지제도 전반(institutions)에 대한 평가에 해당하는지 혹은 단기적인 개별 사회복지프로그램(programs)에 대한 태도에 초점을 맞추는지에 따라 구분할 수 있다. 마지막으로 정부개입의 결과적 차원에서는 원래 실현하고자 했던 결과인지 혹은 의도하지 않았던 결과인지(intended or unintended)로 구분한다. 이 글에서는 이러한 정부역할에 대한 기대라는 개념의 포괄적 정의 가운데 목표의 차원, 즉 '사회복지의 공적책임 범위'와 '정부관여 강도에 대한 시민의 기대'에 초점을 맞춘다. 여기에 겔리슨(Gelissen, 2000: 286－287)은 공적책임의 범위와 강도에 대한 선호가 서로 위계적으로 배열되어 있다는 점을 강조한다. 즉 정부활동의 범위(government responsibility)는 보다 추상적이고 규범적인 차원이기 때문에 합리적 이익계산보다는 가치·이념적 또는 규범적 요인의 영향력에 의해 작동하는 편이며 대체로 보편적 복지국가론 혹은 신자유주의적 복지담론에 동의하는지가 반영된다고 말한다. 이렇게 사회복지제공에 있어 정부의 공적책임을 지지하면서도 공공의 기대를 실현하기 위한 정부개입의 강도에 있어서는 의견이 다를 수 있는데 정부관여의 강도(government spending)의 경우 상대적으로 보다 세부적인 하위차원으로서 가치·이념적 요인보다는 자기이해 요인에 더 영향 받기 쉬우며 이로 인해 사회계층에 따른 균열(social cleavage)이 정부책임보다는 정부지출에 대한 선호에서 보다 뚜렷하게 드러나는 편이라는 구조적 속성도 추가한다.[3]

이러한 정부개입의 범위와 강도에 대한 대중의 기대를 추동하는 개인 수준의 요인으로는 위에서 언급된 자기이익에 기반하거나 보다 기저에 자리한 가치정향으로부터 비롯된다는 설명이 대표적이다(Sears et al., 1980; Roller, 1995; Gelissen, 2000; Van Oorschot, 2000; Taylor－Gooby, 1985; Blekesaune and Quadagno, 2003; Linos and West, 2003; Jaeger, 2006; Kumlin, 2007). 먼저 복지국가에 대한 지지 형성을 합리적 선택 모형에 기반하여 주로 사회적 지위나 생

---

3) 특히 대중을 대상으로 한 설문조사 결과를 분석할 시 이러한 정부역할에 대한 태도의 다차원성에 대한 이해가 요구된다. 즉 정부책임에 대한 추상적 차원의 지지는 보편적으로 높게 나올 수 있으며, 특정 복지프로그램에 대한 설문에는 보다 사적이해관계에 민감하게 반응할 수 있다는 점, 또한 설문문항의 워딩에 따라 응답에 영향을 미칠 수 있다는 점에 대해 유의해야 한다(Kangas, 1997). 한국인의 복지의식을 연구한 최균·류진석(2000)도 정부개입 확대에 대한 규범적 차원의 지지는 높지만 이에 수반되는 비용에 대한 조세부담을 문항에 명시하게 되면 지지가 약한 편임을 보여준다.

애주기에 따른 복지혜택 혹은 조세부담 여부를 손익 계산하고 자기이익에 기반해 선호를 형성한다는 자기이익가설(self-interest thesis)이 있다. 여기에는 복지국가로부터 누릴 직접적인 혜택을 기대하는 단기적 이익뿐만 아니라 현재의 납세부담을 감수한다 하더라도 장기적으로는 공동체의 사회안전망 강화와 사회적 연대를 통해 위험으로부터 체계적으로 보호받기를 선호하는 일종의 계몽된 자기이해(enlightened self-interest)에 따른 지지까지 폭넓게 적용될 수 있다. 이러한 자기이익가설에서는 한 개인의 사회구조적 지위나 생애주기와 같은 인구사회학적 변수로부터 정부역할에 대한 태도를 추론한다. 예를 들어, 노동시장에서 지위가 불안정하며 사회적 위험에 더 쉽게 노출된 비숙련노동자나 비정규직 종사자, 실업급여에만 의존해야 하는 실업자들의 경우 정부의 재분배 노력에 대해 더 강하게 지지할 것으로 예측한다(Svallfors, 1997; Wilensky, 1975). 이와 더불어 소득 혹은 교육 변수 역시 사회서비스 공급에 대해 누가 비용을 지불하고 누가 혜택을 받는가의 문제와 직접적으로 연관되어 있다. 즉 고소득집단일수록, 교육수준이 높은 이들일수록 사회적 위험에 덜 취약한 편이며 사적 자산을 축적하여 사적 안전망이라는 대안을 추구할 수 있기 때문에 국가가 제공하는 사회보험에 대한 의존도가 낮으므로 정부개입에 대한 지지가 약하다는 가설이 도출된다. 물론 같은 교육변수의 중요성을 인정하면서도 반대로 교육의 민주적 가치에 대한 정치사회화 효과에 보다 주목하여 교육연수가 길수록 사회적 평등과 사회적 권리에 대한 인식이 강화됨에 따라 복지국가에 대한 지지가 높게 나타난다고 주장하기도 한다(Hasenfeld and Rafferty, 1989). 또한 은퇴 후 연금수급자, 실업자, 장애인 등 현재 노동시장에 참여하지 않고 국가의 복지제공에만 생계를 의존하는 이들의 경우 부양계층(transfer class)이라고 부르며 복지수급의 확대와 유지에 강한 이해관계를 가질 것으로 본다(Pierson, 1994; Corneo and Gruner, 2002). 한편 인구사회학적 변수 중에서도 복지프로그램에 의존하는 정도에 따라 복지국가에 대한 태도가 달라진다고 보는데 성별변수의 경우 여성이 남성에 비해 노동참여가 낮은 편이며 주로 보육 및 간병 등 돌봄 의무를 떠맡게 되면서 국가의 사회복지정책에 대한 의존도가 더 높기 때문에 복지국가에 대해 보다 호의적일 것으로 기대된다(Svallfors, 1997). 연령변수의 경우 젊은 세대는 노동시장의 진입장벽 혹은 실업의 위험에 더 노출되어 있다는 점에서, 고령층은 은퇴 후 노인연금이나 보건의료 등 국가의 사회복지제공에 대한 의존도가 훨씬 높아지기 때문에 복지국가를 지지할 것으로 예측한다(Busemeyer et al., 2009). 복지분야 정부역할에 대한 한국인들의 태도를 다루는 선행연구들은 여전히 상반된 경험적 근거를 토대로 사적이해에 기반한 계급/계층 중심적 접근의 통계적 유의성에 대한 논쟁을 지속하고 있다(이성균, 2002; 김신영, 2010; 김영순·여유진, 2011; 노법래, 2012; 김수완 외, 2014; 허수연·김한성, 2016; 최효노, 2018; 이철승 외, 2018).

한편 가치이념지향 가설(value-based thesis)은 단순히 자기이익을 중심으로 한 물적이익 계산에 의해 개인의 정치적 태도나 선호가 결정되는 것은 아니며 사안에 대한 인식 혹은 해석의 틀을 제공하는 보다 장기적이고 안정적으로 지속되는 가치 및 이념체계에 의해 영향을 받는다고 주장한다. 예를 들어 공정성과 연대 규범의 전통(Rothstein, 1998; Mau, 2004), 평등주의에 대한 신념(Blekesaune and Quadagno, 2003), 사회계층간 이동에 대한 신념(Linos and West, 2003), 정치이념(Jaeger, 2006) 등 역사적으로 한 사회공동체 속에 배태된 가치 및 신념체계가 복지국가에 대한 시민의 선호를 결정하는 데 중요한 영향을 미친다고 보는 것이다. 구체적으로 우파적 정치성향 및 보수정당 지지의 경우 시장의 효율적 자원배분 기능을 중시하고 최소규제의 작은 정부를 지지하며 기본적인 생활유지와 복지는 정부개입보다는 개인의 선택과 책임임을 강조한다. 특히 신자유주의 담론의 경우 사회복지분야에서의 정부역할의 확장을 시민 개개인의 자유를 침해하는 전제적 권한 행사로서 비판적으로 인식한다(Pierson 1994). 반대로 좌파성향의 경우 전통적으로 노동계급의 이해를 대변하며 사회불평등과 빈곤을 줄이기 위해 시장실패를 교정할 수 있는 정부개입과 정부역할의 확장 및 강화를 기대한다. 사회정의, 평등, 연대 등의 가치를 중시하는 탈물질주의적 가치지향으로의 변화 역시 복지국가에 대한 지지로 이어질 수 있다(Inglehart, 1990).[4]

정부개입에 대한 기대를 형성하는 함수에 있어서 공적기구에 대한 신뢰

---

4) Park(2010)은 2008년 Asia Barometer Survey 자료를 활용해 호주, 일본, 미국, 중국, 인도, 러시아 6개국의 정부 재정지출에 대한 일반대중의 태도 결정요인을 분석하였고, 특히 후기 산업화 국가들에서 좌-우 이념과 탈물질주의 가치의 영향력이 뚜렷하게 나타나고 있음을 보여준다.

나 정부역량에 대한 평가를 간과해서는 안 된다고 주장하기도 한다(Svallfors, 2011; Wendt et al., 2010; Roosema et al., 2013). 즉 제도신뢰가 높은 이들의 경우 복지 분야에서의 공적 권한 역시 적절하게 행사된다고 믿으며 제도에 대한 불신이 높을 경우 공적 권한의 공정하고 적절한 행사에 대해 의구심을 가지기 때문에 복지영역에서의 정부의 적극적 개입에 대한 지지가 낮을 수밖에 없다고 설명한다. 이러한 논리는 대의민주주의 제도의 작동과정에 대한 불신이 클수록, 즉 정책의 결정과정 혹은 집행절차에 있어서 공정성이나 투명성에 대한 불신이 강할수록 정부개입에 대한 지지가 낮다고 설명하는 절차중심적 시각(process-based view)과도 연계될 수 있다(Hibbing and Theiss-Morse, 2004; Esaiasson and Wlezien, 2017: 701). 특히 한국의 경우 공공부문 정부역량에 대한 평가는 OECD 평균을 상회하나 정부기관에 대한 신뢰수준은 상당히 낮은 성과역설(performance paradox)의 대표적 사례라는 점을 감안할 때, 이렇듯 사회정책분야 정부활동에 대한 기대가 복지의 공적책임 확대에 대한 지지로 곧바로 연결되는 것은 아니며 공적복지제공 확대의 필요성에 공감한다 하더라도 공적기구에 대한 신뢰가 낮다면 정부의 복지책임보다는 사적인 사회보장 대안에 대한 선호가 강해진다는 주장이 이를 뒷받침하고 있다(황아란·이지호, 2015; 이현우·박시남, 2016).

이러한 개인의 이해관계나 가치, 주관적 인식과 같은 개인수준의 요인 외에도 제도와 선호간 상호작용에 보다 주목하는 연구들도 있다. 대표적으로 복지레짐의 제도적 특성이 정부 또는 시장에 의한 재분배 선호 및 공동체 연대의식을 형성하는 효과(formative effect)를 가진다고 주장하는 연구들이다(Svallfors, 1997; Rothstein, 1998; Gelissen, 2000; Mau, 2004). 예를 들어 사회민주적 복지레짐의 경우 높은 수준의 복지국가 선호를 형성하며 특히 중산층의 복지국가에 대한 지지를 확보함에 따라 전반적으로 복지국가의 정당성 기반이 확고한 반면 저소득층이나 소외된 계층에 집중된 혜택을 제공하는 잔여주의적 복지모델의 경우 복지국가에 대한 선호 형성 효과가 미약하다고 본다(Esping-Andersen 1990). 개인의 선호 형성에 직접적으로 영향을 미치는 국가수준의 변수 중, 복지제도보다는 객관적인 경제발전과 사회정책의 발달 정도에 따라 시민들이 체감하는 공적자원의 추가적 투입에 대한 한계효용에 주목하는 연구도 있다(Inglehart, 1990). 즉 이미 보편적 복지체계를 갖춘 서구 선진국에서는 현 수준보다 더 강화된 공적책임에 대한 효용의 증가분이 줄어들 수밖에 없는 반면, 미성숙한 복지국가의 경우엔 사회안전망 제공에 대한 정부의 주도적 역할을 강하게 기대하게 되는 것이다(Dallinger, 2010: 345). 한편 경제발전 수준에 따라 어떤 특정한 방향으로의 경향성을 띠기보다는 경기가 호황일 때는 노동시장참여로 어느 정도 임금을 보전하고 재분배에 대한 관용적 태도를 갖기 쉬우나 경기가 불황일 때는 정부의 보호나 보상을 기대하거나 납세피로장벽(tax fatigue barrier)을 가중시킨다는 상황적 요인을 강조하기도 한다(Dallinger, 2010: 346). 이외에 직접세 대 간접세 비중(Wilensky, 1975), 혹은 누진세 및 역진세의 비율(Beramendi and Rehm, 2016) 등 조세제도의 특성에 따라 정부의 복지책임에 대한 시민의 태도가 결정된다고 보는 연구들도 있다.

이상의 이론적 논의에서는 주로 개인의 정부역할에 대한 태도를 형성하는 요인에 대하여 개괄하였다. 마지막으로 강조하고 싶은 점은 집합적인 수준에서 복지영역에서의 정부개입에 대한 지지가 높고 낮은 것에 대하여 다룰 때 단순히 여론과 정책 간 직접적인 연계 가정을 적용하여 정책적 함의를 이끌어내는 것은 주의해야 한다는 점이다. 즉 흔히 정부의 보다 적극적 역할에 대한 사회적으로 합일된 선호의 존재는 정부활동의 정당성과 효과성을 제고하여 더 큰 정부를 유지하게 하는 원동력으로 간주되어 왔다. 사회복지제공에 있어서 공적책임에 대한 시민의 지지가 광범위할수록, 또는 사회집단 간 선호균열의 갈등이 약하고 합일된 여론이 존재할수록 이에 반응하는 정부주도의 사회정책이 충분히 제공된다거나 분배정의를 지향하는 사회라고 등치시키는 것이다. 반대로 사회복지분야 정부역할에 대한 집합적 지지가 낮거나, 또는 정부역할 선호에 있어 집단 간 갈등이 뚜렷할 경우 보다 강화된 사회정책의 제공과 집행에 상당한 제약이 따를 것으로 부정적으로 해석하기도 한다. 그러나 이미 소득불평등 수준이 낮고 경제발전을 이룬 사회 구성원의 관점에서 볼 땐 현 수준의 공공정책에 만족하며 추가적인 자원투입에 대한 효용이 감소하기 때문에 사회정책분야에 있어 적극적 정부개입에 대한 유인이 크지 않을 수 있다(Roller, 1995: 195). 특히 정부지출에 대한 질문의 경우, 현재와 비교해 정부지출을 늘려야 하는지 혹은 줄여야 하는지를 묻고 있기 때문에 현재의 지출수준에 대한 인식이 응답에 영향을 준다는 점을 유의해야 한다. 실제 ISSP, 유럽사회조사(European Social Survey) 등 국제비교여론조사 결과를 보면 스웨덴이나 덴마크 등에서의 시민의 복지에 대한 공적책임의 범위 및 강도에 대한 지지가 다른 OECD 국가들과 비교해볼 때 별로 높지 않은 편이다. 반대로 사회복지지출비중이나 재분배효과가 미미한 편인 헝가리나 칠레와 같은 동유럽 및 남미 국가의 경우 사회복지에 대한 정부책임 지지가 매우 높게 나온다. 이 글 역시 이러한 문제의식을 공유하며 한국인의 정부역할에 대한 태도를 다루기 위해 집합적 지지와 반대의 수준 자체보다도 정부역할의 재규정을 둘러싼 사회적 갈등이 어떤 균열을 따라 조성되고 있는지, 균열의 구조가 얼마나 뚜렷한지를 살펴보는 데 초점을 둔다(Beramendi and Rehm, 2016; Byun, 2019).

Ⅲ 자료분석: 정부역할에 대한 기대

1. OECD 국가비교

앞서 밝혔듯이 정부역할에 대한 시민의 기대 혹은 지지를 다루기 위해 이를 사회정책이 지향하는 목표에 대한 시민의 기대로 개념화하며, 사회복지분야 정부개입의 목표 차원은 크게 정부개입의 범위와 강도로 구분한다. 선행연구를 따라 정부활동의 범위에 대한 선호는 사회정책분야에서의 정부책임에 대한 지지 정도로 측정하며 정부활동이 관여하는 강도에 대한 선호는 정부지출 확대 혹은 축소에 대한 지지로 조작화한다(박종민 2008).

아래는 2016년 ISSP 정부역할에 대한 설문조사 중 사회정책분야 정부지출의 증대에 대한 국가별 선호의 평균과 국내총생산 대비 사회지출 규모의 비율 및 세전-세후 소득의 지니계수 감소분을 통해 측정한 재분배효과와 같은 국가수준의 지표와의 관계를 살펴본 그래프이다.

먼저 <그림 1>은 2016년 ISSP 정부역할에 대한 인식조사 자료를 이용해 OECD 국가들만을 대상으로 사회정책분야(보건의료, 노인연금, 실업보험, 교육 등 총 4개 영역) 정부지출에 대한 선호('1' 훨씬 더 줄여야 한다 – '5' 훨씬 더 늘려야 한다)의 국가별 평균값과 국내총생산(GDP) 대비 사회복지분야 공공지출규모와의 관계를 보여주고 있다. 실제 사회복지분야 공공지출이 높은 프랑스나 핀란드, 덴마크 같은 나라들의 경우 공공지출 증대에 대한 사회의 선호가 낮은 편이며, 반대로 터키, 칠레 등 사회복지지출 비중이 낮은 국가들의 경우 시민들의 복지지출 확대에 대한 기대가 월등히 높은 편이다. 이는 통계적으로도 유의미한 부의 상관관계를 보여준다(Pearson's r = −.5). 이 가운데 한국은 OECD 국가 내에서 사회복지분야 공공지출 비중이 가장 낮은 수준인 10.5%임에도 불구하고 비슷한 공공복지지출 규모를 보이는 칠레(11%)나 터키(12.5%)에 비해 사회로부터의 정부지출 확대에 대한 요구가 낮은 편이다(3.61).

그림 1   대중의 정부지출 증대 지지와 사회복지지출 규모와의 관계

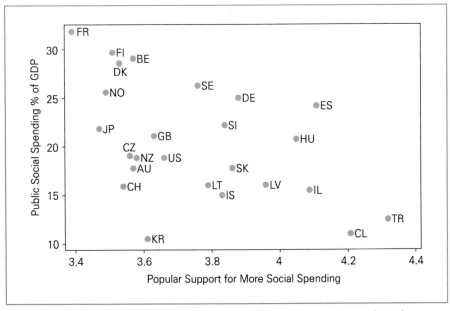

출처: ISSP 2016 Role of Government, OECD Social Expenditure Database (SOCX)

　　<그림 2>는 역시 OECD 국가들간의 사회정책분야 정부지출에 대한 지지와 세전−세후 지니계수의 감소분(*100), 즉 정부에 의한 소득재분배 효과와의 관계를 보여주고 있다. 마찬가지로 정부정책에 의한 소득재분배 효과와 시

그림 2　대중의 정부지출 증대 지지와 소득재분배 효과와의 관계

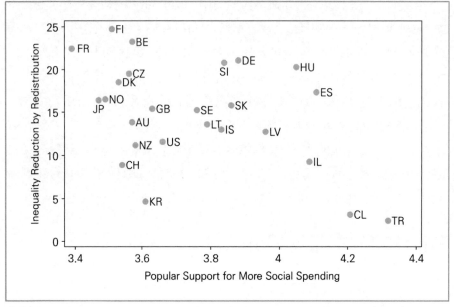

출처: ISSP 2016 Role of Government, OECD Social Expenditure Database (SOCX)

민의 사회정책분야 정부지출에 대한 지지는 통계적으로 유의미한 부의 관계를 보여주고 있다.(Pearson's r = −.45) 정부에 의한 소득재분배 효과가 가장 낮은 터키(2.5), 칠레(3.2)의 경우 시민들의 사회복지 지출 증대에 대한 지지가 눈에 띄게 강한 반면, 핀란드(24.7), 벨기에(23.3), 프랑스(22.5)와 같은 재분배효과가 큰 나라들의 경우 사회로부터의 사회복지 지출 증대에 대한 요구가 상대적으로 낮은 편에 속한다. 한국은 위와 동일한 패턴으로 정부정책에 의한 재분배 효과는 칠레나 터키와 비슷한 수준에 머물면서도 상대적으로 사회복지 공공지출 증대에 대한 시민의 지지는 오히려 서구 복지선진국과 비슷한 편이다.

정부책임의 범위(일자리 제공, 보건의료제공, 노인복지제공, 실업자보호, 소득격차해소, 저소득층대학생지원, 주거지원 등 8개 영역)에 대한 기대('1' 당연히 정부책임이 아니다 − '4' 당연히 정부책임이다)와 사회복지지출 규모 및 소득재분배효과와의 관계를 살펴보면 정부지출의 경우와는 달리 통계적으로 유의미한 상관관계는 나타나지 않는다. 그러나 정부지출의 경우와 마찬가지로 OECD 국가

가운데 사회복지에 대한 자원투입이나 재분배효과가 미흡한 수준인 칠레나 터키의 경우 사회복지분야의 공적책임에 대한 시민의 요구가 매우 강한 데 비하여, 정부책임에 대한 한국인의 기대는 칠레나 터키보다 낮으며 미국이나 스위스의 시민 기대 수준과 비슷한 선에 그친다.

정리하자면 일반적으로 대의제 민주주의가 원활히 작동한다고 할 때 정부역할 및 정책에 대한 국민의 수요에 반응하여 정부정책이 제공되는 '투입-산출' 모형을 가정하고 있다. 그러나 앞서 칠레나 터키의 경우에서처럼 일반 대중의 정부역할에 대한 높은 기대에 상응하는 정부정책이 제공되지 않거나, 반대로 프랑스나 덴마크에서처럼 정부개입 및 정책효과는 두드러지나 일반 대중의 정부책임 강화에 대한 지지가 상대적으로 낮은 경우도 있다. 한국의 경우 서구 복지선진국과 비교해볼 때 실제 집행되고 있는 정책이 시민의 정부역할에 대한 기대 수준에 미치지 못하는 것은 사실이나 객관적인 사회복지 정책이나 재분배 관련 지표에서 비슷한 수준에 있는 칠레나 터키에 비해 상대적으로 아래로부터의 큰 정부에 대한 요구가 강하게 표출되지 않고 있다는 점은 향후 보다 심층적인 분석이 필요함을 시사한다. 또한 OECD 국가만을 대상으로 비교하였으나 전반적인 함의를 찾아본다면 상대적으로 경제발전수준이 낮고 경제적 불평등이 악화된 국가에서 정부역할에 대한 공공의 기대가 높은 편인데 반해 이에 부합하기 위한 정부역량은 갖춰지지 않아 여론과 정책간 거리가 갈수록 멀어지는 악순환의 패턴이 고착될 수도 있음을 시사하고 있다.

2. 정부역할에 대한 한국인의 기대 변화

이 절에서는 2006년과 2016년 두 차례 조사된 한국 자료를 통해 지난 10년간 한국인의 정부역할에 대한 기대에 어떠한 변화가 있었는지 논의한다. 이를 위해 정부책임 강화와 지출 증대를 지지하는 응답에 양의 값을 부여하고, 이를 반대하는 응답에 음의 값을 부여하여 합산한 결과, 즉 전체적으로 정부역할 지지가 반대 의견을 얼마나 초과하고 있는지 보여주는 순수요(net demand)분의 값을 구하고 10년을 전후하여 이 값이 어떤 방향으로 얼마나 달라졌는지를 살펴본다.

먼저 사회정책 영역별로 정부지출 증대에 대한 수요의 10년간 변동폭을

표 1   정부의 사회복지 재정지출 증대에 대한 지지 변화

	노인연금		보건의료		실업급여		교육		사회복지지출 (평균)	
	2006	2016	2006	2016	2006	2016	2006	2016	2006	2016
훨씬 더 늘려야 한다 (+100)	25.1	15.2	26.7	18.9	13.5	9.7	26.9	17.8	23.1	15.4
더 늘려야 한다(+50)	52.4	39.9	54.5	48	38.3	34.4	44.2	39.1	47.4	40.4
현 수준 유지(0)	18	36.2	16.9	29.9	35.2	43.2	21.7	35.7	23	36.3
줄여야 한다(-50)	3.5	7.3	1.9	2.5	9.5	9	6.6	6.3	5.4	6.3
훨씬 더 줄여야 한다 (-100)	1	1.4	0.1	0.7	3.5	3.8	0.6	1.1	1.3	1.8
사회복지지출에 대한 지지	+48.6	+30	+52.9	+41	+24.4	+18.7	+45	+33.2	+42.7	+30.7

출처: ISSP 2006, 2016 Role of Government. 마지막 줄을 제외하고 각 셀 안의 값은 응답비율(%).

확인해보면 다음과 같다. <표 1>은 사회정책과 관련된 '노인연금, 보건의료, 실업보험, 교육' 네 가지 분야에 대한 정부지출을 현 상태보다 증대, 유지 혹은 축소해야 하는지에 대한 1부터 5까지 척도의 응답을 각각 +100부터 −100까지로 환산하여 전체 정부지출 확대 지지(훨씬 더 늘려야 + 좀 더 늘려야)의견이 반대(훨씬 더 줄여야 + 좀 더 줄여야)의견을 얼마나 초과하는지를 보여준다. 즉 현 정부의 사회정책분야 정부지출이 일반대중의 기대수준을 충족시키지 못하고 있는 '사회복지 결핍(social welfare deficits)'의 크기가 각 세부정책영역별로 2006년과 2016년 어떻게 달라졌는지를 보여준다(Bartels, 2015).

전체적으로 2000년대 중반에 비해 10년 뒤인 2016년 조사 결과에서는 정부의 사회복지 재정지출에 대한 시민의 지지가 전반적으로 감소하였음을 알 수 있다. 물론 모든 영역에서 양의 값, 즉 여전히 사회복지 재정지출 증대에 대한 지지가 반대 여론을 훨씬 초과하고는 있으나 이와 동시에 현재 지출 수준을 유지해야 한다는 의견의 비중이 10년 전에 비해 확연히 늘어남으로써 전반적으로 정부의 사회정책분야 재정지출의 증대에 대한 대중의 지지는 과거보다 약화되었다고 말할 수 있다. 누구나 보편적으로 처하는 고령화나 질병에 대한 대비로서의 사회보험적 성격이 강한 '노인연금'이나 '보건의료', '교육' 영역의 경우, 현 정부지출이 여전히 불충분하므로 자원을 더 투입해야 한다는 의견이 2006년에는 +45에서 +52.9까지로 높았던 반면, 2016년에는 +30에

서 +41 정도로 감소하였다. 상대적으로 사회적 평등지향의 '실업급여' 부문은 다른 세 부문과 달리 지출증대에 대한 지지 비중이 2006년 +24.4로 가장 낮은 편이었는데 10년 뒤인 2016년에는 +18.7로 지지의 강도가 더 줄어들었다. 이는 10년 전에 비해 상대적으로 지출증대보다는 현 지출수준의 유지를 선호하는 의견으로 여론이 이동한 결과를 반영하고 있다.

표 2   정부책임에 대한 기대 변화

	일자리제공		보건의료제공		노인에게 적정한 생활수준 제공		실업자에게 적정 생활수준제공		빈부간 소득격차 완화		저소득층 대학생 재정 지원		무주택자에게 적정 주거제공		정부책임 (평균)	
	2006	2016	2006	2016	2006	2016	2006	2016	2006	2016	2006	2016	2006	2016	2006	2016
당연히 정부책임 (+100)	20.8	16.8	35.9	31.6	35.7	33.1	18.4	16.4	40.5	38.6	29.9	33.5	20.3	24.5	28.8	27.8
아마도 정부책임 (+50)	49.3	42.9	54.7	53.1	54.3	43.3	51.8	49.2	40.1	40.5	50.3	49.7	50.5	50.7	50.1	47.1
아마도 정부책임 아님(-50)	25.1	32.2	8.8	14	9.4	18.4	23.9	26.7	16.1	16.1	17.4	14.1	25	19.9	18	20.2
전혀 정부책임 아님 (-100)	4.8	8.1	0.6	1.3	0.6	5.3	5.8	7.6	3.3	4.8	2.5	2.8	4.2	4.9	3.1	5
정부책임에 대한 지지	+28.1	+14	+58.2	+49.8	+57.5	+49.5	+26.5	+20.1	+49.2	+46	+43.8	+48.5	+28.8	+35	+41.7	+37.6

출처: ISSP 2006, 2016 Role of Government. 마지막 줄을 제외하고 각 셀 안의 값은 응답비율(%).

한편 정부책임의 범위(range)에 대한 일반 대중의 기대가 지난 10년간 어떻게 변화해왔는지를 살펴보면 다음과 같다. 정부책임 관련 문항 역시 사회복지분야와 연관된 7가지 항목 '일자리 제공, 보건의료제공, 노인복지제공, 실업자보호, 소득격차해소, 저소득층대학생지원, 주거지원' 중심으로 정부책임 지지 및 반대 응답을 +100부터 −100으로 환산하여 정부책임에 대한 지지의 초과분을 계산하였다. 그 결과를 <표 2>를 통해 살펴보면 특히 '원하는 이들에게 일자리 제공'이나 '보건의료제공', '노인복지제공' 등에서 상대적으로 정부책임 지지 비율이 감소했음을 볼 수 있다. 이외에 '실업자보호'나 '소득격차해소'에 대한 정부책임 지지는 10년 전과 비교해볼 때 큰 차이가 없거나 미미하게 감소한 편이며, '저소득층 대학생 재정지원'이나 '무주택자에게 적정한 주거제공' 항목의 경우엔 10년 전에 비해 2016년엔 정부책임이라 보는 비율이 소폭이지만 증가하였다. 전체적인 평균으로 보면 2006년에 비해 2016년 사회정 책분야 정부책임에 대한 기대 수준이 큰 변동은 없지만 약간 감소하였으며, 누구나 보편적으로 직면하는 노령화나 질병과 같은 위험에 대한 사회보험적 성격이 강한 보건의료나 노인복지 영역에서도 공적책임에 대한 선호의 강도가 약화된 것이 주목할 만하다.

　　<그림 3>은 10여년 전과 비교해 여론과 정책의 간극이 어느 정도인지 살피기 위해 시민의 기대수준과 사회정책부분 정부활동에 관한 객관적 경제지 표의 변화를 함께 보여주고 있다. 먼저 위의 두 선은 2006년과 2016년 ISSP 한국 조사의 사회정책영역 정부책임 강화 및 정부지출 증대에 대한 지지 수준 이며 아래 두 선은 총 GDP 대비 공공복지지출 규모 및 세전-세후 지니계수 의 차이, 즉 정부재분배에 의한 소득불평등의 실질적 감소분을 보여준다.

그림 3　　한국의 사회복지분야 정책수요와 공급의 격차 변화

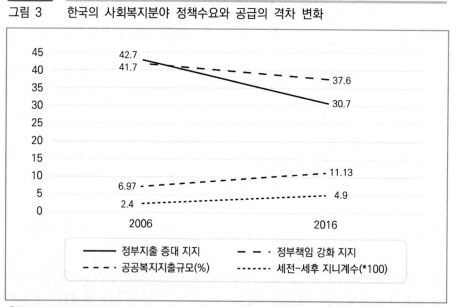

출처: ISSP 2006, 2016 Role of Government 조사자료, OECD Social Expenditure Database (SOCX)

일반 시민의 정부지출 확대에 대한 지지나 정부책임 지지는 반대의견에 비하여 여전히 높은 편이기는 하지만 2006년에 비해 2016년 정부지출확대와 정부책임 지지 응답 모두 감소하는 추세이다. 우선 정부지출 증대에 대한 지지 의견의 초과분은 2006년(+42.7)에 비해 2016년에 상당히 감소 편이다 (+30.7). 또한 정부책임의 범위에 대한 대중의 인식 역시 10년 전에 비해 2016년엔 +41.7에서 +37.6으로 미미하나마 약간 감소하였다. 이와 동시에 고려되어야 하는 정부의 정책반응성을 나타내는 지표로서 총 GDP 대비 실제 공공복지지출 수준을 보면 2006년 6.97%에서 2016년 11.13%로 상승하였다. OECD 회원국 기준으로 볼 때 절대적인 공공복지지출 규모는 여전히 가장 낮은 수준에 머물고 있지만 최근 10년간 꾸준히 상승세를 보이고 있다. 정부의 사회복지분야 지출 비중만이 아니라 실제 세전-세후 지니계수의 차이(*100), 즉 정부재분배를 통한 소득불평등 감소분을 보면 지난 2006년부터 2016년까지 세전-세후 지니계수의 감소분은 0.024에서 0.049로 0.025만큼 재분배효과가 증가하였다. 따라서 한국에서 사회복지분야 관련 정부지출은 지난 10년간 확대되어왔고 정부재분배를 통한 소득불평등의 완화효과도 점진적이지만 증가하고 있다. 요약하자면 지난 10년간 사회복지분야에 있어서 정부지출 확대에 대한 한국인의 지지 여론은 감소하였으며 정부책임에 대한 인식의 범위 역시 확장되기보다는 전반적으로 정체되어 있거나 소폭 감소하였으나 실제 정부의 공공복지지출 규모와 재분배효과는 점진적인 상승추세를 보이고 있다. 따라서 10년 전인 2006년에 비해 2016년에는 대중의 사회복지분야 정부역할에 대한 기대 수준과 실제 실행되고 있는 정책간의 격차가 다소 줄어들긴 하였으나 대중이 기대하는 정부책임과 역할에 대한 결핍(social welfare deficits) 부분은 여전히 남아있는 편이라 할 수 있다.

Ⅳ 한국인의 정부역할에 대한 기대 형성 요인

앞 절에서는 집합적 수준에서의 비교를 통해 사회정책영역에 대한 공공지출규모나 소득재분배효과가 비슷한 칠레나 터키, 이스라엘에서는 사회정책 분야 정부지출 및 정부책임과 관련한 일반 시민의 기대가 현저히 높은 편임에 비해 한국의 정부역할 강화에 대한 수요는 상대적으로 낮은 수준이고 최근 더 감소하고 있다는 점을 지적하였다. 사회정책관련 객관적 지표로 볼 때 여전히 사회로부터의 정책수요결핍이 존재하며 이에 따라 보다 강화된 정부개입에 대한 사회적 요구가 칠레나 터키 등과 비슷하게 강하게 표출될 것으로 예상되는 것과는 다른 결과이다. 이러한 의문은 단순히 설문조사에 나타난 집합적인 여론의 분포와 추세만을 보기보다는 미시적 차원에서 이러한 대중의 정부역할에 대한 기대를 형성하고 추동하는 요인이 무엇인지에 대한 면밀한 분석을 요구한다. 이 절에서는 한국에서 사회복지분야 정부지출 및 정부책임에 대한 지지 여론을 형성하는 기반을 알아보기 위하여 앞서 검토했듯이 크게 사회경제적 지위 및 인구학적 변인에 따른 이해관계와 비(非)물질적인 가치 및 정치이념, 주관적 태도와 관계된 요인에 초점을 두고 이들이 정부역할에 대한 기대에 어떤 영향을 미치는지를 분석한다. 이를 위해 회귀분석에서는 인구사회학적 변수들, 즉 연령, 성별, 소득, 교육수준, 고용여부, 주거지역, 종교 요인의 영향력을 살펴본다. 예를 들어, 젊은 20~30대와 60대 이상 세대간, 남성과 여성간, 저소득층과 고소득층간, 혹은 교육수준에 따라 정부지출 및 정부책임에 대한 기대가 뚜렷이 분화하는지를 파악해본다. 또한 세부적인 이슈태도를 활성화시키는 보다 근원적인 개인의 가치 및 신념체계와의 연관성도 고려할 필요가 있다. 즉 좀 더 진보적인 가치정향을 가질수록 정부역할에 대한 태도에 있어서도 사회문제해결을 위한 정부의 적극적 개입을 선호할 것으로 예상해볼 수 있다. 반대로 사회정의의 실현보다는 사회의 질서와 안녕을 선호하는 보수적 가치지향을 가질수록 능력본위의 자유로운 경쟁을 감독하고 규제를 최소화하는 작은 정부를 선호할 것이다. 한편 이러한 인구사회학적 변수나 정치적 가치 및 이념도 중요하지만 정부역할에 대한 선호를 형성하는 데 있어 공적주체에 대한 신뢰나 정부역량에 대한 주관적 평가와 같은 요소도 고려되어야 한다.

따라서 정부역량에 대해 불신하며 집행과정이 투명하기보다는 부패했다고 느낄수록 정부역할에 대한 기대 수준이 낮아질 것이다.

분석에 이용한 자료는 ISSP의 정부역할 설문모듈을 포함시킨 2016년 한국종합사회조사(Korean General Social Survey) 자료이며 먼저 종속변수 중 하나는 사회복지분야 정부지출 확대에 대한 한국인들의 지지이다. 이를 위해 정부지출 항목 가운데 사회복지와 관련 있는 '보건의료, 교육, 노인연금, 실업급여'의 4가지 영역을 중심으로 1(훨씬 더 줄여야 한다)부터 5(훨씬 더 늘려야 한다)로 역코딩하여 합산한 뒤 다시 0부터 1의 값으로 표준화하여 '정부지출에 대한 지지' 지수를 생성하였다. 다른 종속변수로는 사회복지분야에 대한 정부책임 여부를 묻는 문항 세트 중 '원하는 이들에게 일자리 제공, 보건의료제공, 노인복지제공, 실업자보호, 소득격차해소, 저소득층대학생재정지원, 무주택자에 적정한 주거지원'에 대한 응답을 역시 1(당연히 정부책임이 아니다)부터 4(당연히 정부책임이다)로 역코딩하여 이를 합산한 뒤 0부터 1값으로 표준화하여 측정하였다.

정부역할에 대한 기대에 영향을 미치는 것으로 선행연구에서 주로 다뤄온 설명변수로는 먼저 인구사회학적 변수들로 연령(연령집단 18/24＝1, 25/34＝2, 35/44＝3, 45/54＝4, 55/64＝5, 65/99＝6), 성별(여성＝1), 소득(99만 이하＝1, 100－199＝2, 200－299＝3, 300－399＝4, 400－499＝5, 500－599＝6, 600＋＝7), 교육(중졸 이하＝1, 고졸＝2, 전문대 졸업 이상＝3), 노동시장참여여부(고용상태＝1), 혼인상태(기혼＝1), 거주지역(농촌＝1, 대도시＝5), 종교(종교의식에 다닌 적 없음＝0, 일주일에 여러 번 다님＝7)를 회귀분석모형에 포함하였다.

또 다른 주요 설명변수 중 하나인 정치적 가치 및 이념요인을 측정하기 위해 표현의 자유 및 관용과 관련한 가치정향이 드러날 수 있는 문항을 활용하여 지수화하였다. 구체적으로 정치적 의사 표현의 자유 및 이러한 자유를 급진적인 정치세력일 경우에도 얼마나 허용할 수 있는지에 대해 묻고 있으며 ('다음은 정부가 하는 일에 대해 반대하는 사람들이나 조직이 취할 수 있는 여러 정치적 행동입니다. 각각이 얼마나 허용되어야 하는지 또는 허용되어서는 안되는지 말씀해주십시오': 공공항의집회, 데모, 급진적 정치세력의 의견을 표현하기 위한 공공집회개최 또는 서적출간) '절대 허용되어서는 안 된다'를 1, '반드시 허용되어야 한다'를 4로 하여 이를 합산하고 표준화시켜 진보적 가치정향으로 지수화하였다. 정당

지지 변수(조사시점인 2016년 현재 새누리당 지지＝1) 역시 포함하였다.

　　이러한 보다 기저에 내면화된 개인의 정치적 가치 및 신념요인 외에도 정부의 정책반응성(policy responsiveness)에 대한 확신이 낮거나 정책을 다루는 공적주체에 대한 신뢰가 낮다면 정부지출 증대에 따른 효용성을 기대하기 어렵고 따라서 이는 정부개입에 대한 기대 형성에 부정적 영향을 미칠 수 있다. 따라서 '정부가 하는 일에 있어 나 같은 사람의 의견은 전혀 고려되지 않는다'('매우 동의'＝1, '전혀 동의 안 함'＝5), '선출된 국회의원들은 선거공약을 지키려고 노력한다'와 '대부분의 공무원들은 공익을 위해 일한다고 믿을 수 있다'('전혀 동의 안 함'＝1, '매우 동의'＝5로 역코딩) 문항들의 응답을 합산하여 '공적주체에 대한 신뢰'로 지수화하였다. 마지막으로 현재 실행중인 정부정책에 대한 주관적 평가 역시 정부활동에 대한 기대에 영향을 미칠 것으로 보고 이용가능한 '보건의료, 노인복지, 실업정책' 평가문항 응답('매우 실패'＝1, '매우 성공'＝5)을 합산하여 지수화하였다.

　　<표 3>은 2016년 KGSS 자료를 토대로 종속변수를 각각 정부지출과 정부책임에 대한 기대로 나눠 이를 형성하는 요인에 대한 회귀분석을 실행한 결과이다. 먼저 사회정책분야의 정부지출과 관련해서는 소득수준이나 고용 여부와 같은 사회경제적 지위에 따른 이해관계 균열은 나타나지 않았다. 즉 서구복지국가에서 주로 볼 수 있는 소득계층별 균열구조가 한국에서는 존재한다고 보기는 어렵다. 한편 개인의 교육수준은 공공복지분야 정부지출에 대한 선호에 통계적으로 유의미한 영향력을 갖는 것으로 보인다. 즉 교육수준이 높을수록 정부지출 증대에 대한 지지가 낮은 편이라는 결과를 보여주는데, 이는 능력본위의 인적자본을 보유한 이들일수록 시장원칙에 의한 자원의 효율적 분배에 의존하기보다는 정부의 인위적 개입과 지출 확대를 통한 사회복지공급의 효용성에 의구심을 가지거나 복지재원의 조달과 확충을 위해 과중한 납세부담이 따른다는 점, 또는 소위 복지수혜층의 근로의욕 저해 및 복지의존성 증가와 같은 반대논리에 대해 인지하기 때문일 수 있다. 또한 인구학적 변수 중에서는 성별변수가 통계적으로 유의미하게 나타났는데 여성인 경우 정부지출 증대에 대한 지지가 낮은 편이다. 여성이 돌봄노동에 대한 수요로 인해 정부의 공적지출 증대를 선호할 것으로 기대되는 것과는 반대의 결과인데, 이는 여성의 노동시장 참여가 증가하면서

과거에 비해 정부 사회복지정책에 대한 의존도가 줄어서, 혹은 여성이 지난 10년간 확충되어온 정부의 사회복지서비스에 대해 상대적으로 만족하고 있어서 이를 기준으로 지출증감에 대한 선호를 결정하기 때문으로 볼 수도 있으며 성별 차이가 나타나는 원인에 대한 보다 엄밀한 분석을 요구한다.

상대적으로 개인의 가치 및 정치이념, 또한 정부역량에 대한 주관적 평가와 같은 태도 변수들은 모두 통계적으로 유의미한 영향력을 갖는 것으로 보인다. 먼저 표현의 자유 및 관용에 대한 태도로 측정한 정치적 가치, 즉 진보적 가치정향 변수는 좀 더 진보적인 성향을 가진 이들일수록 사회정책분야 정부지출 증대에 대한 지지가 높으며 이는 통계적으로 유의미하게 나타났다. 즉 사회의 질서와 안정에 위협을 줄 수 있는 급진적인 정치세력에게도 정치적 의사표현의 자유를 보장하는 공공집회나 서적출간을 허용하는 관용의 정도가 상대적으로 높다는 것은 진보적 정치이념을 지향한다고 이해할 수 있으며, 이것이 정부역할에 대한 태도에 있어서도 사회복지서비스 제공의 확대를 위한 큰 정부를 지지하는 태도로 일관성 있게 연동된다고 볼 수 있다. 당파성 변수의 경우에도 2016년 조사시점 당시 집권당이었던 새누리당 지지자일 경우 사회정책분야 정부지출 증대에 대한 지지가 낮으며 이는 보수정당의 작은 정부 선호와 일관된 태도이다. 또한 국민의 수요를 정책으로 반영하고 집행하는 공적 주체에 대한 신뢰나 정부의 정책수행역량에 대한 주관적 평가 변수들의 경우 정부지출에 대한 시민의 기대에 역시 중요한 영향을 주는 것으로 확인되었다. 정치엘리트 및 관료들의 반응성과 공정성에 대한 전반적인 신뢰가 높을수록 정부지출 확대에 대한 지지가 강한 편이며 흥미로운 결과는 정부의 사회정책의 성과에 대해 긍정적으로 평가할 경우 정부지출 증대에 대한 선호가 낮다는 점이다. 이는 정부의 현재 실행중인 복지정책에 대한 평가가 좋을수록 추가적인 자원투입에 대한 한계효용이 감소함에 따라 정부지출 증대 지지 유인이 낮아지기 때문일 수 있다(Inglehart, 1990).

다음으로 종속변수를 사회정책분야에 대한 정부의 공적책임 범위를 묻는 문항으로 회귀분석한 결과이다. 사회경제적 지위나 생애주기와 관련된 변수 중에서는 연령이 높을수록 사회복지제공에 있어 정부책임이라고 보는 의견이 강한 편으로 나타났는데 이는 은퇴 후 소득 감소, 노령화와 질병 등의 사회적 위험에 대한 공적책임의 필요성을 더 강하게 느끼기 때문일 것으로 보인다. 그러나 다른 인구사회학적 요인 중 소득이나 교육수준, 고용여부와 같은 전통적인 사회구조적 지위에 따른 균열과 관계된 변수는 통계적으로 유의미한 영향력을 보이지 않았다.

표 3	정부지출 및 정부책임에 대한 태도 회귀분석 결과	
	정부지출 Coef.(S.E.)	정부책임 Coef.(S.E.)
소득	-.002 (.003)	-.004 (.004)
교육수준	-.022* (.01)	-.003 (.011)
여성	-.056*** (.011)	.015 (.013)
연령	.01 (.005)	.014* (.006)
고용상태	.005 (.012)	.01 (.014)
혼인상태	-.007 (.013)	-.027 (.015)
주거지역	-.006 (.015)	.013 (.018)
종교	.002 (.002)	-.000 (.003)
진보적 가치정향	.074** (.024)	.123*** (.029)
새누리당 지지	-.04** (.013)	-.047** (.015)
공적주체 신뢰	.061* (.03)	.118** (.035)
정책효과 평가	-.152*** (.033)	-.231*** (.039)
Cons	.727*** (.045)	.653*** (.053)
Adj R-squared	.11	.13
N	697	693

출처: KGSS 2016. *p <0.05, **p <0.01, ***p <0.001

한편 정책제공과 집행의 주체에 대한 신뢰나 진보적 가치정향, 당파성 요소 등 주관적 가치 및 태도변수가 사회복지분야에서의 정부책임에 대한 지지에 어떠한 영향을 미치는지를 살펴보면, 정부지출의 경우와 마찬가지로 표현의 자유에 대한 관용을 보여주는 진보적 가치정향이 높을수록 사회복지에 대한 정부의 공적책임인식이 더 강한 것으로 나타났다. 또한 집권당인 새누리당을 지지할 경우 공적책임에 대한 지지가 상대적으로 약한 것으로 나타났으며 정치나 관료엘리트에 대한 신뢰가 높을수록 사회정책에 대한 공적책임 인식이 강하였고 현 사회정책의 성과에 대해 긍정적으로 평가할 경우 복지제공을 공적책임이라고 보는 인식이 낮았다. 정부지출에 대한 기대와 마찬가지로 현 복지정책의 효과성에 대한 긍정적 평가를 만족도라고 본다면, 현재 정부가 제공하는 복지정책의 수준과 운영결과에 만족할수록 이러한 시스템에서 더 이상의 정부책임을 요구할 유인이 줄어들기 때문으로 볼 수 있다. 반대로 현 공공복지정책의 성과에 대해 비판적으로 평가할 경우, 이러한 기대의 결핍을 채워줄 정부의 보다 강력한 책무를 원하기 때문일 수도 있다.

이상의 결과가 시사하는 바는 크게 정부활동 범위와 관여의 강도에 대한 한국인의 선호를 형성하는 주요인은 사회경제적 지위에 따른 실익계산과 같은 전통적인 사회계층간 균열보다도 정치적 가치 및 이념, 공적주체에 대한 신뢰나 정책성과에 대한 주관적 평가에 더 큰 영향을 받는 것으로 보인다는 점이다. 특히 진보적 가치정향을 가졌거나 진보 정당을 지지할 경우 전반적으로 큰 정부에 대한 지지가 강할 것으로 예측하는 기존 연구 결과를 지지하며 국회의원이나 공무원 등 정책결정과정의 절차를 담당하는 정치기관에 대한 신뢰가 높을수록 정부지출 혹은 정부책임에 대한 기대가 높다는 점에서는 정부 복지제공의 확대를 통한 포용적 국가를 지향하는 현 정부로서 정당성을 확보하기 위해서는 시민이 체감하는 정치엘리트의 반응성 및 정치효능감 향상을 위해 더 노력을 기울여야 할 것이다. 마지막으로 현재 실행중인 정책성과에 대한 만족도가 클 경우, 상대적으로 추가적인 공적자원의 투입이나 정부활동범위의 확대에 대하여 느끼는 한계효용이 줄어듦에 따라 국가적극주의에 대한 기대가 낮다는 분석이 가능하다. 2006년에 비해 2016년 조사에서 전반적인 정부역할의 범위 확대와 개입정도의 강화에 대한 지지 여론이 약화되었다면, 사회구조적 지위에 따른 이해균열요인보다도 정치적 가치나 이념, 정치신뢰나 정책에 대한 주관적 만족도 등과 같은 정치적 가치 및 태도변수가 미치는 영향에 보다 관심을 두어야할 필요가 있을 것으로 보인다.

Ⓥ 결론: 요약 및 함의

　　세계화의 도전이 거세진 1990년대 초중반 이후부터 최근의 소득주도성장 및 포용국가론을 둘러싼 논쟁에 이르기까지 지난 30여 년간 경제 및 복지부문에 있어서 정부역할의 범위와 강도에 대한 재규정 시도는 밀물과 썰물처럼 끊임없이 반복되어 왔다. 과거 권위주의적 발전국가 모형에 따라 자본축적 및 성장우선주의에 입각한 정부주도의 산업화 전략으로 압축적 경제성장을 거듭한 뒤 맞이한 1997년 아시아 외환위기의 파고는 자연스럽게 시장의 효율적 자원배분을 왜곡하는 정부개입의 축소를 처방하는 신자유주의의 작은 정부론을 확산시켰다. 이후 가속화된 노동시장 유연화 및 구조조정에 따른 사회안전망에 대한 수요 증대, 2007~2008년 글로벌 금융위기로 촉발된 자유시장과 정부규제의 효율성에 대한 논쟁, 2010년대 초반 무상급식 이슈를 둘러싼 보편적 복지논쟁, 2012년 선거쟁점으로 떠오른 경제민주화 및 생애주기 맞춤형 복지 이슈 등 정치-시장 환경의 변화를 반영하는 정부역할의 재정립 논쟁은 한국사회에서 중요한 정치적 의제로 자리 잡은 지 오래이다.

　　그렇다면 일반 시민들은 현재보다 더 확대된 정부역할을 기대하는가, 아니면 더 축소된 정부역할을 기대하는가? 위에서 나열한 사회변화의 동인과 발맞춰 한국인의 정부역할에 대한 기대에도 체계적인 변화가 관찰되는가? 2006년과 2016년 두 시점을 비교해 봤을 때, 전반적으로 사회정책분야 정부지출 증대에 대한 지지 여론은 감소하였으며 정부책임에 대한 인식의 범위 역시 확장되기보다는 대체로 정체되어 있거나 감소하였다고 할 수 있다. 객관적 경제지표와 병렬시켜 보면 사회정책분야 공공지출비중이나 재분배효과가 비슷한 다른 OECD 국가들과 비교해볼 때 한국인의 정부역할에 대한 기대는 상대적으로 높지 않다는 점도 흥미로운 사실이다. 즉 사회복지지출의 비중으로 봤을 때 여전히 '왜소한 복지국가(small welfare state)'에 머물고 있으면서도 칠레나 터키 시민들과는 다르게 정부의 적극적 관여와 책임에 대한 기대가 낮은 이유는 무엇일까. 본 연구의 분석결과 한국인의 정부역할에 대한 지지는 소득수준이나 고용여부와 같은 사회경제적 균열보다도 내적인 정치적 가치 및 이념에 따른 정치균열의 양상이 더 뚜렷하게 나타남을 확인할 수 있다. 향후 더 면밀한 분석이 필요하겠지만, 국가 간 비교에서 사회정책에 대한 수요의 강도와 현재 사회정책분야에 투입되고 있는 공적자원의 규모 모두 높지 않다는 사실은 수요의 미약한 형성과 정책반응성에 대한 낮은 유인을 가져오는 원인으로서 이해균열의 구조에 주목하게 한다. 정부개입에 대한 긍정적 지지 여론이 과반수 이상 존재하는지 아닌지 여부보다도 정부 정책을 움직이게 하는 정치적 동원과 대표의 유인으로서 사회정책을 둘러싼 이해갈등이 소득집단 간에 선명하게 나타나지 않는다는 사실은 이번 연구에서도 다시 한 번 확인하였다. 즉 한국에서는 여전히 사회정책에 있어 정부역할의 확대와 강화에 대한 선호의 균열선이 소득이나 고용상태, 교육수준과 같은 사회구조적 지위를 경계로 나뉘기 보다는 개인의 가치 및 태도변수와의 연관성이 더 크며 사회정책에 있어 정부책임 및 활동에 대한 담론이 실제 물적 조건과 유리된 채 가치이념 기반을 중심으로 형성되어 정치적 균열수준에 머물러 있기 때문일 수 있다. 또한 이 연구결과는 시민의 정부역할에 대한 기대 함수에 있어서 현재까지 집행된 정부정책이 얼마나 시민 수요에 반응하고 있는지, 공적주체가 이러한 기대를 공정하게 집행할 수 있다고 신뢰하는지, 정책성과에 대한 만족도와 같은 주관적 요소 역시 중요하게 고려되어야 함을 시사한다. 즉 경제규모에 비해 사회정책에 투입되고 있는 자원의 양이 여전히 부족한 한국의 현실에서 아래로부터의 더 강도 높은 정부책임이나 복지재정지출에 대한 수요 형성이 억제되고 있다면 이는 공적기구와 정책의 효과성에 대한 주관적 인식이 개입하기 때문일 것으로 보이며 이에 대해 보다 체계적인 연구가 필요함을 시사하고 있다.

| 참고문헌 |

강명세. 2018. "한국, 일본 및 필리핀 사람들은 사회복지를 원하지 않는가?"『아시아지역리뷰』1권 2호, 1 – 5.

노법래. 2012. "정책 태도 결정 요인에 관한 연구: 사회정책에서의 국가 책무성과 보편성을 중심으로."『행정논총』50권 4호, 1 – 21.

김수완·김상진·강순화. 2014. "한국인의 복지정책 선호에 관한 연구: 성장과 분배, 선별과 보편을 중심으로."『사회보장연구』30권 2호, 67 – 90.

김신영. 2010. "한국인의 복지의식 결정요인 연구: 국가의 공적책임에 대한 태도를 중심으로."『조사연구』11권 1호, 87 – 105.

김영순·여유진. 2011. "한국인의 복지태도: 비계급성과 비일관성 문제를 중심으로."『경제와 사회』91, 211 – 240.

박종민. 2008. "한국인의 정부역할에 대한 태도."『한국정치학회보』42집 4호, 269 – 288.

박종민·왕재선. 2004. "큰 정부 대 작은 정부: 문화론적 설명."『한국행정학보』38권 4호, 33 – 62.

박종민·김지성·왕재선. 2016. "정부역할에 대한 시민의 기대: 한국, 일본 및 대만 비교."『행정논총』54권 2호, 61 – 92.

박종민·김현정. 2018. "정부역할에 대한 일반대중의 기대와 근원: 국가비교."『정부학연구』24권 2호, 123 – 153.

이성균. 2002. "한국사회 복지의식의 특성과 결정요인: 국가의 복지책임지지도를 중심으로."『한국사회학』36권 2호, 205 – 228.

이철승·황인혜·임현지. 2018. "한국 복지국가의 사회경제적 기초: 자산 불평등, 보험욕구, 복지 선호도, 2007 – 2016."『한국정치학회보』52집 5호, 1 – 30.

이현우·박시남. 2016. "복지확대에 대한 태도 결정요인 분석: 개인이익을 넘어서."『OUGHTOPIA』31권 1호, 267 – 298.

최균·류진석. 2000. "복지의식의 경향과 특징: 이중성."『사회복지연구』16권, 223 – 254.

최효노. 2018. "한국 유권자의 이슈태도: 경제 및 복지 관련 정부역할에 대한 이데올로기적 미분화와 다차원성(multi – dimensionality)."『한국정당학회보』17권 4호, 121 – 150.

허수연·김한성. 2016. "한국인의 복지태도에 관한 연구."『사회보장연구』 32권 3호, 203-235.

황아란·이지호. 2015. "복지부문 정부역할 확대여부에 대한 결정요인 분석."『한국과 국제정치』 31권 2호, 177-210.

Bartels, M. Larry. 2015. "The Social Welfare Deficit: Public Opinion, Policy Responsiveness, and Political Inequality in Affluent Democracies." Paper presented at the 22nd International Conference of Europeanists, Paris, 8-10 July 2015.

Bean, Clive and Elim Papadakis. 1998. "A Comparison of Mass Attitudes towards the Welfare State in Different Institutional Regimes, 1985-1990." *International Journal of Public Opinion Research* 10(3): 211-236.

Beramendi, Pablo and Philipp Rehm. 2016. "Who Gives, Who Gains? Progressivity and Preferences." *Comparative Political Studies* 49(4): 529-563.

Blekesaune, Morten and Jill Quadagno. 2003. "Public Attitudes toward Welfare State Policies: A Comparative Analysis of 24 Nations." *European Sociological Review* 19(5): 415-427.

Borre, Ole and Michael Goldsmith. 1995. "The Scope of Government." In *The Scope of Government,* edited by Ole Borre and Elinor Scarbrough, 1-22. Oxford: Oxford University Press.

Busemeyer, R. Marius., Achim Goerres, and Simon Weschle. 2009. "Attitudes towards Redistributive Spending in an Era of Demographic Ageing: The Rival Pressures from Age and Income in 14 OECD Countries." *Journal of European Social Policy* 19(3): 195-212.

Byun, Young-hwan. 2019. "Government Redistribution and Public Opinion: A Matter of Contention or Consensus?" *International Journal of Sociology* 49(3): 204-221.

Corneo, Giacomo and Hans Peter Grüner. 2002. "Individual Preferences for Political Redistribution." *Journal of Public Economics* 83(1): 83-107.

Dallinger, Ursula. 2010. "Public Support for Redistribution: What Explains Cross-National Differences?" *Journal of European Social Policy* 20(4): 333-349.

Esaiasson, Peter and Christopher Wlezien. 2017. "Advances in the Study of Democratic Responsiveness: An Introduction." *Comparative Political Studies* 50(6): 699–710.

Esping–Anderson, Gosta. 1990. *The Three Worlds of Welfare Capitalism*. Princeton: Princeton University Press.

Gelissen, John. 2000. "Popular Support for Institutionalised Solidarity: A Comparison Between European Welfare States." *International Journal of Social Welfare* 9(4): 285–300.

Hasenfeld, Yeheskel and Jane A. Rafferty. 1989. "The Determinants of Public Attitudes toward the Welfare State." *Social Forces* 67(4): 1027–1048.

Hibbing, R. John and Elizabeth Theiss–Morse. 2004. *Stealth Democracy: Americans' Beliefs About How Government Should Work*. Cambridge: Cambridge University Press.

Inglehart, Ronald. 1990. *Culture Shift in Advanced Industrial Society*. Princeton: Princeton University Press.

Jaeger, Mads Meier. 2006. "Welfare Regimes and Attitudes towards Redistribution: The Regime Hypothesis Revisited." *European Sociological Review* 22(2): 157–170.

Kangas, Olli E. 1997. "Self–interest and the Common Good: The Impact of Norms, Selfishness and Context in Social Policy Opinions." *Journal of Socio–Economics* 26(5): 475–494.

Kumlin, Staffan. 2007. "The Welfare State: Values, Policy, Preferences, and Performance Evaluations." In *The Oxford Handbook of Political Behavior*, edited by Russell Dalton and Hans–Dieter Klingemann, 362–382. Oxford: Oxford University Press.

Linos, Katerina and Martin West. 2003. "Self–interest, Social Beliefs, and Attitudes to Redistribution: Re–addressing the Issue of Cross–national Variation." *European Sociological Review* 19(4): 393–409.

Mau, Steffen. 2004. "Welfare Regimes and the Norms of Social Exchange." *Current Sociology* 52(1): 53–74.

Offe, Claus. 1987. "Democracy Against the Welfare State? Structural Foundations of Neoconservative Political Opportunities." *Political Theory* 15(4): 501−537.

Park, Chong−Min. 2010. "Public Attitudes toward Government Spending in the Asia−Pacific Region." *Japanese Journal of Political Science* 11(1): 77−97.

Pierson, Paul. 1994. *Dismantling the Welfare State? Reagan, Thatcher, and the Politics of Retrenchment.* Cambridge: Cambridge University Press.

Roller, Edeltraud. 1995. "The Welfare State: The Equality Dimension." In *The Scope of Government,* edited by Ole Borre and Elinor Scarbrough, 165−197. Oxford: Oxford University Press.

Roosma, Femke, John Gelissen, and Wim Van Oorschot. 2013. "The Multidimensionality of Welfare State Attitudes: A European Cross−National Study." *Social Indicators Research* 113(1): 235−255.

Rothstein, Bo. 1998. *Just Institutions Matter: The Moral and Political Logic of the Universal Welfare State.* Cambridge: Cambridge University Press.

Sears, David O., Richard R. Lau, Tom R. Tyler, and Harris M. Allen, Jr. 1980. "Self−Interest vs. Symbolic Politics in Policy Attitudes and Presidential Voting." *American Political Science Review* 73(3): 670−684.

Svallfors, Stefan. 1997. "Worlds of Welfare and Attitudes to Redistribution: A Comparison of Eight Western Nations." *European Sociological Review* 13(3): 283−304.

_____. 2004. "Class, Attitudes and the Welfare State: Sweden in Comparative Perspective." *Social Policy and Administration* 38(2): 119−138.

_____. 2011. "A Bedrock of Support? Trends in Welfare State Attitudes in Sweden." *Social Policy & Administration* 45(7): 806−825.

Taylor−Gooby, Peter. 1985. *Public Opinion, Ideology and State Welfare.* London: Routledge & Kegan Paul.

Van Oorschot, Wim. 2000. "Why Pay for Welfare?" *The Netherlands Journal of Social Sciences* 36(1): 15−36.

Wendt, Claus, Jurgen Kohl, Monika Mischke, and Michaela Pfeifer. 2010. "How Do Europeans Perceive Their Healthcare System? Patterns of Satisfaction and Preference for State Involvement in the Field of Healthcare."

European Sociological Review 26(2): 177 − 192.

Wilensky, Harold L. 1975. *The Welfare State and Equality.* Berkeley: University of California Press.

Yang, Jae − jin. 2017. *The Political Economy of the Small Welfare State in South Korea.* New York: Cambridge University Press.

CHAPTER 04

민주화 이후 한국 국가역량 레짐의 변화
– 강압역량의 문민화, 조세·분배역량의 성장, 발전국가의 유산 –

신진욱

Ⅰ 서론

민주화 이후의 국가에 대한 공공의 담론은 크게 두 질문에 집중되어 있었다. 그 하나는 국가가 수행해야 할 역할 또는 기능에 관한 것이다. 독재 시기 동안에는 국가기구가 독재정권을 위한 억압 수단으로 사용된 측면이 많았다면, 이제 민주주의 하에서 국가의 존재이유를 재정립하고 그 공공적 책임성 (responsibility)을 높여야 한다는 문제의식이다. 다른 하나는 국가권력에 대한 통제 또는 견제의 문제다. 국가가 민주적으로 작동할 수 있도록 국가권력의 행사를 감시하고 그 남용을 억제해야 한다는 것이다. 이것은 국가기관 내의 권력분립, 헌법주의와 법치주의의 확립, 시민사회의 감시와 협치 등을 통해 수평적이고 수직적인 문책가능성(accountability)을 확립하는 과제를 포함한다.

이 글은 한국의 국가에 대한 위의 두 가지 큰 토론의 흐름에 더하여 또 하나의 중요한 문제틀인 국가 역량(state capacity)의 관점에서 민주화 이후 한국 국가의 변화를 짚어보려 한다. 국가역량이란 좁은 의미로 국가의 정책 실행 능력(Geddes, 1996; Skocpol, 1985; Sikkink, 1991), 넓은 의미로는 국가기관이 공적 목표를 수립하고 실행하여 사회집단들의 행위와 관계를 제도적으로 규제하고 변화시킬 수 있는 가능성을 뜻한다(Mann, 1993, 2008; McAdam et al., 2001; Tilly, 2007). 국가의 공적 책임과 국가권력의 통제라는 문제의식이 없는 국가역량 연구는 맹목적이지만, 국가의 역량에 관심이 없는 규범적 논의는 현실에서 공허할 것이다. 따라서 국가책임, 국가견제, 국가역량이라는 삼각형의 문제틀을 통합적 관점에서 견지할 필요가 있다.

국가역량에 대한 연구는 순전히 가치중립적이고 도구적인 용도로 수행될 수도 있겠지만, 국가역량 개념의 실천적 가치는 민주국가, 복지국가, 법치국가, 헌법국가, 평화국가와 같은 현대사회의 국가이상(國家理想)을 실현하기 위해 요구되는 국가의 인적, 조직적, 재정적, 정치적 능력에 관한 연구를 통해 가장 분명히 드러날 수 있다. 그러한 문제의식에서 출발하여 이 글은 특히 권위주의에서 민주주의로의 정치체제의 이행 이후에 한국 국가의 어떤 능력이 강화되고 약화되었는가, 다양한 차원의 국가역량의 강약이 배열되는 레짐의 구조가 어떤 방향으로 변해왔는가라는 질문에 초점을 맞춘다.

민주주의의 지속과 발전에 대해 국가역량은 양면적 함의를 갖고 있다. 국가의 어떤 역량은 민주주의를 구현하는 데에 필수적이지만, 또한 국가의 다른 어떤 역 량은 민주주의를 위협하는 힘이 될 수도 있다. 틸리를 인용하자면, "국가가 민주적 결정 과정을 감독하고, 결정된 바를 실행에 옮길 수 있는 역량을 갖고 있지 않다면 어떤 민주주의도 작동할 수 없다. … 정치적 권리와 시민적 자유와 같은 것은 국가가 실질적으로 그것을 보장해줄 때만 의미가 있다." 그러나 반대로 "국가 행위자들의 결정사항이 정부−시민 간의 상호구속력 있는 협의를 제압할 수 있을 정도의 힘을 갖게 될 위험"에 대해서도 경계해야 한다(Tilly, 2007, 15−16). 그러므로 민주주의의 관점에서 중요한 것은 단지 여러 지표의 산술적 총량으로 측정된 국가역량의 강함과 약함이 아니라, 국가역량의 레짐(regime), 즉 다차원적인 국가역량들의 특수한 조직적, 제도적 배열과 결합의 양태와 그 역사적 변화 추이인 것이다.

위와 같은 문제의식에서 출발하여 이 글은 한국에서 1987년 민주화 이후에 국가의 강압, 조세, 분배 역량의 각 차원이 어떤 방향으로 강화 또는 약화되었는지를 분석한 뒤에, 이들 간의 전체적인 배열의 변화 방향이 어떤 정치사회적 의미를 갖고 있는지를 평가할 것이다. 연구에서 폭과 깊이를 동시에 충족시키는 것은 어려운 일이다. 이 연구는 한국이라는 하나의 국가 사례를 다루지만 민주화 이전과 이후의 비교를 가능케 하는 긴 시간대를 대상으로 할

뿐만 아니라, 국가의 강압, 조세, 분배 역량을 포괄하는 다차원적 관심을 갖고 있다. 그런 만큼 이 글은 제한된 시간대 또는 특정 부문에 집중하는 연구가 달성할 수 있는 깊이를 희생하는 대신에, 국가역량의 여러 차원의 장기적 추이를 탐색적으로 가늠해봄으로써 이후의 보다 세밀한 후속연구를 위한 기초연구의 역할을 하고자 한다.

이 글에서 특히 강압, 조세, 분배 역량에 초점을 맞추는 이유는, 국가의 강압 역량은 권위주의 레짐을 지탱하는 핵심적인 부문인 데 반해서 조세와 분배 역량은 현대국가의 민주적 사회기반권력(Mann 1993)을 보여주는 가장 중요한 측면이기 때문이다. 이 연구는 권위주의 하에서 강한 국가가 군림한 데 반해 민주화 이후에는 국가가 약해진다는 통념에 의문을 제기하고, 민주주의로의 이행 이후에 국가의 억압 능력은 약화되지만 다른 면에서는 시민 기본권과 정치경쟁, 정책반응성이 신장됨에 따라 국가의 공적 역량이 증대되는 것이 아닌가를 묻는다.

논문의 II절에서는 먼저 국가역량의 개념과 분석적 차원들, 연구 전통과 최근 동향을 서술하고, III절에서는 민주주의와 국가역량의 관계라는 주제에 집중하여 핵심적인 이론적 쟁점과 이 논문의 연구질문 및 분석틀을 소개한다. IV절에서는 한국 국가가 민주화 시점에 특히 조세와 분배 역량의 면에서 국제비교상 지극히 미약한 수준에서 출발하여 지난 30년 간 꾸준한 추격발전을 해왔음을 보여주고, V절에서는 그러한 성장에도 불구하고 여전히 남아 있는 한계가 어떤 것들인지 논할 것이다. 끝으로 VI절에서는 종합적 토론과 더불어 이론적, 정책적 함의를 서술한다.

Ⅱ 국가역량의 개념과 연구 동향

1. 개념 정의와 분석적 차원들

국가의 자율적 행위 능력과 능동적 사회변형 능력에 관한 학문적 관심은 근대적 국가 연구의 역사만큼이나 오래된 것이지만, 그러한 일련의 관념을 '국가역량(state capacity)'라는 하나의 개념 안에 응축시키려는 시도는 1980년대 비교사회과학적 국가 연구의 대표자들에 의해 처음으로 본격화된 것으로 보인다. 이 개념의 의미내용과 개념관계를 명확하게 하기 위해 세 가지 구분이 중요할 것 같다. 첫째는 좁은 의미와 넓은 의미의 국가역량 개념의 차이, 둘째는 국가역량과 국가권력 개념의 차이, 셋째는 단수형 국가역량과 복수형 국가역량의 차이다.

첫째, 오늘날 국가역량 연구에서 널리 수용되고 있는 협의(俠義)의 국가역량은 "국가의 공적 목표를 실행할 수 있는 가능성"(Skocpol, 1985: 16)으로 이해되는데, 이 정의는 국가가 행위목표를 '수립'할 수 있는 가능성은 '국가자율성(state autonomy)'으로 정의하고 이를 국가역량과 명확히 구분함으로써 국가역량을 순전히 도구적인 집행 차원의 문제로 한정하고 있다. 이와 같은 개념화 전략은 이후 국가역량과 거버넌스에 대한 많은 연구자들에 의해 별다른 비판적 성찰과 토론 없이 그대로 널리 수용되었다(Fukuyama, 2013; Geddes, 1996; Sikkink, 1991).

그러나 위와 같은 정의는 국가 행위목표의 '수립/실행'이라는 하나의 축과 국가의 '자율성/역량'이라는 다른 하나의 축을 동일시함으로써 정책 실행의 자율성과 정책 수립의 역량이라는 두 개의 중요한 문제틀을 배제시키는 결과를 낳는다. 또한, 이처럼 실행 영역에 한정된 개념 정의는 지난 수십 년 간 국가의 정책 구상, 수립, 실행의 전체 과정을 대상으로 한 방대한 양의 경험 연구 중 많은 부분을 국가역량 개념에서 배제하게 된다는 문제가 있다. 이러한 문제를 해결하기 위해서 우리는 틸리, 태로우, 맨 등이 제시한 보다 포괄적인 개념화 전략으로 관심을 확대해야 한다. 그러한 광의(廣義)의 국가역량은 단지 정책의 집행 능력만이 아니라, 국가가 정치공동체의 공적 의제에 관련되는 목표를 수립하고 실행함으로써 그 영토 내의 사회집단들의 행위와 그들 간의 관계를 제도적으로 규제하고 거기에 영향을 미쳐 변화시킬 수 있는 가능성을 의미한다(McAdam et al., 2001: 78; Tilly, 2007: 15-16).

둘째, 위와 같은 의미의 국가역량은 '국가권력'과 구분되는 개념적 강조점을 갖고 있다. 국가의 역량은 국가가 일정한 수준 이상으로 사회집단들에 대해 권력을 행사하고 자율성을 발휘할 수 있는 가능성을 필요로 하지만, 민주 사회에서 국가의 효과적 기능 수행은 사회구성원들과의 협력적 거버넌스를 요구한다는 점에서 국가역량은 국가권력 또는 국가자율성과 동일시될 수 없다. 따라서 우리는 맨이 전제적 권력(despotic power)과 사회기반 권력(infrastructural power)의 강약을 교차시켜 네 가지 조합을 유형화했던 것에 바탕하여(Mann, 1993: 60; Mann, 2008: 356-7), <표 1>과 같이 국가권력과 국가역량을 두 축으로 한 네 가지 이념형을 구성해볼 수 있다. 여기서 '국가권력'은 베버가 '권력'을 정의한 의미에서 국가의 의지를 사회집단들의 저항에도 불구하고 관철시킬 수 있는 가능성이라는 의미로 이해된다.

<표 1>에서 '전체국가(totalitarian state)' 또는 전체주의 국가의 이념형은 국가가 사회에 대해 강력한 권력을 행사하면서 또한 사회를 규제하고 변형시킬 수 있는 능력까지 갖춘 경우다(Mann, 2008: 356). 이와 달리 '협치국가(cooperative state)'는 국가가 사회집단들과 협력 속에서 제한적 강제력과 자율성만을 행사하면서도, 공공정책을 통해 사회관계를 효과적으로 규제하는 경우다. 그와 반대로 '관석국가(capstone state)'는 홀(Hall, 1994)이 유기적 국가(organic state)와 대비시켜 붙인 이름으로서, 국가가 사회 위에서 지배를 행사하지만 공적 기능을 효과적으로 수행하지 못하여 사회와 유기적 영향관계가 약한 경우다. '야경국가(Nachtwächterstaat)'는 국가가 강제력과 공적 행위능력이 모두 약한 경우다. 물론 이상은 논리적 이념형을 통한 사유실험이며, 현실의 국가는 네 가지의 특수한 조합일 것이다. 중요한 것은 국가의 강제력이 강하다고 공적 역량이 강한 것은 아니며, 권력이 제한적이더라도 역량이 강할 수 있다는 사실이다(Mann, 1993; Tilly, 2007; Wiess, 1998).

표 1	국가권력과 국가역량		
		국가권력	
		강	약
국가역량	강	전체국가	협치국가
	약	관석국가	야경국가

    셋째, 우리는 단수형의 추상적 개념으로서 국가역량을 말할 수 있지만, 현실 세계로 내려오면 모든 국가의 역량은 근본적으로 다차원적이다. 김동노(2012: 266-7)가 강조했듯이 많은 선행연구가 "'강한 국가' 혹은 '약한 국가'라는 애매한 표현을 사용함으로써 분석적으로 접근하지 못하는 한계"를 안고 있었다. 한국의 국가에 관한 뛰어난 연구들도 '강한 국가'라는 규정을 빈번히 사용했는데(Kim, 1997; Koo, 1993; Oh, 2012), 국가의 단순한 강약을 논하는 접근들이 초래하는 문제는 정확히 국가의 어떤 역량이 강하고 약한지, 다양한 차원의 국가역량의 강약이 특정한 나라와 시대에 어떻게 배열되어 있는지를 포착할 수 없다는 점이다.

    그런 한계를 넘기 위해 이 연구는 틸리(Tilly, 1990: 96-97)가 국가의 활동을 ① 강압(coercive), ② 행정(administrative), ③ 조세(extractive), ④ 법규제(legal), ⑤ 분배(distributive), ⑥ 경제(economic) 활동의 여섯 차원으로 구분한 것에 상응하여 <표 2>와 같이 국가역량의 분석적 차원을 구분했다(신진욱, 2020). 물론 이 분석틀은 중요하게 고려되어야 할 국가역량의 모든 차원을 망라한 것은 아니지만, 사회과학의 역사적 연구들이 발견해낸 국가의 핵심 활동들을 포괄하고 있다.

표 2	국가역량의 분석적 차원들	
국가역량	국가의 활동 영역	대표적 지표
강압 역량	군과 경찰을 통해 대내적 질서와 평화를 유지	GDP 또는 정부총지출 대비 군사비 지출 규모, 총 인구 또는 경제활동인구 대비 상비군과 경찰력 수, 인구 대비 범죄율
행정 역량	국가 관료조직을 통해 공 공정책을 실행	중앙 및 지방 정부 공무원 수와 인구 대비 규모, 공무원의 교육 수준과 전문성, 공무원의 청렴/부 패, 관료조직의 업무효율성
조세 역량	사회구성원들의 경제자원의 일부를 공공재정으로 징수	GDP 대비 조세부담률, 사회보장기여금을 포함한 국민부담률, GDP 대비 직접세 규모, 조세순응도 와 지하경제 규모
법적 역량	사회구성원들의 행위와 관 계를 규제하는 입법과 사법	의회와 정부의 입법 횟수와 입법 성공률, 사회적 이슈화 대비 의회 내 의제화 비율, 이익 조정을 위 한 정부기관의 효율성
분배 역량	사회구성원들의 경제자원을 사회통합 목적으로 재분배	GDP 또는 정부총지출 대비 공공사회지출, 공적 이전의 재분배 효과, 복지제도의 포괄성과 관용도, 복지 지출-수요 정합성 정도
경제 역량	국가가 경제활동을 하거나 사회의 경제활동을 촉진	국가 경제활동과 경제성장 촉진 정책의 효과성, 정부와 주요 이익단체 간의 협력적 거버넌스의 제 도화 정도

이상과 같은 국가역량의 다양한 차원들은 필연적으로 모두 같은 경로와 방향으로 전개되는 것이 아니기 때문에, 한 나라의 전반적인 국가역량이 강한 가 약한가는 여러 지표의 단순한 산술적 합산이 아니라 그들 간의 특수한 배 열형태와 관계구조에 대한 분석을 통해 더욱 명확히 평가될 수 있다. 말하자 면 일찍이 엘리아스(Elias, 1976[1939])가 강조했던 결합태(Figurationen)와 결합 질서(Verflechtungsordnung)에 대한 역사적 관심, 혹은 사르토리(Sartori, 1970)나 래긴(Ragin, 2014)이 '배열분석(configurational)'이라고 부른 접근법이 요구된다 는 것이다. 그런 방식으로 우리는 나라별, 시대별로 국가역량 레짐의 다양성에 대해 지식을 축적해갈 수 있다.

2. 국가역량 연구의 전통과 최근 동향

현대 사회과학에서 국가의 권력과 능력에 대한 강조는 스카치폴이 분명히 특정한 것처럼 막스 베버, 오토 힌체 등 독일 국가학(Staatslehre)의 전통 안에 있는 학자들의 저작에까지 거슬러 올라간다. 이 저작들은 모두 현대정치학과 고전사회학의 정립에 지대한 영향을 미쳤지만, 네틀(Nettl, 1968)이 지적한 것처럼 팍스 브리타니카에서 팍스 아메리카나로 이어지는 자유주의 체제의 장기 헤게모니 하에서 '국가'라는 개념과 그것이 압축하고 있는 인식틀은 현대 사회과학에서 주변적 위치로 밀려났다.

특히 제2차 세계대전에서 미국이 유럽의 파시즘과 나치즘 세력을 군사적으로 패퇴시킴에 따라 자유주의 전통의 정치이론이 전면에 등장했고, 국가역량의 가장 오래되고 기초적인 요소인 국가폭력과 관료조직의 중요성이 주류 사회이론에서 제외되기 시작했다(Joas, 2003). 1950~1960년대에 정치학과 정치사회학의 경험 연구는 정당과 선거 연구에 집중되었고, 이론적으로도 정치학의 다원주의 이론과 사회학의 구조기능주의는 정당·의회 정치를 현대사회의 기능적 하위체계의 하나로 자리매김 하면서 공공행정, 조세, 군사·치안 등 많은 공공부문이 적절한 이론적 위치를 찾지 못하는 문제가 발생했다.

이후 1970년대에 네오마르크스주의 국가론이 융성하여 도구주의 국가론, 구조주의 국가론, 후기자본주의국가론 등 다양한 이론이 활발히 토론되었지만, 추상적 이론 논의에 집중되어 있어서 국가구조, 제도, 조직의 실증 연구에 큰 공백이 있었다. 그런 한계를 넘어선 새 흐름이 스카치폴, 틸리, 맨, 기든스 등 정치사회학자들의 역사적 연구였고(Evans et al., 1985; Giddens, 1987; Mann, 1988; Tilly, 1990), 상당 부분 그 영향 하에서 1980~1990년대의 동아시아 발전 국가론이 정립되었다(Evans, 1995; Johnson, 1982; Wade, 1990; Weiss, 1998). 바로 이 연구들이 지금의 국가역량 연구에 가장 중요한 이론적, 경험적 초석이 되고 있다.

2천 년대 들어 사회학, 정치학, 경제학, 행정학, 군사학과 평화·분쟁 연구 등 여러 학제 영역에서 국가역량에 관한 많은 연구가 진행되어 왔다. 그동안 다뤄진 연구 주제는 다양하지만 크게 두 흐름으로 나눠볼 수 있다. 하나는 국가역량의 차이가 낳은 사회적 결과에 관한 것이며, 다른 하나는 반대로 국가

역량의 차이와 변화에 영향을 미치는 요인에 관한 것이다.

첫째, 국가역량의 차이가 낳는 결과를 다룬 연구들은 효과적 국가의 존재가 경제성장과 기술혁신에서 수행한 역할(Acemoglu, 2005; Acemoglu et al., 2011; Acemoglu et al., 2016; Dincecco, 2009, 2015; Dincecco and Katz, 2014; Dincecco and Prado, 2012), 국가역량이 공공복지, 사회권 보장, 불평등 완화에 미치는 영향(Berliner et al., 2015; Hanson, 2015), 대내적 평화와 질서, 분쟁 관리를 위한 능력을 갖추지 못한 '실패한 국가(failed states)'의 결과(DeRouen et al., 2010; DeRouen and Sobek, 2004; Sobek, 2010), 정치체제 환경이 국가역량에 미치는 영향(Bäck and Hadenius, 2008; Croissant and Hellemann, 2018; Hanson 2018; Wang and Xu, 2018) 등을 부각시켰다.

둘째, 국가역량의 차이에 영향을 미친 정치사회적 요인을 탐구한 연구들은 대외적인 국가 간 전쟁 수행, 또는 대내적 무력갈등과 내전이 국가역량에 미치는 영향(Cárdenas, 2010; Centeno, 1997, 2002; Tilly, 1985, 1990), 경제적 집중과 불평등의 정치적 결과(Besley and Persson, 2009, 2011), 정부기관과 부유계층 간의 후원주의적 유착 관계가 국가구조와 기능 수행에 미치는 영향(Cárdenas, 2010; Soifer, 2015) 등을 중요시했다.

한국에서도 2010년대의 지난 몇 년 동안에 이 분야에 대한 연구가 급증하는 경향이 관찰된다. 중앙과 지방 수준의 '정부역량'에 대한 연구(신현기·우창빈, 2018; 엄석진, 2016; 윤건 외, 2018; 최선미, 2018), '굿 거버넌스'와 '정부의 질'을 주제로 한 연구(김의영, 2014; 김태형 외, 2018; 김혁, 2015; 박재창, 2010; 박종민·장용진, 2011; 박희봉, 2013; 이덕로 외, 2017; 이선향, 2016; 이창길, 2017; 이현우 외, 2016; 최정묵, 2016) 등 많은 중요한 기여들이 최근 몇 년에 집중되어 있다. 그러나 거시적이고 역사적인 국가 연구의 관심을 갖고 있는 일부 사례를 제외하면(김동노, 2012; 신진욱, 2020; 최선미, 2018), 대부분 행정 역량에 집중되어 있어서 국제 학계의 연구 동향에 발맞추어 보다 다양하고 종합적인 관점으로 확대할 필요가 있어 보인다.

Ⅲ 민주주의와 국가역량

1. 이론적 쟁점

앞에 서술한 선행연구의 다양한 주제들 가운데 특히 민주주의와 국가역량의 관계에 관련되는 많은 중요한 하위 주제들이 있다. 예를 들어 권위주의 체제와 민주주의 체제가 국가역량에 각각 어떤 영향을 미치는가(Acemoglu et al., 2006, 2011; Hanson, 2018; Croissant and Hellemann, 2018; Bäck and Hadenius, 2008), 민주주의 제도와 정치동학은 국가의 역량에 어떤 방식으로 영향을 미치는가(Berliner et al., 2015; Diamond, 2007; Geddes, 1996; Wang and Xu, 2018), 민주주의를 성장시키며 또한 민주주의 체제에서 성장하는 국가역량은 어떤 것인가(Acemoglu, 2005; Dincecco, 2015; Holmberg et al., 2008; Soifer, 2015) 등의 주제에 대해 연구와 토론이 이뤄지고 있다.

이처럼 다양한 연구 주제 가운데 이 글은 특히 권위주의로부터 민주주의로의 체제 이행 이후에 국가역량의 구조에 어떤 변화가 일어났는가?라는 문제에 집중할 것이다. 거칠게 구분해보자면, 이 문제에 대해 크게 세 가지 일반론이 맞서고 있는 것으로 보인다.

첫째는 국가약화론이다. 권위주의 체제에선 국가가 모든 사회집단을 압도할 만큼 자율성이 강했고 그것이 국가의 역량으로 이어지는 데 반해, 민주주의 체제에선 사회집단들의 힘이 커짐에 따라 국가가 대체로 약화된다는 입장이다. 이런 관점의 대표적 예로 동아시아 발전국가론의 초기적 입장을 들 수 있는데, 예를 들어 찰머스 존슨(Johnson, 1982, 1999)은 동아시아 발전국가의 성공적인 경제개입이 권위주의 정치체제 또는 일본식 일당민주주의의 환경 하에서 가능했다는 견해를 갖고 있었다.

둘째는 국가강화론이다. 민주주의 체제의 의회정치와 권력분립, 정치적 경합, 높은 정당성이 국가기구의 작동을 더욱 효과적으로 만들기 때문에, 국가가 사회와 협력적 관계를 맺으면서도 강한 능력을 발휘할 수 있다고 주장하는 여러 역사적, 통계적 연구가 있다(Acemoglu et al., 2016; Cheibub, 1998; Dincecco, 2009; 2015; Dincecco and Katz, 2014; Wang and Xu, 2018). 이 입장에 따르면 민주화 이후 국가의 권위주의적 역량은 약화되지만, 국가의 공적 책임을 위한 다른 역량들은 강화될 것이라고 예측할 수 있다.

셋째는 불확정성론이다. 즉 구체적 조건과 변수에 따라 민주화는 국가의 역량을 강화시킬 수도 약화시킬 수도 있으며, 또한 민주주의 체제의 국가역량이 권위주의 체제의 그것보다 더 강할 수도 약할 수도 있다는 것이다. 이런 입장의 문헌들 가운데 가장 주목할 만한 이론은 성숙한 민주주의에서 국가역량이 가장 강하고, 미성숙한 민주주의에서 가장 약하며, 권위주의 체제에서 그 중간 정도라는 'J곡선(J-curve)' 류의 이론들이다(Bäck and Hadenius, 2008; Diamond, 2007; Holmberg et al., 2008).

그런데 이 논문의 2장에서 강조한 바와 같이 국가역량의 다차원성을 중시한다면 민주화 이후 국가역량이 전반적으로 강해지느냐 약해지느냐만이 아니라, '어떤 국가역량'이 강해지거나 약해지느냐가 중요하다. 즉 민주주의 제도의 도입 이후에 다양한 차원의 국가역량의 강약의 배열에 어떤 변화가 일어났느냐의 문제다.

이 질문을 우리는 다양한 관점에서 다룰 수 있겠지만, 이 논문이 특히 중요시하는 쟁점은 민주주의로의 이행 이후에 국가가 상층계급에 의해 '포획(capture)'되어 그들의 이익을 위한 역량을 주되게 강화하게 되느냐, 아니면 '민주적 계급투쟁'(Korpi, 1983)이 전개됨에 따라 하층계급을 위한 국가역량이 권위주의 체제 하에서보다 더 강하게 발전되느냐의 문제다.

먼저 상층계급의 국가포획론은 권위주의 체제에선 국가가 사회 전반에 대해 강력한 힘을 행사하는 데 반해 민주화 이후 국가는 자본과 언론 등 사회적 권력집단에 포획될 수 있는 가능성을 주목한다. 이런 경우에 정치 엘리트와 경제 엘리트 간에 후원주의적 관계가 형성되어 국가가 중간 및 하층계급을 수혜집단으로 포함하는 공공재에 적극적으로 투자하지 않고 빈곤층으로 자원 재분배를 하지 않게 된다(Acemoglu et al., 2011; Cárdenas, 2010; Soifer, 2015).

한편 민주적 계급투쟁론의 입장은 권위주의 국가가 사회권력과 부패한 결탁을 할 수 있는 데 반해 기본권과 정치경쟁이 보장되는 민주주의에서는 중간 및 하층 계급이 국가권력을 분점하여 이들을 위한 국가역량이 강화된다고 본다. 물론 당연히 민주주의가 평등과 복지의 강화로 반드시 이어지는 것은 아니지만(Gough, 2010: 13), 정치경쟁의 제도화와 중·하층계급의 정치적 영향력 증대에 따라 이들에게 이익을 주는 국가역량이 강화될 개연성이 높아진다(Berliner et al., 2015; Hanson, 2015).

앞에서 일반론적 차원의 문제가 '국가의 역량이 강해졌는가? 약해졌는가?'였다면, 여기서의 문제는 '누구를 위한 국가역량이 강해졌는가?'다. 후자의 문제들이 민주주의와 국가역량이 어떤 관계가 있는지, 민주화가 국가역량에 어떤 영향 또는 결과를 낳는지에 대한 다수의 선행연구가 충분히 민감하게 다루지 못한 면이다. 따라서 이 논문에서는 한편으로 국가-사회 간 관계에서 국가가 자원을 추출하고 공적 목표를 위해 행위할 수 있는 전반적 역량을 분석하면서, 다른 한편으로 그러한 국가 행위가 특정 사회계급의 이익에 국한되지 않은 일반적, 사회통합적 이익에 기여하는지를 살펴보려 한다.

2. 연구 질문과 분석틀

앞에 서술한 이론적 논쟁의 맥락 위에서, 이 연구는 한국 국가의 강압, 조세, 분배 역량에 초점을 맞추어 민주화 이후 국가역량 레짐의 구조변동에 관한 아래의 두 질문을 탐구해보고자 한다.

첫째, 권위주의 시기에는 국가의 강압적 권력을 토대로 하여 전반적으로 국가역량이 강했던 데 반해, 민주화 이후에 국가의 역량이 전반적으로 약화되었는가? 아니면 민주주의 하에서 권위주의적 강압 능력은 약화된 반면, 공익적 강압 역량과 조세·분배 역량 등 다른 많은 차원에서 국가역량이 강화되었는가?

둘째, 민주화 이후에 국가는 상층계급의 이익 추구에 포획되어 조세 역량이 약화되거나 조세구조의 역진적 성격이 더욱 강해지고, 복지재정 역량이 후퇴하거나 정체했는가? 아니면 반대로 국가의 조세규모와 누진적 징세 능력, 그리고 복지재정 사용과 불평등 완화의 재분배 역량이 권위주의 시대보다 강화되었는가?

위의 질문은 국가역량의 일반적 강도를 묻는 하나의 축과 국가역량의 계급적 성격을 묻는 다른 하나의 축을 갖고 있다. <표 3>은 그처럼 한편에는 국가역량이 전반적으로 강화되었는가 아니면 약화되었는가라는 질문을, 다른 한편에는 어떤 계급을 위한 국가역량이 강화되거나 약화되었는가라는 질문을 놓고 네 가지의 가능한 조합을 논리적 이념형으로 분류한 것이다.

표 3	국가역량과 사회계급 간 관계의 네 가지 가능한 조합의 이념형		

		계급적 국가역량	
		상층계급을 위한	하층계급을 위한
일반적 국가역량	강함		
	약함		

<표 3>의 도식에 따라 우리는 역사적 현실에서 발견될 수 있는 몇 가지의 결합태의 유형을 상상해볼 수 있다. 특정 계급을 위한 국가역량이 강하면서 동시에 약한 경우는 모순이 되므로 이를 제외하면 <표 4>와 같이 크게 네 가지 논리적 이념형이 도출된다.

표 4	국가역량과 국가기능 간 관계의 네 가지 이념형적 유형						

(a) 실패한 국가		(b) 국민적 국가		(c) 착취적 국가		(d) 민중적 국가	

(a) '실패한 국가(failed states)'는 국가의 정책 수립 및 실행 능력이 전반적으로 약해서 사회의 상층계급을 위해서도, 하층계급을 위해서도 이익을 줄 수 없는 경우다. 어떤 면에선 '약탈적(predatory) 국가'(Evans, 1989), 즉 정치권력이 국가조직을 사유화하여 제반 사회집단의 자원을 빼앗기만 하는 국가 역시 이 범주에 해당한다. 그런 경우는 국가의 역량 전반이 약하다기보다 약탈적 역량만 강하다고 말할 수 있을 것이다.

(b) '국민적 국가'는 사회의 상층계급의 이익에도, 하층계급의 이익에도 기여하는 역량을 갖추고 있는 경우다. 물론 자본주의 계급사회에서 상층계급과 하층계급의 이익이 일치하는 것보다는 상충되는 것이 일반적이다. 그러므로 여기서 국가역량이 '국민적(national)' 성격을 띤다 함은 계급모순을 초월한 보편이익에 종사한다는 뜻이라기보다는, 그람시가 말한 바와 같은 통합국가의 헤게모니라는 의미로 이해되어야 할 것이다.

(c) '착취적 국가'는 상층계급의 이익에 기여하는 국가역량만 발달한 경우다.

근대국가가 사유재산권과 노동력 상품화를 확립하기 위해 법제의 정비는 물론 강압수단을 통해 노동계급의 저항을 분쇄했을 때(Giddens, 1986: 148-160), 그러한 국가역량의 본질은 착취적이다. 또한 최근의 신자유주의 국가는 자본에 대해서는 '작은 정부'를 표방하지만, 하층계급에 대해서는 '무장된 신자유주의'(Taddei, 2002)의 면모를 보인다.

(d) '민중적 국가'는 하층계급의 이익을 위한 국가역량이 발전된 유형인데, 이는 민중계급의 기본권을 규정하고 보장하는 제도적 질서가 광범위하게 구축되어 있을 뿐 아니라 그러한 정책을 실행하기 위한 관료조직이 강력하고 효율적이라는 뜻이다. 대표적인 예로 북유럽 사회에서는 중앙 및 지방정부에 복지행정 기구와 재정 자원, 이를 운영하는 유능한 공무원 집단이 다른 어떤 나라보다 발달해있다.

이상의 여러 개념도식은 현실의 사례들을 귀납적으로 분류한 유형(classificatory types)이 아니라, 그것의 순수한 형태는 현실에 실재하지 않는 이념형(ideal types)들이다. 즉 이것은 현실의 복잡성을 개념적으로 재구성하기 위한 발견적 장치(heuristic device)로서 구성한 것들이다. 그러므로 특정한 역사적, 경험적 현실은 위의 이념형 중 어느 하나에 귀속되는 사례가 아니라, 어느 이념형에 보다 가깝고 다른 이념형에는 보다 먼 독특한 조합으로서 해석되어야 할 것이다. 즉 이 논문의 목표는 민주화 이후 한국의 국가가 약탈적 국가인지, 국민적, 착취적, 혹은 민중적 국가인지를 판단하는 것이 아니라, 이 네 가지 이념형 각각의 핵심적 측면이 현실에서 어떤 경중과 위계로 배열되어 있는지를 추적하는 일이다.

그러한 목적을 달성하기 위한 경험연구의 전략으로서, 이 논문은 국가역량의 기능과 수혜집단에 따라 몇 가지 핵심 지표에 집중할 것이다. 아래의 모든 지표가 과연, 어떤 의미에서 국가의 '역량'을 측정하는 수단이 될 수 있는가라는 질문을 받을 수 있다. 그러나 이 글은 지표의 타당성 검증이나 새로운 지표의 발굴이 목표가 아니므로, 오늘날 국가역량 연구에서 이 지표들이 널리 수용되고 있음을 지적해두는 정도로 한다.

① 강압역량: '문민화' 또는 탈군사화(demilitarization)의 척도로 GDP 대비 중앙정부 총지출 대비 국방비 지출 비율, 경제활동인구 중 군인 수;

치안 능력의 지표로 경찰인력의 수와 경찰 1인당 담당인구 수, 공식범
죄통계와 범죄피해자 수의 추이.

② 조세역량: 전반적 조세징수 능력을 가늠할 지표로 GDP 대비 내국세
부담률, 좁은 의미의 조세부담률, 사회보장기여금을 포함한 국민부담
률; 그보다 강한 의미의 조세 능력을 측정하기 위한 지표로 GDP 대
비 직접세 규모, GDP 대비 간접세 규모의 추이와 비교.

③ 분배역량: 국가의 재분배 노력을 보여주는 지표로 GDP 대비 공공사회
지출 비율, 정부 총지출 중 복지지출 비율; 국가의 재분배 노력의 실
질적 효과를 측정할 지표로 시장소득 불평등도와 가처분소득 불평등
도의 차이로 측정하는 공공복지의 재분배효과.

위의 지표 가운데 먼저 군사비 지출과 군인 수의 상대적 비중이 현저히
감소하는 것은 사회의 탈군사화를 명백히 의미하는 것은 아닐지라도, 그 방향
으로의 변화를 상당히 시사할 수 있다. 하지만 사회의 탈군사화가 국가의 강
압역량의 총체적 약화를 뜻하는 것은 아니다. 탈군사화 경향과 동시에 대외적
인 군사력 증대나 대내적인 치안 상태의 개선이 이뤄진다면, 이는 특정 계급
에 국한되지 않은 국민적 국가역량의 증대를 보여주는 지표로 해석될 수 있을
것이다.

한편 국가의 조세규모가 커지고, 그처럼 증대된 공공재정의 점점 더 많은
부분을 불평등 완화를 위한 재분배 목적으로 사용한다면 그 국가는 단지 상층
계급만을 위한 착취적 역량만 강한 것이 아니라 하층계급을 위한 민중적 국가
역량을 함께 증대시키고 있는 것이다. 그에 반해서 만약 조세규모가 축소되거
나 정체되고, 상층계급에 이익을 주는 역진세의 비중이 커지며, 경제성장에도
불구하고 국가의 복지지출 비율이 늘지 않는다면 국가의 착취적 성격이 강해
진 것으로 볼 수 있을 것이다.

이상의 지표를 사용하여 이 연구가 주장할 수 있는 범위는 물론 제한적이
다. 어떤 연구든 일반성과 엄밀성을 모두 충족시키는 것은 불가능하다. 이론적
무게를 갖는 모든 사회과학 개념이 그러하듯, 국가역량 개념 역시 다양한 분
석적 차원을 갖고 있고 각각의 분석적 차원은 또한 다양한 지표로 탐구될 수

있다. 그런 의미에서 보면 '한국의 국가역량 레짐'이라는 이 논문의 제목은 실은 과도하게 큰 것이며, 그것이 시사하는 약속을 이 짧은 글 안에서 지킬 수는 없을 것이다. 그러나 이 연구는 그런 한계를 충분히 인식하면서, 오늘날 국제 학계에서 가장 널리 사용되는 지표들에 집중한 통제된 분석을 통해 종합적 결론을 도출할 것이다.

Ⅳ 민주화 이후 한국 국가역량의 구조변동

1. 강압역량의 문민화

민주주의로의 이행의 성공 여부를 평가하는 중요한 측면 중 하나는 '문민화(civilianization)' 또는 '탈군사화(demilitarization)'의 정도다. 연구자들은 여러 측면에서 이 주제에 접근해왔는데, 예를 들어 정치적 결정과 공공정책에서 군부의 영향력, 정치엘리트 중 군부 출신의 비중, 정치군인 집단의 존재와 군부의 정치적 독립성, 군의 사회적 영향력 등 여러 차원에서 이 문제를 볼 수 있다(Croissant et al., 2011; Valenzuela, 1992). 그러한 여러 측면 중 이 글은 국가의 대내외적 강압 활동을 담당하는 군과 경찰의 역량이 민주화 이후에 어떤 측면에서 강화되고 약화되었는가라는 문제에 초점을 맞춘다.

국가의 강압 역량을 분석하고 평가할 때 유의할 점 중 하나는 국가의 모든 강압 활동을 권위주의적인 것으로 단순화해선 안 된다는 것이다. 군사독재체제에서 국가의 강압성은 군부가 정치와 사회 여러 부문을 장악하고 지배한다는 의미를 가질 것이다. 그러나 민주제 하에서 군·경찰 등 국가기구의 활동은 그보다 복합적인 기능과 의미를 갖는다. 그것은 때론 통치자의 갑옷이지만, 어떤 경우에 계급지배의 도구일 수 있고, 또 다른 어떤 경우엔 국민적 이익을 위한 평화와 질서 유지 기능을 수행할 수도 있다. 그러므로 민주화 이후에 군·경과 같은 국가강압기구에 대한 문민적 통제가 강화되면서, 그와 동시에 다른 어떤 측면에서 역량 강화가 이뤄졌는지를 탐색적으로 검토해보는 것은 의미가 있다.

먼저 군사적 측면에서 이 논문은 민주화 이후에 군의 상대적 비중이 재정과 인력의 측면에서 감소하는 탈군사화가 이루어졌는가를 알기 위해 GDP 대비 국방비 비율, 정부총지출 중 국방비의 비중, 그리고 경제활동인구 대비 군인 수의 장기 추이를 보았다. 조사 결과는 재정과 인력 면에서 모두 군의 상대적 위상이 꾸준히 감소하는 추이를 보여준다. GDP 대비 국방비 규모는 박정희 정권의 '유신'이 시작된 1972년부터 급증하기 시작했다가 1981년을 정점으로 하락세가 시작되고 1987년에 1972년 수준으로 되돌아온 후 계속 감소하여 노무현 정부 이후로 안정화되었다. 정부 지출 대비 국방비 비율 역시 1990년대 내내 감소하다가 노무현 정부 초기부터 안정화되었다. 한편 경제활동인구 대비 군인 수는 1990년대 초반부터 2017년 현재까지 지속적으로 감소하고 있다(<그림 1>).

그림 1   국방비와 군인수의 상대적 비중 변화, 1960-2017

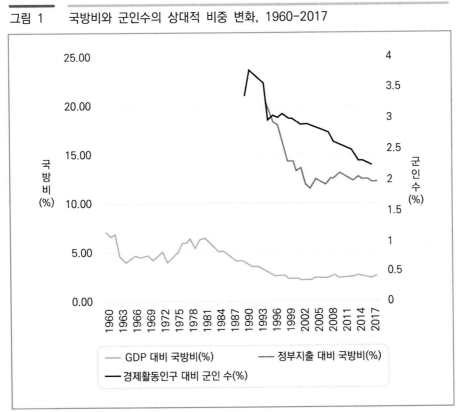

출처: 통계청, 「국방비 지출 및 무기이전 통계, 1960~2018」.

물론 위의 세 지표에서 모두 1987년 민주화를 결정적 계기로 해서 군의 상대적 비중이 감소했다고 단언하긴 어렵다. 또한 분석대상이 된 전체 시기 동안 경제성장이 계속되어 왔음을 감안할 때, 전두환 정부 시기부터 국방비 비율이 감소하기 시작하여 노무현 정부 때부터는 오히려 감소세가 중단되었다는 것은 국방비 수준의 결정요인이 정치, 경제 여러 측면에서 복합적임을 시사한다. 아울러 인구 대비 군인 수의 경우도 군의 기술적, 전략적 현대화에 따른 변화의 측면이 크기 때문에, 민주화라는 정치환경의 영향으로 단순화할 수 없다. 그럼에도 불구하고 우리는 이 조사결과에서 민주화 이후 30년 동안 한국사회에서 군의 재정적, 인적 비중이 꾸준히 감소되었다는 사실을 확인할 수 있다.

　　하지만 그와 같은 군의 국내적 비중의 약화가 대외적 국방 역량의 약화를 의미하는 것은 아니다. 각국의 군사력 평가 지표로 국제적인 인정을 받고 있는 스톡홀름 국제평화연구소(Stockholm International Peace Research Institute)의 정기적인 「세계의 군사력」 조사에 따르면, 군사비의 절대적 수준 측면에서 한국은 2014년에 세계 10위를 기록했고(SIPRI, 2015 Fact Sheet), 상비군 수와 육·해·공군력으로 평가한 종합적 군사력에서도 2015년에 세계 7위로 평가되었다(SIPRI, Global Firepower, 2015). 국가와 사회의 탈군사화 경향과 동시에, 대외적인 강압 역량은 경제력의 성장과 더불어 꾸준히 증대되었다.

　　다음으로 국가의 대내적인 강압 활동을 담당하는 경찰의 경우를 보면, 권위주의 시기에 정권유지 목적의 이른바 시국치안에 동원되었던 전·의경은 민주화 이후에 꾸준하고 급격하게 감소되어 왔다. 전투경찰이라는 단위는 해방 직후 4·3, 여순사건 등의 진압과정에서 이미 모습을 드러냈고 이후 여러 차례 법개정과 조직개편을 거치다가 박정희 정권기인 1970년에 군복무 인력을 경찰업무의 보조 인력으로 동원하는 제도로 바뀌었고, 의무경찰 제도는 전두환 정권기인 1983년에 도입되었다. 전·의경은 군복무 인력을 시위진압 등 정치적 성격의 치안 활동에 대규모로 동원하기 위한 제도로 활용되어 왔다. 그러나 이 제도의 그와 같은 역사적 배경과 군 인권 침해 사례 등이 계속 문제되어 오다가 2016년에 전경제도가 폐지되었고, 2018년에는 의경 역시 향후 매년 20%씩 감축하여 최종적으로 경찰공무원으로 대체하는 계획이 결정되었다(김상균, 2018).

이처럼 경찰력의 정치적 동원이 약화된 반면, 경찰 기관의 인적, 재정적 역량과 치안 능력에 어떤 변화가 있었는지를 살펴보자. 우선 가장 기본적 지표인 경찰공무원 수와 경찰예산의 추이를 보면 1964년부터 2015년까지 지속적으로 증가하는 추이인데, 특히 경찰예산의 경우 1985년까지 완만하게 증가하다가 1990년부터 최근까지 급증해왔다(<그림 2>). 민주화 이후에 경찰력이 정치적 목적의 정보수집과 집회·시위의 진압에 동원되는 정도는 약화되었지만 치안 목적을 위한 경찰인력 규모는 꾸준히 증가되어 왔으며, 경찰예산의 증가폭은 권위주의 시기보다 훨씬 더 높다는 사실을 확인하게 된다.

그림 2   경찰공무원 수와 경찰예산의 장기 추이, 1964~2015

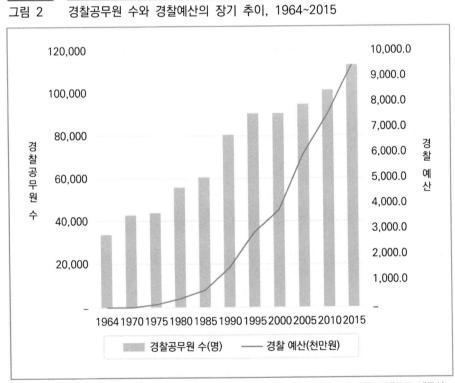

출처: 경찰청 경찰통계연보; 송재두·유영재(2018, 160)의 〈표 2〉에 제시된 통계를 그래프로 재구성.

한편 경찰인력 규모의 변화를 인구수와의 관계에서 보기 위해서 경찰 1
명이 담당해야 하는 시민의 수를 함께 보면, 2천 년대 들어 지난 약 20년 동안
한국의 경찰공무원이 담당해야 하는 시민의 수 역시 완만하게 개선되는 추이
임을 볼 수 있다(<그림 3>).

그림 3   경찰 인력 수와 경찰 1인당 담당인구 수의 추이, 2001~2018

출처: 경찰청, 「경찰통계연보」.
비고: 여기서 '경찰 인력'은 치안총감부터 순경 계급까지 경찰관의 총 정원을 나타내는 것으로 별정·
     일반·기능·계약직 공무원과 전·의경수는 포함되지 않으며 해양경찰도 제외된다.

한편 이상과 같은 경찰 규모 및 예산의 확대가 실제로 국가의 범죄억제
역량으로 연결되었는지 보면 조사결과는 조금 복잡하다. 황지태(2010)의 연구
가 보여주는 공식 범죄발생건수 통계와 범죄피해자 조사 결과를 비교해보면,
시민들을 대상으로 한 조사 결과에 반영된 범죄피해자 수는 1990년대 초반 이
후 지속적으로, 특히 1990년대 후반부터 급격히 감소한 데 반해서, 경찰의 공
식 통계에 집계된 범죄발생건수는 동일 기간 동안 증가해왔다. 황지태의 해석

에 따르면, 이 상반된 추이는 경찰력이 범죄 발생을 포착하는 정도가 신장되면서 실제 시민들이 경험하는 범죄 피해는 감소하는 추이가 동시에 진행되었음을 시사한다(<그림 4>).

그림 4 공식 범죄발생건수 통계와 범죄피해자 조사 결과의 추이, 1993~2005

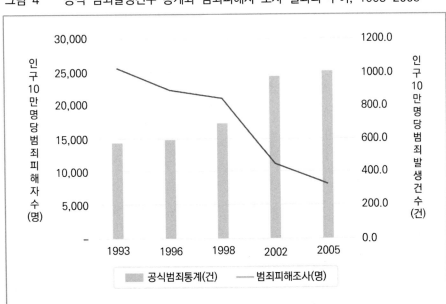

출처: 황지태(2010, 134)가 형사정책연구원의 조사 결과를 제시한 〈그림 1〉의 자료를 재구성.

비고: 여기서 '범죄'는 강도, 절도, 폭력, 성폭력을 포함한다. '공식범죄통계'는 공권력에 의해 포착된 범죄 발생건수를, '범죄피해조사' 결과는 시민을 대상으로 한 조사에서 해당 연도에 범죄 피해 경험을 보고한 사람의 수를 의미한다.

2. 조세규모와 조세구조의 변화

앞에서 권위주의 체제를 대표하는 국가역량의 부문으로서 강압역량의 차원이 민주화 이후에 어떤 변화를 보이는지를 살펴보았다면, 이제 다음으로 현대 민주주의 국가에서 일반적으로 비약적 발전을 하는 핵심 부문인 조세국가와 복지국가의 차원을 보기로 한다. 이 두 차원은 현대 시대에 국가가 사회로부터 자원을 징수하고, 그렇게 징수한 공적 자원을 사회의 보편적 이익을 위해 지출하는 국가-사회 간 선순환 관계를 집약하는 제도적 영역이다(Cusack and Beramendi, 2006; Prasad and Deng, 2010; Swank and Steinmo, 2002). 따라서 민주화라는 정치체제 변동이 일어난 이후에 이 양대 측면에서 국가역량에 주목할 만한 변화가 일어났는지, 아니면 권위주의 시대의 국가구조 특성의 유산이 지속되었는지를 검토해보는 것은 한국 국가 성격의 전반적 변화에 관해 하나의 의미 있는 단서를 제공해줄 수 있다.

현대 국가의 조세−복지 복합체에 관한 최근의 연구들은 인과적 설명의 차이에도 불구하고 한 가지 흥미로운 사실에 동의하고 있는데, 그것은 국가의 조세수입 규모와 복지재정 규모가 대체로 정(正)의 관계에 있을 뿐 아니라, 강력한 재분배 역할을 하는 큰 복지국가들이 역설적이게도 누진적 성격이 강한 소득세, 법인세, 재산세의 세율을 억제하는 반면, 사회보장기여금과 역진적 성격의 소비세를 적극적으로 징수하여 복지재정을 확보해왔다는 사실이다. 반면 미국 등 자유주의 유형의 국가들은 소득세 등 누진세 의존도가 높고, 그런 조세구조 내에서 상당히 제한적인 조세규모와 복지규모를 지속하는 경향이 있다 (Beramendi and Rueda, 2007; Ganghof, 2006; Kato, 2003; Morel and Palme, 2012; Wilensky, 2002).

그러한 국제비교 맥락에서 봤을 때 1970~1980년대 권위주의 시기 동안 한국의 조세국가의 특성은 첫째, 조세규모가 극도로 작았으면서, 둘째, 역진적인 소비세와 조세지출(감면)에의 의존도가 매우 높았고, 셋째, 복지지출 규모역시 유사한 경제수준의 나라들과 비교해 보더라도 극단적으로 낮은 수준이었다는 점이다(김미경, 2010, 2013, 2018; 양재진, 2008; 윤홍식, 2011, 2019). 그러므로 민주화 이후 한국의 조세·복지국가의 성격 변화를 살펴볼 때 관심의 초점은, 상기한 '역진적 저조세·저복지 국가구조'의 유산이 얼마만큼, 어떤 방향으로 변화했는가라는 질문에 놓이게 될 것이다. 이 측면에서 위에 인용한 여러 선행연구는 1970~1980년대에 형성된 한국 국가의 성격이 큰 틀에서 변하지 않고 지속되고 있다는 데에 대체로 동의하고 있다. 하지만 이 글은 그러한 해석이 타당한 면이 있으면서도 일면적이라는 점을 보여주게 될 것이다.

먼저 국가의 조세규모를 평가하는 가장 기본적인 지표인 국민부담률, 즉 넓은 의미의 조세부담률을 보았다. 이것은 좁은 의미의 조세부담률에는 포함되지 않는 사회보장기여금까지 포함한 국가 세수입이 GDP 대비 어느 정도 수준인지를 보는 것이다. 이 지표에서 1970년대부터 2000년대까지 장기 추이를 보면, 총조세 규모는 1970년대 초반까지 상승했지만 1970년대 중후반에 부가 가치세가 도입되고 조세감면이 대대적으로 확대된 이후 정체되고 1980년대 전두환 정부 시기에는 오히려 감소하다가, 1987~1988년을 기점으로 꾸준히 로 상승해왔다(<그림 5>). 이 변화의 뒤에는 뒤에 언급할 소득세 증가 등 여러 요인 있지만, 무엇보다 1988년 도입된 국민연금 등 핵심 사회보험 프로그램의 체계화와 제도적 성숙에 힘입은 것으로 해석할 수 있다.

그림 5 한국의 국민부담률의 장기 추이, 1972~2001

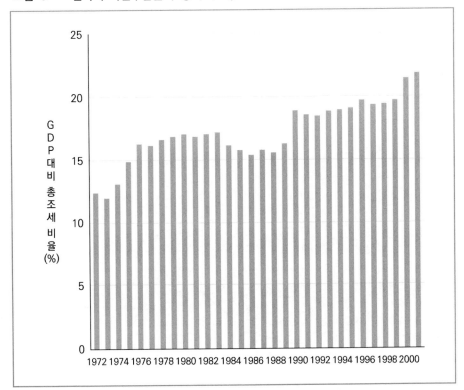

출처: OECD, Tax Revenue.

위와 같은 총조세 규모가 국가 조세역량을 가늠하는 기초적 지표이지만, 국가가 사회적 저항에도 불구하고 조세 확대를 계획하고 관철할 수 있는 능력을 보다 분명히 볼 수 있는 지표로 직접세 규모를 종종 사용한다. 대표적 간접세인 소비세는 소비자가 소비 행위를 통해 지출하는 상품 또는 서비스의 가격에 포함되어 있는 데 반해, 소득세, 법인세, 상속·증여세 등 직접세는 납세의무자가 납세 행위를 분명히 인지하는 방식으로 조세부담을 한다. 그래서 직접세는 일반적으로 조세저항의 가능성이 더 높기 때문에, 총조세 규모보다 직접세가 국가 조세역량을 더 분명히 보여주는 것으로 간주된다(Rogers and Weller, 2014).

한국 사례를 국제비교 관점에서 보면, 윤홍식(2011)의 최근 연구결과는 경제협력개발기구(OECD: Organisation for Economic Cooperation and Development) 회원국 평균은 1980년대 이래로 GDP 대비 직접세 규모가 아주 완만하게 증가해온 데 반해 한국은 1980년대 중반 이후 급격히 증가하여 OECD 평균과의 격차를 빠르게 좁혀왔음을 보여준다. 또한, 한국 사례 내에서 직접세와 간접세의

그림 6　　한국과 OECD 회원국들의 GDP 대비 직접세와 간접세 규모의 추이, 1965~2008

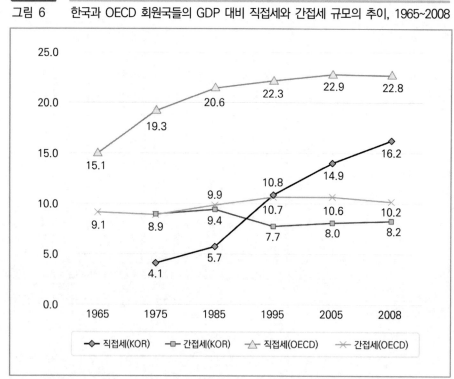

출처: 윤홍식(2011: 285)의 〈표 2〉에 제시된 자료를 재구성; 윤홍식은 OECD, Revenue Statistics 자료를 이용.

추이를 비교해보면, 박정희·전두환 정권기인 1970~1980년대에는 GDP 대비 간접세 규모가 직접세보다 상당히 더 높았던 데 반해 1990년대 이후 직접세가 월등히 더 높은 규모로 증가하여 그 격차가 벌어지고 있다(<그림 6>).

이상의 추이는 민주화 이후에 국제비교의 관점에서 저조세·저복지의 국가구조 특성이 여전히 남아있음에도 불구하고, 다른 한편에서는 한국 조세국가의 성격에 주목할 만한 변화가 진행되어 왔음을 시사한다. 즉 한국의 조세국가는 규모상으로도 커져왔고, 구조상으로도 직접세 비중이 커져왔으며 무엇보다 사회보장기여금이 넓은 의미의 조세규모 증대를 주도하는 역할을 했다. 그런 의미에서 과거 발전국가의 저조세·저복지 구조의 지속, 자유주의 유형 국가들에 특징적인 직접세 비중의 증가, 그러나 또한 대륙유럽 국가들의 역사적 경험과 유사하게 사회보험 중심의 총조세 규모 증대라는 몇 가지의 이질적 특성들이 혼재하는 것이다.

3. 국가의 분배 노력과 재분배 효과

이제 마지막으로 국가의 분배역량을 볼 차례인데, 가장 먼저 기초적 지표인 GDP 대비 공공사회지출 비율의 장기 추이를 분석해보았다. 이것은 복지연구에서 종종 국가의 복지노력(welfare efforts)으로 불리지만 그것이 또한 국가의 역량이기도 한 이유는, 자본주의 사회에서 복지예산의 책정과 지출은 국가가 상층계급의 직접적 이익에 반하여, 때론 그들의 저항에도 불구하고, 공공재정을 복지에 할당하여 정치적 정당성을 획득할 수 있는 능력을 반영하는 측면이 크기 때문이다(Gough, 1978; Offe, 1984). 그런 의미를 갖는 복지재정 규모는 한국에서 1960년대 이래 1인당 소득의 꾸준한 급증에도 불구하고 1980년대까지 거의 증가하지 않다가 1998년, 즉 김대중 정권 시기부터 최근까지 지속적이고 빠르게 증가하는 모습을 보인다(<그림 7>).

그림 7   GDP 대비 공공사회지출 비율과 1인당 GDP의 추이, 1965-2016

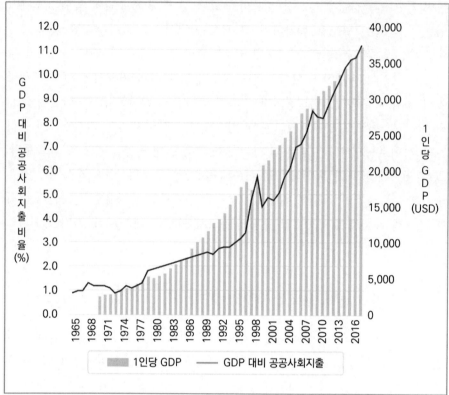

출처: OECD, Social Expenditure Dataset; GDP Statistics; 한국의 1965~1979년 공공사회지출 통
계는 신동면(2011: 316)이 다양한 정부기관 자료를 종합하여 제시한 것을 OECD 자료에 통합.

국제비교 관점에서 봤을 때도 한국의 복지지출 비율의 증가율은 2천 년
대의 대부분의 시기 동안 OECD 회원국 중 최고 수준이었는데(남재욱, 2018:
9), 이것은 한국의 복지지출이 여전히 OECD 내 최하위권에 머무르고 있다는
사실과 대조된다. 즉 한국은 1987년 민주화 시점에 나라경제 규모에 비해 너
무나 극단적으로 작은 규모의 복지지출을 해온 역사적 유산 위에서 뒤늦게 복
지국가를 발전시키기 시작했다. 그 후 한국의 국가는 복지지출을 빠른 속도로
증가시켰고 다른 나라들과 차이를 좁혀왔지만, 아직까지 그 태생적 취약함을
완전히 벗어나지는 못하고 있는 상태인 것이다.

그렇다면 한국 복지국가는 그 재정 지출을 늘려온 이 시기 동안 실제로 시장소득의 불평등도를 경감시키는 능력을 높여왔는가? 이것을 보기 위해 시장소득 불평등도와 가처분소득 불평등도의 차이로 계산된 공적 이전의 재분배 효과의 장기 추이를 보았다. 1980년대까지 수십 년 동안 공적 이전에 의한 재분배 효과는 0.01 이하로서 거의 0에 가까웠기 때문에 여기에 포함시키는 것은 의미가 없으므로 1990년부터 분석했다. 분석 결과, 2천 년대 초반부터 2인 이상 도시 가구 통계로 보든, 1인 가구와 농어촌을 포함한 전체 가구 통계로 보든, 공적 이전의 재분배 효과는 완만하지만 꾸준히 증대되어 온 것으로 나타난다(<그림 8>). 한국의 국가는 복지재정을 확보하고 집행하는 능력뿐 아니라, 비록 제한적이지만 실제로 공공복지를 통해 불평등을 완화시키는 능력 역시 신장시키고 있다.

그림 8   공적 이전의 재분배 효과 추이, 1990-2016

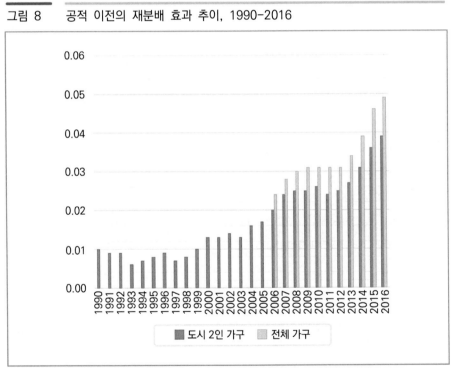

출처: 통계청 「가계동향조사」의 소득분배지표 통계에서 시장소득 지니계수와 가처분소득 지니계수의 차이로 계산.

Ⓥ 한국 국가역량의 추격발전과 그 한계

이제까지 우리는 민주화 이후에 한국의 국가가 특히 조세와 분배 차원에서 권위주의 시기에 비해 의미 있는 역량 증대를 해왔음을 보았다. 그렇다면 유사한 경제수준에 있는 나라들의 역사적 변화 추이와 비교해봤을 때 한국 국가의 조세 및 분배 역량의 증대는 얼마만큼의 폭과 속도로 이뤄져온 것일지를 평가해볼 필요가 있다. 이제까지 한국의 '추격발전(catch-up development)'이라 함은 대부분 1960년대 이래 산업화와 경제성장을 말하는 것이었고, 그에 반해 국가의 공적 역량과 사회통합을 위한 활동은 너무나 미미한 것으로 대조되어 왔다. 하지만 앞서 살펴본 경제규모 대비 조세수입과 복지지출 비율의 장기적 변화 추이는, 1990년대 이후로 이 부문에서도 어쩌면 유사한 추격발전이 이뤄져왔을 가능성을 암시한다.

한국 조세·복지국가의 그와 같은 추격발전이 과연 정말로 진행되어 왔는지를 확인하기 위해서, 국민들의 1인당 소득, GDP 대비 조세규모와 복지지출 규모 비율이라는 세 측면에서 OECD 회원국 평균 대비 한국의 수준이 어떻게 변해왔는지를 분석해봤다. 그 결과를 제시한 <그림 9>를 보면, '3중의 추격발전'의 경향이 뚜렷이 나타난다. 1인당 소득이 1994년만 해도 OECD 회원국 평균의 55.4%로 절반 수준이었던 것이 2018년에는 92.9%까지 올라섰다면, GDP 대비 광의의 총조세 비율, 즉 국민부담률은 1987년 민주화 당시 OECD 평균의 절반에도 미치지 못한 48.0%였던 것이 2017년도에는 78.7%까지 격차를 좁혔다. 공공복지지출 비율의 경우 추격발전의 출발점이 가장 열악해서 1990년에 OECD 평균의 16.4%에 불과하였으나 2018년에는 55.5% 수준으로 상승했다.

그림 9　　　OECD 평균 대비 한국의 1인당 GDP, 총조세와 공공사회지출 비율,
　　　　　　　　1987~2018 (단위: %)

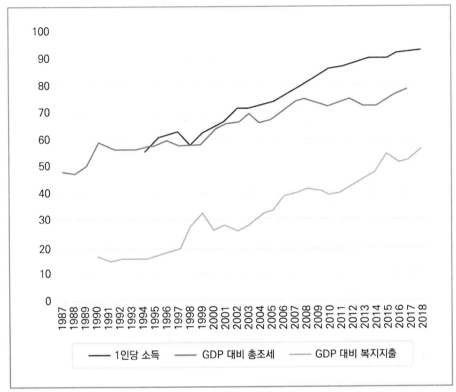

출처: OECD GDP Statistics, Tax Revenue, SocX Dataset.

　　그러나 이상과 같은 긍정적 추이에도 불구하고 한국 국가의 조세·분배 역량은 국제비교 관점에서 봤을 때 아직까지 커다란 한계를 갖고 있다. 1987 년 민주화 시점에 한국사회는, 여러 사회계급의 고른 이익을 위한 공적 역할을 수행할 역량이 극도로 미약한 억압적 국가를 권위주의 시대의 유산으로 물려받았다. 즉 국가역량의 추격발전이 시작된 1990년대의 시점에 한국 국가의 공익적 역량은 다른 나라들보다 너무나 뒤쳐져 있었던 것이다.

　　그러한 역사적 배경 때문에 오늘날 한국 국가역량의 현실은 몹시 대조되는 두 양상이 공존하는 양면성을 띠고 있다. 한편으론 위에서 본 것처럼 국민을 위한 국방, 치안, 조세, 분배 역량이 빠르게 증대되어 왔다는 절반의 진실이 있지만, 다른 한편으론 한국과 유사한 경제수준에 있는 나라들과 비교했을

때 여전히 그 격차가 크다는 다른 반쪽의 진실이 있는 것이다. 2010년대 후반에 그 격차가 어느 정도인지 살펴보기로 하자.

조세 역량을 보면 2016년도에 한국의 GDP 대비 총조세 비율은 26.2%로 OECD 회원국 중 최하위 국가군에 속한다(<그림 10>). 절반이 채워진 컵처럼 이 통계의 의미는 이중적인데, 2016년은 한국 국가의 GDP 대비 조세규모가 미국을 추월한 첫해라는 점에서 한국 조세국가의 점진적 성장 경로의 한 시점 이기도 하지만, 어쩌면 자유주의 유형의 국가군 중에서도 조세규모가 가장 약한 사례의 하나로 자리 잡고 있는 것인지도 모른다. 한편 복지지출 규모의 경우에도 위에서 본 것처럼 한국의 증가세는 국제비교 관점에서 보아도 상당하지만, 2018년도에 한국의 GDP 대비 공공사회지출 비율은 아직도 OECD 내에서 오직 칠레와 멕시코만을 뒤에 남겨둔 최하위 수준에 머물러 있다(<그림 11>).

그림 10   OECD 회원국의 2016년도 GDP 대비 총조세 수준 비교

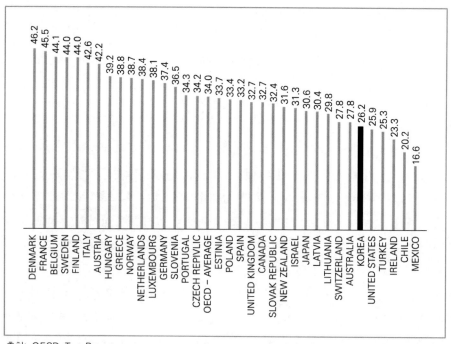

출처: OECD Tax Revenue.

그림 11   OECD 회원국의 GDP 대비 공공사회지출 비율(2018년, 단위: %)

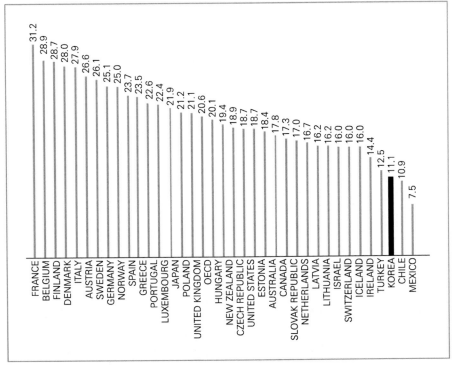

출처: OECD Social Expenditure Dataset.
비고: 일본(2015), 호주·터키·멕시코(2016), 캐나다·칠레·이스라엘(2017)을 제외한 모든 나라는
      2018년 통계.

위와 같이 여전히 미미한 국가 복지역량으로 인해서, 한국사회의 경제적 불평등과 불안정이 1997년 금융위기 이후 2천 년대 내내 매우 우려할 만한 수준임에도 불구하고 국가가 제공하는 사회안전망은 아직 대단히 미약하다. 이러한 문제 상황을 최대한 빠른 시일 내에 개선하기 위해서는 국가가 경제적 혁신을 위한 지원과 더불어, 비상한 정도로 복지노력을 기울여야 한다. 그러나 국가의 복지노력을 측정하는 가장 기본적 지표인 정부 총지출 중 복지지출 비율을 보았을 때, 한국은 이 측면에서 심지어 터키보다도 낮은 수준을 보이고 있다(<그림 12>).

요약하자면, 한국의 국가는 민주화 시점에 국제비교상으로 극단적으로 낮은 조세·복지 역량에서 출발하여 지난 30여 년 동안 대단히 빠른 속도로 국

가의 조세역량과 복지역량을 강화해왔지만, 그 출발점 자체가 너무나 미약했기 때문에 여전히 유사 경제규모 나라들 가운데 최저 수준에서 벗어나지 못하고 있다.

그림 12　OECD 회원국의 정부 총지출 중 공공사회지출 비율 비교(단위: %, 2015년)

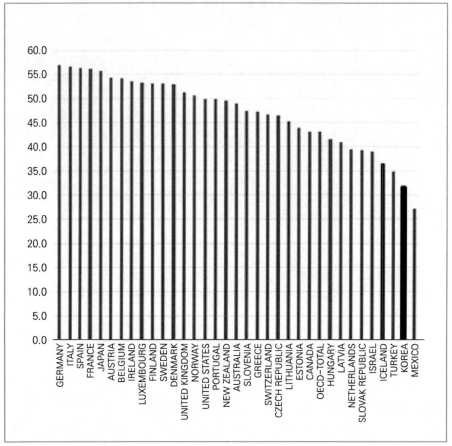

출처: OECD, Social Expenditure Database.

Ⅵ 결론

이상의 연구애서 우리는 일차적으로 민주화 이후 한국에서 군의 인적, 재정적 비중이 감소하였고 정치적 목적을 위해 동원되어온 경찰력이 제도적으로 약화 또는 폐지되는 등 문민화, 탈권위주의화가 진행되어온 동시에, 국가의 전반적인 역량은 대외적 국방력, 대내적 치안력, 조세징수와 복지지출 규모, 공적 재분배 능력 등 많은 측면에서 강화되어 왔음을 볼 수 있었다. 그리고 이런 여러 측면에서 한국의 국가는 국제적으로 OECD 평균 또는 여타 회원국들과 비교했을 때에도, 지난 20~30년 간 빠르고 지속적으로 격차를 좁히는 추격발전을 해왔음을 확인했다.

그러한 연구결과의 의미를 Ⅲ장에서 구성한 분석틀로 해석해보면, 한국 사례는 적어도 이 논문에서 검토한 지표상으로는 민주화 이후 국가약화론보다는 국가강화론을 상대적으로 더 지지해주는 것으로 평가할 수 있다. 또한, 국가역량의 다차원적 배열로 들어가서 그러한 국가역량 강화의 계급적 의미를 본다면, 국방과 치안 등 문민화된 강압 능력과 누진적인 직접세 징수 능력의 강화는 집권세력이나 상층계급의 이익에만 종사하는 것이 아니라 국민적 이익에 관련되는 공적 역량의 증대를 뜻하는 것으로 해석해볼 수 있다.

나아가 김대중 정부 시기 이래로 공공복지 규모와 재분배 효과의 꾸준한 증대는 하층계급이 시장의 1차 분배에서 처하게 된 상태를 국가가 공적 수단으로 개선해주는 민중적 역량이 강화된 것으로 해석할 수 있다. 하지만 이 논문은 또한, 위와 같은 국가의 국민적, 민중적 역량의 강화에도 불구하고 한국 사회는 1987년 민주화 시점에 과거 권위주의 시기로부터 조세·분배 역량이 극도로 약한 국가를 역사적 유산으로 물려받았기 때문에 오늘날까지도 한국의 국가는 국제비교 관점에서 봤을 때 여전히 상층계급의 이익에 부응하는 제도적, 정책적 특성을 강하게 띠고 있음을 지적했다.

종합하자면 민주화 이후에 한국의 국가역량 레짐은 첫째, 독재 시대에 특징적이었던 권위주의적 강압 능력은 약화된 반면, 둘째, 문민화된 강압역량과 조세·분배역량의 면에서 현저한 발전을 이뤘지만, 셋째, 그럼에도 불구하고 저조세·저복지 국가의 역사적 유산이 아직도 강하게 작용하고 있어서 앞으로의 변화 경로가 자유주의 유형의 약한 국가 모델로 나아갈 가능성을 내포하고 있다. 즉 현재 한국의 국가는 과거 역사의 유산과 상충하는 미래 모델의 요소들이 동시대의 국가구조 내에 공존하는 제도적 혼종성(hybridity)을 갖고 있으며, 그런 만큼 미래의 장기 경로가 어느 방향으로 기울 것인지의 불확정성(contingency)이 높은 상태다.

| 참고문헌 |

김미경. 2010. "조세구조의 정치경제학." 『한국정치학회보』 44집 4호, 189-211.

김미경. 2013. "조세체제와 자본주의 다양성." 『국제정치논총』 53집 4호, 225-257.

김상균. 2018. "전·의경 폐지에 따른 경찰인력 운용방안 연구." 『한국치안행정논집』 15권 3호, 1-22.

김의영. 2014. 『거버넌스의 정치학』. 명진문화사.

김태형·최정인·정세희·문명재. 2018. "정부의 질과 규모가 국민의 객관적·주관적 삶의 질에 미치는 영향." 『지방정부연구』 22권 1호, 281-306.

김혁. 2015. "거버넌스적 접근을 통한 관료통제에 대한 연구: 부패방지 체계로서의 청렴 거버넌스 구축을 중심으로." 『한국정당학회보』 14권 2호, 257-282.

남재욱. 2018. "한국 복지국가 성장의 재분배적 함의." 『한국사회정책』 25권 4호, 3-38.

박재창. 2010. 『한국의 거버넌스』. 아르케.

박종민·장용진, 2011. ""좋은 시민"과 "좋은 정부"." 『정부학 연구』 18권 1호, 3-22.

박희봉. 2013. 『좋은 정부, 나쁜 정부: 철인정치에서 사회자본론까지 철학자가 말하는 열 가지 정부 이야기』. 책세상.

송재두·유영재. 2018. "경제적 변화와 경찰력 변화가 5대 범죄에 미치는 효과분석." 『한국치안행정논집』 15권 1호, 151-180.

신진욱. 2020. "국가역량의 개념과 다차원적 분석틀: 국가역량 레짐의 다양성 연구를 위한 이론적 기초." 『한국사회학』 54집 1호, 65-100.

신현기·우창빈. 2018. "관료제 특성에 따른 정부 성과의 국가 비교 분석." 『한국조직학회보』 15권 2호, 57-81.

엄석진. 2016. "한국행정의 역량: 경로의존에 의한 행정개혁의 형식화를 중심으로." 『한국행정학보』 50권 4호, 91-137.

윤건·심우현·박정원·김윤희. 2018. "정부역량 측정을 위한 지표체계 구성에 관한 연구: 전문·윤리·협치역량을 중심으로." 『한국사회와 행정연구』 29권 3호, 143-158.

윤홍식. 2011. "복지국가의 조세체계와 함의." 『한국사회복지학』 63권 4호, 277-299.

윤홍식. 2019. 『한국 복지국가의 기원과 궤적 1, 2, 3』. 서울: 사회평론아카데미

이덕로·송기형·홍영식. 2017. "좋은 정부에 대한 인식에 관한 연구."『한국행정논집』 29권 1호, 27-52.

이선향. 2016. "지속가능한 국가발전 모델과 로컬거버넌스: '굿거버넌스'의 제도적 설계에 대한 재검토."『사회과학연구』 55집 1호, 235-262.

이창길. 2017. "공공기관 거버넌스 모형의 탐색적 연구: 조직 간 네트워크 관점에서."『한국조직학회보』 14권 3호, 1-30.

이현우·노대명·서복경·이덕로·이정진. 2016.『좋은 정부의 제도와 과정: 이론적 탐색과 한국 사례』. 오름.

최선미. 2018. "국가역량이 삶의 만족도에 미치는 영향에 관한 분석: 행정, 사법, 정치역량을 중심으로."『한국행정학보』 52권 3호, 253-289.

최정묵. 2016. "세계화와 정부의 질의 관계에 관한 연구."『사회과학연구』 27집 4호, 123-144.

황지태. 2010. "한국의 치안인력과 범죄율에 관한 소고."『형사정책연구』 12권 1호, 121-148.

Acemoglu, Daron. 2005. "Politics and Economics in Weak and Strong States." NBER Working Papers 11275, National Bureau of Economic Research, Cambridge, MA.

Acemoglu, Daron, Jacob Moscona, and James A. Robinson. 2016. "State Capacity and American Technology: Evidence from the Nineteenth Century." *American Economic Review* 106(5): 61-67.

Acemoglu, Daron, Davide Ticchi, and Andrea Vindigni. 2011. "Emergence and Persistence of Inefficient State." *Journal of the European Economic Association* 9(2): 177-208.

Bäck, Hanna, and Axel Hadenius. 2008. "Democracy and State Capacity: Exploring a J-Shaped Relationship." *Governance: An International Journal of Policy, Administration, and Institutions* 21(1): 1-24.

Beramendi, Pablo, and David Rueda. 2007. "Social Democracy Constrained: Indirect Taxation in Industrialized Democracies." *British Journal of Political Science* 37(4): 619-641.

Berliner, Daniel, Anne Greenleaf, Milli Lake, and Jennifer Noveck. 2015.

"Building Capacity, Building Rights? State Capacity and Labor Rights in Developing Countries." *World Development* 72: 127-139.

Besley, Timothy, and Torsten Persson. 2009. "The Origins of State Capacity: Property Rights, Taxation, and Politics." *American Economic Review* 99(4): 1218-1244.

Besley, Timothy, and Torsten Persson. 2011. *Pillars of Prosperity. The Political Economics of Development Clusters.* Princeton, NJ: Princeton University Press.

Cárdenas, Mauricio. 2010. "State Capacity in Latin America." *Economía* 10(2): 1-45.

Centeno, Miguel Angel. 1997. "Blood and Debt: War and Taxation in Nineteenth Century Latin America." *American Journal of Sociology* 102(6): 1565-1605.

Cheibub, José Antonio. 1998. "Political Regimes and the Extractive Capacity of Governments." *World Politics* 50(3): 349-376.

Croissant, Aurel, and Olli Hellmann. 2018. "Introduction: State Capacity and Elections in the Study of Authoritarian Regimes." *International Political Science Review* 39(1): 3-16.

Croissant, Aurel, David Kühn, Paul W. Chambers, Philip Völkel, and Siegfried O. Wolfz. 2011. "Theorizing civilian control of the military in emerging democracies: agency, structure and institutional change." *Zeitschrift für vergleichende Politikwissenschaft* 5: 75-98.

Cusack, Thomas R., and Pablo Beramendi. 2006. "Taxing Work." *European Journal of Political Research* 45: 43-73.

DeRouen, Karl, Jr., Mark Ferguson, Samuel Norton, Young Hwan Park, Jenna Lea, and Ashley Streat-Bartlett. 2010. "Civil War Peace Agreement Implementation and State Capacity." *Journal of Peace Research* 47(3): 333-346.

DeRouen, Karl, Jr., and David Sobek. 2004. "The Dynamics of Civil War Duration and Outcome." *Journal of Peace Research* 41(3): 303-320.

Diamond, Larry. 2007. "A Quarter-Century of Promoting Democracy." *Journal of Democracy* 18: 118−120.

Dincecco, Mark. 2009. "Fiscal Centralization, Limited Government, and Public Revenues in Europe, 1650−1913." *Journal of Economic History* 69(1): 48−103.

Dincecco, Mark. 2015. "The Rise of Effective States in Europe." *Journal of Economic History* 75(3): 901−918.

Dincecco, Mark, and Gabriel Katz. 2014. "State Capacity and Long−run Economic Performance." *The Economic Journal* 126: 189−218.

Dincecco, Mark, and M. Prado. 2012. "Warfare, Fiscal Capacity, and Performance." *Journal of Economic Growth* 17(3): 171−203.

Elias, Norbert. 1976[1939]. *Über den Prozeß der Zivilisation: Soziogenetische und psychogenetische Untersuchungen.* Frankfurt/M.: Suhrkamp.

Enriquez, Elaine, and Miguel Angel Centeno. 2012. "State Capacity: Utilization, Durability, and the Role of Wealth vs. History." *International and Multidisciplinary Journal of Social Sciences* 1(2): 130-−162.

Evans, Peter. 1989. "Predatory, Developmental, and other Apparatuses: A Comparative Political Economy Perspective on the Third World State." *Sociological Forum* 4(4): 561−587.

Evans, Peter. 1995. *Embedded Autonomy. States and Industrial Transformation.* Princeton, NJ: Princeton University Press.

Evans, Peter B., Dietrich Rueschemeyer, and Theda Skocpol (ed.). 1985. *Bringing the State Back In.* Cambridge: Cambridge University Press.

Fukuyama, Francis. 2013. "What is Governance?" *Governance: An International Journal of Policy, Administration, and Institutions* 26(3): 347−368.

Ganghof, Steffen. 2006. *The Politics of Income Taxation: A Comparative Analysis.* Colchester: ECPR Press.

Geddes, B. 1996. *Politician's Dilemma: Building State Capacity in Latin America.* University of California Press.

Giddens, Anthony. 1987. *The Nation−State and Violence. Volume Two of A Contemporary Critique of Historical Materialism.* Berkeley and Los Angeles, CA: University of California Press.

Gough, Ian. 1978. *The Political Economy of the Welfare State*. London: Macmillan.

Hall, John A. 1994. *Coercion and Consent: Studies on the Modern State*. Cambridge, UK: Polity.

Hanson, Jonathan. 2015. "Democracy and State Capacity: Complements or Substitutes?" *Studies in Comparative International Development* 50: 304−330.

Hanson, Jonathan. 2018. "State capacity and the resilience of electoral authoritarianism: Conceptualizing and measuring the institutional underpinnings of autocratic power." *International Political Science Review* 39(1): 17−32.

Holmberg, Sören, Bo Rothstein, and Naghmeh Nasiritousi. 2008. "Quality of Government: What You Get." QoG Working Paper Series 2008: 21. The Quality of Government Institute, Department of Political Science, University of Gothenburg.

Joas, Hans. 2003. *War and Modernity: Studies in the History of Violence in the 20th Century*, translated by Rodney Livingstone. Cambridge, UK: Polity.

Johnson, Chalmers. 1982. *MITI and the Japanese Miracle. The Growth of Industrial Policy, 1925−1975*. Stanford, California: Stanford University Press.

Johnson, Chalmers. 1999. "The Developmental State: Odyssey of a Concept." In *The Developmental State,* edited by Meredith Woo−Cumings, 32−60. Ithaca, London: Cornell University Press.

Kato, Kato. 2003. *Regressive Taxation and the Welfare State*. Cambridge University Press.

Korpi, Walter. 1983. *The Democratic Class Struggle*. Boston: Routledge & Kegan Paul.

Mann Michael. 1988. *States, War, and Capitalism. Studies in Political Sociology*. Oxford: Blackwell.

Mann, Michael. 1993. *The Sources of Social Power. Vol. 2: The Rise of Classes and Nation States 1760−1914*. New York: Cambridge University Press.

Mann, Michael. 2008. "Infrastructural Power Revisited." *Studies in Comparative International Development* 43: 355－365.

McAdam, Doug, Sidney Tarrow, and Charles Tarrow. 2001. *Dynamics of Contention.* Cambridge, UK: Cambridge University Press.

Morel, Natalie,and Joakim Palme. 2012. "Financing the Welfare State and the Politics of Taxation." In *The Routledge Handbook of the Welfare State.*, edited by Bent Greve, 400－409. Routledge.

Nettl, John Peter. 1968. "The State as a Conceptual Variable." *World Politics* 20(4): 559－592.

Offe, Claus. 1984. *Contradictions of the Welfare State.* Cambridge, MA: MIT Press.

Prasad, Monica, and Yingying Deng. 2010. "Taxation and the worlds of welfare." *Socio－Economic Review* 7(3): 431-457.

Ragin, Charles C. 2014. *The Comparative Method: Moving Beyond Qualitative and Quantitative Strategies.* Berkeley and Los Angeles: University of California Press.

Rogers, Melissa, and Nicholas Weller. 2014. "Income taxation and the validity of state capacity indicators." *Journal of Public Policy* 34(2): 183－206.

Sartori, Giovanni. 1970. "Concept Misformation in Comparative Politics." *American Political Science Review* 64(4): 1033－1053.

Sikkink, Kathryn. 1991. *Ideas and Institutions: Developmentalism in Brazil and Argentina.* Ithaca: Cornell University Press.

Skocpol, Theda. 1985. "Bringing the State Back In: Strategies of Analysis in Current Research." In *Bringing the State Back In,* edited by Peter B. Evans, Dietrich Rueschemeyer, and Theda Skocpol, 3－37. Cambridge: Cambridge University Press.

Sobek, David, 2010. "Masters of Their Domains: The Role of State Capaicty in Civil Wars." *Journal of Peace Research* 47(3): 267－271.

Soifer, Hillel, David. 2015. *State Building in Latin America.* New York: Cambridge University Press.

Swank, Duane, and Sven Steinmo. 2002. "The New Political Economy of

Taxation in Advanced Capitalist Democracies." *American Journal of Political Science* 46(3): 642−655.

Taddei, Emilio. 2002. "Crisis económica, protesta social y "neoliberalismo armado" en América Latina." *OSAL: Observatorio Social de América Latina* 7: 29−36.

Tilly, Charles. 1985. "War Making and State Making as Organized Crime." In *Bringing the State Back In,* edited by eter B. Evans, Dietrich Rueschemeyer, and Theda Skocpol, 169−191. Cambridge: Cambridge University Press

Tilly, Charles. 1990. *Coercion, capital, and European states, AD 990−1990.* Oxford and Cambridge, MA: Basil Blackwell.

Tilly, Charles. 2007. *Democracy.* New York: Cambridge University Press.

Tilly, Charles, and Sidney Tarrow. 2007. *Contentious Politics.* Boulder and London: Paradigm Publishers.

Valenzuela, Samuel J. 1992. "Democratic consolidation in post−transitional settings, notion, process, and facilitating conditions." In *Democratic Consolidation: The New South American Democracies in Comparative Perspective,* edited by Scott Mainwaring and Guillermo A. O'Donnell, 57−105. Notre Dame, IN: University of Notre Dame Press.

Wade, Robert. 1990. *Governing the Market. Economic Theory and the Role of Government in East Asian Industrialization.* Princeton, NJ: Princeton University Press.

Wang, Erik H., and Yiqing Xu. 2018. "Awakening Leviathan: The effect of democracy on state capacity." *Research and Politics* 5(2): 1−7.

Weiss, Linda. 1998. *The Myth of the Powerless State: Governing the Economy in a Global Era.* London: Polity Press.

CHAPTER 05

한국의 국가 역량에 대한 정량적 평가: 14개국과의 상대 비교

박선경

ⓘ 문제제기

　최근 국가 역량에 대한 연구들이 다양한 분야에서 증가하고 있지만, 한국의 국가 역량에 대한 연구들은 특정한 분야나 주제에만 한정되어있는 편이다. 다수의 국내 문헌들은 국가가 아닌 정부 역량을 연구하며, 그 중에서도 정부 역량을 측정하는 지표 개발에 치중되어 있다(한승헌 외, 2013). 해외 문헌들에서 한국의 국가 역량에 대한 연구들 역시 한정적 주제에서만 다뤄지는데, 주로 발전국가의 성공사례로써 매우 높은 국가 역량을 가지고 있는 사례로만 이해되고 있다(Evans, 1995; Hellmann, 2018; Kohli, 2004).

　더 중요한 문제는 한국의 국가 역량에 대한 가장 기초적인 질문들에 대한 경험적 근거가 없다는 점이다. 첫째, 평가의 기준과 대상의 문제이다. 우리는 무엇을 기준으로 한국의 국가 역량을 높다고 혹은 낮다고 평가하는가? 국가 역량에 대한 상대평가에서 비교의 대상이 되는 국가들은 어떤 나라들인가? 전 세계 평균? 경제협력개발기구(OECD: Organisation for Economic Cooperation and Development) 국가들? 아시아의 이웃 국가들?

　둘째, 평가의 내용이다. 국가 역량에 대한 평가는 종합적 총체로서의 국가역량을 말하는가, 혹은 국가 역량의 여러 차원 중 일부 하위 차원에 대한 평가인가? 해외 문헌들이 주로 지적하는 한국의 강한 국가역량은 주로 경제적 성과로 증명된 발전국가적 측면에 집중되었는데(Evans, 1995; Hellmann, 2018; Kohli, 2004), 그렇다면 이와 다른 종류의 하위차원에서 한국의 국가역량은 어느 정도로 강한가, 혹은 약한가? 한국의 국가역량을 높이 평가하는 연구들은 개별 하위 차원들이 서로 유사한 수준이기 때문에 한국을 종합적인 차원에서 '강한 국가'라고 평가하는 것인가? 혹은 차원별로 역량의 수준이 상이한가?

마지막으로 중요한 문제는 평가자료의 성격이다. 국제비교연구들은 주로 국가 통계나 전문가조사로 재구성된 국제비교지표를 사용하고 있는데, 이런 국제비교지표들은 누가 어떤 기준으로 세부평가항목을 구성하는가에 따라 결과가 달라질 수 있다. 주요 국제비교지표 상 한국의 역량은 유사한가 혹은 지표마다 상이한가? 또한, 전문가조사가 아닌 일반 시민 대상 여론조사에서의 국가 역량 평가 역시 존재하는데, 여론이 판단하는 한국의 국가역량은 이런 국제비교지표와 얼마나 유사 혹은 상이한가?

위와 같은 질문들은 한국의 국가 역량을 이해하는데 필수적인 내용임에도 불구하고 놀랍게도 한국 국가역량을 정량적 자료로 비교평가한 연구는 거의 없다. 한승헌 외(2013)의 연구가 드물게 정부역량에 관한 연구동향을 분석하고 있는데, 개념 비교와 인용분석방식에 의존하고 있어서 국가역량의 상대적 위치에 대한 비교연구는 아니다.

이에 본 연구는 최근 개발된 다양한 정량 지표를 사용하여 서론에서 제기한 여러 질문들에 대한 답을 찾는 것을 주요 목적으로 한다. 분석에 사용되는 정량지표는 카우프만과 공저자들(Kaufmann et al., 1999)이 만든 세계거버넌스지수(World Governance Indicators), 베텔스만 스티프팅재단의 베텔스만변환지수(The Bertelsmann Stiftung's Transformation Index), 평화기금회(The Fund for Peace)가 만든 취약국가지수(Fragile States Index), 세계은행의 세계개발지수(World Development Indicators), 에반스와 로치(Evans and Rauch, 1999; Rauch and Evans, 2000)의 베버리안 관료제지수, 예테보리 대학 정부의 질 연구소(The Quality of Government Institute at the University of Gothenburg)에서 시행하는 정부의 질 전문가 서베이조사(The Quality of Government Expert Survey), The PRS Group이 만든 자료인 국제적국가위험안내서(International Country

Risk Guide) 중 정부의 질 지표(Indicator of Quality of Government), 세금과 개발에 대한 국제센터(International Centre for Tax and Development)와 유엔대학교 세계개발경제연구소(UNU－WIDER)가 만든 정부세수자료(Government Revenue Dataset), 엘진과 오즈투날리(Elgin and Oztunali, 2013)의 지하경제규모 추정자료, 그리고 아시아국가들을 대상으로 한 여론조사인 아시아 바로미터(ABS: Asian Barometer Survey) 3차와 4차 자료이다.

한국의 국가 역량에 대한 상대적 평가를 위해서 한국의 수치만을 확인하지 않고 한국과 관련된 주요 국가들의 국가 역량을 함께 확인하였다. 비교대상인 국가는 미국, 동아시아 발전국가인 대만, 싱가포르, 일본, 그리고 아시아 바로미터의 조사대상국인 말레이시아, 몽골, 미얀마, 베트남, 인도네시아, 중국, 캄보디아, 태국, 필리핀과 홍콩까지 총 14개 국가이다.

본 글의 2장에서 대표적인 국제비교지표들을 이용하여 종합지수로 계산된 한국 국가 역량의 상대적 위치를 일차적으로 확인하고, 3장에서 국가 역량의 하위차원으로 나누어서 분석을 시행한다. 4장에서 아시아 바로미터자료를 이용해 여론이 인식하는 국가 역량의 크기를 비교한 뒤, 마지막 5장에서 이 연구의 함의와 향후 연구방향을 논의하며 마무리할 것이다.

Ⅱ 한국 국가 역량의 상대적 위치: 종합지수 비교

1. 세계거버넌스지수

국가 역량에 대한 대표적인 정량 지표는 카우프만 외 저자들(Kaufmann et al., 1999)이 세계은행을 통해 만든 세계거버넌스지수(WGI: World Governance Indicators)이다. 이들은 거버넌스에 대한 인식을 측정하는 것을 목표로 하여 1996년 이후 매년 세계 대다수 국가들의 거버넌스와 관련된 자료들을 모아 거버넌스 지표를 만들었다. 이 지표의 타당성과 유효성에 대한 비판적 논의가 많지만, 2000년대 이후 생긴 거버넌스 지표 구축의 붐을 이끈 중요한 자료임은 부인하기 힘들다(Anheier, Haber and Kayser, 2018).

이들이 측정한 거버넌스의 하위 차원 중 하나인 정부효율성(Government Effectiveness)은 국가역량과 개념적으로 유사한 부분을 가지고 있어서, 일군의 연구자들이 국가역량의 정량지표로 정부효율성 지표를 자주 사용한다. 정부효율성은 공공서비스의 질, 공무원 조직의 질, 정치적 압력으로부터의 독립성, 정책 형성과 집행의 질, 그리고 정책에 대한 정부의 헌신 정도에 대한 인식을 의미한다. 이는 국가 역량 중 가장 기본적인 역량인 행정능력을 측정할 수 있는 지표이다.

<그림 1>은 1996년부터 2017년까지 대만, 미국, 싱가포르, 일본 그리고 한국의 정부효율성 지수이다. 전 세계적 수준과의 상대평가를 위해서 조사대상국 전체의 연도별 정부효율성의 중간값(median)을 실선으로 표시했다.[1] 1996년부터 2017년까지 수집된 자료를 사용했기 때문에 분석에 사용되는 총 사례수는 국가-연도 단위의 총 3,522개이다. 정부효율성이 가장 낮은 사례는 2017년의 남수단(−2.478)이고 가장 높은 사례는 2008년의 싱가포르(2.437)이다. 전체 사례의 평균값은 −0.069, 중간값은 −0.232, 그리고 표준편차가 0.990이다.

---

1) WGI의 지표 계산 방식이 기존의 자료들을 다 합친 뒤, Unobserved Components Model로 측정값을 계산했기 때문에, 효율성 지수 값 자체를 직접 비교하는 것은 무리가 있으며, 국가 간 비교를 위해서 측정값의 상대 순위를 비교하는 것이 적절하다. 그래서 <그림 1>에서도 전 세계 국가들과의 상대평가를 위해 평균값이 아닌 중간값을 포함하였다. 이에 대한 구체적인 설명과 해석 시 유의할 점은 카우프만 외(Kaufmann et al., 2010)를 참고하면 된다.

그림 1   세계거버넌스지수의 정부효율성: 5개국 비교

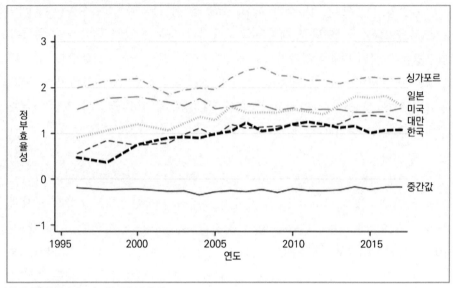

출처: 세계거버넌스지수의 정부효율성

전 세계 국가들의 중간값을 감안하면, 동아시아 발전국가들의 정부효율성은 매우 높은 편이다. 5개 국가 중 정부효율성이 가장 높은 국가는 싱가포르며 미국, 일본이 그 뒤에 있고 한국과 대만이 유사한 수준으로 그 뒤를 따르고 있다.

시간에 따른 추이를 보면, 1996년 이후 쭉 한국의 정부효율성은 증가하는 추세이다. WGI의 관찰 첫해인 1996년에 정부효율성 지수가 0.47이었는데, 2000년에 0.75, 2002년에 0.90으로 증가하기 시작하여, 2007년에 1.24로 최고점에 올랐다. 2008년과 2015년에 각각 1.05와 1.10로 하락하였지만, 나머지 연도는 보통 1.15에서 1.2 정도 수준을 오가는 정도이다.[2]

---

2) WGI가 개별 지표를 계산하는 방식이 수집된 자료 간 단순 기술통계가 아니기 때문에, 이와 같은 연도별 점수 변화가 어떤 특정한 정치적 혹은 정책적 변화나 변수값의 변화로 인해 생긴 것인지 명확하게 설명할 수 없다는 것이 WGI의 큰 단점이다. 이에 대한 자세한 설명은 박선경(2019)을 참고하면 된다.

그림 2   세계거버넌스지수의 정부효율성: 8개국 비교

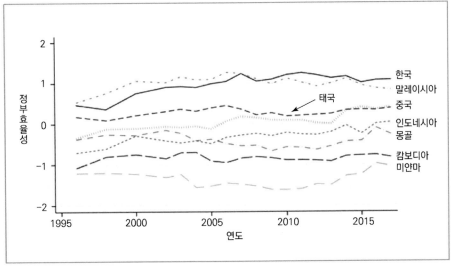

출처: 세계거버넌스지수의 정부효율성

　　<그림 2>는 ABS 참여국가들을 비교한 그림이다. 공간상의 이유로 <그림 1>에서 이미 확인한 대만, 일본, 싱가포르는 <그림 2>에서는 제외하였다. 말레이시아가 한국과 유사하게 가장 높은 정부효율성지수를 가지고 있고, 나머지 태국, 중국, 몽골, 인도네시아, 캄보디아와 미얀마는 어느 시점에서도 항상 한국보다 정부효율성이 낮다. 시기별 변화를 보면, 한국과 말레이시아의 변화가 흥미로운데 1990년대 말에는 말레이시아가 한국보다 정부효율성이 높다고 인식되었으나(1996년 한국의 정부효율성은 0.474이고 1996년 말레이시아의 정부효율성은 0.536), 2007년부터 말레이시아의 정부효율성이 하락하기 시작하여, 2009년 이후부터는 한국보다 낮아졌다.

2. 베텔스만전환지수

두 번째로 확인할 국가역량의 정량지표는 베텔스만전환지수(BTI: The Bertelsmann Stiftung's Transformation Index)이다. BTI는 2005년 이후부터 2년마다 총 129개의 개발도상국과 전환기 국가들만을 대상으로 한 정량자료이며, 개발도상국들이 법치(the rule of law)와 사회적 책임성이 있는 시장경제(socially responsible market economy)를 가진 민주주의로 가는 "전환(transformation)"이 얼마나 성공적인지 평가하는 것을 목표로 한다. 크게 민주주의, 시장경제와 관리(Management)의 세 가지 차원 안에 총 17개의 항목이 있는데, 첫째, 민주주의 차원에 국가성, 정치참여, 법치, 민주적 제도의 안정성 그리고 정치적 사회적 통합의 5가지 항목이 있고, 둘째, 시장경제 차원 아래 사회경제적 발전수준, 시장과 경쟁의 조직, 통화와 가격안정성, 사적 재산, 복지레짐, 경제실적 및 지속가능성이라는 6가지 항목이 있으며, 셋째, 관리 차원에서 관리 어려움의 수준, 조정능력, 자원효율성, 합의형성(consensus-building) 및 국제적 협력이라는 5가지 항목이 있다. 이 중 마지막 관리차원의 점수를 BTI의 거버넌스지수(governance index)라고 부른다.

그림 3   베텔스만전환지수의 거버넌스 지수: 3개국 비교

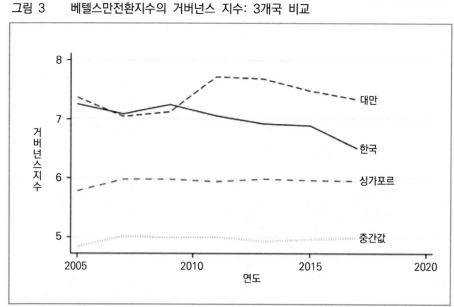

출처: 베텔스만전환지수

동아시아 발전국가 중에서 BTI가 조사한 나라는 한국, 대만과 싱가포르뿐이기 때문에 <그림 3>은 이 세 개 국가의 BTI의 거버넌스지수를 나타낸 그림이다. BTI가 조사한 모든 나라와의 상대 비교를 위해서 전체 국가들의 거버넌스지수의 중간값(median)을 점선으로 표시했다. 2005년 이후부터 2년마다 총 129개 국가를 대상으로 수집한 자료이기 때문에 분석에 사용되는 총 사례 수는 국가-연도 단위의 총 880개이다. BTI의 거버넌스지수가 가장 낮은 사례는 2007년의 소말리아 (1.037)이고 가장 높은 사례는 2011년의 대만(7.715)이었다. 전체 사례의 평균값은 4.886, 중간값은 4.965, 그리고 표준편차가 1.466이다.

　　<그림 3>에서 보듯이 한국, 대만, 싱가포르 모두 매우 높은 수준의 거버넌스를 가지고 있다. 대만과 한국이 2000년대까지 유사한 수준이었는데, 2010년 이후 대만의 거버넌스지수는 높아진 데 비해 한국의 지수는 약간 낮아졌다.

　　또 다른 흥미로운 점은 WGI와의 차이이다. WGI의 정부효율성에서는 싱가포르가 1위인 데 반해, BTI의 거버넌스지수에서 싱가포르는 한국이나 대만보다 낮다. 그 이유를 확인하기 위해 거버넌스지수를 구성한 하위 항목들을 비교해보니, 시민사회의 전통(civil society tradition)항목과 사회, 인종, 종교갈등을 측정한 갈등강도지수에서 한국과 대만이 싱가포르보다 높은 지수를 기록했다. 다인종사회이면서 권위주의인 싱가포르가 사회 전반의 통합과 시민사회의 역할의 측면에서 대만이나 한국의 역량보다 더 낮다고 BTI는 판단한 것이다. 이러한 차이는 WGI와 BTI 간의 국가 역량에 대한 관점의 차이를 보여준다. WGI의 정부효율성 차원은 정부의 정책 실행 능력 및 정책 실행의 효율성에만 중점을 둔 것이라면, BTI의 거버넌스 지수는 국가와 시민 사회 간 민주적 관계나 국가의 사회적 갈등에 대한 조정능력이 중요한 국가 역량의 부분이라고 보는 것이다.

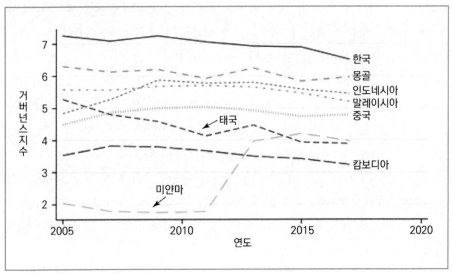

그림 4   베텔스만전환지수의 거버넌스 지수: 8개국 비교

출처: Bertelsmann Transformation Index

　　<그림 4>는 8개의 ABS 참여국가들과의 비교이다. 역시 공간상의 이유로 <그림 3>에서 이미 확인한 대만과 싱가포르는 <그림 2>에서는 제외하였다. <그림 4>의 7개 나라 중 그 어느 나라의 거버넌스 지수도 한국의 지수보다 더 높지 못하다. 한국 다음으로는 몽골, 인도네시아와 말레이시아가 유사한 수준으로 높은 편이고, 그 다음으로 중국, 태국, 캄보디아 그리고 미얀마 순이다.

Ⅲ 국가 역량의 하위 차원 비교

　　앞선 2장에서는 국가역량의 종합지수를 비교하여 한국의 국가역량의 상대적 위치를 확인했다. 3장에서는 국가역량의 하위 차원들을 확인해 볼 것이다. 일부 연구들은 국가 역량을 개념상 세분화할 수 없다거나(Hanson and Sigman, 2013: 2), 경험상 세분화할 필요가 없다고 주장하기도 한다(Besley and Persson, 2011; Holmberg et al., 2009: 137). 그러나 국가 역량을 다루는 대다수의 연구들이 국가역량의 하위 차원을 구별하여 분석할 필요성을 강조하고 있으며, 한 국가의 종합적인 역량 못지않게 세부분야 중 어떤 부분이 더 취약한지를 확인하는 것은 이론적으로나 경험적으로 의미있는 작업이다.[3]

국가 역량의 여러 가지 하위 차원 중 본 장은 강압 역량(coercive capacity), 행정 역량(administrative capacity), 그리고 재정 역량(fiscal capacity), 혹은 조세역량(extractive capacity)을 확인할 것이다. 스카치폴(Skocpol 1985)이 영토에 대한 군사적이고 행정적인 통제력, 훈련되고 전문적인 공무원집단, 그리고 독자적인 재정적 자원이 국가 역량의 필수적인 기본 요소라고 언급한 것처럼 이 세 가지 하위 차원이 국가 역량에서의 가장 필수적인 부분이기 때문이다.

1. 강압역량

강압역량은 국가가 영토 내 구성원들이나 영토 밖의 대외적인 존재에게 강압적 혹은 물리적 힘을 독점적으로 사용하는 것을 의미하는데, 이는 베버(Weber, 1978)가 말한 국가의 정의와도 일치한다. 즉, 강압역량은 국가형성단계에서부터 가장 기초적이고 기본적인 속성이면서, 강압역량의 부족은 국가 존속의 위기에 직접적인 타격을 가할 수 있을 정도로 중요한 역량이다. 강압역량은 국가형성 초기 단계에서 중요하나 국가형성 이후에는 상대적으로 덜 중요한 차원으로 다뤄지기도 했지만, 1990년대 이후 실패국가(failed states)사례들이 부각되면서 강압역량의 중요성이 재조명받고 있다.

강압역량의 정량지표들을 보면, 국가의 안보나 국방력을 측정할 수 있는 군사비지출이나 인구 대비 상비군의 숫자 등의 국가통계가 사용되는 경우가 있고, 내전이나 분쟁 등 강압역량의 약화로 인한 현상적 결과가 지표로 사용되기도 한다. 후자의 경우 중 가장 대표적인 지수는 평화기금회(FFP: The Fund for Peace)가 만든 취약국가지수(FSI: Fragile States Index)이다. FSI는 국가가 내적 갈등과 사회적 해악에 대해 얼마나 취약한지를 측정해왔는데, 내전이나 국가 내 분쟁은 물론이고 인도주의적 위기, 집단 간 사회적 갈등, 불균등한 발전, 국가에 의한 범죄, 인권침해 등 총 12가지 지표를 기준으로 국가의 취약성

---

3) 국가 역량의 하위 차원을 구분하여 분석해야 하는 필요성과 이를 둘러싼 이론적 논쟁은 신진욱(2020)에 잘 정리되어 있다.

을 측정하고 있다.

FSI는 2005년 이후 매년 약 178개국을 대상으로 조사하여 2017년 현재 기준으로 총 2,263개의 관찰치가 있다. 취약국가지수가 가장 낮은, 즉, 가장 취약하지 않은 사례는 노르웨이의 2005년과 2007(16.8)년 사례이고, 취약국가 지수가 가장 높은, 즉, 가장 취약한 사례는 소말리아의 2011년(114.9)이다. 전 세계 평균값은 70.66이며, 중간값은 75.4이다.

<그림 5>는 총 5개국의 취약국가지수와 전체 국가 중간값(median)을 연도별로 보여주는 그림이다. 한국을 비롯한 동아시아 국가들은 전 세계 국가 들의 중간값에 비해 강압역량 측면에서 매우 안정적인 국가임을 알 수 있다. ABS에 참여한 8개 국가와 비교한 <그림 6>에서도 역시 한국이 다른 아시아 국가들에 비해 강압역량이 강한 나라임을 알 수 있다.

그런데 취약국가지수 안에 불균등한 발전 등 사회경제적 지표도 포함되 어 있기 때문에, 국가의 물리적 폭력의 독점이라는 강압역량의 정의에 정확히 부합하지 않는다는 지적이 있을 수 있다. 이에 취약국가지수 안에 강압기구

그림 5   취약국가지수: 5개국 비교

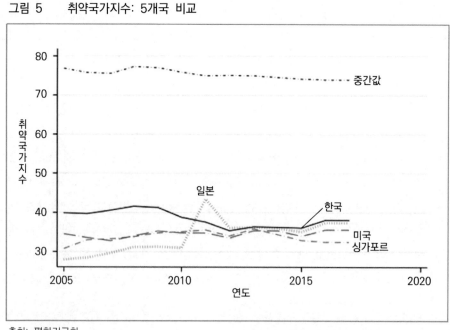

출처: 평화기금회

그림 6   취약국가지수: 8개국 비교

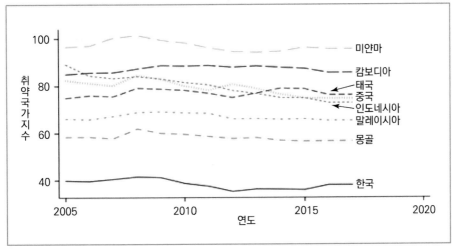

출처: 평화기금회

(Security Apparatus)라는 변수만을 별도로 <그림 7>과 <그림 8>을 통해 확
인해보았다. 강압기구변수는 국가가 합법적인 물리력의 사용을 독점하는지를
측정한 변수로 내전, 소형무기거래, 폭동과 시위, 갈등으로 인한 사상, 쿠데타,
반역, 교전상태, 폭탄투여와 정치범 등이 있을수록 그 점수가 높아진다.

　　전체 관찰치에서 강압기구변수의 최소값은 0.9로 2006년과 2007년의 호
주, 2006, 2007, 2008년의 핀란드와 2006년과 2007년의 스웨덴이다. 최대값은
10으로, 2005년부터 2012년까지의 소말리아, 2006년과 2012년부터 2017년까
지의 이라크, 2013년부터 2017년까지의 아프가니스탄 등이 있다. 평균값은
5.697이며 중간값은 6이다.

　　2005년 한국의 강압기구 변수값은 1로 전 세계의 최소값인 0.9와 유사할
정도로 안보위협이 잘 관리되는 안정적 상태였지만, 이후 변수값이 증가하기
시작해서 2013년도의 강압기구 변수값은 2.4이다. 이는 일본이나 싱가포르보
다 높고 미국보다 약간 낮은 정도이다. 당시 한국 정치상황을 고려하면 보수
정부와 노동계 간의 갈등과 이로 인한 시위 때문에 강압기구 변수의 값이 올
라갔을 것으로 짐작된다.

그림 7 취약국가지수 중 강압기구변수: 5개국 비교

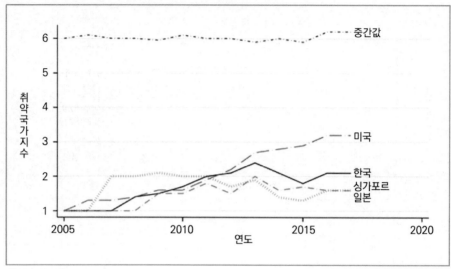

출처: 평화기금회

그림 8 취약국가지수 중 강압기구변수: 5개국 비교

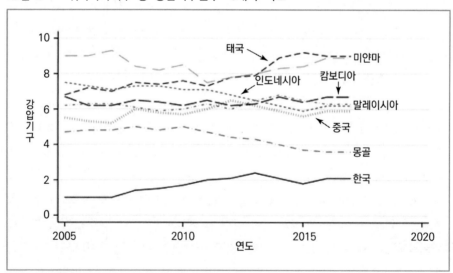

출처: 평화기금회

2. 행정역량

두 번째로 중요한 하위 차원은 행정역량이다. 행정역량은 국가가 정책을 만들고 집행하는 능력을 뜻하는데, 기존연구들은 크게 두 가지 측면을 중심으로 행정역량을 평가해왔다. 첫째는 공공재의 생산과 제공이다. 이는 국가가 만들어야 할 가장 중요한 정책을 공공재라고 전제한 뒤, 이러한 공공재를 만들기 위한 정책을 국가가 얼마나 잘 만들고 제공하는지가 중요하다고 보는 관점이다. 일부 연구들은 공공재의 생산과 제공을 정량적으로 비교하기 위해 GDP 중 공공재에 해당하는 분야의 지출 비중을 보기도 하지만, 이는 국가의 경제개발 정도 혹은 사회복지지출 정도와 개념이나 측정 면에서 모두 겹치는 방식이기 때문에 바람직하지 못하다.

대신, 본 장에서는 FFP가 만든 취약국가지수 중 공공서비스 지표를 활용하였다. 이 지표는 건강, 교육, 주택과 사회인프라 측면에서 공공서비스가 공평하게 그리고 적절히 제공되고 있는지를 묻는 총 16개의 질문들로 구성되어 있어서 공공재의 생산과 제공이라는 국가의 행정능력을 측정하기에 적합하다. 공공서비스 지표는 1점부터 10점까지의 10점 척도인데, 점수가 낮을수록 공공서비스가 잘 제공되고 있다는 뜻이며 전 세계 평균은 5.7, 중간값은 5.9이다. 공공서비스가 가장 잘 제공되고 있는 대표적인 국가들은 2005, 2016, 2017년의 덴마크, 2005, 2015, 2016, 2017년의 핀란드, 2005, 2016, 2017년의 네덜란드, 2005, 2016, 2017년의 노르웨이, 2005, 2016, 2017년의 스위스이다. 공공서비스 제공값이 최악인 국가들은 2015, 2016년의 중앙아프리카공화국, 2013년 차드, 2010년 아이티, 2005부터 2007년까지의 소말리아, 2014년부터 2017년까지의 남수단이다.

<그림 9>와 <그림 10>은 FFP의 공공 서비스지표를 각각 4개국과 8개국과 비교한 결과이다. 첫째, <그림 9>의 전 세계 중간값과 4개국 간 차이를 감안할 때, 한국을 포함한 미국, 일본, 싱가포르 모두 다른 국가들에 비해 공공서비스가 잘 제공되고 있음을 알 수 있다. 한국이 싱가포르보다는 다소 부족하지만, 미국이나 일본과는 근소한 차이로 유사한 수준의 공공서비스를 제공하고 있다. 또한 <그림 10>에서 보듯이 ABS 참여국들과의 비교하면, 한국이 가장 공공서비스를 잘 제공하는 국가이다.

그림 9   취약국가지수 중 공공서비스 지표: 4개국 비교

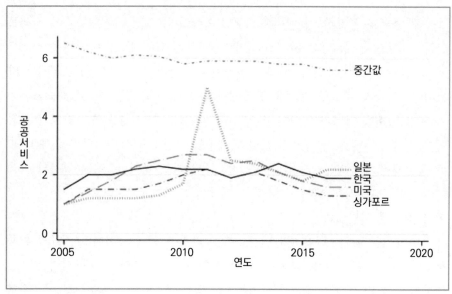

출처: 평화기금회

그림 10   취약국가지수 중 공공서비스 지표: 8개국 비교

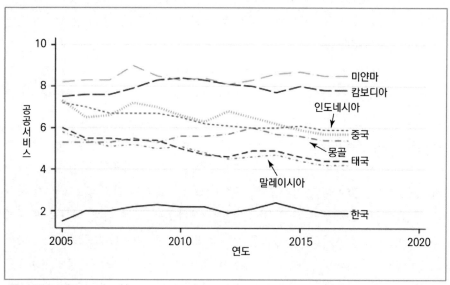

출처: 평화기금회

행정역량의 두 번째 측면은 관료제이다. 베버(Weber, 1978)가 주장한 국가의 바람직한 행정역량은 정치적으로 자율적(insulated)이면서 전문적인(professional) 관료에 바탕한다. 베버의 국가관과 관료제에 대한 개념은 이후 연구자들에게 관료제와 국가의 행정역량에 대한 이론적 배경이 된다. 이들은 국가의 정책을 집행하는 실제 행위자인 관료들의 능력과 관료제도의 구조를 파악하면 국가의 행정 역량을 알 수 있다고 보았다. 베버리안 관료제는 관료의 임용과 승진이 실적에 기반하여 결정되고, 이를 통해 관료들의 전문성이 확보되며, 정치적인 개입으로부터 관료들이 독립적일 수 있는 제도를 의미한다.

베버리안 관료제를 단일지표로 비교하는 것은 쉽지 않은데 개별 국가마다 관료제의 구조나 제도, 관료임용 방식 등이 상이하기 때문이다. 이에 에반스와 로치(Evans and Rauch, 1999; Rauch and Evans, 2000)는 베버리안 관료제의 현황을 전문가 설문조사를 통해 측정하려고 시도했었다. 에반스와 로치의 연구 이후, 2012년과 2015년 두 번에 걸쳐 예테보리 대학(University of Gothenburg) 내 정부의 질 연구소(The Quality of Government Institute)가 정부의 질 전문가 서베이조사 (The Quality of Government Expert Survey, 이하 QoG 전문가조사)를 시행하여 베버리안 관료제의 구체적 속성들을 더 많은 대상국가를 상대로 하여 측정했다. QoG 전문가조사는 약 107개의 국가를 대상으로 한 전문가대상 설문조사이며, 약 40개의 설문문항에 대한 개별전문가들의 답변 전체를 공개함은 물론이고, 일부 문항을 합하여 만든 국가별 전문가주의(Professionalism)지수와 불편부당성(Impartiality)지수도 제공하고 있다.

<그림 11>은 2015년에 시행된 QoG 전문가조사의 두 번째 버전으로 계산된 전문가주의지수와 1999년에 시행된 에반스와 로치의 베버리안지수를 비교한 결과이다. x축이 에반스와 로치의 베버리안 지수이고 y축이 QoG 전문가조사의 전문가주의지수이다. 에반스와 로치가 조사한 나라 중 한국과 비교 대상국인 아시아 국가들은 대만, 싱가포르, 그리고 태국뿐이라서, 1999년 당시 미국, 일본, 인도네시아, 중국과 캄보디아의 베버리안지수는 편의상 0점으로 그래프 상에 표시하였다.

그림 11   전문가주의지수와 베버리안지수

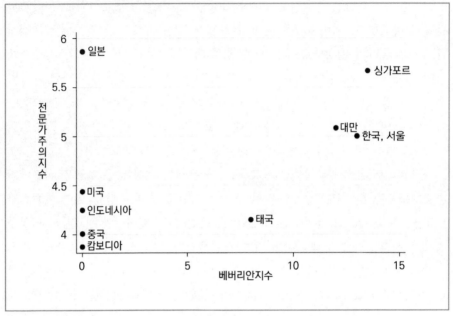

출처: QoG 전문가조사와 Evans and Rauch (1999)

우선 베버리안지수를 보면, 싱가포르가 가장 이상적인 베버리안 관료제에 가깝고, 한국이 그 다음, 대만이 한국보다 약간 낮고, 태국이 그 다음이다. 보다 최근의 전문가 의견을 수렴한 QoG 전문가조사의 지수를 보면 일본과 싱가포르가 최상위권, 대만과 한국이 중상위권이고 그 다음으로 미국, 인도네시아, 태국, 중국, 그리고 캄보디아 순이다. QoG 전문가조사가 제공하는 다른 지수인 불편부당성지수도 확인해보았는데, 수치가 <그림 11>과 거의 유사하여 별도로 본문에 제시하지 않았다.

두 전문가조사의 결과를 합하면, 한국은 싱가포르와 일본 및 대만과 함께 베버리안 관료제에 매우 가까운, 행정역량이 높은 나라이다.

마지막으로 행정역량을 측정하는 정량지표로 The PRS Group이 만든 자료인 국제적국가위험안내서(ICRG: International Country Risk Guide) 중 정부의 질 지표(Indicator of Quality of Government)도 확인해보았다. ICRG의 정부의 질 지표는 부패, 법과 질서 및 행정부의 질이라는 세 가지 주제 하에, 덜 부패하고, 범죄가적으며, 법질서가 잘 지켜지며, 행정부가 정치로부터 자유롭고, 공무원 임용이 실적 중심인 나라가 높은 점수를 받게 측정된 지표이다. 최소값은 0.042로 1993년의 라이베리아이고 최대값은 1로 벨기에, 캐나다, 덴마크, 핀란드, 아이슬란드, 룩셈부르크, 네덜란드, 뉴질랜드, 스웨덴, 스위스이다. 평균은 0.545이며 중간값은 0.5이다.

그림 12   정부의 질 지표: 5개국 비교

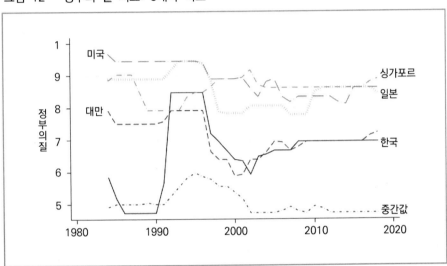

출처: PRS Group의 국제적국가위험안내서(ICRG: International Country Risk Guide)

   <그림 12>와 <그림 13>은 각각 5개 국가와 8개 국가의 ICRG의 정부의 질 지표를 비교한 결과이다. 한국은 전 세계 중간값보다 높고, 대만과 전체적으로 유사한 수준이며 일본이나 미국보다는 낮은 상태이다.

   ICRG의 정부의 질 지표의 큰 장점은 자료가 1984년부터 시작하기 때문에 한국의 민주화 이전과 이후 및 경제위기 이전과 이후를 비교할 수 있다는 것이다. 1984년 한국 정부의 질은 전 세계 중간값보다는 약간 높지만, 대만, 일본, 싱가포르, 미국과 비교하면 매우 낮은 수준이며, <그림 13>에서 보듯이 말레이시아보다도 낮으며 태국이나 중국과 비슷한 수준이다. 또한, 민주화의 전환기라고 볼 수 있는 1988년 전후에는 1984년보다 오히려 더 정부의 질 지표가 낮아서 민주화 전환기 동안의 사회적 혼란이 법과 질서에 관련된 지표에 반영되었음을 짐작할 수 있다.[4]

1992년부터 정부의 질 지표가 상승하기 시작하여, 1996년까지는 대만을 비롯한 ABS 참여국가들보다 높고 싱가포르와 유사한 수준이 되었다. 민주화 전환이 안정적으로 이뤄졌다는 점과 금융실명제 등 김영삼 정부 때 실시되었던 제도적 개혁 때문에 점수가 상승했을 것이라고 판단된다. 그러나 1997년 외환위기 이후 조금씩 하락하기 시작하여, 2002년에 0.59까지 내려온 뒤 다시 상승하여 2008년부터 2018년까지는 0.69를 유지하고 있다.

    <그림 13>에서 중요한 점은 1997년 이후이다. 경제위기 이후 한국의 지표가 하락하여 민주화 이후 가장 낮은 점수를 보이는 2002년에도, 한국 정부의 질은 다른 ABS 참여국들에 비해 가장 높다. 즉, 민주화 이후 정부의 질에 부침이 있으나, 여전히 일본과 싱가포르를 제외한다면 아시아 국가 중에서는 정부의 질이 매우 높은 편이라는 뜻이다.

그림 13   정부의 질 지표: 5개국 비교

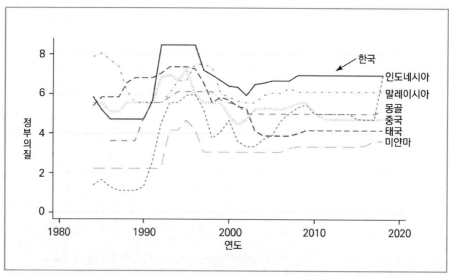

출처: PRS Group의 국제적국가위험안내서(ICRG: International Country Risk Guide)

---

4) ICRG의 정부의 질 지표는 종합점수만을 공개하고 있고 개별 질문들에 대한 답변은 유료로만 구입가능하기 때문에 본 연구에서 구체적인 문항을 분리하여 확인할 수 없었다. 그래서 시기에 따른 정부의 질 지표 값의 변화 원인에 대한 해석은 정황적 근거에 기댈 수밖에 없는 한계가 있다.

3. 조세역량

스카치폴이 강조한 국가역량의 하위차원 중 마지막으로 가장 중요한 것은 조세역량이다. 국민에게 세금을 부과하고 징수할 수 있는 능력은 강압기구로서의 물리력과 함께 국가만이 고유하게 가지는 권한이자 국가의 경제적 생존과 발전을 위해서도 매우 필수적인 능력이다. 또한, 개인의 소득과 자산을 정확히 파악하여 적절한 세금을 징수할 수 있는 것은 국가의 행정역량과도 밀접히 연결되는 부분이다.

세금 중 조세역량을 측정하는데 주로 사용되는 것이 개인에 대한 소득세(taxes on the individuals)이기 때문에 세금과 개발에 대한 국제센터(ICTD: International Centre for Tax and Development)와 유엔대학교 세계개발경제연구소(UNU－WIDER: The United Nations University World Institute for Development Economics Research)가 국제비교를 위해 수집하고 가공한 정부세수자료(Government Revenue Dataset) 중 소득세를 확인해보았다. 1980년부터 2016년까지 총 173개의 국가를 대상으로 수집된 자료이며, 평균은 4.088, 중간값은 2.617이다.

ICTD의 정부세수자료에는 대만이 빠져있어서 <그림 14>는 4개 국가만 비교한 그림이다. 한국은 미국이나 일본에 비해 소득세가 낮고 전 세계 중간값과 유사하다. <그림 15>의 다른 ABS 참여국들에 비해서는 높은 수준을 유지하고 있다. 앞서 살펴보았던 국가 역량의 종합지표, 강압역량이나 행정역량의 모든 측면에서 한국은 전 세계중간값보다는 항상 높았는데 소득세를 지표로 한 조세역량은 다른 하위차원의 역량에 비해 상대적으로 낮은 편임을 알 수 있다.

그림 14   소득세: 4개국 비교

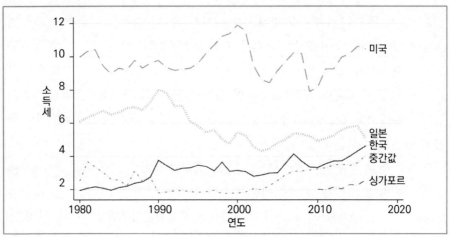

출처: International Centre for Tax and Development and UNU-WIDER

ICTD의 정부세수자료가 1980년부터 조사되었기 때문에 민주화 이전 시기부터의 변화를 확인할 수 있다. 민주화 이후 소득세는 전 세계 중간값보다 낮았지만, 민주화 이후 증가하기 시작하여, 1989년 이후로는 전 세계 중간값보다 약간 높은 수준이 되었다. 2000년대 초반에 다소 하락했지만, 2000년대 중반 이후 다시 증가하고 있다.

그림 15   소득세: 8개국 비교

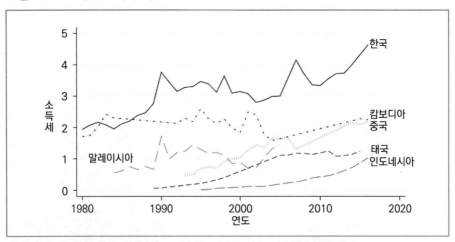

출처: International Centre for Tax and Development and UNU-WIDER

그러나 소득세가 조세역량의 적절한 정량지표가 될 수 없다는 의견들도 적지 않다. 후쿠야마(Fukuyama, 2013: 353-354)의 지적에 따르면, 소득세는 국가의 '역량'이라기보다 세금에 대한 국가의 '정책선택(policy choices)'이며, 정부 재정을 소득세에만 의존하는 것이 아니라 징수하기 쉬운 다른 종류의 세금에 더 의존하는 경우가 있기 때문에 소득세만으로 역량을 알 수 없고(Rogers and Weller, 2014), 많은 나라들의 세수가 자원을 통한 지대(resource rents)나 국제이전(international transfer)에 더 많이 의존하기 때문에 소득세는 국가가 가진 경제구조적 특징을 반영하는 것이지 국가역량을 보여주는 것이 아닐 수 있다.

이에 일부 연구자들은 세수나 세금이 아니라 조세에 대한 저항과 순종(tax compliance)의 정도가 조세역량을 더 잘 반영할 수 있고, 이는 지하경제의 규모로 간접적으로 측정가능하다고 주장한다(Ottervik, 2013). 엘진과 오즈투날리(Elgin and Oztunali, 2012)는 1950년부터 2009년까지 총 161개 국가의 지하경제규모를 모형화하여 계산하였는데, <그림 16>과 <그림 17>은 이들의 새로운 계산법에 따른 지하경제규모이다.

그림 16   지하경제의 규모: 5개국 비교

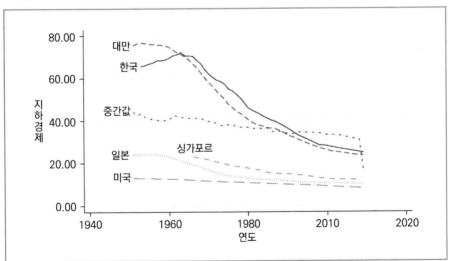

출처: Elgin and Oztunali 2012

그림 17   지하경제의 규모: 8개국 비교

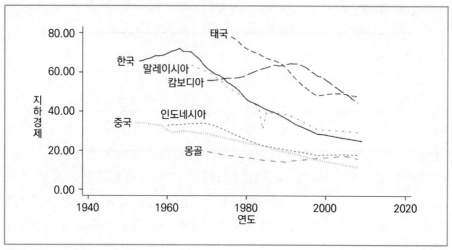

출처: Elgin and Oztunali 2012

1950년부터 1970년대까지 한국의 지하경제는 엄청 높은 수치를 보이는데, 지하경제규모가 가장 컸던 1963년의 72.08점은 상위 99%에 해당하는 점수이다. ABS 참가국들과 비교했을 때나 동일 시기 중국과 인도네시아에 비해서도 엄청 높다. 이는 이승만, 박정희 정권 당시의 달러를 중심으로 한 암시장과 사금융의 규모가 매우 컸다는 정성적 연구들의 주장(김일영, 2011)과 일맥상통하는 결과이다. 1963년의 정점 이후 지하경제의 규모는 급속도로 줄어들고 있지만, 전 세계 중간값인 35.5보다 적어지는 시점은 민주화 이후인 1992년이다. 민주화 이후로도 지하경제의 규모는 줄어들고 있지만, 2009년 기준으로도 여전히 미국, 싱가포르, 일본은 물론이고 ABS 참여국가들 중 일부인 몽골, 인도네시아와 중국보다도 지하경제규모가 큰 편이다. 즉, 한국의 조세역량은 앞서 살폈던 다른 역량들과 상당한 차이가 날 정도로 취약한 부분이며, 최근에서야 전 세계의 중간 수준의 조세역량을 보여준다고 할 수 있다.

마지막으로 국가 역량에 대한 여론의 평가를 살펴보자. 앞의 2장과 3장에서 사용했던 자료들은 국가 통계 등의 자료를 연구자들의 정의에 따라 재가공한 자료이거나 QoG처럼 전문가 설문조사이기 때문에 대상 국가의 역량에 대한 전문연구자들의 관점이 반영된 자료들이다. 그렇다면 일반 시민들도 이런 자료들과 유사하게 자국의 국가역량을 평가할까? 혹은 이들은 전문가와 다른 견해를 가지고 있을까?

이를 확인하기 위해서 아시아 바로미터를 사용하였다. 아시아 바로미터는 아시아의 여러 나라를 대상으로 한 설문조사이며 2001년에서 2003년경 1차 조사를 시작으로 참여대상국을 늘리며 현재 4차 자료까지 공개되어 있다. ABS의 3차와 4차 조사 문항 중 '장기적으로 봤을 때, 우리 정부시스템은 국가가 직면한 문제를 해결하는 능력이 있다'라는 문항을 국가 역량에 대한 평가 문항으로 사용하였다.

<그림 18>은 이 문항에 대한 14개 국가들의 평균응답을 보여준다. 가장 부정적인 응답에서부터 가장 긍정적인 응답까지 각각 1에서부터 4로 측정한 4점 척도이며, 3차 조사와 4차 조사를 통틀어 조사대상이 된 모든 응답자들의 평균은 2.84이다. <그림 18> 안 국가 이름 옆의 3과 4는 각각 ABS 3차 조사와 4차 조사를 의미하며, 두 번의 조사 결과를 합친 평균값이 높은 국가에서부터 낮은 국가 순으로 정렬되어 있다.

베트남 국민들의 응답 평균값이 3.36으로 총 14개 국가 중 가장 높고, 대만이 2.38로 가장 낮다. 캄보디아나 일본처럼 3차 조사와 4차 조사 간 평균값 차이가 있는 경우도 있지만, 대부분 3차와 4차 조사 간 차이가 크지 않으며, 평균값 검정결과(t-test) 역시 두 조사 간의 응답평균값이 유사한 것으로 나온다. 또한, 동일 국가 내 조사 시점에 의한 차이보다 국가 간 차이가 대부분 더 크다.

흥미로운 부분은 <그림 18>에서 하위권에 있는 한국, 홍콩, 일본과 대만이다. 이 나라 국민들은 다른 아시아 나라들에 비해서, 자신들의 정부가 문제를 해결하는 능력이 낮다고 부정적으로 평가하고 있다. 그런데 한국, 홍콩,

일본과 대만 모두 경제적으로 선진국이고, 홍콩을 제외하면 정치적으로 안정적인 민주주의 국가이며, 앞서 보았던 여러 가지 국가역량의 정량지표에서 모두 높은 역량을 기록했던 나라들이다. 즉, 국제비교지표를 기준으로 한 국가비교적 관점으로 판단한다면, 이 나라 시민들의 주관적 평가가 다른 아시아국가들에 비해서 특별히 더 부정적으로 나올 만한 객관적 근거를 찾기 힘든 나라들이다. 오히려 <그림 18>의 상위권에 있는 베트남이나 태국, 인도네시아보다 더 긍정적인 답변이 나오리라 기대하는 게 상식적인 편이다. 그러나 이런 이론적인 기대와 달리, 한국, 홍콩, 일본과 대만 시민들의 국가역량에 대한 주관적 평가는 국가통계나 전문가 조사를 통해 만들어진 지표들과 정반대로 매우 낮았다.

그림 18   정부의 문제해결능력에 대한 여론의 평가

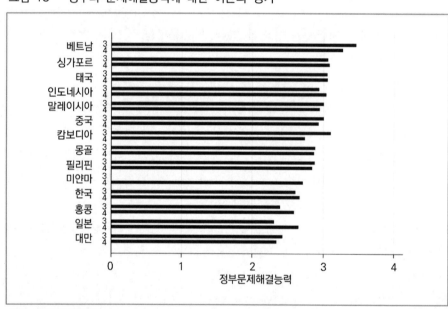

출처: 아시아바로미터

정부의 문제해결 능력을 묻는 이 문항은 설문응답자에 따라 국가역량이 아닌 다른 주제로 오해될 수도 있고, 당시 집권당의 특성이나 당파성 등 다른 정치적 요인에 의해 영향을 받는 등 측정오류(measurement error)의 가능성에 완전히 자유롭

지 않다. 그래서 추가적으로 ABS의 다른 문항도 확인해보았다. ABS에 공공서비스의 접근성과 관련된 문항이 있는데, 이는 국가역량 중 행정능력에 대한 평가로 볼 수 있다. 신분증, 공립학교, 의료기관과 경찰의 도움이라는 일상적이고 구체적인 네 가지 항목을 제시하여 일반 시민들이 비교적 평가하기 쉬운 공공서비스를 대상으로 평가했기 때문에 상대적으로 측정오류에서 자유로운 편이다.

<그림 19>는 공공서비스의 접근성에 대한 여론의 평가를 국가별 평균값의 순서대로 나타낸 그림이다. 위의 네 가지 공공서비스를 사용하거나 접근하기가 매우 어렵다는 가장 부정적인 응답에서부터 매우 쉽다는 긍정적인 응답까지 각각 1에서부터 4로 측정한 4점 척도이고, 3차 조사와 4차 조사를 통틀어 조사대상이 된 모든 응답자의 평균은 2.49이다. 말레이시아 국민들이 공공서비스 접근성을 가장 긍정적으로 평가했고, 중국이 최하위이다.

그림 19   공공서비스의 접근성에 대한 여론의 평가

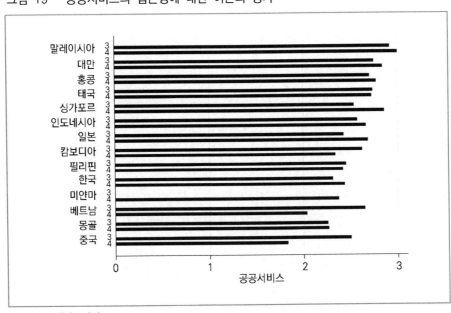

출처: 아시아바로미터

<그림 19>에서 중점적으로 볼 부분은 대만, 홍콩, 일본과 한국의 위치이다. 이 국가들은 2장과 3장의 정량지표 기준으로는 아시아 국가 중 상위권

이었음에도, <그림 18>에서 확인하였듯이 국민들은 자국의 문제해결능력을 낮게 평가했던 국가들이다. 그런데 추상적인 문제해결능력이 아니라 구체적인 공공서비스의 접근성을 가지고 국가역량을 측정하여 비교하자, <그림 18>과는 결과가 다소 다르게 나타났다. 대만과 홍콩의 시민들은 공공서비스 접근성을 기준으로 한 국가의 행정역량을 매우 긍정적으로 평가했다. 일본은 중간인 데 반해, 한국은 14개 국가 중 10위로 여전히 부정적으로 평가받고 있다.

<그림 18>과 <그림 19>를 종합하면, 국가역량에 대한 국제비교지표들과 해당 국가 시민들이 느끼는 국가역량에 대한 평가는 매우 다르며, 그중에서도 한국이 특히 정량지표들과 여론의 평가 간 간극이 가장 큰 나라였다. 왜 국제비교지표와 여론 간 차이가 생기는지, 그리고 그 중 왜 한국이 특별히 더 많이 차이가 나는지는 향후 연구를 통해 밝혀야 할 중요한 퍼즐이다.

Ⓥ 결론

본 연구는 한국의 국가역량에 대한 객관적 근거를 확인하기 위해서 다양한 국제비교지표들과 전문가조사 및 여론조사 자료를 통해 한국 국가역량의 상대적 위치를 13개 국가와 비교하여 분석하였다. WGI와 BTI를 통해 본 종합적 측면에서 한국의 국가역량은 미국이나 일본 등의 선진국보다 다소 낮지만 전 세계 중간값이나 아시아 다른 나라들을 월등히 앞서는 수준의 강한 국가역량을 가진 나라이다. 또한 1990년대 후반부터 현재까지 역량이 증가하는 방향으로 발전되어왔다.

국가 역량의 하위 차원을 나눠서 보았을 때, 강압역량과 행정역량 역시 종합적 측면과 유사하게 아시아 국가들보다 높으며 미국과 일본보다는 다소 낮은 수준이지만 꾸준히 증가하고 있다는 면에서 긍정적이다. 그러나 조세역량은 상대적으로 낮아서 소득세 징수 기준으로는 전 세계 중간 수준 정도이며, 지하경제규모를 기준으로 보면 일부 아시아 국가들보다도 더 낮은 정도이다. 마지막으로 ABS를 통해 확인한 시민들의 국가 역량에 대한 평가는 국제비교지표와 정반대로 국제비교지표에서 상위권인 나라들의 시민들일수록 자국의 국가 역량에 대한 부정적인 평가를 가지고 있었다.

　본 연구의 이러한 발견들은 일차적으로는 서론에서 제기했던 문제들에 대한 답을 찾는다는 점에서 의의가 있다. 또한, 한국 내 문헌을 넘어 국가 역량에 대한 이론적 논의에도 시사점이 있다. 국가역량을 종합적인 하나의 종합체(configuration)로 보는 것이 타당한지, 혹은 역량의 다차원성을 분해해서 보는 것이 더 유용한지에 대한 이론적 논쟁이 있는데, 한국의 역량에서 강압역량과 행정역량은 높지만, 조세역량에 매우 낮다는 사실은 후자의 관점을 지지하는 근거가 된다. 또한, 기존의 국가역량 연구가 간과했던 국제비교지표와 여론 간의 간극을 발견함으로써, 향후 중요한 연구과제를 던진다는 점에서 본 연구의 이론적 의의가 있다.

| 참고문헌 |

김일영. 2011. 『한국 현대정치사론』. 서울: 논형.

박선경. 2019. "State Capacity, Measurements and Indicators: What Have We Done and What Should We Do?" 한국정치학회 한국학 세계대회. 서울. 6월.

신진욱. 2020. "국가역량의 개념과 다차원적 분석틀: 국가역량 레짐의 다양성 연구를 위한 이론적 고찰." 『한국사회학』 54집 1호, 65−100.

한승헌·강민아·이승윤. 2013. "정부역량에 관한 연구동향 분석과 개념 비교." 『한국거버넌스학회보』 20권 3호, 27−54.

Anheier, Helmut, Matthias Haber and Mark Kayser. 2018. *Governance Indicators: Approaches, Progress and Promise.* Oxford, UK: Oxford University Press.

Besley, Timothy and Torsten Persson. 2011. *Pillars of Prosperity: The Political Economics of Developmental Clusters.* Princeton, NJ: Princeton University Press.

Elgin, Ceyhun and Oguz Oztunali. 2012. "Shadow Economies around the World: Model Based Estimates."Bogazici University Department of Economics Working Papers, 5(2012), 1−48.

Evans, Peter. 1995. *Embedded Autonomy: States and Industrial Transformation.* Princeton, NJ: Princeton University Press.

Evans, Peter and James Rauch. 1999. "Bureaucracy and Growth: A Cross−national Analysis of the Effects of "Weberian" State Structures on Economic Growth." *American Sociological Review* 64(5): 748−765.

Fukuyama, Francis. 2013. "What Is Governance?" *Governance: a International Journal of Policy, Administrative and Institutions* 26(3): 347−368.

Hanson, Jonathan and Rachel Sigman. 2013. "Leviathan's Latent Dimensions: Measuring State Capacity for Comparative Political Research."Paper presented at the World Bank Political Economy Brown Bag Launch Series, March 21, 2013.

Hellmann, Olli, 2018. "High Capacity, Low Resilience: The 'Developmental' State and Military−bureaucratic Authoritarianism in South Korea."*International*

Political Science Review 39(1): 67−82.

Holmberg, Soren, Bo Rothsetin and Naghmeh Nasiritousi. 2009. "Quality of Government: What You Get." *Annual Review of Political Science* 12: 135−61.

Kaufmann, Daniel, Aart Kraay, and Pablo Zoido−Lobaton. 1999. "Governance Matters." World Bank Policy Research Working Paper.

Kaufmann, Daniel, Aart Kraay, and Massimo Mastruzzi. 2010. "The Worldwide Governance Indicators: Methodology and Analytical Issues." www.govindicators. org

Kohli, Atul. 2004. *State−Directed Development: Political Power and Industrialization in the Global Periphery*. Cambridge: Cambridge University Press.

Ottervik, Mattias. 2013. "Conceptualizing and Measuring State Capacity: Testing the Validity of Tax Compliance as Measure of State Capacity." QoG Working Paper Series 2013: 20.

Rauch, James and Peter Evans. 2000. "Bureaucratic Structure and Bureaucratic Performance in Less Developed Countries." *Journal of Public Economics* 75: 49−71.

Skocpol, Theda. 1985. "Bringing the State Back In: Strategies of Analysis in Current Research"In *Bringing the State Back In,* edited by Peter Evans, Dietrich Rueschemeyer and Theda Skocpol, 3−37. Cambridge: Cambridge University Press.

Weber, Max. 1978. *Economy and Society: An Outline of Interpretive Sociology*. Berkeley: University of California Press.

CHAPTER 06

민주헌정국가의 법률생산능력:
한국 분점정부의 사례[1]

김정

Ⅰ 서론

분점정부는 입법결과에 영향을 미치는가? 분점정부가 입법결과에 미치는
영향을 이론적으로 어떻게 특정할 수 있는가? 분점정부가 입법결과에 미치는
영향을 방법론적으로 어떻게 측정할 수 있는가? 이 물음들은, 1987년 이후 명
실상부한 민주헌정국가로 자리매김한 한국의 국가능력을 학문적으로 다루고
자 할 때, 우회하기 어려운 연구 의제군(群)을 구성한다. 그 정의(定義)상, 전제
정체(專制政體) 국가와는 달리, 민주정체(民主政體) 국가는, 헌법과 법률에 근거
한 법치(法治)의 틀 속에서 민의(民意)를 구현해야 하는 제도적 제약성을 그 본
원적 속성으로 갖고 있다. 달리 말하자면, 민주헌정국가의 통치는 헌법이라는
제도적 제약을 벗어나지 않는 범위에서 법률이라는 정책묶음을 생산하는 활동
을 통해서만 가능하다. 즉, 법률을 생산하지 못하면 민주헌정국가의 통치는 어
려움에 직면할 수밖에 없다는 것이다.

한국의 민주정체를 정의하는 1987년 개정헌법은 그 제도적 핵심에 권력
분립 원리를 각인하여, 법률생산의 충분조건을 행정부와 입법부의 정책합의로
규정하고 있다. 정당이 선거경쟁의 중심행위자의 위치를 점하는 현대 대표민

---

1) 이 글은 『평화연구』 28권 1호(2020)에 게재한 "정부 분점도와 집권당의 의제통제제도:
한국의 사례, 1988-2008"을 수정 및 보완하여 집필하였음을 밝힌다.

주정체의 조직적 운영원리를 고려하면, 한국에서 행정부를 장악한 정당과 입법부를 장악한 정당이 서로 상이한 상황, 즉, '분점정부'는 1987년 개정헌법이 예상하는 제도적 귀결 가운데 하나라고 볼 수 있다. 한국 민주헌정국가의 통치가 그 법률생산 능력에 의존하고, 법률생산의 충분조건이 행정부와 입법부의 정책합의라고 한다면, 행정부와 입법부를 장악한 정당이 동일한 단점정부 상황과 행정부와 입법부를 장악한 정당이 상이한 분점정부 상황의 차이는 국가의 통치력에 매우 큰 함의를 갖는다.

이 연구는 단점정부와 분점정부라는 정치적 조건의 차이가 어떻게 민주헌정국가의 법률생산능력에 영향을 미치는지를 탐구하려는 하나의 시도이다. 그것은 분점정부의 입법효과에 대한 비교정치학적 연구의 맥락에서 한국 사례를 탐색하여 그 경험 연구의 영역을 확장하려고 노력한다(Ansolabehere et al., 2018; Kirkland and Phillips, 2018; Hughes and Carlson, 2015; Crombez et al., 2015; Binder and Sarah, 2015; Baumgartner et al., 2014; Calvo, 2014; Fortunato et al., 2013; Crisp et al., 2009; Manow et al., 2007; Negretto, 2006; Mayhew, 1991).

이 연구는, 단점정부와 비교하여, 분점정부는 행정부의 법률생산 능력을 저하시킨다는 점을 경험적으로 확인한다. 구체적으로, 분점정부는 단점정부와 비교하여, 행정부법안의 원안 가결률을 낮추고, 수정 가결율을 낮추며, 대안 가결률을 낮추고, 법안 폐기율을 높인다. 입법부를 장악한 정당의 정책선호에 대한 불확실성과 대통령제 헌정체제가 가진 법안 수정의 기회비용 때문에 행정부의 법률생산 능력이 저하하기 때문이다.

이 글은 둘째 절에서 우선 분점정부를 하나의 협상상황으로 개념화한 이후 그것을 하나의 협상게임(bargaining game)의 틀에서 이해하려는 이론 모형을 제시한다. 협상게임 기본 모형에서 출발하여, 불확실성을 도입한 모형, 학습을 고려한 모형 및 헌정체제의 특성을 반영한 모형으로 차례차례 발전시켜 검증가능한 경험적 가설을 도출한다. 셋째 절에서 도출된 가설을 검증할 방법론적 논의를 펼친다. 독립변수 및 종속변수의 속성에 조응하는 경험 모형을 제시하고, 통계 분석을 위한 자료의 성격을 상술하며, 경합위험 사건사(competing risks event history) 분석 결과를 보고한다. 마지막 절은 논문의 주요 이론적 주장과 경험적 발견을 요약한다.

Ⅱ 분점정부와 입법협상: 이론 모형

1. 한국의 민주정체

한국의 민주정체(政體)는 입법권력 분리 및 공유 원리를 체현하고 있다 (Tridimas, 2019). 첫째, 입법권력의 분리 원리는 국회와 대통령의 선출에 대한 헌법 조문에서 잘 드러난다.[2] 국회의원은 "국민의 보통, 평등, 직접, 비밀선거에 의하여 선출"(헌법 제41조 1항)하고 그 "임기는 4년"(헌법 제42조)으로 하는 반면, 대통령은 "국민의 보통, 평등, 직접, 비밀선거에 의하여 선출"(헌법 제66조 1항)하고 그 "임기는 5년으로 하며, 중임할 수 없다"(헌법 제70조)는 규정이 그것이다. 즉, 입법권력을 보유한 두 헌법기관인 대통령과 국회의 기원과 생존이 상호 독립적이라는 점을 명확하게 제도적으로 보장하고 있는 것이다.

둘째, 입법권력의 공유 원리는 국회와 대통령의 법률생산과 관련한 헌법 조문에서 잘 드러난다. "입법권은 국회에 속한다"(헌법 제40조)는 규정은 어떠한 법률도 국회의 동의를 얻지 못하고 그 효력이 유효할 수 없다는 점을 명확히 하고, "헌법 또는 법률에 특별한 규정이 없는 한 재적의원 과반수의 출석과 출석의원 과반수의 찬성으로 의결"(헌법 제49조)하는 것으로 규정하여 다수결을 그 의제결정의 규칙으로 명시하고 있다. 대통령의 적극적 의제통제와 관련해서는 "국회의원과 정부는 법률안을 제출할 수 있다"(헌법 제52조)고 규정하여 대통령과 국회 모두에게 법안제출 권한을 부여하고 있다. 대통령의 소극적 의제통제와 관련해서는 "법률안에 이의가 있을 때에는 대통령은 제1항의 기간 내에 이의서를 붙여 국회로 환부하고, 그 재의를 요구"(헌법 제53조 2항)할 수 있다고 명시하여 법안 거부권을 제도적으로 보장하고 있다. 이에 대해 "재의의 요구가 있을 때에는 국회는 재의에 붙이고, 재적의원과반수의 출석과 출석의원 3분의 2 이상의 찬성으로 전과 같은 의결을 하면 그 법률안은 법률로서 확정"(헌법 제53조 4항)되기 때문에 대통령의 법안 거부권은 국회의 초(超)다수결 의제결정으로 기각할 수 있는 것으로 규정한다. 즉, 한 정당이 국회의 3분

---

2) 한국헌법의 조문 내용은 국가법령정보센터 http://www.law.go.kr/lsEfInfoP.do?lsiSeq= 61603#(검색일: 2020. 3. 13)을 참조하였다.

의 2 이상의 다수를 장악하고 있는 예외적인 경우를 제외하면, 법안의 성패는 국회 다수파와 대통령의 합의 여부에 달려있다는 의미에서 국회와 대통령 사이에는 입법권력의 공유가 제도적으로 확립되어 있는 것이다.

요컨대 한국의 입법과정은 대통령 소속정당과 국회 다수정당이 동일한 경우에만 의제통제가 가능하다. 한국의 민주정체는 헌정체제 차원에서 분점정부의 출현을 잠재화하고 있는 속성을 가지고 있는 것이다(손병권 외, 2018; 박윤희, 2015). 1988년 민주정의당(민정당)이 국회의원 선거에서 과반수를 상실했을 때 출현한 이른바 '여소야대' 국회는 집권당이 국회의 의제통제 능력을 상실했다는 의미에서 헌정사 최초로 현재화한 분점정부 상황이었던 셈이다. 그 이후 분점정부 상황은 1998년, 2000년, 2001년, 2005년, 2016년 집권(연합)정당이 국회 과반수 의석을 잃을 때마다 반복하여 등장했다. 그러므로 정치학자들이 분점정부 현상에 지대한 관심을 보이는 것은 매우 당연한 하나의 귀결이라고 할 수 있다(함성득, 2017; 강원택, 2016; 최태욱, 2014; 장훈, 2010; 정진민, 2008).

정치학자들 사이에서 중요한 논점은 분점정부의 입법효과였다. 하나의 시각은 분점정부가 행정부의 정책능력을 손상시키고, 입법마비를 초래하며, 정치안정을 훼손하고, 결국 행정부의 붕괴를 초래한다는 것이었다(함성득, 2017; 장훈, 2010; 강원택, 2005; 김용호, 2004). 다른 하나의 시각은 분점정부가, 단점정부와 비교하여, 입법결과에 특별히 부정적인 영향을 미치지 않으며, 앞선 부정적 시각의 경험적 증거가 대개 소수의 독특한 입법 사례연구에 근거한 매우 일면적인 것에 불과하다고 지적한다(최종하, 2016; 박순종·최병대, 2016; 최준영·조진만, 2013; 유현종, 2010; 오승용, 2005).

이 논쟁을 해소할 하나의 선택은 분점정부의 입법효과를 측정할 수 있는 적절한 경험적 지표로서 집권당의 '의제통제도(度)'를 채택하는 것이다. 그것은 법안 내용과 법률 내용 사이의 거리, 즉 집권당의 정책 의도와 실제 정책 결과 사이의 거리를 확인하여 법률의 내용이 얼마나 애초의 입법의도를 보존하고 있는지를 따진다(Bonvecchi and Zelaznik, 2011; Barrett and Eshbaugh-Soha, 2007; 이현출·김준석, 2012; 김준석, 2012).3) 이 연구는 개체(個體) 수준의 자료를

---

3) 분점정부의 입법효과 측정과 관련한 방법론적 논쟁은, 첫째, 법률 공급 측면에 초점을 맞추어 가결 혹은 부결 법안의 수를 입법결과의 측정치로 삼는 입법성공량(量) 중심 입장(Howell et al., 2000; Edwards Ⅲ et al., 1997)과 법률 수요 측면을 고려해 제출

통해 입법결과라는 변수의 속성을 첫째, 원안 그대로 법률로 성립한 법안, 둘째, 수정을 거쳐 법률로 성립한 법안, 셋째, 대안으로 반영되어 법률로 성립한 법안, 넷째, 심의에서 폐기되어 법률로 성립하지 못한 법안이라는 입법성패의 정도를 집권당의 의제통제제도와 관련지어 이해한다.

분점정부의 귀무(歸無)효과를 개별 의원의 행동 결속성을 높일 정당효과의 부재에서 비롯한 것으로 보는 설명은 헌법 및 의회의 제도배열이 규정하는 주축(主軸: pivot) 위원의 정책위치에 따라 입법정체(停滯)가 일상화한다고 주장하는(Brady and Volden, 2006; Krehbiel, 1998; 문우진, 2018a) 입장과, 현상개악법안을 의제에서 배제할 수 있는 소극적 의제통제권한에서 정당효과의 존재를 찾는 설명은 다수정당이 소수정당보다 유리한 입법결과를 획득한다고 주장하는(Cox and McCubbins, 2005) 입장이 맞선다. 전자는 중위투표자(median voter) 모형(Black, 1948)을 의회정치의 맥락에 확장적용한 것이고, 후자는 문지기(gatekeeper) 모형(Denzau and Mackay, 1983)을 의회정치의 맥락에 확장적용한 것이다(Alemán, 2015).

입법결과에 대한 두 모형의 예측은 상이하지만, 양자 모두 법안협상을 둘러싼 불확실성을 이론 모형에 포함시키지 않았기 때문에, 입법실패의 발생을 설명할 수 없다는 약점을 가진다(Saiegh, 2011). 더군다나 양자 모두 정당의 기율성(紀律性)이 약한 미국정치의 맥락에서 발전한 이론 모형인 관계로 정당의 기율성이 강한 나라의 맥락에 적용할 경우 무리가 따른다(Chiou and Rothenberg, 2009). 행정부와 의회 사이의 입법교섭을 설명하는 거부권 협상 모형(Cameron, 2000)은, 의제설정자(agenda setter) 모형(Romer and Rosenthal, 1978)을 확장적용한 것으로서, 정당을 단일행위자로 다룰 수 있고, 불확실성을 이론적으로 모형화한다는 점에서 하나의 대안적 이론 모형을 구성한다. 이 연구는 불확실성, 학습, 헌정체제를 차례로 모형화하여, 기존의 이론적 설명이 해명하지 못했던 인과메커니즘, 즉 분점정부가 입법결과에 영향을 미치는 인과경로를 이론적으로 확립한다.

법안에 대한 가결 혹은 부결 법안의 비율을 입법결과의 측정치로 삼는 입법성공률(率) 중심 입장(Saeki, 2010; Binder, 2003; Coleman, 1999)으로 나뉜다. 양자는 모두 집계(集計) 수준의 자료를 통해 변수의 속성을 성패(成敗)의 이분(二分)법으로 입법결과를 이해하고, 법안이 의회를 통과했는지 여부만을 묻는다는 취약점이 있다.

다음 절에서는 분점정부와 집권당의 의제통제도를 잇는 인과메커니즘을 이론적으로 특정하고, 그 결과가 도출하는 가설을 정식화한다.

2. 협상상황으로서 분점정부[4]

대통령제 헌정체제에서 세 정당이 단일행위자(unitary actor)로 기능하는 의회를 상정하고, 집권당을 G, 두 반대당을 각각 O_1 및 O_2라 지정하자.[5] 0을 가장 진보적 정책위치로, 100을 가장 보수적 정책위치로 가진 1차원 정책공간에서 x_G, x_{O_1} 및 x_{O_2}를 각각 G, O_1 및 O_2의 이상점(ideal point)이라 하자. 간결한 설명을 위해, $x_{O_1} < x_{O_2} < x_G$이라 가정하자. G, O_1 및 O_2의 의석지분을 각각 s_G, s_{O_1} 및 s_{O_2}라 하고, $s_{O_2} < s_{O_1}$이라 가정하자. 법안을 통과시킬 수 있는 단순 과반수 이상의 의원연합을 W라 하자. W에 대한 s_G의 상대적 규모를 이용해 분점정부를 다음과 같이 정의한다(Laver and Benoit, 2015).

정의1(분점정부). 분점정부는 집권당의 의석지분이 단순 과반수에 미치지 못하는 상황이다($s_G < W$).

분점정부는 G가 법안을 통과시키기 위해 O_1 혹은 O_2 의 지지를 획득해야 하는 상황을 의미한다. 필요한 지지의석의 규모는 G가 지불해야 하는 정책양보의 규모에 상응하기 때문에, G는 정확하게 필요한 만큼의 지지의석을 구매하며 정확하게 필요한 만큼의 정책양보를 판매한다. 그러므로 G는 과반수 획득에 필요한 최소규모의 의석을 가지며 정책공간에서 최단거리에 인접해 있는 반대당을 연합의 상대로 선택한다. 이 '주축 반대당(pivotal opposition party)' V를 다음과 같이 정의한다.

정의2(주축 반대당). 주축 반대당은 집권당과의 과반수 입법연합을 달성할

---

4) 이 절의 내용은 김정(2016: 41-52)을 원용하고 있다.
5) 집권당은 대통령 소속 정당을 뜻하기 때문에 국회가 단독으로 현상을 변경할 수 없도록 하는 거부권 행사자, 즉, "동의 없이 정책현상을 바꿀 수 없는 행위자(Franzese Jr., 2010: 342)"의 위상을 가진다.

수 있는 최소규모의 의석을 보유한 동시에 정책공간에서 집권당에게 최단거리로 인접한 반대당이다((a) $O_1 = V$ if $s_{O_2} + s_G < W$; (b) $O_2 = V$ if $s_{O_2} + s_G \geq W$)

<그림 1>은 세 정당으로 이루어진 의회에서 나타날 수 있는 주축 반대당의 두 가지 경우를 도표화한 것이다. 요컨대, 분점정부란 집권당과 주축 반대당이 법률을 생산하기 위해 "협력할 공통의 이해를 가지지만 정확히 어떻게 협력해야 하는지를 둘러싸고 이해갈등이 있는(Muthoo, 2000: 146)" 협상상황으로 개념화할 수 있다.[6]

그림 1   주축 반대당

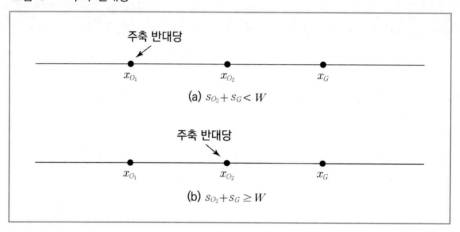

(a) $s_{O_2} + s_G < W$

(b) $s_{O_2} + s_G \geq W$

3. 협상게임으로서 분점정부

집권당과 주축 반대당의 협상게임을 상정하고, 1차원 정책공간에서 두 정당의 효용함수는 단봉형(single-peaked) 및 대칭적(symmetric)이라 가정하자. G의 이상점을 x_G이라 하고, V의 이상점을 x_V이라 하며, 주어진 정책대안 x_B에 대한 G와 V의 정책 효용함수를 각각 $UG = -|x_B - x_G|$ 및 $UV = -|x_B - x_V|$이라 하자. 간결한 논의를 위해, 이 논문에서는 $x_V < x_G$이라 가정한다.

---

6) 분점정부를 흥정상황으로 개념화하는 것은 연합정부를 흥정상황으로 개념화하는 Martin and Vanberg(2011)의 제안과 맞닿아 있다.

1) 완전정보 모형

완전정보(complete information) 비(非)반복(non-iterated) 협상게임의 균형 결과를 포착하는 기본 모형을 제시한다. 이 모형에서 상호작용의 순차는 다음과 같다.

1. G는 현상 정책 x_Q를 변경하기 위해 수용 혹은 거부의 양자택일만 가능한 법안 x_B를 제안한다.
2. V는 수용하거나 거부할 수 있다. 만약 V가 법안을 수용하면, x_B가 새로운 현상 정책이 되고 게임은 종료한다.
3. 만약 V가 법안을 거부하면, x_Q가 현상 정책으로 유지되고 게임은 종료한다.

V는 $UV(x_B) \geq UV(x_Q)$일 경우 x_B를 수용하는바, $x_V > x_Q$라면, $x_B \in [x_V, 2x_V - x_Q]$를 충족하는 법안을 수용하고, $x_V < x_Q$라면, $x_B \in [2x_V - x_Q, x_V]$를 충족하는 법안을 수용한다.[7] $V(x_Q)$를 V가 수용할 수 있는 법안 집합이라고 하면, G는 $V(x_Q)$ 가운데 자신의 이상점에 가장 가까운 법안을 부분게임 완전 내쉬균형(subgame perfect Nash equilibrium) 제안 x*로서 선택한다 $(x_G \in V(x_Q), x^* = x_G; x_G < \min V(x_Q), x^* = \min V(x_Q); x_G > \max V(x_Q), x^* = \max V(x_Q))$.

---

7) $2x_V - x_Q$는 x_Q에 대한 x_V의 효용 등가점(utility equivalent)이다.

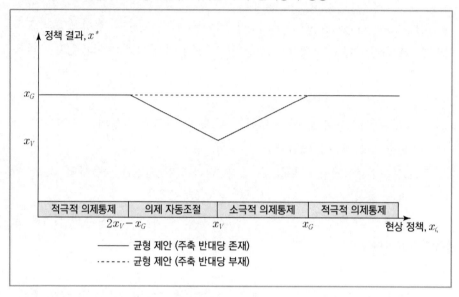

그림 2   집권당의 의제통제권에 미치는 주축 반대당의 영향

첫째, 현상 정책이 $x_Q < 2x_V - x_G$혹은 $x_G < x_Q$을 충족한다면, G의 균형 제안은 x_G다. '적극적 의제통제(positive agenda control)' 구간은 집권당이 제안 이후 수정 없이 자신의 이상점을 반영한 내용의 법안을 통과시킬 수 있는 현상 정책 집합을 뜻한다.

둘째, 현상 정책이 $2x_V - x_G < x_Q < x_V$을 충족한다면, G의 균형 제안은 현상 정책에 대한 $2x_V - x_Q$(V의 효용 등가점)이다. '자동 의제조절(agenda autolimitation)' 구간은 집권당이 제안 이후 주축 반대당의 정책선호를 감안하여 내용을 수정한 법안을 통과시킬 수 있는 현상 정책 집합을 뜻한다.

셋째, 현상 정책이 $x_V < x_Q < x_G$을 충족한다면, G의 균형 제안은 x_Q이다. '소극적 의제통제(negative agenda control)' 구간은 집권당이 제안 이후 주축 반대당의 거부를 예상하여 법안이 의제에 오르는 것을 방지할 수 있는 현상 정책 집합을 뜻한다.[8]

---

8) 적극적 및 소극적 의제통제 개념은 Cox and McCubbins(2005)에서, 자동 의제조절 개념은 Manow and Burkart(2007)에서, 각각 차용했다.

<그림 2>는 다음과 같은 균형 제안 x*를 도표로 나타낸 것이다:

(1) $x_Q < 2x_V - x_G$ 혹은 $x_G < x_Q$이면, $x^* = x_G$ (적극적 의제통제 구간)[9]

(2) $2x_V - x_G < x_Q < x_V$이면, $x^* = 2x_V - x_Q$ (자동 의제조절 구간)

(3) $x_V < x_Q < x_G$이면, $x^* = x_Q$ (소극적 의제통제 구간)

<그림 2>에서 주축 반대당이 부재하는 경우, 집권당은 자신의 이상점을 반영한 법안을 제출하며 입법실패는 발생하지 않는다(점선). 주축 반대당이 존재하는 경우, 집권당은 제안 이후 거부당할 법안을 애초에 제출하지 않을 것이기 때문에 입법 실패는 발생하지 않는다(실선). 분점정부가 집권당의 법률생산능력을 제약하지 않는다는 의미에서, 주축 반대당의 효과를 입법성공량 혹은 입법성공률로 측정할 경우 발생하는 난점이 여기에 있다. 분점정부와 단점정부의 차이는 주축 반대당의 영향은 집권당이 의제를 통제하는 능력에서 드러난다(점선과 실선의 차이). 주축 반대당의 효과는 집권당이 법안의 내용을 자신의 이상점에 근접시키는 능력을 제한하는 것이다.

이 모형은 보여주는 중요한 함의는 주축 반대당이 자신의 거부권을 실제로 행사하지 않은 채 잠재적으로 보유하고 있다는 사실만으로도 집권당으로부터 정책 양보를 이끌어낼 수 있다는 점에 있다. 거부권에 대한 예상은 집권당이 주축 반대당의 선호에 조응하여 법안의 내용을 사전에 조정하는 핵심적인 인과메커니즘을 이룬다. 각각의 구간에서 나타나는 균형 제안의 차이는 결국 집권당의 의제통제 수준에 대한 주축 반대당이 가지는 영향의 차이를 보여준다. 그 귀결이 예측1이다.

예측1(집권당의 의제통제도). 주축 반대당의 존재는 집권당이 법안 내용을 자신의 이상점에 근접시킬 수 있는 능력을 제한한다.

결국 최적화한 의제통제가 집권당의 입법결과를 좌우한다. 집권당이 의제통제 착오를 일으키는 조건을 살펴보자.

---

9) $2x_V - x_G$는 x_G에 대한 x_V의 효용 등가점이다.

2) 불완전정보 모형

완전정보 가정을 완화하여 불완전정보(incomplete information) 비반복 협상게임 모형으로 전환하자.[10] G가 V의 정책선호 유형이 x_M을 이상점으로 하는 '온건(M)' 유형인지 아니면 x_E을 이상점으로 하는 '극단(E)' 유형인지 확실하게 알 수 없다고 가정하고, $x_E < x_M < x_G$이라 하자.

그림 3   불확실성이 집권당의 의제통제 착오에 미치는 영향

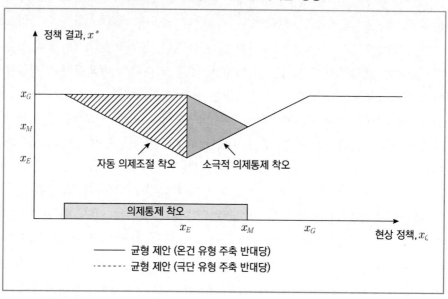

M에 대한 균형 제안 x^{BM}은 다음과 같다:

(1) $x_Q < 2x_M - x_G$ 혹은 $x_G < x_M$이면, $x^{BM} = x_G$ (적극적 의제통제 구간);

(2) $2x_M - x_G < x_Q < x_M$이면, $x^{BM} = 2x_M - x_Q$ (자동 의제조절 구간);

(3) $x_M < x_Q < x_G$이면, $x^{BM} = x_Q$ (소극적 의제통제 구간).

---

10) 불완전정보 협상게임의 일반적 소개는 McCarty and Meirowitz(2007)을 참조할 수 있다.

E에 대한 균형 제안 x^{BE}는 다음과 같다:

(1) $x_Q < 2x_E - x_G$ 혹은 $x_G < x_E$이면, $x^{BE} = x_G$ (적극적 의제통제 구간)

(2) $2x_E - x_G < x_Q < x_E$이면, $x^{BE} = 2x_E - x_Q$ (자동 의제조절 구간)

(3) $x_E < x_Q < x_G$이면, $x^{BE} = x_Q$ (소극적 의제통제 구간)

<그림3>은 집권당의 의제통제 착오 발생을 이해하기 위하여 V의 실제 유형은 E이나 G가 그것을 M이라고 오인하여 x_{BM}을 제안하는 협상상황을 도표화한 것이다.[11] $UE(x_{BM}) \geq UE(x_Q)$라면, E는 x_{BM}을 수용하고, $UE(x_{BM}) < UE(x_Q)$이면 거부한다. $x_Q < 2x_E - x_G$ 혹은 $x_M < x_Q$이면, $UE(xBM) \geq UE(xQ)$이기 때문에, E는 x_{BM}을 수용한다. $2x_E - x_G < x_Q < x_M$이면, $UE(x_{BM}) < UE(x_Q)$이기 때문에, E는 x_{BM}을 거부한다. '의제통제 착오(agenda control error)' 구간을 집권당이 최적화한 의제통제에 실패할 수 있는 현상 정책 집합이라고 하자. 의제통제 착오 구간은 두 가지 상이한 하위 구간의 합으로 정의할 수 있는바, 그것은 ① 집권당이 법안 내용을 수정해야 했지만 그렇게 하지 못한 '자동 의제조절 착오' 구간 및 ② 집권당이 법안을 제출하지 못하도록 방지해야 했지만 그렇게 하지 못한 '소극적 의제통제 착오' 구간으로 이루어진다.

<그림 4>의 (가)와 (나)를 비교하면 의제통제 착오 구간의 폭이 집권당과 주축 반대당 사이의 정책거리를 반영한다는 점을 확인할 수 있다. x_G가 x_M에 보다 가까운 경우인 (가)보다 x_G가 x_M에 보다 멀어진 경우인 (나)의 경우에 의제통제 착오 구간의 폭이 더욱 협소해진다. G와 V 사이에 발생하는 정책 불일치 정도와 의제통제 착오 확률이 함수관계에 있다는 점을 시사한다. 즉, 주축 반대당의 정책선호에 대한 불확실성의 크기에 집권당의 의제통제 착오 확률이 의존하고 있다는 것이다. 불완전정보 모형은 집권당과 주축 반대당 사이의 정책불일치 수준이 높을수록 집권당의 의제통제 착오 확률을 높인다는 점을 보여준다. 그 귀결이 예측2이다.

---

11) V의 실제 유형은 M이나 G가 그것을 E라고 오인하여 x^{BE}를 제안하는 협상상황은 별도의 도표화 및 설명이 필요하지만 지면 제약 상 생략한다.

예측2(집권당의 의제통제 착오 확률). 집권당과 주축 반대당 사이의 정책불
일치 정도가 클수록 집권당의 의제통제 착오가 발생할 확률이 높아진다.

집권당이 의제통제 착오를 일으켰을 때 그것을 교정할 기회가 비반복 협상
게임에서는 주어지지 않는다. 현실에서 집권당은 착오가 발생하면 그것을 수정하
여 다시 제안을 던질 수 있는 기회를 갖기 마련이다. 집권당은, 협상게임을 반복
하면, 법안 내용을 수정하여 주축 반대당의 정책선호를 학습할 기회를 가진다.

그림 4   의제통제 착오 구간 비교

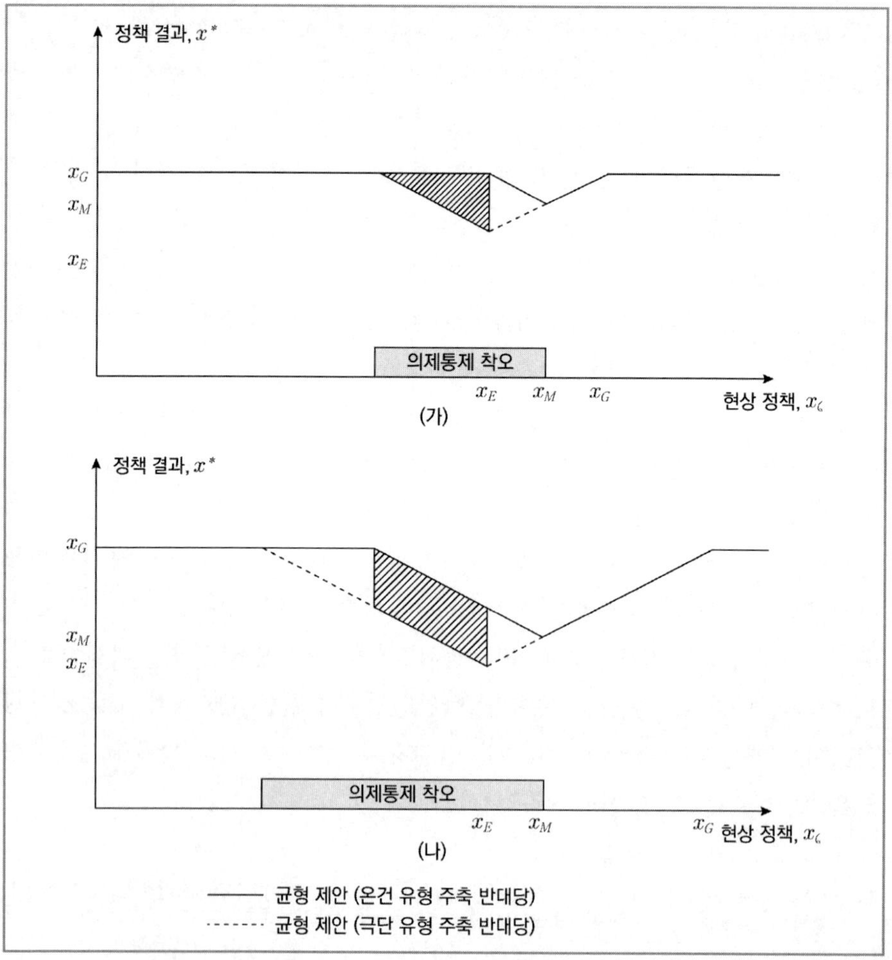

3) 반복 모형

　　반복 모형을 도입하여 V의 정책선호에 대한 학습 가능성이 집권당의 의제통제 착오에 미치는 영향을 살펴보자. 비반복 가정을 완화하여 1차 제안이 거부될 경우 G가 2차 제안을 할 수 있는 불완전정보 반복(iterated) 협상게임으로 전환하자. G가 1차로 x_{BM}을 제안하여 V의 정책선호 유형을 탐색하는 협상상황을 상정하자. V가 M이면, 제안을 수용하고 협상은 끝난다. V가 E이면, 제안을 거부하고, G가 V의 정책선호 유형에 대한 기대갱신을 통해 2차로 x^{BE}를 제안하여 V가 이를 수용하여 협상이 끝난다. 1차 협상에서의 학습을 매개로 G는 2차 협상에서 의제통제 착오를 교정한 것이다.

　　중요한 점은 학습은 비용이 든다는 것이다. 항상적 시간제약을 받고 있는 G에게 의제통제 착오 교정을 통한 정책극대화 추구는 득표극대화를 포함한 집권당의 다른 정치적 목표를 희생시킨다는 의미에서 기회비용을 초래한다 (Diermeier and Vlaicu, 2011a).[12] 의제통제 착오 교정에서 발생하는 기회비용을 ω 이라 하자. G가 1차 협상에서 발생한 의제통제 착오(x_{BM})를 교정하고 2차 협상에서 제안(x_{BE})을 제시할 유인양립조건(incentive compatibility constraint)은 다음과 같다.

　　$\omega \leq x_E - x_G$ (의제통제 착오 교정 유인양립조건)

　　의제통제 착오 교정으로 얻을 수 있는 G의 정책편익이 그로부터 발생하는 기회비용을 상쇄할 수 있어야 유인양립조건을 충족한다. 예측2로부터 집권당과 주축 반대당의 정책 불일치 정도가 클수록 의제통제 착오 교정으로부터 얻을 수 있는 정책편익은 줄어든다는 것을 알 수 있다.[13] 그 귀결이 예측3이다.

---

12) 동일한 기회비용에 대한 고려 때문에 M이 스스로를 E로 보여 더 많은 정책양보를 얻으려는 전략적 오도(誤導: misrepresentation)의 가능성은 배제한다.

13) $x_E = 0$이고 $x_G = 1$인 경우의 협상상황과 $x_E = 0$이고 $x_G = 2$인 경우의 협상상황을 비교하자. 전자에서 $\omega = -1$이며 후자에서 $\omega = -2$이다. G는, 전자의 상황에서 기회비용이 -1 이상이면 착오를 교정하지 않을 것이고, 후자의 상황에서 기회비용이 -2 이상이면 착오를 수정하지 않을 것이다.

예측3(집권당의 의제통제 착오 교정 확률). 집권당과 주축 반대당 사이의 정책거리가 멀수록 집권당의 의제통제 착오 교정이 발생할 확률이 낮아진다.

의제통제 착오 교정에서 집권당이 얻을 수 있는 정책편익에 헌정체제의 차이가 미치는 효과를 상정하자. 의회제와 대통령제 헌정체제에서 의제통제 착오 교정을 통해 집권당이 얻을 수 있는 정책편익은 차이가 있다. 대통령제 헌정체제에서 집권당의 의제통제 착오는 법률생산의 실패를 의미한다. 의회제 헌정체제에서 집권당의 의제통제 착오는 법률생산의 실패뿐만 아니라 행정부 붕괴로 이어질 개연성을 함축한다. 의회제와 대통령제 헌정체제에서 집권당의 의제통제 착오가 함의하는 정치적 귀결의 상이점은 결국 집권당의 기회비용과 관련한 계산의 차이로 이어진다. 의회제 헌정체제와 비교하여 상대적으로 가벼운 의제통제 착오 비용 때문에 대통령제 헌정체제는 예측3과는 반대방향의 유인을 발생시킨다(Samuels and Shugart, 2010; Diermeier and Vlaicu, 2011b). 그 귀결이 예측4이다.

예측4(집권당 의제통제 착오 교정의 헌정체제 차이). 집권당과 주축 반대당 사이의 정책거리가 멀수록 대통령제 헌정체제의 집권당은 의제통제 착오 교정을 수행할 확률이 낮아진다.

예측 1, 2, 3 및 4를 바탕으로 대통령제 헌정체제를 채택하고 있는 한국 민주정체의 맥락에서 다음과 같이 경험적으로 검증이 가능한 가설을 도출할 수 있다.

가설1(원안가결). 단점정부 상황과 비교하여, 다른 모든 조건이 같다면, 집권당과 주축 반대당 사이의 정책거리가 멀수록 행정부제출법안은 원안 그대로 가결될 확률이 낮아진다.

가설2(수정가결). 단점정부 상황과 비교하여, 다른 모든 조건이 같다면, 집권당과 추축 반대당 사이의 정책거리가 멀수록 행정부제출법안은 수정되어 가결될 확률이 낮아진다.

가설3(대안가결). 단점정부 상황과 비교하여, 다른 모든 조건이 같다면, 집권당과 추축 반대당 사이의 정책거리가 멀수록 행정부제출법안은 대안으로 반영되어 가결될 확률이 낮아진다.

가설4(법안폐기). 단점정부 상황과 비교하여, 다른 모든 조건이 같다면, 집권당과 추축 반대당 사이의 정책거리가 멀수록 행정부제출법안은 폐기될 확률이 높아진다.

Ⅲ 분점정부와 입법협상: 경험 모형

1. 모형 선택

한국의 민주정체에서 대통령과 국회의원의 선거주기가 비(非)동시적이기 때문에 행정부제출법안의 생애주기 동안 단점정부와 분점정부를 모두 경험할 가능성이 있다. 또한 행정부제출법안의 운명이 종결되는 유형이 원안 그대로 통과한 경우, 수정을 거쳐 통과한 경우, 대안으로 반영되어 통과한 경우, 심의 과정에서 폐기된 경우로 각각 나뉜다. 독립변수의 시간가변성(可變性)과 종속변수의 다경로(多經路) 경합성이라는 입법협상의 현실을 동시에 반영하는 모형이 필요한 것이다.

'파인-그레이(Fine-Gray)' 경합위험 사건사 모형은 특정 사건의 종결 위험률(hazard rate)을 복수의 종결 결과가 가능한 조건에서 추정한다.[14] 이 연구

---

14) 사건사 모형에 대한 일반적인 소개는 Blossfeld et al.(2007) 및 Box-Steffensmeier and Jones(2004)를 참조할 수 있다. 파인-그레이 경합위험 사건사 모형에 대한 소개는 Bakoyannis and Touloumi(2010) 및 Pintilie(2007)을 참조할 수 있다. 파인-그레이 모형은, 시간의 경과와 무관하게 변수들이 위험률에 미치는 영향이 일정하다고 가정하는 비례위험(proportional hazards) 모형의 하나로서, 실제 적용에서는 비례위험

에서 위험률은 하나의 법안이, 제출 이후 의결에 도달하는 과정에서, 법안가결, 법안수정, 대안반영, 혹은 법안폐기 가운데 하나의 결과로 종결될 조건부 확률을 의미한다.[15]

그림 5   집권당의 의석지분

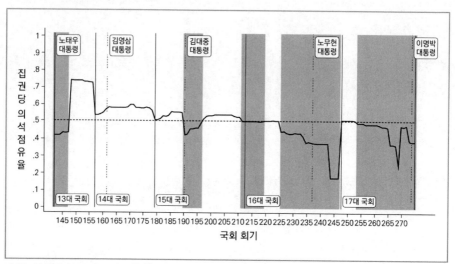

출처: 국회경과보고서 http://www.assembly.go.kr/assm/assemact/council/council04/assmReport/reportUserList.do(검색일: 2020. 3. 13).

<그림 5>는 1988년 6월 소집된 제142회 국회부터 2008년 5월 종료한 제274회 국회까지의 기간 동안 집권당의 의석지분을 표시한다. 좌측의 수직축은 집권당 의석지분의 규모를 나타낸다. 0.5 이하의 경우 분점정부 상황(음영 처리)이며, 0.5 이상의 경우 단점정부 상황이다. 수직실선은 국회의원 임기 시점을, 수직점선은 대통령 임기 시점을, 각각 표시한다.

경험 모형에 사용한 자료집합은 제142회 국회부터 제274회 국회까지의

성 가정을 위배하지 않았는지 주의해야 한다. 만약 특정 변수가 비례위험성 가정을 위반한 것이 발견된다면, 그 변수와 시간 변수의 상호작용항을 경험 모형에 추가하여 모형의 결과를 재추정하는 절차를 밟아야 한다(Box-Steffensmeier and Zorn, 2001; Box-Steffensmeier et al., 2003).

15) 경합위험 사건사 모형에서 추정하는 것은 부(副)위험률(sub-hazard rate)이나, 이 글에서는 편의상 위험률이라는 용어를 부위험률을 뜻하는 것으로 사용한다.

기간 동안 행정부가 제출한 3,453개 법안과 관련된 정보를 담고 있다. 집계 차원의 결과를 보자면, 870개의 법안이 원안 그대로 국회를 통과했고, 1,641개의 법안이 수정을 거친 이후 국회를 통과했으며, 576개의 법안이 대안으로 반영되어 국회를 통과했고, 366개의 법안이 국회를 통과하지 못한 채 폐기되었다. 행정부 법안은 국회에 제출된 시점부터 그 존속기간을 시작하며 본회의가 의결한 시점에서 그 존속기간을 종료한다. 법안의 최장 존속기간은 국회의원 임기와 동일한 4년이다. 국회의원 임기를 국회 회기로 분할하면, 개별 국회 회기는 종결될 위험에 처해 있는 법안 집합을 관측할 수 있는 하나의 관측창(observation windows)으로 기능한다. 만약 한 법안이 한 국회 회기에서 그 생애의 시작과 종말을 맞이한다면, 그 법안에 대한 기록은 단수가 된다. 만약 한 법안이 그 생애의 시작과 종말을 상이한 국회 회기에서 맞이한다면, 그 법안에 대한 기록은 복수가 된다. 하나 이상의 법안이 다음 회기로 이월된다면, 관측 수와 개체 수는 서로 상이할 수 있는 것이다.[16]

2. 변수 설정

행정부제출법안은 네 가지 상이한 방식으로 종결될 수 있다. 첫째, 원안 그대로 가결이 이루어지는 종결 유형이다. 둘째, 수정을 거쳐 가결이 이루어지는 종결 유형이다. 셋째, 대안으로 반영되어 가결이 이루어지는 종결 유형이다. 넷째, 심의 과정에서 폐기되는 종결 유형이다. 이 네 가지 종결 유형 각각의 위험률, 즉, '원안가결 위험률', '수정가결 위험률', '대안가결 위험률' 혹은 '법안폐기 위험률'을 경험 모형의 종속변수로 설정한다.[17]

---

16) 이 때문에 법안이 그 생애주기에서 단점정부와 분점정부를 번갈아 가며 경험할 수 있는 것이다.

17) 행정부제출법안의 네 가지 상이한 종결 유형에 대한 정보는 의안정보 시스템 http://likms.assembly.go.kr/bill/stat/statFinishBillSearch.do(검색일: 2020. 3. 13)에서 추출했다.

그림 6   정당의 정책위치

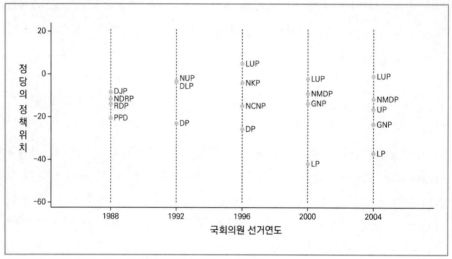

주: DJP: 민주정의당; NDRP: 신민주공화당; RDP: 통일민주당; PPD: 평화민주당; NUP: 통일국민당;
DLP: 민주자유당; DP: 민주당; LUP: 자유민주연합; NKP: 신한국당; NCNP: 새정치국민회의;
NMDP: 새천년민주당; GNP: 한나라당; LP: 민주노동당; UP: 열린우리당.
출처: 매니페스토 프로젝트https://manifesto-project.wzb.eu/datasets(검색일: 2020. 3. 13).

독립변수의 설정에는 집권당과 주축 반대당의 의석지분 및 정책위치에
대한 정보가 필요하다.[18] 충분히 관측 범위가 넓고 측정 횟수가 많은 정당의
정책위치 정보는 매니페스토 프로젝트(Manifesto Project)가 축적한 선거공약선
언문 자료에서 얻을 수 있다.[19] 이 자료는 26개 정책범주에서 측정한 정당의

---

18) 정당의 의석지분에 대한 정보는 국회경과보고서(제142회 – 제274회), http://www.
    assembly.go.kr/assm/assemact/council/council04/assmReport/reportUserList.do(검색
    일: 2020. 3. 13)에서 추출했다.
19) 메니페스토 프로젝트 https://manifesto – project.wzb.eu/datasets(검색일: 2020. 3. 13)는
    1992년부터 2016년까지 국회의원 선거마다 정당의 정책위치를 동일한 방법으로 측정한
    유일한 정보 출처라는 점에서 매우 가치가 높다. 정당의 정책위치를 측정한 작업은 복수로
    존재하지만, 아래의 자료는 측정 횟수가 적거나 관측 범위가 좁아 이 연구에는 적합하지
    않다. 전문가 조사에 기반한 정당의 정책위치는 Huber and Inglehart(1995)에서 1993년
    측정치가 접근가능하고, 유권자 조사에 기반한 정당의 정책위치는, Comparative Study
    of Electoral Systems http://www.cses.org/datacenter/download.htm(검색일: 2020. 3.
    13)에서 2000년, 2004년, 2008년 및 2012년의 측정치가 접근가능하며, 2000년부터
    2005년까지 국회의 호명투표에 기반한 정당의 정책위치는 Hix and Jun(2009)에서 접근
    가능하다. 문우진(2018)은 전문가 및 유권자 조사에 기반한 정당의 정책위치에 대한

선거공약 점수를 합산하여 정당의 정책위치를 1차원 정책공간에서 추산한다.[20] <그림 6>은 이 자료를 바탕으로 1988년부터 2004년까지 정당의 정책위치를 1차원 정책공간에 나타낸 것이다.[21]

독립변수인 '정부 분점도'를 생성하는 공식은 아래와 같다.

$$\text{정부 분점도} = |x_G - x_V| * (s_V / s_G + s_V)$$

이 공식에서 x_G 및 s_G는 집권당의 정책위치와 의석지분을 각각 나타내며, x_V 및 s_V는 주축 반대당의 정책위치와 의석지분을 각각 나타낸다. 정부 분점도는, 정책거리와 의석규모를 동시에 고려하면서, 입법연합에서 주축 반대당이 집권당에게 행사하는 교섭력의 크기를 포착한다. 정부 분점도 지표의 생성 방법은 내각연합 연구에서 정당의 교섭력을 측정하는 표준적 방법과 일치한다(Müller and Strøm 2000).[22]

경험 모형에 포함하는 통제변수는 다음과 같다. 단독정당내각과 연합정당내각은 주축 반대당과의 입법협상 동학이 다를 수 있다는 점(Cheibub et al., 2004)을 고려하기 위해, 내각의 각료직을 하나 이상의 정당에 배분한 경우에는 1을 부여하고 그 이외의 경우에는 0을 부여하는 ① '연합내각' 변수를 포함한다.[23] 여론조사에서 드러난 대통령 지지율이 법안홍정의 성격에 미칠 수 있는

측정치를 7대 국회부터 20대 국회까지 제공하고 있다. 서울대학교 한국정치연구소 http://www.ikps.or.kr/board03/list.asp(검색일: 2020. 3. 13)는 2002년, 2004년, 2008년, 2012년의 국회의원 및 유권자 이념 측정치를 제공하고 있다.

20) 매니페스토 프로젝트는 1차원 정책공간에서 가장 진보적인 정당의 정책위치를 −100으로 하고 가장 보수적인 정당의 정책위치를 +100으로 추산한다. 상세한 측정 절차는 https://manifesto−project.wzb.eu/(검색일: 2020. 3. 13)에서 제공하는 문서들을 참조할 수 있다. 이 연구에서는 정당의 정책위치를 가장 진보적인 0에서 가장 보수적인 100으로 재조정하여 사용한다.

21) 1988년 정당의 정책위치는 매니페스토 프로젝트와 동일한 방법론적 절차에 따라 값을 추출한 현재호(2004)의 자료를 사용했다. 자료를 공유해주신 현재호 박사에게 깊은 감사의 뜻을 전한다.

22) 연합정당내각을 구성하는 집권정당연합의 정책위치는 다음의 공식에 따라 구한다.
집권정당연합의 정책위치 $= \Sigma F_i P_i$
이 공식에서 F_i은 정당 i가 집권정당연합에서 차지하는 의석지분을 뜻하며, P_i는 정당 i가 1차원 정책공간에서 차지하는 정책위치를 뜻한다. Cusack(1997: 381−382)을 참조할 수 있다.

영향(문우진, 2012)을 통제하기 위해, 매월 측정한 ② '대통령지지율' 변수를 포함한다.[24]

대통령 선거와 국회의원 선거의 비동시적 주기가 법안흥정의 결과에 영향을 줄 수 있다는 점을 고려하여(Samuels and Shugart, 2010; 이준한, 2011), 대통령 임기 1년차의 경우에는 1을 부여하고 그 이외의 경우에는 0을 부여하는 ③ '대통령 1년차' 변수, 대통령 임기 5년차의 경우에는 1을 부여하고 그 이외의 경우에는 0을 부여하는 ④ '대통령 5년차' 변수, 국회의원 임기 4년차의 경우에는 1을 부여하고 그 이외의 경우에는 0을 부여하는 ⑤ '국회의원 4년차' 변수를 각각 포함한다.

예산을 심의하는 회기가 법안흥정의 성격에 영향을 미칠 수 있다는 점에서 예산과 함께 법안이 다루어지는 회기의 경우에는 1 그 이외의 경우에는 0을 부여하는 ⑥ '예산국회' 변수를 포함한다. 의원제출법안의 양이 입법흥정의 속성에 영향을 미칠 수 있다는 점에서 의원제출법안 수를 대수(代數)변환한 값을 ⑦ '의원법안수' 변수로 포함한다. 위원회 위원장을 반대당이 맡고 있을 경우 법안흥정의 결과가 달라질 수 있다는 점을 고려하여, 반대당 의원이 법안을 심의하는 위원회의 위원장인 경우에는 1 그 이외의 경우에는 0을 부여하는 ⑧ '반대당위원장' 변수를 포함한다.

법안의 정책영역에 따라 법안흥정의 양상이 달라질 수 있다는 점을 고려하여, 법안을 국회운영위원회, 법제사법위원회, 정무위원회, 정보위원회 혹은 특별위원회에 할당할 경우에는 1 그 이외의 경우에는 0을 부여하는 ⑨ '법질서' 변수, 법안을 외교통일위원회 혹은 국방위원회에 할당할 경우 1 그 이외의 경우에는 0을 부여하는 ⑩ '외교안보' 변수, 법안을 기획재정위원회 혹은 보건복지위원회에 할당할 경우에는 1 그 이외의 경우에는 0을 부여하는 ⑪ '조세복지' 변수, 법안을 과학기술정보방송통신위원회, 농림축산식품해양수산위원회 혹은 산업통상자원중소벤처기업위원회에 할당할 경우에는 1 그 이외의 경우에는 0을 부여하는 ⑫ '산업시장' 변수, 법안을 교육위원회, 문화체육관

---

23) 정당의 의석지분 자료와 동일한 출처에서 정보를 취했다.
24) '대통령지지율'은 신규법안의 경우 법안 제출일에 해당하는 달의 값을, 이월법안의 경우 회기 소집일에 해당하는 달의 값을, 각각 부여한다. 대통령 지지율 정보는 한국 갤럽 http://www.gallup.co.kr/(검색일: 2020. 3. 11)으로부터 취했다.

표 1   기술통계 요약

변수	평균	표준편차	최소값	최대값
정부 분점도	2.400	1.861	0	4.361
연합내각	0.217	0.412	0	1
대통령지지율	0.408	0.189	0.119	0.815
대통령1년차	0.222	0.416	0	1
대통령5년차	0.239	0.427	0	1
국회의원4년차	0.290	0.454	0	1
예산국회	0.252	0.434	0	1
의원법안수	6.609	1.307	0.693	8.197
반대당위원장	0.551	0.497	0	1
법질서	0.167	0.373	0	1
외교안보	0.051	0.220	0	1
조세복지	0.196	0.397	0	1
산업시장	0.180	0.384	0	1
사회	0.178	0.382	0	1
지역	0.200	0.400	0	1

광위원회, 환경노동위원회 혹은 여성가족위원회에 할당할 경우에는 1 그 이외의 경우에는 0을 부여하는 ⑬ '사회' 변수, 법안을 행정안전위원회 혹은 국토교통위원회에 할당할 경우에는 1 그 이외의 경우에는 0을 부여하는 ⑭ '지역' 변수를 각각 포함한다. 정책영역과 관련한 통제변수에서는 '지역' 변수가 비교의 기준 범주이다. <표 1>은 독립변수 및 통제변수의 기술통계를 요약한 것이다.

3. 분석 결과

표 2   경합위험 사건사 분석 결과

	모형1		모형2		모형3		모형4	
	원안가결	위험률	수정가결	위험률	대안가결	위험률	법안폐기	위험률
변수								
정부 분점도	-0.229***	(0.046)	-0.185***	(0.030)	-0.118*	(0.046)	-0.295*	(0.144)
연합내각	0.263	(0.147)	0.526***	(0.076)	0.423	(0.266)	3.689***	(0.914)
대통령지지율	-1.157**	(0.343)	-0.569**	(0.218)	-1.251	(0.650)	-5.451**	(1.829)
대통령1년차	0.019	(0.103)	0.337**	(0.101)	0.593**	(0.225)	2.691***	(0.520)
대통령5년차	-0.415**	(0.155)	0.044	(0.074)	0.005	(0.115)	-2.817**	(0.931)
국회의원4년차	0.483***	(0.109)	0.033	(0.067)	-0.220*	(0.108)	0.597	(0.716)
예산국회	0.363***	(0.079)	-0.146	(0.075)	-0.194	(0.106)	-1.745***	(0.282)
의원법안수	-0.493***	(0.056)	-0.254***	(0.040)	0.625***	(0.073)	0.550*	(0.220)
반대당위원장	-0.033	(0.076)	0.189**	(0.055)	0.222	(0.125)	-0.878***	(0.179)
법질서	0.056	(0.121)	-0.222	(0.123)	-0.278	(0.151)	0.063	(0.190)
외교안보	0.476***	(0.134)	-0.165	(0.133)	-0.549*	(0.241)	-0.889	(0.416)
조세복지	-0.326**	(0.113)	0.115	(0.078)	-0.022	(0.128)	0.330*	(0.162)
산업시장	0.106	(0.106)	0.181*	(0.077)	-0.547***	(0.142)	0.340	(0.184)
사회	-0.064	(0.121)	-0.067	(0.086)	0.041	(0.136)	0.572***	(0.158)
시간 변수 상호작용항								
정부 분점도*시간	0.002**	(0.000)	0.000**	(0.000)	---		0.004***	(0.000)
연합내각*시간	-0.006**	(0.002)	---		-0.002*	(0.001)	---	
대통령지지율*시간	0.020***	(0.004)	---		-0.002	(0.001)	-0.018***	(0.003)
대통령1년차*시간	---		-0.003***	(0.003)	-0.001	(0.000)	-0.013***	(0.001)
대통령5년차*시간	0.005***	(0.001)	---		---		-0.018***	(0.002)
국회의원4년차*시간	-0.003**	(0.001)	---		---		0.024***	(0.003)
예산국회*시간	---		0.000	(0.000)	---		---	
의원법안수*시간	0.002**	(0.000)	0.001***	(0.000)	---		---	
반대당위원장*시간	---		---		-0.000*	(0.000)	0.001***	(0.000)
법질서*시간	---		0.000	(0.000)	---		---	
외교안보*시간	---		---		---		0.002**	(0.000)

로그 가능도	-6751.453	-12709.663	-4492.211	-1753.1941
관측수	11,776	11,776	11,776	11,776
개체수	3,453	3,453	3,453	3.453
실패개체수	870	1,641	576	366
경합개체수	2,583	1,812	2,877	3,087

주: 괄호 밖 기입수치는 추정계수를 나타내며, 괄호 안 기입수치는 로버스트(robust) 표준오차를 나타낸
다. 시간은 법안의 존속기간을 뜻한다. *p<.05, **p<.01, ***p<.001.

  <표 2>는 행정부제출법안의 파인-그레이 경합위험 사건사 분석의 결
과를 보고한 것이다. 모형1은 원안가결 위험률에 대한 변수들의 영향을, 모형
2는 수정가결 위험률에 대한 변수들의 영향을, 모형 3은 대안가결 위험률에
대한 변수들의 영향을, 모형 4는 법안폐기 위험률에 대한 변수들의 영향을 각
각 추정한다.

  위험률의 비례성 가정을 충족시키지 못한 변수들은 분석시간 변수와의 상호작
용항을 통해 그 효과의 비(非)비례성을 추정한다. 비례성 검증 결과를 나타내는
표3에서 p값이 .05보다 작으면 비례성 가정을 위배한다는 것을 뜻한다.

  몇몇 변수는 시간의존계수(time-dependent coefficients), 즉, 변수의 효과
가 법안 존속기간에 따라 점차 증가하거나 감소하는 함수를 취하는 계수를
갖는다. 시간의존계수는 시간 변수의 변화에 조응하는 변수의 조건부 한계효
과로 이해할 필요가 있다. 이 경우 <표 2>와 같은 전통적 분석 결과표는 시
간 변수의 값이 0일 때의 계수와 표준오차만을 보고하고 있기 때문에 큰 의
미가 없다. 시간의존계수의 적절한 해석에는 변수의 한계효과를 시간의 경과
에 따라 보여주는 한계효과 도표를 작성하는 것이 유익하다(Berry et al., 2012;
Brambor et al., 2006; Braumoeller, 2004).

  첫째, <그림 7>은 모형 1로 추정한 정부 분점도가 원안가결 위험률에
미치는 영향을 한계효과 도표로 나타낸 것이다. 실선은 변수의 경사(slope) 계
수를 표시하며, 점선은 95% 신뢰구간을 표시한다. 좌측의 수직축은 한계효과
의 규모를, 우측의 수직축은 법안 종결의 빈도를, 수평축은 법안의 존속기간
을, 각각 보여준다.

표 3   비례성 가정 검증 결과

	모형1		모형2		모형3		모형4	
	원안가결 위험률 위험률	위험률 p값	수정가결 위험률	위험률 p값	대안가결 위험률 위험률	위험률 p값	법안폐기 위험률 위험률	위험률 p값
정부 분점도*시간	1.002	0.000	1.000	0.019	1.000	0.300	1.004	0.000
연합내각*시간	0.993	0.002	0.997	0.101	0.997	0.042	0.998	0.756
대통령지지율*시간	1.025	0.000	1.000	0.787	1.008	0.003	0.983	0.032
대통령1년차*시간	0.997	0.255	0.996	0.000	0.997	0.032	0.987	0.000
대통령5년차*시간	1.006	0.000	1.001	0.129	1.000	0.285	0.981	0.000
국회의원4년차*시간	0.997	0.013	0.999	0.478	1.000	0.772	1.023	0.000
예산국회*시간	1.001	0.307	1.001	0.049	1.000	0.698	0.998	0.152
의원법안수*시간	1.002	0.001	1.001	0.000	1.000	0.097	0.999	0.662
반대당위원장*시간	0.997	0.078	0.999	0.298	0.998	0.025	1.001	0.001
법질서*시간	0.999	0.924	1.001	0.038	0.999	0.703	1.000	0.747
외교안보*시간	0.998	0.533	1.000	0.707	1.000	0.849	1.002	0.001
조세복지*시간	0.997	0.162	1.000	0.592	1.000	0.301	1.000	0.891
산업시장*시간	0.996	0.101	1.001	0.203	0.998	0.144	0.999	0.521
사회*시간	1.002	0.137	1.001	0.128	1.000	0.243	1.000	0.805

법안제출 이후 72일째까지 정부 분점도는, '감쇄(減殺) 함수(decay function)' 의 형태로, 원안가결 위험률에 음(陰)의 방향으로 통계적으로 유의한 효과를 미치 며, 표본관측의 71.7%가 이 구간에 속한다. 72일째 이후부터 177일째까지 정부 분점도가 원안가결 위험률에 주는 효과는 통계적으로 무(無)로부터 구분되지 않 으며, 표본관측의 15.9%가 이 구간에 속한다. 177일째 이후부터 615일째까지 정부 분점도는, '점증(漸增) 함수(accretion function)'의 형태로, 원안가결 위험률에 통계적으로 유의한 양(陽)의 방향으로 효과를 가지며, 표본관측의 12.4%가 이 구간에 속한다.

그림 7   원안가결 위험률에 미치는 정부 분점도의 효과

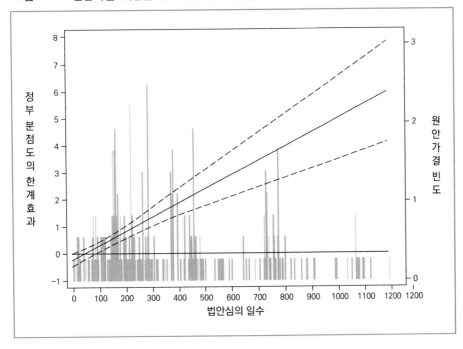

분점정부 상황에서 행정부제출법안은 심의 기간이 짧으면 짧을수록 원안 그대로 가결될 확률이 낮아지고, 그 효과는 표본관측의 상당 부분을 망라한다는 점이 드러난다. 즉, 중추 반대당의 정책협상력이 높아질수록 집권당은 적극적 의제통제가 어려워지는 것이다. 심의 기간이 길어지면 행정부제출법안이 원안 그대로 가결될 확률이 높아지지만 이에 해당하는 표본관측의 비율은 상대적으로 낮다. 이상의 결과에 대한 하나의 해석은 주축 반대당이 기회비용을 고려하여 집권당의 정책양보를 얻어내려는 전략에서 비롯한다고 보는 것이다. 즉, 주축 반대당은 심의 과정에 오래 머물러 관심도가 상대적으로 떨어진 법안보다, 심의 과정에 새롭게 등장하여 관심도가 상대적으로 높아진 법안에 집중하여 정책협상력을 행사하려는 유인을 갖는다는 추정이다.

둘째, 모형 2로 추정한 정부 분점도가 수정가결 위험률에 미치는 영향을 한계효과 도표로 나타낸 <그림 8>을 보자. 정부 분점도는 법안제출 이후 4일째부터 188일째까지 서서히 감쇄 함수의 형태로 수정가결 위험률에 통계적

으로 유의한 음의 방향으로 효과를 가지며, 표본관측의 84.6%가 이 구간에 속한다. 188일째 이후부터 831일째까지 정부 분점도가 수정가결 위험률에 미치는 효과는 통계적으로 무와 구별되지 않으며, 이 구간에는 15.2%의 표본관측이 속한다. 831일째 이후부터 1141일째까지 정부 분점도는 점증 함수의 형태로 수정가결 위험률에 양의 방향으로 통계적으로 유의한 효과를 미치며, 표본관측의 1.8%가 이 구간에 속한다.

분점정부 상황에서 행정부제출법안은 심의 기간이 짧으면 짧을수록 수정되어 가결될 확률이 낮아지고, 그 효과는 표본관측의 상당 부분을 망라한다는 점을 알 수 있다. 중추 반대당의 정책협상력이 높아질수록 집권당은 법안수정에 소극적으로 대처한다는 것이다. 이 결과는 중추 반대당의 수정 요구가 강하면 강할수록 집권당은 법안수정에 시간을 투자하여 의제통제 착오를 교정하기보다는 다른 정치적 활동에 시간을 투자하려는 기회비용을 고려한다고 해석할 수 있다.

그림 8   수정가결 위험률에 미치는 정부 분점도의 효과

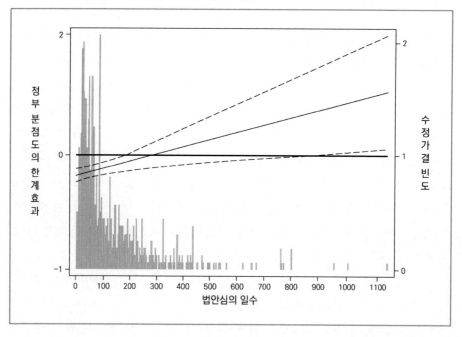

그림 9   법안폐기 위험률에 미치는 정부 분점도의 효과

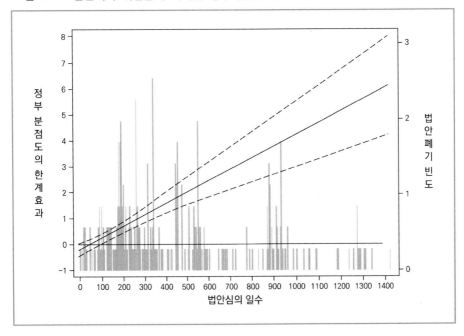

셋째, <표 2>에 나타난 모형 3의 추정처럼, 정부 분점도는 대안가결 위험률에 대해 법안의 존속기간에 관계없이 항상 음의 방향에서 통계적으로 유의한 효과를 생산한다. 분점정부 상황에서 주축 반대당은 행정부제출법안의 내용을 지속적으로 강한 심의의 압력에 노출시키는 것으로 보인다. 이 결과는 기회비용을 고려한 집권당의 전략이 보다 많은 시간을 투자하여 대안가결에 이르도록 의제통제 착오를 교정하려 노력하기보다는 다른 정치적 활동에 시간을 투자하려는 유인에 강하게 노출되어 있다고 해석할 수 있다.

넷째, <그림 9>는 모형 4로 추정한 정부 분점도가 법안폐기 위험률에 미치는 영향을 한계효과 도표로 나타낸 것이다. 3일째 이후부터 106일째까지 정부 분점도가 법안폐기 위험률에 미치는 효과는 통계적으로 무로부터 구분되지 않으며, 이 구간에 속한 표본관측은 5.2%에 해당한다. 94.8%의 표본관측이 속한 106일 이후부터 1473일째까지의 구간에서 정부 분점도는 점증 함수의 형태로 통계적으로 유의한 양의 방향에서 법안폐기 위험률에 효과를 미친다. 분점정부 상황에서 행정부제출법안의 심의 기간이 길어지면 길어질수록

법안은 폐기될 개연성이 높아진다는 점을 알 수 있다. 중추 반대당의 정책협상력이 높아질수록 집권당은 심의 과정에서 의제통제 착오를 교정하려는 노력을 기울이기보다는 법안을 포기하는 선택에 나설 유인이 강하게 작용한다는 해석이 가능하다.

이상의 회귀분석 결과를 보다 용이하게 해석하기 위해 <표 4>는 변수의 1단위 변화가 법안종결 위험률에 미치는 효과를 각 모형에 속한 관측표본의 중위값, 즉, 법안의 중위 존속기간의 시점에서 추정한 것을 보고한다. 계수보다 실질적인 해석이 용이한 위험비(ratio)를 활용한다. 위험비는 (1)＝1일 경우 처리범주와 통제범주 사이에 아무런 차이가 없다는 것을 뜻하고, (2)＜1일 경우 통제범주에 비해 처리범주에서 위험이 일어날 개연성이 낮다는 것을 뜻하며, (3)＞1일 경우 통제범주에 비해 처리범주에서 위험이 일어날 개연성이

표 4   법안 중위 존속기간 시점의 위험비

	모형1 원안가결 위험률 44일 시점		모형2 수정가결 위험률 64일 시점		모형3 대안가결 위험률 109일 시점		모형4 법안폐기 위험률 327일 시점	
정부 분점도	0.878***	(0.031)	0.865***	(0.022)	0.888*	(0.041)	3.261***	(0.156)
연합내각	0.992	(0.102)	1.693***	(0.129)	1.189	(0.202)	40.03***	(36.62)
대통령지지율	0.775	(0.264)	0.565**	(0.123)	0.359	(0.524)	0.001***	(2.095)
대통령1년차	1.019**	(0.105)	1.092	(0.080)	1.492*	(0.168)	0.187**	(0.551)
대통령5년차	0.857	(0.122)	1.045	(0.078)	1.005	(0.116)	0.001***	(0.904)
국회의원4년차	1.417***	(0.086)	1.033	(0.069)	0.802*	(0.087)	4958.0***	(0.950)
예산국회	1.438***	(0.114)	0.920	(0.060)	0.823	(0.087)	0.174***	(0.049)
의원법안수	0.687***	(0.039)	0.877***	(0.031)	1.868***	(0.136)	1.733*	(0.382)
반대당위원장	0.966	(0.073)	1.208**	(0.066)	1.131	(0.102)	0.637**	(0.137)
법질서	1.057	(0.128)	0.852	(0.101)	0.756	(0.114)	1.066	(0.202)
외교안보	1.610***	(0.217)	0.847	(0.113)	0.577*	(0.139)	0.984	(0.221)
조세복지	0.721**	(0.081)	1.122	(0.087)	0.978	(0.125)	1.391*	(0.226)
산업시장	1.112	(0.118)	1.199*	(0.092)	0.578***	(0.082)	1.405	(0.258)
사회	0.937	(0.114)	0.934	(0.081)	1.042	(0.142)	1.772***	(0.280)

주: *p<.05, **p<.01, ***p<.001.

높다는 것을 뜻한다.

각 표본의 전형적 법안, 즉, 존속기간이 중위값을 취하는 법안에 대해 분점정부가 미치는 영향을 위험비로 살펴보자. 정부 분점성이 1단위 증가하면, 원안가결 위험률은 약 12%, 수정가결 위험률은 약 13%, 대안가결 위험률은 약 11% 각각 감소하는 반면, 법안폐기 위험률은 약 226% 증가한다. 즉, 다른 모든 조건이 같다면, 집권당과 주축 반대당의 정책거리가 1단위 늘어나면, 집권당의 적극적 의제통제 권한은 보다 줄어들고, 소극적 의제통제 오차는 보다 늘어난다는 것이다. 특히, 집권당과 주축 반대당 사이의 정책거리가 확장하면 수정가결 위험률 및 대안가결 위험률이 감소한다는 발견은 대통령제 헌정체제에서 행정부제출법안의 실패가 수반할 정치적 귀결의 중대성이, 의회제 헌정체제의 그것과 비교하여, 낮다는 점을 강조하는 이론적 입장에서 매우 흥미로운 것이다.[25] 통제변수 '의원법안수'를 제외하고 법안종결 위험률에 통계적으로 유의한 영향을 미치는 일관된 변수는 정부 분점도가 유일하다는 점 또한 흥미롭다.

통계적으로 유의한 주요 통제변수들의 영향을 간단하게 보고한다. 연합내각은 수정가결 위험률을 약 69% 증가시키고, 법안폐기 위험률을 약 3,900% 상승시킨다. 분점정부 상황에서 연합내각은, 단독내각과 비교하여, 법안의 심의 기간이 짧을수록 보다 조심스럽게 의제통제 착오를 교정하여 행정부의 결속력을 다지려 하지만, 심의 기간이 길어질수록 의제통제 착오를 교정하려는 노력을 포기하고 연합 소속 정당의 다른 정치활동에 나서는 것으로 보인다. 대통령지지율이 상승하면 수정가결 위험률이 약 43% 하락하고, 법안폐기 위험률은 약 999% 감소한다. 대통령1년차는, 임기의 다른 연차와 비교하여, 대안가결 위험률을 약 49% 증가시키고, 법안폐기 위험률을 약 81% 감소시킨다. 대통령5년차는, 임기의 다른 연차와 비교하여, 법안폐기 위험률을 약 999% 감소시킨다. 분점정부 상황에서 대통령이 여론의 지지를 받거나, 국회와 '밀월(honeymoon)' 기간에 있거나, 혹은 '레임덕(lame duck)' 기간에 있을 경우, 그것은 최소한 집권당의 소극적 의제통제 능력을 상승시키는 효과가 있는 것으

---

25) 김정(2016)은 일본 사례에 대한 분석을 통해 의회제 헌정체제가 내각제출법안의 수정가결 위험률을 높인다는 이론적 예측과 이에 부합하는 경험적 증거를 발견한다.

로 보인다.

국회의원 4년차는 원안가결 위험률을 약 42% 높이고, 대안가결 위험률을 약 20 % 낮추며, 법안폐기 위험률을 약 495,700% 높인다. 분점정부 상황에서 국회의원이 임기 말 기간에 있을 경우 법안심의의 기회비용이 급격하게 상승하기 때문에 한편으로는 집권당의 적극적 의제통제 능력이 향상하는 효과가 있지만 정책협상을 포기하는 유인 또한 커지는 것으로 보인다. 예산국회는 원안가결 위험률을 약 44% 높이고 법안폐기 위험률을 약 83% 낮춘다. 분점정부 상황에서 집권당은 예산 심의 때문에 법안 심의와 관련한 시간적 제약 및 예산 부수 법안을 통과시켜야 하는 정치적 제약에 직면하고 있기 때문에 중추 반대당의 요구를 사전에 더욱 신중하게 법안에 반영한 결과라고 해석할 여지가 있다. 의원법안수가 많아지면 원안가결 위험률은 약 31%, 수정가결 위험률은 약 12% 각각 감소하는 반면, 대안가결 위험률은 약 87%, 법안폐기 위험률은 약 73% 각각 증가한다. 분점정부 상황에서 의원이 제출하는 법안 수가 증가하면, 법안 심의의 시간적 제약 때문에 집권당의 전략은 원안가결 혹은 수정가결을 추구하기보다는 의원제출법안과 병합하여 심의를 진행하는 대안가결을 추구할 가능성이 높아지는 한편 기회비용에 대한 고려 때문에 법안심의를 포기할 개연성 또한 높아지는 것으로 보인다. 반대당위원장은 수정가결 위험률을 약 21% 높이고, 법안폐기 위험률을 약 36% 낮추는 효과가 있다. 분점정부 상황에서 반대당이 위원장직을 장악한 위원회에서는 중추 반대당이 집권당으로부터 보다 원활하게 정책양보를 받아내어 수정가결 확률을 높이는 한편 법안폐기 확률을 낮추는 것으로 보인다.

Ⅳ 결론

분점정부의 입법효과는 무엇인가? 1988년부터 2008년까지의 기간 동안 한국의 사례에서 발견한 경험적 증거에 따르면, 분점정부는 집권당의 의제통제도에 영향을 미쳐 행정부의 입법결과에 분명한 효과를 준 것으로 나타났다. 보다 구체적으로, 집권당과 주축 반대당의 정책 불일치 정도를 나타내는 정부분점도가 높아질수록, 행정부제출법안이 원안 그대로 국회를 통과할 확률이 낮아지고, 수정을 거쳐 국회를 통과할 확률이 낮아지며, 대안으로 반영되어 국회를 통과할 확률이 낮아지고, 심의의 결과 국회를 통과하지 못하고 폐기될 확률이 높아진다.

또한 이 연구는 분점정부의 입법효과가 헌정체제에 의존한다는 점 또한 확인했다. 의회제 헌정체제와 달리 대통령제 헌정체제에서 집권당의 의제통제착오는 행정부 붕괴로 이어지지 않는 단순한 법률생산실패를 의미하기 때문에 정책양보를 통한 입법연합 형성의 유인이 낮아진다. 의회제 헌정체제와 비교하여, 대통령제 헌정체제에서는 의제통제착오 교정과 관련한 기회비용이 높기 때문에 수정가결 및 대안가결의 확률이 줄어드는 것이다. 집권당과 주축 반대당의 정책거리와 헌정체제의 제도배열은 분점정부의 입법효과를 해명할 중요한 변수라는 점을 분명히 보여주었다.

마지막으로 이 연구는 분점정부의 입법효과와 관련한 경험적 지표를 둘러싼 방법론적 논쟁에서 집권당의 의제통제도라는 지표를 활용하는 것이 보다 생산적인 결과를 가져올 수 있다는 점을 주장하고 있다. 입법성공량 혹은 입법성공률 등 기존의 지표가 주축 반대당의 거부권에 대한 집권당의 사전적 예측을 고려하지 못한 불완전한 지표라는 사실을 지적하고 있는 것이다.

결론적으로 한국 민주헌정국가의 법률생산능력은 행정부와 입법부가 단일정당에 의해 통제되고 있는지 여부에 크게 의존한다고 말할 수 있다. 이 연구는 분점정부가 어떻게 한국 민주헌정국가의 통치능력을 저하시키는지를 해명하고, 그 이론적 예측을 경험적으로 검증했다는 점에서 기존 연구에 비추어 부가가치를 갖는다고 하겠다.

| 참고문헌 |

강원택. 2005. 『한국의 정치개혁과 민주주의』. 고양: 인간사랑.

강원택. 2016. 『어떻게 바꿀 것인가: 비정상 정치의 정상화를 위한 첫 질문』. 고양: 이와우.

김용호. 2004. "2003년 헌정위기의 원인과 처방: 제3당 분점정부와 대통령－국회 간의 대립." 진영재 편. 『한국 권력구조의 이해』, 295－325. 파주: 나남.

김정. 2016. "분점정부와 법안흥정: 일본의 사례, 1986－2009." 『한국과 국제정치』. 32집 4호, 35－73.

김정. 2020. "정부 분점도와 집권당의 의사통제도: 한국의 사례, 1988－2008." 『평화연구』. 28집 1호.

김준석. 2012. "입법시간과 입법결과의 경쟁위험분석: 18대 국회 접수의안을 중심으로" 『한국정치연구』 21집 3호, 71－98.

문우진. 2012. "대통령 지지도의 필연적 하락의 법칙: 누가 왜 대통령에 대한 지지를 바꾸는가?" 『한국정치학회보』 46집 1호, 175－201.

문우진. 2018. 『한국 민주주의의 작동원리: 한국에서 다수는 어떻게 형성되는가』 (서울: 고려대학교 출판문화원).

박순종·최병대. 2016. "분점정부와 입법효율성: 서울시와 경기도를 사례로." 『한국행정학보』 50집 3호, 161－188.

박윤희. 2015. 『입법 디자인: 국회 상임위원회 법안 가결의 이해』. 화순: 책구름.

손병권·가상준·전진영·조진만·박경미·유성진. 2018. 『대한민국 국회제도의 형성과 변화』. 서울: 푸른길.

오승용. 2005. 『분점정부와 한국정치: 분점정부란 무엇이고, 어떻게 접근해야 하는가?』. 파주: 한국학술정보.

유현종. 2010. "대통령의 입법의제로서 정부법아의 국회제출과 통과의 영향요인: 민주화 이후 역대 정부를 중심으로(1988－2007)." 『행정논총』 48집 4호, 263－293.

이준한. 2011. 『개헌과 동시선거: 선거주기의 효과에 대한 비교연구』. 파주: 인간사랑.

이현출·김준석. 2012. "가결과 부결의 이분법을 넘어: 17대 국회의 입법시간과 처리결과에 대한 경쟁위험분석." 『한국정치학회보』 46집 5호, 121－144.

장훈. 2010. 『20년의 실험: 한국 정치개혁의 이론과 역사』. 파주: 나남.

정진민. 2008. 『한국의 정당정치와 대통령제 민주주의』. 고양: 인간사랑.

최종하. 2016. "원내 정당 간 의사결정력의 분권화에 따른 분점정부 재개념화와 분점정부 가설의 재구성: 제13대-제18대 국회 법안심사 산출물의 동태적 변화를 중심으로." 『2016 한국정책학회 추계학술대회 겸 국제학술대회 논문집』.

최준영·조진만. 2013. 『견제와 균형: 인사청문회의 현재와 미래를 말하다』. 서울: 씨네스트.

최태욱. 2014. 『한국형 합의제 민주주의를 말하다: 시장의 우위에 서는 정치를 위하여』. 서울: 책세상.

함성득. 2017. 『제왕적 대통령제의 종언』. 고양: 섬앤섬.

현재호. 2004. "정당간 경쟁연구: 1952-2000, 선거강령에 대한 공간적 분석을 중심으로." 『한국정치학회보』 38집 2호, 189-215.

Alemán, Eduardo. 2015. "Legislative Organization and Outcomes." In *Routledge Handbook of Comparative Political Institutions*, edited by Jennifer Gandhi and Rubén Ruiz-Rufino, 145-61. New York: Routledge.

Ansolabehere, Stephen, Maxwell Palmer, and Benjamin Schneer. 2018. "Divided Government and Significant Legislation: A History of Congress from 1789 to 2010." *Social Science History* 42: 81-108.

Bakoyannis, Giorgis and Panagiota Touloumi. 2010. "Practical Methods for Competing Risks Data: A Review." *Statistical Methods in Medical Research* 21(3): 257-272.

Barrett, Andrew W. and Matthew Eshbaugh-Soha. 2007. "Presidential Success on the Substance of Legislation." *Political Research Quarterly* 60(1): 100-112.

Baumgartner, Frank R., Sylvain Brouard, Emiliano Grossman, Sebastien G. Lazardeux, and Jonathan Moody. 2014. "Divided Government, Legislative Productivity, and Policy Change in the USA and France." *Governance* 27(3): 423-447.

Berry, William, Matt Golder, and Daniel Milton. 2012. "Improving Tests of Theories Positing Interaction." *Journal of Politics* 74: 653-71.

Binder, Sarah. 2003. *Stalemate: Causes and Consequences of Legislative*

Stalemate. Washington, D.C.: Brookings Institution Press.

Binder, Sarah. 2015. "The Dysfunctional Congress." *Annual Review of Political Science* 18: 85−101.

Black, Duncan. 1948. "On the Rationale of Group Decision Making." *Journal of Political Economy* 56(1): 23−34.

Blossfeld, Hans−Peter, Kartrin Golsch, and Götz Rohwer. 2007. *Event History Analysis with Stata*. Mahwah: Lawrence Erlbaum Associates.

Bonvecchi, Alejandro and Javier Zelaznik. 2011. "Measuring Legislative Input on Presidential Agendas (Argentina, 1999−2007)." *Journal of Politics in Latin America* 3: 127−150.

Box−Steffensmeier, Janet M. and Christopher J. W. Zorn. 2001. "Duration Models and Proportional Hazards in Political Science." *American Journal of Political Science* 45(4): 972−988.

Box−Steffensmeier, Janet M., Dan Reiter, and Christopher J. W. Zorn. 2003. "Nonproportional Hazards and Event History Analysis in International Relations." *Journal of Conflict Resolution* 47(1): 33−53.

Box−Steffensmeier, Janet M. and Bradford S. Jones. 2004. *Event History Modeling: A Guide for Social Scientists*. New York: Cambridge University Press.

Brady, David W. and Craig Volden. 2006. *Revolving Gridlock: Politics and Policy from Jimmy Carter to George W. Bush [second edition]*. Boulder: Westview Press.

Brambor, Thomas, William Roberts Clark, and Matt Golder. 2006. "Understanding Interaction Models: Improving Empirical Analyses." *Political Analysis* 14(1): 63−82.

Braumoeller, Bear F. 2004. "Hypothesis Testing and Multiplicative Interaction Terms." *International Organization* 58(4): 807−820.

Calvo, Ernesto. 2014. *Legislator Success in Fragmented Congresses in Argentina*. New York: Cambridge University Press.

Cameron, Charles M. 2000. *Veto Bargaining: Presidents and the Politics of Negative Power*. New York: Cambridge University Press.

Cheibub, José Antonio, Adam Przeworski, and Sebastian M. Saiegh. 2004. "Government Coalitions and Legislative Success under Presidentialism and Parliamentarism." *British Journal of Political Science* 34(4): 565−587.

Chiou, Fang−Yi and Lawrence S. Rothenberg. 2009. "A Unified Theory of U.S. Lawmaking: Preferences, Institutions, and Party Discipline." *Journal of Politics* 71(4): 1257−1272.

Coleman, John J. 1999. "Unified Government, Divided Government, and Party Responsiveness." *American Political Science Review* 93(4): 821−35.

Cox, Gary W. and Mathew D. McCubbins. 2005. *Setting the Agenda: Responsible Party Government in the U.S. House of Representatives.* New York: Cambridge University Press.

Crisp, Brian F., Scott W. Desposato, and Kristin Kanthak. 2009. "Legislative Pivots, Presidential Powers, and Policy Stability." *Journal of Law, Economics, and Organization* 27(2): 426−452.

Crombez, Christophe and Simon Hix. 2015. "Legislative Activity and Gridlock in the European Union." *British Journal of Political Science* 45(3): 477−99.

Cusack, Thomas R. 1997. "Partisan Politics and Public Finance: Changes in Public Spending in the Industrialized Democracies, 1955−1989." *Public Choice* 91(3/4): 375−395.

Denzau, Arthur T. and Robert J. Mackay. 1983. "Gatekeeping and Monopoly Power of Committees: An Analysis of Sincere and Sophisticated Behavior." *American Journal of Political Science* 27(4): 740−61.

Diermeier, Daniel and Razvan Vlaicu. 2011a. "Parties, Coalitions, and the Internal Organization of Legislatures." *American Political Science Review* 105(2): 359−380.

Diermeier, Daniel and Razvan Vlaicu. 2011b. "Executive Control and Legislative Success." *Review of Economic Studies* 78: 846−871.

Edwards III, George C., Andrew Barrett, and Jeffrey Peake. 1997. "The Legislative Impact of Divided Government." *American Journal of Political Science* 41(2): 545−63.

Fortunato, David, Thomas König, and Sven−Oliver Proksch. 2013. "Government Agenda−Setting and Bicameral Conflict Resolution." *Political Research Quarterly* 66(4): 938−951.

Franzese Jr., di Robert J. 2010. "The Multiple Effects of Multiple Policymakers: Veto Actors Bargaining in Common Pools."*RivistaItaliana di ScienzaPolitica* XL(3): 341−369.

Hix, Simon and Hae−Won Jun. 2009. "Party Behaviour in the Parliamentary Area: The Case of the Korean National Assembly." *Party Politics* 15(6): 667−694.

Howell, William, Scott Adler, Charles Cameron, and Charles Riemann. 2000. "Divided Government and the Legislative Productivity of Congress, 1945−94." *Legislative Studies Quarterly* 25(2): 285−312.

Huber, John and Ronald Inglehart. 1995. "Expert Interpretations of Party Space and Party Locations in 42 Societies." *Party Politics* 1(1): 73−111.

Hughes, Tyler and Deven Carlson. 2015. "Divided Government and Delay in the Legislative Process: Evidence from Important Bills, 1949−2010." *American Political Research* 43(5): 771−792.

Kirkland, Patricia A. and Justin H. Phillips. 2018. "Is Divided Government a Cause of Legislative Delay?" *Quarterly Journal of Political Science* 13(2): 173−206.

Krehbiel, Keith. 1998. *Pivotal Politics: A Theory of U.S. Lawmaking.* Chicago: The University of Chicago Press.

Laver, Michael and Kenneth Benoit. 2015. "The Basic Arithmetic of Legislative Decisions." *American Journal of Political Science* 59(2): 275−91.

Manow, Philip and Simone Burkart. 2007. "Legislative Self−Restraint under Divided Government in Germany, 1976−2002." *Legislative Studies Quarterly* 32(2): 167−191.

Martin, Lanny W. and Georg Vanberg. 2011. *Parliaments and Coalitions: The Role of Legislative Institutions in Multiparty Governance.* New York: Oxford University Press.

Mayhew, David R. 1991. *Divided We Govern: Party Control, Lawmaking, and*

Investigations, 1946−1990. New Haven: Yale University Press.

McCarty, Nolan and Adam Meirowitz. 2007. *Political Game Theory: An Introduction.* New York: Cambridge University Press.

Müller, Wolfgang C. and Kaare Strøm. 2000. "Coalition Governance in Western Europe: An Introduction." In *Coalition Governments in Western Europe*, edited by Müller and Strøm, 1−31. New York: Oxford University Press.

Muthoo, Abhinay. 2000. "A Non−Technical Introduction to Bargaining Theory." *World Economics* 1(2): 145−166.

Negretto, Gabriel L. 2006. "Minority Presidents and Democratic Performance in Latin America." *Latin American Politics and Society* 48(3): 63−92.

Pintilie, Melania. 2007. "Analysing and Interpreting Competing Risk Data." *Statistics in Medicine* 26: 1360−1367.

Romer, Thomas and Howard Rosenthal. 1978. "Political Resource Allocation, Controlled Agendas, and the Status Quo." *Public Choice* 33(4): 27−43.

Saeki, Manabu. 2010. *The Other Side of Gridlock: Policy Stability and Supermajoritarianism in U.S. Lawmaking.* Albany: State University of New York Press.

Saiegh, Sebastian M. 2011. *Ruling by Statute: How Uncertainty and Vote Buying Shape Lawmaking.* New York: Cambridge University Press.

Samuels, David J. and Matthew Søberg Shugart. 2010. *Presidents, Parties, and Prime Ministers: How the Separation of Powers Affects Party Organization and Behavior.* New York: Cambridge University Press.

Tridimas, George. 2019. "Divided Government: The King and the Council." In *Oxford Handbook of Public Choice, Volume 2*, edited by Roger D. Congleton, Bernard Grofman, and Stefan Voigt, 44−60. New York: Oxford University Press.

국가 관료제

민주화 이후 한국의 국가

CHAPTER 07

한국 국가 관료제의 제도적 토대

윤견수

Ⅰ 문제의 제기

개발연대 혹은 발전행정을 가능하게 했던 동력으로 학자들이 많이 지적하는 것은 정책 과정의 합리성이다. 여기에는 세 가지 입장이 있는데. 하나는 경제기획원처럼 다른 어떤 부서보다 큰 역할을 했던 우수한 부처가 있었다는 점, 둘째는 어려운 시험을 통과한 우수한 인재들이 공직에 들어와 사명감을 가지고 일했다는 점, 셋째는 당시 대통령이었던 박정희의 역량과 의지가 남달랐다는 점이다. 이들 세 가지 입장은 모두 하나의 공통점이 있다. 당시의 상황에서 가장 합리적인 방식으로 정책을 결정했다는 점이다. 즉, 정책결정의 합리성을 강조한다.

정책결정 중심의 설명은 '왜'라는 질문에 대한 대답, 즉, 성과와 동기를 연결하는 과정에 대한 설명을 할 때 유용하다. 그러나 '어떻게'라는 질문에 대한 대답, 즉, 실제 현장에서 어떤 일들이 벌어졌는가라는 의문에 대해서는 별로 말해주는 것이 없다. 지나치게 정책결정자 위주의 엘리트 관료들에게 초점을 맞추기 때문에 관료제의 본질이라고 할 수 있는 집행적 성격을 도외시 하는 경향이 있다. 목표가 주어졌을 때 그것을 어떤 방식으로 해결해 나가는가라는 집행적 성격에 대한 연구 없이 개발연대의 행정을 이해하는 것은 어렵다(윤견수, 2018). 그래서 몇몇 학자들은 그동안 블랙박스로 취급했던 정책집행 시스템으로서의 관료제의 작동방식과 관료가 일하는 방식에 관심을 둔다(윤견수, 2012).

정책집행을 정책결정과 분리하는 것이 얼마나 실익이 있을지는 모르지만, 현장에서 일하는 공무원들은 집행과 결정이 서로 영향을 주고받으며 맞물려 돌아가고 있다고 한다. 설령 양자를 개념적으로 분리한다고 해도 양자를 연결하는 기제에 대한 논의는 필요하다. 즉, 이론적으로나 경험적으로 관료제라는 집행 기제를 어떤 방식으로든 결정과 연결시키는 고리가 필요하다. 이 논문의 목적은 그러한 연결고리를 찾고 그것이 개발연대 이후의 행정에서도 작동하고 있는지 확인하는 것이다. 이것을 알아보기 위해 이 논문은 먼저 2절에서 개발연대 국가 관료제의 집행적 성격을 설명한다. 집행의 기제로 활용하는 주된 방식이 관료적 거버넌스였고, 그것이 지향하는 목표가 국민에 대한 계몽과 지도였으며, 이러한 전통이 그 이후의 행정에서도 지속되고 있음을 이 논문은 강조한다. 3절에서는 정책집행의 효율성을 확보하기 위한 제도적 토대가 시행령과 시행규칙 등의 행정입법이라는 것을 제시한다. 시행령과 시행규칙은 애매했던 결정을 집행의 과정에서 분명하게 만들어 주고, 미래중심적인 결정을 현실화 하는 제도적 토대였다. 그리고 거버넌스가 강조되는 오늘날에도 여전히 집행의 효율성을 보장하는 제도적 장치로 활용된다. 4절은 정책집행의 정당성을 보장하는 제도적 토대가 집권당과 정부의 당정협조체제였음을 논의한다. 비록 당정협의회는 형식적으로 운영되었지만 그것이 존재한다는 것만으로도 행정입법을 정당화하는 장치로서의 가치가 충분히 있었다. 행정입법은 집행의 효율성을 확보하고, 당정협의회는 행정입법의 정당성을 확보하는 제도적 토대다. 이러한 논의를 통해서 개발연대에 구축된 두 가지 제도적 장치는 한국 국가관료제의 플랫폼을 형성하여 오늘날까지 이어지고 있다는 점이 확인되고 있다.

Ⅱ 개발연대 국가관료제의 집행적 성격

관료제가 갖고 있는 다면적 성격 가운데 가장 두드러진 것은 '집행'적 성격이다. 굳이 베버의 말을 인용하지 않더라도 강한 국가의 배경에는 늘 강한 관료제가 있었다. 우리나라도 예외는 아니다. 관료제와 관료는 정부의 의지를 쉽게 실현할 수 있었던 가장 강한 도구였다. 윤견수(2018)는 개발연대 시기부터 형성된 이러한 성격의 관료제를 집행관료제라는 개념으로 정의하였다. 하나의 시스템을 이해하기 위해서는 시스템을 구성하는 요소 간 상호작용, 시스템 내부요소와 외부환경과의 상호작용 등을 이해해야 한다. 마찬가지로 집행관료제가 하나의 시스템이라면 다음의 두 가지 질문에 답할 수 있어야 한다. 첫째, 관료제를 구성하는 개인과 집단들 간의 상호작용은 어떤 성격을 띠고 있는가? 둘째, 그러한 상호작용이 외부환경과의 상호작용 과정에서 지향하는 목표는 무엇인가?

1. 관료제의 집행 구조 : 관료적 거버넌스

개발연대의 정책집행 구조를 한마디로 설명하면 국가와 사회의 관계가 종과 횡으로 촘촘하게 짜인 그물망 구조로 되어 있다는 점이다. 사회 전체가 하나의 관료제라고 할 수도 있고, 관료가 중심이 된 관료적 거버넌스 체제라고 할 수도 있다. 그리고 이러한 체제는 인력과 자원을 효과적으로 동원하고, 지역 및 조직 간의 경쟁을 부추기는 기제로 작용하고 있었다.

<그림 1>은 관료적 거버넌스가 어떻게 가동되고 있었는지를 보여주고 있다(윤견수, 2012; 윤견수·박진우, 2016). 예를 들어, 최고 책임자인 대통령이나 총리가 지시를 내리면 관계부처 장관들이 모인 중앙위원회를 통해 그 지시를 어떻게 이행할지 논의한다. 구체적인 집행을 위해 중앙위원회 아래 실무위원회가 구성이 되는데 내무부의 지방행정국장이 실무위원회를 총괄한다. 실무위원회를 통해 만들어진 구체적인 지시는 도의 내무국, 시·군·구의 내무과, 읍·면·동의 총무계를 통해 이장과 반장들을 거쳐 주민들에게 전달된다. 정부의 각 부처가 협력하지만, 실질적인 명령은 지방행정조직을 관할하는 내무부 라

인을 통한다. 읍장이나 면장보다는 시군의 내무과장이, 시장과 군수보다는 도의 내무국장의 권한이 더 크기 때문에 내무부서의 권한은 그 어떤 부서보다 막강했다. 농촌에서는 내무부서의 공무원과 함께, 농림업무를 담당하는 공무원, 그리고 농림부의 외청인 농촌진흥청 직원이 함께 업무를 수행하며 농민들을 지도하고 계몽했다. 도시에서는 내무부서의 공무원과 함께, 상공업무를 관리하는 공무원, 그리고 산업 관련 부서의 외청인 공업진흥청 직원이 도시 상공업자들을 지도했다. 이 과정에서 빠지지 않고 등장하는 것이 학교조직에 대한 동원을 담당하고 있는 문교부(현 교육부)다. 문교부의 학무국장은 도 교육청의 학무국장, 시·군·구 교육청의 학무과(담당 장학사), 일선 단위학교, 담당교사로 이어지는 명령계통을 따라 학생들의 이념과 행동을 통제할 수 있었고, 이는 간접적으로 학부모를 통제하고 관리하는 효과를 가져왔다. 주민을 직접 통제할 수 있는 일선행정조직의 내무관료가 종적인 동원기제의 중심에 있었고, 개인에 대한 징벌권을 가진 치안관료와 사업체에 대한 징세권을 가진 세무관료가 다른 한 축을 형성하고, 필요에 따라 농림 상공 보사 등의 기능 부서들이 본청과 외청 조직의 연합 형태로 또 다른 한 축을 구성하는 있었던 것이 당시의 관료제였다. 집행의 효과를 크게 하기 위해 가급적 많은 사람들을 참여시켜야 하고, 자주 참여시켜야 하며, 참여의 과정을 통제할 수 있어야 했다. 문교부는 학생의 이념과 행동을 통제하면서 간접적으로 학부모에게 정부의 의지와 발전의 방향을 전달하는 통로의 기능을 했다.

　이와 같은 종적인 구조 못지않게 중요한 것이 횡적인 연결이다. 특정 사업이 결정되면 중앙부처의 각 부 장관들이 중앙위원회를 구성하고, 이어 도 단위의 각 행정기관들이 도위원회를 만들고, 마지막으로 시·군·구 단위 행정기관들이 시·군·구 위원회를 만들어 사업을 어떻게 집행할 것인지에 대해 협의한다. 그리고 협의를 하는 과정에서 자연스럽게 민간 영역의 모임들을 참여시킨다. 민간의 단체들은 이미 만들어져 활동하는 단체도 있고, 세력을 확대하기 위해 정부에서 급조한 단체들도 있다. 어떤 단체가 되었건 정부와 민간의 협조를 통해 전개되는 일이라는 것을 강조하기 위해 대부분 민간단체를 파트너로 활용했다. 만약 민간단체가 하나가 아니고 여러 개라면 '협회'라는 연합 조직을 만들고, 그 조직을 읍·면·동 수준이면 지회, 시·군·구 수준이면 시·군·구 협회, 도 수준이면 도 협회, 그리고 전국적인 수준이면 중앙(협) 회나 중앙회로 구성했다. 이러한 협회가 각 수준별로 정부측 위원회와 결합한 것이 협의회이고, 정부의 최상위 수준인 중앙위원회와 민간의 최상위 수준인 전국협회가 결합된 조직이 바로 중앙협의회다. 협의회의 장은 대개 정부에서 한 명, 민간에서 한 명, 이렇게 두 명이 되지만, 형식적으로는 정부가 주도했 다는 것을 감추기 위해 대개 상징성이 큰 민간분야의 인물이 맡는다.

그림 1   개발연대의 관료제: 관료적 거버넌스

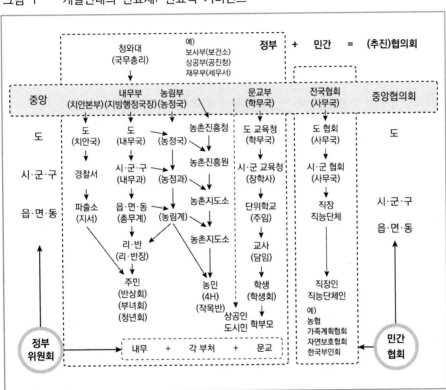

* 저축운동, 가족계획운동, 혼분식장려운동, 쥐잡기운동, 새마을운동, 자연보호운동 등에 대한 당시의 신 문자료와, 공제욱(2004), 김근배(2010), 김명숙(2008), 김영미(2011), 박진도와 한도현(1999), 조석 준(1971; 1980), 등의 논문들을 참고하여 작성하였다.

<그림 1>에서 볼 수 있듯 개발연대 집행 관료제의 구조는 중앙-시도 -시군구의 행정계층별로 중앙이 지방을 통제하고, 정부가 민간을 통제하는

수직적 형태를 띠고 있다. 또한 행정계층별로 내무부 등의 부처를 중심으로 관련 부처들이 위원회를 구성하고, 이런 위원회가 역시 행정계층별로 구성된 민간의 협회와 결합하여 협의회를 구성한다. 이와 같은 수직적이고 수평적인 그물망 구조는 사회의 부족한 자원들을 끌어모아 한 곳에 집중투자할 때, 즉, 물자와 인력의 동원을 효율적으로 할 수 있는 구조다. 더구나 동원의 과정에서 부처들 간의 경쟁과 지역 간 경쟁을 촉발할 수 있어 강제력을 사용하는 것 못지않게 효율적으로 자원을 동원할 수 있다.

2. 집행관료제의 목표: 계몽과 지도

관료적 거버넌스가 집행관료제의 주된 구조였다면 그것이 지향하는 목표는 무엇이었을까? 이 논문은 개발연대 국가관료제의 주된 목표가 발전이나 성장이라는 일반적인 논의와는 달리 계몽과 지도라고 본다. 개발연대의 관료제는 많은 점에서 절대군주가 지배하던 계몽시대의 관료제와 운영의 방식이 흡사하다. 브리태니커 백과사전에서는 계몽절대군주를 군주 자신이 '위로부터의 근대화'를 추진하며, 관료행정의 확충을 통해 여러 가지 개혁을 시도하고, 국가적 공리주의에 의해 산업장려와 부국강병을 실현하며, 학교교육의 근대화와 국가통제에 온 힘을 기울이는 존재로 묘사하고 있다. 개발연대의 관료제 역시 경제관료들이 동원되어 근대화 계획을 세우고, 국가의 부를 증진하기 위해 중화학공업 육성과 수출 확대라는 산업화 전략을 사용했으며, 훈육과 통제를 지배의 방법으로 채택했었다. 하지만 그 당시의 관료제의 제도적 성격, 즉 관료제에 대한 사회적 믿음이나 가치, 혹은 관료제가 존재해야 할 필요성을 계몽과 지도라고 하는 3가지 이유가 있다(윤견수, 2012; 윤견수·김다은, 2017).

첫째는 제도의 형성과 운영에 가장 큰 영향을 미쳤던 박정희의 개인적 특징이다. 계몽은 칸트에 따르면 자신에게서 기인한 미성숙한 상태에서 빠져나오는 것, 즉 다른 사람의 인도없이는 자신의 오성을 사용할 수 없는 무능력한 상태에서 벗어나는 것이다(Adorno & Horkheimer[김유동 역], 2012/1944: 131). 박정희는 스스로 게으른 사람이 무지몽매한 상황을 벗어나게 해주는 '다른 사람'임을 자처했고, 그가 강조한 오성은 '경제발전'이었다. 사범학교를 나와 문경 초등학교 교사를 지내고, 만주군과 일본육사 훈육대에서 장교 생활을 했던 삶 속에서 남들을 가르치거나 지도하는 행동은 지극히 일상적인 것이었다. 또한 그의 경력은 당시 사회적 상황에서 가장 엘리트가 되는 코스였기 때문에 타인을 대하는 그의 태도는 늘 계몽적이며 훈육적일 수밖에 없다.

둘째는 제도를 움직이는 주 세력인 관료들 스스로 자신이 계몽적 역할을 수행한다고 믿었다. 공무원들은 민원인에 대해, 그리고 공무원 스스로 상위직은 하위직에 대해 계몽적 역할을 수행했다. 조사에 따르면 당시 "관은 시골에서는 멱살을 끌고 이끌어가는 것이 아버지로서의 관도 당연하고 자식으로서의 민도 불평을 제기하지 않는 것이다. 대민관계는 전적으로 강요에 의해서만은 안되니 계몽을 해야 한다는 것이 더 많이 아는 아버지의 책임"이었다(조석준, 1971: 160). 박정희 시대의 가장 큰 프로젝트 가운데 하나인 새마을 사업을 추진하는 과정에서도 볼 수 있듯이 당시 공무원들은 스스로를 새마을 지도자와 주민들에게 새마을교육을 담당하고 새마을 정신을 불어넣는 새마을 운동의 교사이자 주체라고 생각했다(김대영, 2004). 이와 같은 경향은 공무원 내부의 상하관계에도 그대로 적용되어 소위 경찰 세무 등의 힘 있는 부서일수록 자신의 행동을 계몽적이라고 생각하는 경향이 더 심했다. 예컨대 당시의 한 신문은 "… 공무원의 일방적 법령해석, 재량권 남용, 무리한 시부인 등 … 과잉행정 근절을 위해 노력하고 있으며 이를 위해 상위감독자가 계몽적 순방을 하고 있다"고 하면서(매일경제, 79/10/12), 상관의 지도와 시찰을 계몽적이라고 묘사했다. 연수원·교육원·훈련원 등 각종 교육기관의 창설과 확대는 공무원 스스로 계몽적 역할을 기율처럼 내재화하는 데 큰 역할을 했다. 예컨대 박정희 정권의 대표적 이데올로기 교육기관인 새마을 교육을 이수한 새마을 지도자들의 역할은 다른 것이 아니라 바로 "메스컴을 통해 조국근대화를 이끌고 가는 국민계몽운동의 교사가 되는 것"이었다(한도현, 2010: 289).

셋째는 제도 밖의 일반 국민들마저 관료제가 계몽적 역할을 수행해주기를 바랐다는 점이다. 무엇보다 국민들은 공무원들이 규범과 도덕의 길잡이가 되어주기를 바랐다. 특히 부정부패가 많아지면서 국가 전체의 기강이 흔들리는 시기에는 공무원들이 인격적인 사표가 될 만큼 깨끗한 생활을 실천해 주기 바랐는데, 이것은 공무원들이 바로 국민을 지도계몽해야 하는 사람들이기 때문이었다(동아일보, 70/01/12). 국민들은 생활의 편리를 위해서도 관료제가 계몽적 역할을 해주기를 바랐다. 예를 들어 1970년대 전반기에 전기 가설과 함께 전기용품 사용이 많아지면서 시중에 불량전기제품이 나돌기 시작했다. 이에 국민들은 공진청 등 시도기관이 미온적인 단속을 하여 국민에 대한 계몽이 부족했다고 생각했다(경향신문, 74/11/19). 정부개혁이나 개각 시기에도 국민들은 장관들이 앞장서서 국민들을 이끌어주기 바랐다. 1974년 9월 18일의 대규모 개각 당일 동아일보 사설은 문공부 장관이 하는 일을 '여론의 정당한 계몽과 지도'라고 분명하게 규정하고 있었다.

제도 형성의 주된 행위자들이 관료제에 대해 갖고 있는 기대가 '계몽'이지만 그것에 대한 사람들의 반응은 상당히 달랐다(윤견수, 2012; 윤견수·김다은, 2017). 이는 계몽을 어떤 상황에서 어떤 목적으로 사용하느냐에 따라 그 의미가 달랐기 때문이다. 첫째, 계몽은 관료제 내부에서 상부의 의지를 밑으로 전달하거나, 관료제가 국민들에게 자신의 뜻을 전달하는 상황을 대변하는 용어, 즉 일종의 메타상징처럼 쓰이고 있었다. 상관의 생각이나 정부의 의지는 지시, 교육, 권유·설득, 선전·홍보, 단속 등과 같이 다양한 형태로 표현되고 있었다. 대통령의 훈령이나 각 부의 부령 등을 통해 공무원들로 하여금 특정 행위를 하도록 '지시'하는 것에서부터 반대로 그런 행위를 하지 못하도록 하는 '단속'에 이르기까지 계몽이 갖고 있는 의미의 스펙트럼은 상당히 다양했다. 불특정 다수에게 특정 행위를 하도록 집중적으로 부탁하는 것은 '선전·홍보' 활동이며, 그 대상이 특정 고객으로 한정되면 '권유·설득'의 범주에 속하는 활동이다. 한 공간에 사람들을 모아놓은 후 정부의 의지를 전달한다면 '교육' 활동이 된다.

둘째, 계몽 활동은 공권력 집행의 전 단계로 쓰이고 있었다. 영업정지나 영업허가 취소 등의 행정명령이 있기 전에 늘 특별단속 기간이 있었고, 단속기간이 있기 전에 늘 계몽이나 계도 활동이 있었다. 1974년을 예로 들어 보자. 박정희 시대의 대표적 계몽 사업 중 하나가 바로 절미운동이나 혼분식 장려사업이었다. 당시 설을 맞이하여 국민들이 쌀 소비가 증가할 것을 걱정하자, 서울시는 음력 설 전에 10일 동안을 특별단속기간으로 정하고 7개 단속반을 꾸려 서울시의 요식업소를 단속하면서 위반 시 한달 간 영업정지처분을 내렸는데, 단속기간을 두기 전에 쌀소비 절약을 위한 계몽 활동이 먼저 있었다. 또한 당시 6월 10일에서 25일까지 서울시 매연버스 지도계몽기간으로 두고, 그것이

끝나자마자 6월 26일에서 7월 말까지를 단속기간으로 하였으며, 적발 시 운행정지 처분을 내렸다. 이와 같은 공권력 집행은 관변기관과의 협력을 통해서도 행사되었다. 예를 들어 서울시는 같은 해 6월을 공산품 품질표시 지도 계몽기간으로 두고 한국부인회 서울YWCA 등과 함께 계몽 사업을 벌이고, 나중에 이것을 위반한 업체에 대해서는 표시명령, 판매금지, 고발조치 등의 행정행위를 행사했었다.

셋째, 계몽은 관변단체의 행정행위를 정당화시켜주는 수단이었다. 관변단체는 협회, 연합회, 촉진회, 독려반 등 다양한 이름으로 불리었다. 그 예로 산아제한 운동을 펼쳤던 가족계획협회는 국가가 동원의 주체이지만 그것을 대신하여 국민을 동원하는 중간매개조직이 존재하는데, 그 조직들의 주된 활동은 계몽이었다(김명숙, 2008). 이같은 관변 조직의 주된 활동은 타인을 겨냥했지만, 실제로는 단체 내부의 자기 교육, 자기 계몽의 효과가 컸다(공제욱, 2004: 121). 즉, 계몽은 정부기관과 관변단체를 연결하는 이음매였으며, 관변단체의 제도적 정체성을 확인하는 수단이었다. 그래서 계몽 활동의 상당 부분은 정부기관과 관변단체와의 공식적인 협력을 통해 이루어졌다. 예를 들어 재무부와 저축독려반의 국민저축 계몽 선전 사업 추진(1962년 2월), 공보부와 한국문화원연합회의 경제개발5개년 계획의 계몽(1962년 6월), 서울시와 한국여성단체협의회의 언어순화 계몽(1974년 6월), 서울시와 929개 사회단체의 검소한 추석보내기 가두캠페인과 계몽(1974년 9월) 등이 있다. 물론 정부는 직접 나서지 않고 간접적으로 지원만 하며, 공식적으로는 관변단체 혼자 계몽 활동을 벌이는 경우도 상당히 많다. 예컨대 당시 문화재보호협회는 문화재보호 계몽 전국순회 활동을 벌였고(1974년, 2월~6월), 1974년 12월 당시 다방전국연합회에서는 보사부의 커피값 자유화 조치 이후 커피값을 50원 이상 받지 못하도록 각 업소에 적극 계몽하기로 했다. 자율규제와 자율행동인 것처럼 보이지만 사실은 '계몽적' 차원에서 정부기관의 지도와 간섭이 있었던 것이다.

3. 집행 관료제의 지속

민주화와 더불어 관료제에 대한 비판이 커지고 난 뒤 오랜 시간이 지났지만 개발연대에 구축된 행정의 집행적 성격이 크게 바뀐 것은 아니다. 국가는 여전히 중앙정부가 중심이 되어 자치정부, 공공조직, 기타 민간기관을 종횡으로 연결한 관료적 거버넌스 구조를 통해 현안 해결을 위한 물자와 인력을 동원한다. 지방자치가 실시된 이후 중앙정부가 광역 및 기초자치단체의 선출직 단체장들 간의 협의가 필요한 상황이지만, 중앙정부는 아직도 지방에 필요한 행·재정 권한의 상당 부분을 통제하고 있다. 따라서 지방자치 실시 이전의 중앙-지방 권력관계가 그대로 유지되는 경향이 있다. 예컨대 행정의 낭비를 줄이고 규모의 경제가 주는 잇점을 살리기 위해 지방자치단체들을 통합 한다고 해보자. 정치적으로는 선출직단체장의 자리가 하나 없어지는 상황이지만, 중앙정부의 역량과 의지에 의해 실제의 시군통합 과정이 좌우된다(박진우, 2017). 계층제와 네트워크 그리고 시장 가운데 공무원들의 업무처리 과정을 규율하는 핵심적인 거버넌스는 계층제인 것이다(유재원, 2008). 민주화와 시장화 그리고 국제화와 함께 거버넌스 패러다임이 강한 영향을 미치고 있지만, 개발연대와 동일한 방식으로 관료제가 중심이 되어 다른 사회 영역을 끌어들이는 패러다임이 굳건하게 남아있다.

정부가 사회를 이끌고 나간다는 패러다임은 민주화와 신자유주의를 거치고 거버넌스 개념이 등장하면서 약해진 것은 사실이다. 그러나 우리나라는 영미의 법체계가 아니라 정부가 사회의 각 영역을 공법으로 관리하는 대륙법체계를 기반으로 한다. 따라서 시민의 자유와 참여를 강조하는 거버넌스 패러다임의 등장은 비록 정치적으로는 커다란 변화를 가져왔는지 모르지만, 실제의 법체계나 행정에 미치는 변화는 그리 크지 않을 수 있다. 그것을 잘 보여주는 것이 『행정절차법』 제2조 3호에 있는 '행정지도'에 대한 규정이다. 물가지도, 위생지도, 가격지도처럼 개발연대부터 일선행정기관이 현장을 돌아다니면서 수행했던 각종 설득, 지도, 단속, 고발 업무는 모두 행정지도에 포함된다. 행정지도는 '행정기관이 그 소관 사무의 범위에서 일정한 행정 목적을 실현하기 위해 특정인에게 일정한 행위를 하거나 하지 않도록 지도·권고·조언 등을 하는 행정작용'이라고 정의된다. 물론 여기에는 조장과 진흥을 위한 행정행위도 포함된다. 시민의 권익과 기본권을 보호하고 행정지도의 남발을 막기 위한 절차규정이 존재하지만, 과거에 비해 행정부가 직접 관여하는 수준이 약해졌을 뿐, 공공영역이 민간부문을 지도하는 관행은 여전하다. 특히 새로운 사회적 수요가 발생할 때 행정이 앞장 서서 해결책을 제시하면서 민간 분야를 끌고가겠다는 패러다임은 변하지 않았다고 본다. 예컨대 한국정보화진흥원, 한국인터넷진흥원, 한국건강증진개발원, 창업진흥원 등의 준정부기관, 그리고 국가평생교육진흥원, 한국식품산업클러스터진흥원, 한국한의약진흥원, 한국양성평등교육진흥원 등의 공공기관들은, '진흥과 조장'을 염두에 두고 만들어진 기관들이다. 정부가 직접 집행했던 진흥 업무를 정부를 대신하는 집행기관을 설립하여 추진한다는 것만 차이가 있을 뿐, 공공영역이 민간영역을 끌고 나가는 상황은 동일하다.

Ⅲ 집행의 효율성을 위한 제도적 토대: 시행령과 시행규칙

관료제가 종적이자 횡적인 그물망 형태의 구조를 띠고 있다고 해서 그 안에서 일을 하는 관료가 실제로 그렇게 일사분란하게 움직인다고 말할 수는 없다. 추상적인 결정을 구체화할 수 있는 소프트웨어가 필요하다. 그러한 소프트웨어의 역할을 하는 것은 시행령과 시행규칙 등의 행정입법이다. 대통령령과 국무총리령 및 각 부 장관이 내리는 부령은 결정된 정책을 현장에서 구현할 때 필요한 기준과 원칙의 역할을 한다. 정책이 갖고 있는 추상성을 극복하면서 자원을 동원하고 물자와 인력을 관리하는 지침을 제공하기도 한다.

대륙법체계를 취하고 있는 우리나라의 법령체계에서 나타나는 특징 중 하나는 입법부에서 만든 법령 못지않게 행정부에서 만든 법령이 많다는 것이다. 헌법 제75조는 "대통령은 법률에서 구체적으로 범위를 정하여 위임받은 사항과 법률을 집행하기 위하여 필요한 사항에 관하여 대통령령을 발할 수 있다"고 규정한다. 헌법 제95조는 "국무총리 또는 행정각부의 장은 소관 사무에 관하여 법률이나 대통령령의 위임 또는 직권으로 총리령 또는 부령을 발할 수 있다"고 규정한다. 두 조항은 국회에서 만든 법률의 한계 내에서 행정수반인 대통령과 내각의 총리 및 장관들의 하위법령 제정을 허용하는 규정이며, 행정입법 또는 (행정)위임입법이 정당화되는 근거 조항이다. 행정입법에는 크게 법규명령과 행정규칙, 그리고 지방자치단체의 조례가 있다.

법규명령과 행정규칙은 둘 다 행정기관에 의해 제정되고 행정의 기준이 되는 일반적·추상적 성질을 가지는 규범이라는 점과, 행정기관이 이 둘을 모두 준수하여야 하는 법적 의무를 가진다는 점에서 유사하지만, 법규명령은 행정 주체와 국민 간의 관계를 규율하는 법규범인 반면에 행정규칙은 행정조직 내부에서 적용되기 위해 제정된 규범이라는 점에서 차이가 있다.[1] 법규명령은 대통령령이나 부령처럼 국민의 권리·의무와 관계되는 사항으로 국회에 의해 제정되어야 할 것을 행정기관에 위임한 것이며 법률처럼 국민과 행정부, 법원을 구속하는 효력이 있지만, 행정규칙은 국민의 권리·의무와 직접 관계되는 사항이 아니라 행정조직 내부에서 그 조직이나 업무처리절차·기준 등에 관해 제정한 것이다.[2] 행정규칙은 훈령(상급행정기관이 하급행정기관에 대하여 장기간에 걸쳐 그 권한 행사를 일반적으로 지시하기 위하여 발하는 명령), 예규(행정사무의 통일을 기하기 위하여 반복적 행정사무의 처리기준을 제시하는 법규문서 외의 문서), 고시(법령이 정하는 바에 따라 일정한 사항을 일반에게 알리기 위한 문서), 공고(일정한 사항을 일반에게 알리는 문서), 지시(상급행정기관이 직권 또는 하급행정기관의 문의에 따라 하급행정기관에 개별적·구체적으로 발하는 명령), 일일명령(당직·출장·시간외근무 등 일일업무에 관한 명령) 등의 유형이 있다.[3]

행정입법 가운데 특히 문제가 되는 것은 국민의 권리와 생활에 직접 영향을 미치는 법규명령, 즉 시행령이라고 하는 대통령령과, 시행규칙이라고 할 수 있는 총리령 및 부령이다. 시행령과 시행규칙은 법률의 위임을 받아서 만들어져야 하지만 정부가 의회를 압도하는 상황이라면 법률의 위임 범위를 벗어나기 쉽다. 이와 같은 행정입법은 군사정권에서 민간정권으로 레짐이 바뀌고, 보수정권과 진보정권으로 정부의 성격이 바뀌는데도 불구하고, 여전히 한국의 대통령의 권한이 제왕적이라는 것을 설명해 준다. 일반적으로 정치학자들은 제왕적 대통령의 권한을 삼권분립이라는 전제조건 하에서 입법부와 행정부의 관계로

---

[1] 김항규. 2008. "행정입법." http://www.kapa21.or.kr/epadic/print.php?num=567 (검색일: 2019. 08. 18).

[2] 법률신문. "법규명령과 행정규칙." https://www.lawtimes.co.kr/Legal−Info/ Legal−Counsel−View %5C?Serial=750 (검색일: 2019. 08. 18).

[3] 정부입법지원센터. "행정규칙의 개요." https://www.lawmaking.go.kr/lmKnlg/jdgStd/info?ast Seq=24&astClsCd=CF0101 (검색일: 2019. 08. 18).

설명하는 경향이 있다. 예컨대 제왕적 권한 행사의 조건을 행정부의 입법제안권, 국회의원의 입각 허용, 국무총리제 등 내각제적 요소에서 찾는다(문우진, 2013). 그러나 박용수(2016)는 한국의 제왕적 대통령제에 대한 기존 정치학자의 시각을 비판하며 행정입법의 편법적 활용과 권력기관의 편법적 동원이라는 비제도적 요소로 제왕적 대통령론을 설명하고 있다. 오히려 행정입법에 대한 의회통제와 사법적 통제가 제대로 되지 않기 때문에 대통령의 권한이 커졌다고 봐야 한다는 것이다. 특히 정권을 장악하면 핵심 사업을 하기 위해 특별법을 제정하지만, 야권의 반대가 심하고 국회통과가 어려워지면 기존 법의 시행령과 규칙을 바꾸어 정책을 추진한다는 것이다. 예를 들어 이명박 정부 시기 야당의 반대로 4대강특별법을 만들기 힘들어지자 기존 하천법의 시행령을 바꾸어 공약을 추진했고, 박근혜 정부 시기 세월호특별법이 정권에 부담을 준다고 생각하자 해양수산부의 시행령으로 관리하려 했다(박용수, 2016). 통제받지 않는 행정입법을 통해 정부가 원하는 프로그램을 가동할 수 있는 것이다. 가장 극적인 예로 박정희 정부의 최대 실적인 새마을 정책과 중화학공업 육성정책이 있다. 개발연대의 가장 대표적인 정책이자 군사정권의 영향력이 가장 큰 시절에 만들어진 두 정책은 처음부터 시행령을 기반으로 시작되었다. 실제로 법률로 만들어진 것은 전두환 정권 때였다. 법률의 위임을 받아 시행령이 만들어진 것이 아니라 먼저 시행령으로 추진하고 나중에 법률을 만든 것이다.

야당이 크게 반대를 하는데도 불구하고 정부가 시행령을 통해 자신의 의도를 관철하려면 권위주의 시대에는 행정입법을 더 많이 만들었을 것이라는 추론이 가능하다. <그림 2>는 개발연대의 법령 제·개정 현황을 표현한 것이다. 꺾은선은 전체 법령 제·개정 가운데 가운데 시행령과 시행규칙의 제·개정 비율을 그린 것이다. 평균 87.5%나 된다. 다시 말해 당시 관료들은 시행령과 시행규칙을 만들고 다듬는 일을 한 것이다. <표 1>은 박정희 정권 이후 약 40년간의 법령 현황을 보여주는 자료다. <표 1>은 법제처의 법령통계를 다시 분류하여 법률과 시행령·규칙의 비율로 정리한 것이다. 각 연도는 새로운 정권이 들어서기 직전 연도, 다시 말해 각 정권의 마지막 연도를 뜻한다. 박정희 정권의 마지막 연도인 1980년과 박근혜 정권의 마지막 연도인 2017년을 비교해보자. 전체 법령 증가율은 144.9%였고, 이 가운데 법률은 197.1%,

대통령령은 129.2%, 총리령과 부령은 127.7%가 각각 증가했다. 법령 증가폭에 비해 시행령·규칙의 증가폭이 작다는 것을 금방 알 수 있다.

그림 2   개발연대 시기 연도별 법령 제·개정(단위: 건, %)

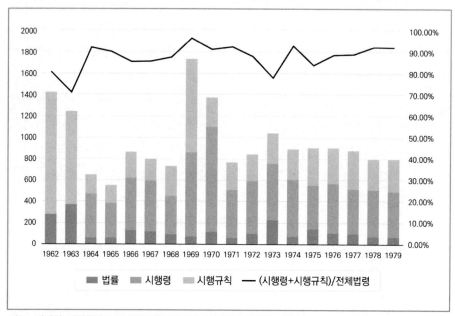

자료: 법제처 법령통계와 국가법령정보센터의 연혁법령 자료를 재구성

표 1   연도별 법령 현황(단위: 개, %)

	법률	대통령령 (시행령)	총리령·부령 (시행규칙)	시행령 /(법률+시행령)	시행령+시행규칙 /전체법령	계
1980*	719	1,288	1,006	64.2%	76.1%	3,013
1987	765	1,286	948	62.7%	74.5%	2,999
1992	869	1,289	1,053	59.7%	72.9%	3,211
1997	952	1,319	1,129	58.1%	72.0%	3,400
2002	1,026	1,372	1,251	57.2%	71.9%	3,649
2007	1,223	1,612	1,431	56.9%	71.3%	4,266
2012	1,286	1,492	1,151	53.7%	67.3%	3,929
2017	1,417	1,665	1,285	54.0%	67.6%	4,367

* 각 연도는 새로운 정권이 출범하기 직전연도(전 정권의 마지막 연도)

자료: 법제처 법령통계와 국가법령정보센터의 연혁법령 자료를 재구성(윤견수·김다은, 2019).

위 자료는 시간이 지나면서 행정입법의 비율이 조금씩 줄어들고 있다는 것을 보여주고 있다. 전체 법령 가운데 시행령·규칙이 차지하는 비율이 일정하게, 그리고 지속적으로 감소했다. 구체적으로 법률과 시행령 가운데 시행령이 차지하는 비율이 64.2%에서 54%로 감소했고, 전체 법령 가운데 시행령·규칙이 차지하는 비율은 76.1%에서 67.6%로 감소했다. 즉, 행정입법의 비율이 10% 정도 줄어든 것이다. 이것은 국회의 입법능력과 역량이 지속적으로 늘어났음을 뜻한다. 1976년 처음으로 입법지원의 역량을 높이기 위해 입법고시가 실시되었고, 1987~1989년 사이에는 도서관의 직제와 기능이 수립되었다. 2003년에 예산정책처가 만들어졌고 2007년에는 입법조사처가 신설되었다. 전체법령 가운데 법률이 차지하는 비율이 높아지는 이유는 이와 같은 입법지원 기능의 확대와 무관하지 않을 것이다.

그러나 위 자료가 제시하는 핵심적인 내용은 두 가지다. 첫째는 법령 가운데 시행령·규칙이 차지하는 비중이 여전히 높다는 것이다. 법률과 시행령 가운데 시행령이 차지하는 비율이 여전히 절반 이상이다. 법률과 시행령·규칙 가운데 시행령·시행규칙이 차지하는 비율을 따지면 훨씬 높아진다. 정책이나 법안의 제·개정을 주도하는 것이 국회가 아니라 행정부라는 것을 알 수 있다. 둘째는 이와 같은 행정입법의 비율 변화가 외관상의 급격한 사회변화와 무관하다는 것이다. 1980년대 이후 현재까지 우리나라는 민주화, 지방자치, 진보정권의 등장, 보수정권의 재등장 등을 경험하며 소용돌이의 상황에 있었다. 사회가 민주화되는 과정이었고, 중앙의 권한이 지방으로 옮겨지는 과정이었으며, 국회가 행정부를 견제하며 그 권한을 늘려나가는 과정이었다. 그러나 행정입법의 변화율은 이러한 급격한 변화, 또는 정권의 변화와 함께 수반되는 급격한 개혁의 영향력과는 거리가 있었다. 사회 변화에 비해 상대적으로 법령과 제도의 변화가 보수적이라 그럴 수도 있지만, 개발연대의 정책집행 플랫폼이 여전히 강하게 존재하기 때문이라고 해석하는 것이 타당하다.

사회가 민주화되어 가고 있는데도 불구하고 행정이 여전히 시행령과 시행규칙이라는 제도적 권한을 사용하기 때문에 그것들이 근거하고 있는 모법을 위반하는 경우도 많이 생긴다. 예컨대 국회 법제실에서 발간하고 있는 『행정입법분석평가사례집』을 보면 2011~2013년에 조사한 약 1,800건의 행정입법

(시행령 및 시행규칙) 가운데 모법에 어긋난 대통령령·총리령·부령 등 행정입법이 61건에 이른다. 유형별로 보면 위임근거 없는 국민의 권리제한·의무부과 위반 5건, 위임범위 일탈 26건, 포괄적 재위임 4건, 행정입법 부작위 4건, 내용의 불합리성 9건, 법령체계의 부적합 13건이다(중앙일보, 15/06/02). 2014년 당시 국토·물류, 문화·정보, 법무·외교, 지방자치·및 공무원 일반분야 법령 335개 가운데, 위헌 소지가 발견된 법안 64개 중 시행령이 위헌 소지가 있다고 분류된 것은 모두 21건으로 전체의 약 30%나 차지했다(중앙일보, 15/06/02). 지적사항 대부분은 법률에 규정이 없는데도 불구하고 시행령을 통해 권한을 확보했거나, 국민의 기본권을 제한하는 내용인데도 법률이 아닌 시행령과 시행규칙으로 제·개정한 사례들이었다.

민주화와 함께 행정입법의 문제점이 부각되자 국회에서 행정입법의 제정 관행에 제동을 걸기 시작했지만 그것을 바꾸는 것은 쉽지 않았다. 신현재와 홍준형(2017)은 그러한 국회의 노력을 정책의 창과 제도화의 과정이라는 개념을 결합하여 분석했다. 1997년 1월 국회법 개정안에 국회법 제98조의2의 조항이 신설되면서 중앙행정기관의 장은 대통령령, 총리령, 부령, 훈령, 예규, 고시 등이 제정 개정된 때에는 7일 이내에 이를 국회에 제출하여야 한다는 의무가 생겼다. 이 조항은 2000년 2월 16대 국회에서 그 내용이 10일 이내에 소관 상임위원회에 제출해야 한다는 규정으로 바뀌었고, 2005년 17대 국회에서는 '만약 상임위원회에서 위법 여부를 통보하면 그 내용에 대한 처리 계획과 결과를 지체 없이 소관 상임위원회에 보고하여야 한다'고 규정하여 결과보고 의무까지 부과하였다. 2015년 5월 29일 19대 국회에서는 상임위원회가 통보할 수 있다고 했던 규정을 수정·변경을 요구할 수 있다고 바꾸고, 그런 요구사항에 대한 처리 결과를 소관 상임위원회에 보고해야 한다고 규정을 바꾸었지만, 박근혜 대통령의 거부권 행사로 시행되지는 못했다. 즉, 법령과 정책에 대한 국회의 대정부 통제 시도가 있었지만 행정입법을 통해 정책을 실현한다는 정부의 의지를 바꾸지는 못했다.

사회가 복잡해지고 행정의 전문성에 대한 수요가 높아지기 때문에 법이 할 수 없는 역할을 행정부가 일정 부분 떠맡는 것은 피할 수 없을 것이다. 그러나 중요한 법령이 행정기관에 맡겨져 국회의 입법권한을 침해하는 것은 법치주의와 삼권분립의 기본 원칙에 어긋난다. 행정입법에 위임한 사항에 대한 수정을 요구하는 것은 입법부의 입법 재량에 속하지만(김선택, 2015), 국회가 그러한 재량을 실현하는 것은 여전히 힘들다. 사후에 수정을 요구하는 것보다 행정입법의 입안 단계에서 국회가 행정입법의 적법성 여부를 심사하는 것이 필요하며(김현태, 2016), 사전적이며 내부통제 기제인 법제처의 입법 심사 및 지원 업무를 통제하는 것도 효과적이다(한상우, 2013).

그러나 이러한 방안들을 실현하는 것은 쉽지 않다. 일반적으로 공약사업과 연관된 대규모 정책은 예산과 인력이 수반되므로 국회의 입법화 과정을 거쳐야 한다. 한편으로는 정부의 개혁 프로그램을 실천하기 위해서 정책결정과 집행의 속도를 높여야 한다. 입법화 과정은 이해관계의 조정 과정이고 예산을 할당해야 하는 과정이므로 공론화가 될수록 지연이 발생한다. 현실적으로 시행령과 시행규칙의 제·개정을 통해 방법을 찾을 수밖에 없다. 행정입법이라는 공적인 제도를 통해 결정과 집행을 쉽게 연계시킬 수 있었던 전통을 포기할 이유가 없다.

Ⅳ 집행의 정당성을 위한 제도적 장치: 당정협조체제

정책을 효과적으로 집행하기 위한 중요한 조건 중 하나는 결정과 집행 과정에서 정책에 대한 사회적 정당성을 확보하는 것이다. 관 주도적인 행정에 대한 사회적 지지가 필요한 것이다. 시행령이 관료제를 효율화하는 데 기여했다면, 당정협조체제는 관료제의 역할에 대한 명분과 정당성을 제공하는 데 기여했다. 행정입법도 기본적으로는 법규명령에 속하기 때문에 국회의 감시와 통제 아래 놓여있다. 그것이 만들어지는 과정에서 국회와 야당의 반대를 예상할 수 있다. 그럼에도 불구하고 왜 그렇게 손쉽게 행정입법이 만들어졌을까?

법제업무운영규정 11조에는 법령제정 주관기관의 장은 법령입안과정의 초기부터 관계기관과의 협의를 거치도록 되어있다. 여기에서 관계기관과의 협의대상은 앞에서 살펴본 바와 같이 예산당국과의 예산협의 등 법령상 협의의무가 있는 사항과 법무부장관과의 벌칙에 관한 협의 등 관례화된 협의사항은 물론 그 법률안이 담고 있는 정책과 관련을 갖고 있는 기관과의 협의사항까지를 포함한다(법제처,

2018: 289－290). 그렇다면 정책과 관련 있는 기관은 어떤 기관인가? 정책과 직간접적인 관련을 맺고 있는 중앙행정기관 및 지방자치단체라는 것은 쉽게 예상할 수 있지만 그 안에 정당이 포함된다는게 특이하다. 1995년에 법제 관련 업무를 재정비 하면서 법제업무운영규정(1995－8－10. 대통령령 제14748호)을 제정하고, 법제업무운영규정시행지침(1995.12.28. 국무총리훈령 제325호)을 제정한 적이 있다. 그 당시 운영시행지침 해설서에 보면(신근호, 1996), "각 부처의 장은 법률안 및 국민생활에 중요한 영향을 미치는 대통령안을 입안할 때에는 입안단계부터 입법활동 전반에 걸쳐 정부 · 정당간에 실질적 · 체계적인 협조를 하도록 하였으며, 특히 국회의 의결을 거쳐야 하는 법률안의 경우에는 국회와도 원활한 협조가 이루어질 수 있도록 하여야 할 것이고, 정부 · 정당간의 협조에 관하여는 국무총리훈령인 당정협조에관한처리지침이 정하는 바에 따르도록 하였다"라고 나와 있다. 즉, 정부와 정당 간의 협조가 포함되어 있다.

한국은 대통령제를 근간으로 하고 있는데도 불구하고 대통령제에서는 잘 채택하지 않는 당정협조체제를 운영하고 있고, 그 제도가 정권의 특성과는 상관없이 비교적 활발하게 작동되어왔다(권찬호, 1999). 당정협조체제는 의원내각제적 요소와 대통령제적 요소를 통합시키는 방법 가운데 하나로 보인다. 승리한 정당인 집권당이 정부의 정책결정 과정에 참여할 수 있는 길을 열어놓은 것이다. 선거를 정부의 선택이라고 볼 것인가, 아니면 정책의 선택이라고 볼 것인가에 따라 당정협조체제에 대한 입장은 달라진다. 앞의 경우는 당정협조가 정부를 통제할 권한을 위임받은 상황이라고 간주하는 것이고, 뒤의 경우는 국민이 원하는 정책을 추진할 책임이 있는 상황이라고 간주한다(권찬호, 1999: 224－226). 또한 미국처럼 의회의 상임위원회와 행정부 간의 관계가 중심인가, 아니면 일본처럼 집권한 정당과 행정부 간의 관계가 중심인가에 따라 당정협조의 양상이 달라지기도 한다. 우리나라는 전통적으로 집권당에 정책을 추진할 권한을 부여했다는 가정 하에 당정협의회를 운영해왔다고 봐야 할 것이다.

실제로 당정협의회에서 다룬 내용을 보면 정당으로서의 여당의 의견보다는 정부가 원하는 내용들을 중심으로 논의가 이루어졌다(정극원, 2009: 65－67). 어떤 국회의원 비서관이 경험했던 당정협의회는 그럴 수밖에 없는 이유를 적나라하게 보여준다.

··· 보통 정부에서 하루 전에 당정회의 자료를 국회에 준다. 며칠 전에 회의 자료를 주는 일은 드물고, 심지어 회의 당일 아침에 주는 일도 있다 ··· 정부안은 장시간에 걸친 부처협의와 용역사업을 거쳐 면밀하게 검토된 안이다. 의원이 그 자리에서 문제제기를 하기도 쉽지 않고, 한다 하더라도 통계나 논리에서 준비된 정부 측에 밀리기 마련이다. 그리고 이렇게 당정협의를 거친 법률안이나 정책은 여당 국회의원의 입법활동을 구속한다. 정부 측에서 "이미 당정협의가 끝난 건입니다"라고 말하면 여당 국회의원은 반대하기 쉽지 않다(정광모, 2007: 189).

그렇다면 한국의 당정협의는 왜 정부안을 중심으로 이루어지는 것일까? 정광모(2007: 192-193)는 그에 대한 이유로 두 가지를 든다. 첫째는 국회와 정당이 행정부의 전문성을 따라잡지 못하기 때문이다. 행정고시에 합격하여 오랫동안 익힌 업무를 기반으로 준비한 정책을 국회와 정당이 반박하는 것은 쉽지 않고, 더구나 각 부처에서 청와대에 가장 유능한 관료를 파견하기 때문에 결국은 청와대 역시 관료에 의해 장악된다. 둘째는 정부가 제시한 안은 각 부처 간의 협의를 통해 조율된 안이기 때문이다. 예컨대 학교폭력의 예방·근절 대책은 언뜻 보면 교육인적자원부 업무이지만 법무부, 국방부, 행정자치부, 문화관광부, 보건복지부, 검찰청, 경찰청, 청소년위원회, 교육인적자원부 등 9개 부서 간의 협의를 거친 종합대책이다. 정당에서 이런 협의를 거친 종합대책을 검토하는 것은 불가능하다.

이와 같이 당정협의는 청와대가 국회를 대등하게 보지 않고 수직적 관계로 보면서 여당을 통해 국회를 통제하는 도구였다는 견해가 강하다(곽진영, 2003). 당정협의과정은 대통령을 정점으로 여당과 정부를 하나로 통합해가는 과정이며, 입법부를 통법부로 만드는 과정인 것이다(정광모, 2007). 이러한 문제점들이 있는데도 불구하고 한국의 당정협의제도는 국가정책의 결정에 있어서 집권여당과 행정부가 갖는 국민에 대한 책임성의 확보라는 점에서 그 의미가 있다(권찬호, 1999). 당정협조체제는 정부의 정책을 효율적으로 수행한다는 점과 정당이 국민을 대표한다는 점을 조화하는 의미가 있다(최항순, 2007). 그리고 이런 협조체제는 이미 개발연대부터 가동되기 시작했다.

당정협조체제 구축이 처음 거론된 것은 1963년 12월 19일에 열린 민주공화당 100차 당무회의다. 김종필 당의장은 당과 정부의 지도체제 단일화를 천명하고, 당과 행정부가 협조해 나갈 것을 역설했다(민주공화당, 1973: 151-152). 그리고 이듬해인 1월 22일의 제4차 당무회의에서 당정 협조에 대한 4가지 원칙이 결정되었다(민주공화당, 1973: 161-162). ① 당무위원 및 국무위원 연석회의를 월1회(제2수요일) 정기적으로 개최하여 정책수립을 협의하고 그 집행결과를 확인한다. ② 당 의장이 지명하는 당무위원급 3명(사무차장, 정책연구실장, 기획부장)과 국무총리가 지명하는 국무위원급 3명(무임소국무위원, 내무부장관, 상공부장관) 정도로 연락소위원회를 구성하여 적어도 주 1회는 정기적으로 회합하여 연석회의 합의사항에 대한 실시방안을 협의한다. ③ 정부는 주요 의안의 입안과 국회제출에 앞서 반드시 당(정책연구실)과 협의하고 국회대책위원회와 당무회의에 부의하도록 한다. ④ 지방기관과 당 지방조직과의 협조방안은 실무 소위원회의 합의를 거쳐 연석회의가 최종적으로 이를 결정한다.

1965년 4월 20일에는 정부의 국무회의 의결을 거쳐 당정 협조에 대한 정부의 입장이 정리되었다. 이것은 4월 8일 정일권 총리에게 시달된 박정희 대통령의 「여당과 정부간의 유기적인 협조 개선 방침에 관한 지시각서」에 바탕을 둔다. 구체적인 내용은 ① 인사면에서는 정부의 중요 인사의 결정은 당과 사전협의하며 당원을 기용할 때는 당 공식기구의 추천을 거치도록 하며, 현 공무원관계법령과 정당법 시행령을 조속히 개정하여 정책결정에 참여하는 고급 공무원직, 특히 기획관리 부문 및 참모부서에 유능한 당원을 우선적으로 등용한다. ② 제도면에서는 정부의 중요정책 수립 및 집행에 있어 당과 사전에 협의, 청와대연석회의를 통하여 각급 회의에서 결정되지 않은 사항과 기타 정책을 수립, 국무위원은 당무위원과 정례적으로 회합하여 정부의 당면문제를 논의, 경제관계 장관은 당 정책심의회와 정기적 연석회의를 개최하여 경제문제 전반에 걸쳐서 토의하고 의견을 조정, 당 출신 무임소국무위원의 정부 안에서의 기능을 제도화하여 당과 정부의 협조를 중심으로 한 기능을 강화, 등의 내용을 담고 있다. 대통령의 지시각서는 당정협조에 대한 최초의 정부측 공식문서이며, 그 이후 당정 간의 갈등과 협력관계의 원형적 의미를 갖고 있다(권찬호, 2011: 20-22). 1973년에는 이를 기반으로 국무총리훈령 112호로 당정협조에 대한 행정규칙이 제정되었다. 정부는 여당과 협의해야 하고, 여당의 협의요청에 응해야 하고, 여당에 협조를 해줘야 한다는 내용이다. 한마디로 행정기관이 따라야 하는 규칙이지만 정부보다는 집권당의 이해관계가 깊숙이 반영된 규칙이다.

표 2   역대 정부의 당정협의 규정

근거	명칭	주관기관	주요 내용
대통령 지시각서. 1965/04/08.	여당과 정부간의 유기적 협조 개선 방침에 관한 지시각서	무임소 장관 [제3 공화국]	① 정부 주요인사 결정은 당과 사전협의 하고, 당원을 기용할 때에는 당 공식기구의 추천 + 정책결정에 참여하는 고위공무원에 유능한 당원을 우선 채용 ② 정부의 주요 정책 수립 및 집행은 당과 사전 협의 + 청와대연석회의를 통해 각급 회의에서 결정되 않은 정책결정 + 정부 당면문제를 논의하기 위해 국무위원과 당무위원의 정례적 회합 + 경제관계 장관은 당정책심의회와 정기적 연석회의 개최 + 당출신 무임소국무위원의 정부 내 역할 제도화
국무총리훈령 112호 관보. 1973/04/24.		제1 무임소장관(정무담당) – 대통령소속 [제4 공화국]	① 정부가 발의한 법률안과 중요 정책을 심의하기 전에 여당의 협조를 얻음 ② 정부는 여당의 협의요청에 응해야 함 ③ 여당이 발의한 정책과 법률안은 발표 전에 정부와 협조를 해야 함
국무총리훈령 178호 관보. 1982/04/19.	당정협조에 관한 처리지침	정무장관- 국무총리소속 [전두환 정부]	① 원·부·처·청은 당정협조 전담기구 설치·운영한다는 조항 신설 ② 여당 이외의 정당과 정부 간의 협조에 대한 내용 신설 ③ 협조의 대상에 법률안 이외에 '대통령 령안' 신설 ④ 원·부·처·청은 당정협조의 결과를 정무장관에게 보고한다는 조항 신설
국무총리훈령 244호 관보. 1990/08/14.		제1정무장관- 국무총리소속 [노태우 정부] [김영삼 정부]	협조의 대상을 법률안, 정책안, 국민생활에 중대한 영향을 미치는 대통령령안, 국민적 관심사항 및 주요 현안문제 등으로 구체화 함

국무총리훈령 334호 관보. 1996/08/05.	당정협조업무 운영규정		① 당정협조운영규정의 목적이 정당과 정부 간의 업무협조라는 것을 목적에 명시 ② 협조의 대상에 '부령'을 포함 ③ 고위당정정책조정회의, 부처별 당정협의회의 조항 신설 ④ 정당에 대한 정책설명회 조항 신설
국무총리훈령 360호 관보. 1998/04/06.		국무총리 비서실 (정무비서관) [김대중 정부] [노무현 정부]	① 당정협조 업무를 국무총리 비서실로 이관 ③ 당정협조의 대상에 '총리령'을 포함
국무총리훈령 413호 관보. 2001/04/30.			여당 이름을 구체적으로 표시(새천년민주당, 자유민주연합, 민주국민당)
국무총리훈령 430호 관보. 2002/05/23.			① 여당이라는 표현 없애고 정당이라는 표현만 사용(행정부와 정당 간의 정무협조 및 정책협의 업무) ② 법령안은 차관회의 2주 전, 총리령·부령은 내용을 확정짓기 전 정책위원회 의장과 협의
국무총리훈령 440호 관보. 2003/05/02.			여당이라는 표현을 다시 사용(여당은 대통령이 소속한 정당 + 여당과 정책공조에 합의한 정당)
국무총리훈령 465호 관보. 2005/04/06.			당정협의회 시기만 조정(고위당정정책조정회의는 분기별 1회, 부처별 당정협의회의는 매2월당 1회)
국무총리훈령 493호 관보. 2007/05/14.	당정협의업무 운영규정		여당이 없는 경우의 업무협의를 위해 '정당정책협의회의' 운영규정 신설
국무총리훈령 506호 관보. 2008/03/18.		대통령 소속 특임장관 [이명박 정부]	고위당정정책조정회의를 고위당정정책협의회로 명칭 변경하고, 분기별 1회에서 매월 1회로 회의시기 변경
국무총리훈령 703호 관보. 2017/12/14.		국무총리 비서실 (정무실) [박근혜정부]	① 당정협의의 대상에 예산안과 국정과제 이행방안 등의 신설하여 협의의 대상을 확대 ② 당정협의 내용을 확정 짓기 전에 내각장관과 여당정책위의장 간의 사전협의 조항 신설 ③ 이를 위해 실무정책협의회를 개최할 수 있다는 조항 신설

자료: 대한민국 관보(1965-2017) 및 법제처 국가법령정보센터 연혁법령 자료를 재구성(윤견수·김다은, 2019).

<표 2>를 통해서 확인할 수 있는 것은 국회 심의 통과부터 행정입법의 형성 과정에 이르기까지 행정부에서 제출하는 법안에 대한 정당의 영향력이 점차 커지고 있다는 사실이다. 1982년에는 당정협조의 대상으로 대통령령을 명시하였으며, 1996년에는 그것이 부령으로까지 확대되었다. 즉, 시행령과 시행규칙이 당정협의회의 공식적인 안건으로 포함된 것이다. <표 2>를 보면 시간이 흐를수록 당정협의와 관련된 제도가 정교화되어 가고 있다는 것을 알 수 있다. 1982년 국무총리훈령 178호를 통해 원·부·처·청이 당정협조 전담 기구를 설치하고 운영한다는 규정이 신설되고, 당정협조의 대상으로 공식적으로 대통령령이 포함되었다. 이와 함께 행정기관이 당정협조의 결과를 정무장관에게 보고한다는 조항이 신설되면서, 여당 이외에 정당과 정부 간의 협조에 대한 것도 다루기 시작했다. 1996년에는 국무총리훈령 334호를 통해 여당으로 한정시켜 운영해왔던 당정협조의 목적을 '정당'으로 확대하였고, 당정협조의 대상에 '부령'을 포함시켰다. 이와 함께 당정협의를 고위당정정책조정회의와 부처별 당정협의회의로 나누어 운영한다는 내용을 명확히 했으며, 정당에 대한 정책설명회 조항을 신설했다. 2007년에는 국무총리훈령 493호를 통해 그동안의 여소야대 정국 경험을 반영하여, 여당이 없는 경우의 업무협의를 위한 '정당정책협의회의' 운영규정을 신설했다. 그리고 2017년에는 국무총리훈령 703호를 통해 당정협조의 대상에 예산안과 국정과제이행을 포함시켰다. 이와 함께 당정협의 내용을 확정 짓기 전에 내각장관과 여당정책위의장 간의 사전 협의가 있어야 하고, 이를 위해 실무정책협의회를 개최할 수 있다는 조항을 신설했다.

민주화를 거치면서 야당의 역할과 국회의 권한이 커지는 상황이라면 당정협의가 제대로 작동하지 않을 것이라는 점을 쉽게 예측할 수 있다. 실제로 민주화 이후 당정협의회의 역할에 대한 연구는 대통령과 행정부가 여당과 국회를 통제하기 위해 당정협의회를 이용하려고 하고, 이것이 정당간 갈등을 초래하면서 국회의 입법기능을 약화시켰다고 지적한다(가상준·안순철, 2012). 그러나 당정협의회는 정당이 국가권력을 행사할 수 있는 장이 된다.

집권당이 다수당인 상황이라면 당정협의회는 집권당의 공약을 정부가 손쉽게 집행하는 통로가 될 것이다. 반대로 집권당이 여소야대인 정국에 놓여있으면 당정협의회는 의회와 행정부 간의 정책갈등을 미리 한번 여과하는 역할을 할 것이다. <표 2>는 우리나라가 강한 행정국가의 전통을 갖고 있는데도 불구하고 정당의 역할이 결코 작지 않았다는 것을 말해주고 있다. 우리나라에서 가동되었던 당정협조체제는 권위주의 정부의 정통성을 확보하는 중요한 수단 중 하나였다. 집권당에게는 정부의 중요한 정책 만들기에 참여했다는 명분을, 행정부에게는 정책결정 과정에서 민의를 반영했다는 명분을, 그리고 대통령에게는 국가의 결정을 내리는 과정에서 내각과 정당의 합의를 바탕으로 했다는 명분을 주었을 것이다. 집권당이 다수당이라면 이러한 명분을 바탕으로 손쉽게 행정입법이 가능했을 것이다.

마무리

국가의 발전이 정책을 통해 이루어진다면 정책의 집행 과정에서 결정과 집행을 유기적으로 연결하는 제도적 장치가 있을 것이라는 가정이 이 논문의 출발점이었다. 이 논문은 매개역할을 하는 두 가지 기제를 각각 시행령과 시행규칙을 중심으로 이루어지는 행정입법과 집권당과 정부의 협조체제인 당정협의회에서 찾았다. 앞의 것은 제도의 효율성을 확보하는데, 그리고 뒤의 것은 제도의 정당성을 제공하는 데 기여했다. 정책을 추진하는 과정이 많은 예산과 인력이 수반되는 경우라면 법률을 제정해야 한다. 그러나 법률이 모든 것을 세세히 규정하는 것은 불가능하므로 구체적인 법 해석과 집행을 행정부에 위임한다. 시행령과 시행규칙 등의 행정입법은 위임을 통해 만들어진 정부의 법규명령이다. 이것을 통해 결정된 정책이 갖고 있던 애매하고 추상적인 성격이 실현 가능한 형태로 구체화 된다. 정책을 효율적으로 집행하는 제도적 장치인 셈이다. 한편 정부의 법규명령은 집권당인 여당과의 당정협의제도라는 절차를 통해 그 정당성이 인정된다. 주요 당정협의회를 거쳤다면 국민의 권익과 국가에 직접 영향을 미치는 것이라는 것을 의미하고, 그렇지 않아도 되는 것들은 행정부가 알아서 해도 된다는 암묵적인 동의가 깔려있다. 당정협의회라는 제도가 있다는 사실만으로도 행정입법이 행정부만의 독주로 만들어지는 것은 아니라는 정당성을 사회에 줄 수 있다.

　행정입법과 당정협조체제는 개발연대의 행정이 토대하고 있었던 제도적 플랫폼이며 오늘날까지도 행정의 원형으로 작용하고 있다. 행정입법 가운데 법규명령을 제외한 훈령, 예규, 고시 등의 행정규칙은 어떤 역할을 해왔는지는 앞으로의 연구주제다. 당정협의회는 주로 법령안과 정책안을 성안하는 과정에서 나타나는 집권당과 정부 간의 교류다. 이외에 양자 간에 어떤 교류가 있었는지 역시 앞으로의 연구주제다.

| 참고문헌 |

가상준·안순철. 2012. "민주화 이후 당정협의의 문제점과 제도적 대안." 『한국정치연구』 21집 2호, 87-114.

경향신문. 1974. "불량 전기장판 범람." 『경향신문』 (11월 19일).

공제욱. 2004. "국가동원체제 시기 '혼분식장려운동'과 식생활의 변화." 『경제와 사회』 77집, 107-138.

곽진영. 2003. "국회-행정부-정당 관계의 재성립: 분점정부 운영의 거버넌스." 『의정연구』 9집 2호, 161-185.

국가법령정보센터. "연혁법령." http://www.law.go.kr/lsSc.do?tabMenuId=tab27 (검색일: 2019. 08. 18).

국무총리훈령 112호 관보. 1973/04/24.

국무총리훈령 178호 관보. 1982/04/19.

국무총리훈령 244호 관보. 1990/08/14.

국무총리훈령 334호 관보. 1996/08/05.

국무총리훈령 360호 관보. 1998/04/06.

국무총리훈령 413호 관보. 2001/04/30.

국무총리훈령 430호 관보. 2002/05/23.

국무총리훈령 440호 관보. 2003/05/02.

국무총리훈령 465호 관보. 2005/04/06.

국무총리훈령 493호 관보. 2007/05/14.

국무총리훈령 506호 관보. 2008/03/18.

국무총리훈령 703호 관보. 2017/12/14.

권찬호. 1999. "한국 정당과 행정부의 정책협의제도 연구-이론적 근거를 중심으로." 『한국행정학보』 33집 1호, 221-237.

권찬호. 2011. "한국 정당-정부간 협의제도의 개선방향에 관한 연구." 특임장관실 학술연구용역보고서.

김대영. 2004. "박정희 국가동원 메커니즘에 관한 연구-새마을 운동을 중심으로." 『경제와 사회』 61집, 172-207.

김명숙. 2008. "국가동원과 가족계획." 공제욱 편. 『국가와 일상-박정희 시대』, 257-328. 파주: 한울 아카데미.

김선택. 2015. "행정입법에 대한 국회 관여권." 『공법학연구』 16집 4호, 95-124.

김익태·황보람·이미영·지영호·배소진·김성휘·박용규. 2015. "[런치리포트] '시행령수정권' 대격돌." 『중앙일보(인터넷판)』 (6월 2일).

김항규. 2008. "행정입법." http://www.kapa21.or.kr/epadic/print.php?num=567 (검색일: 2019. 08. 18).

김현태. 2016. "국회의 행정입법 통제방안에 관한 연구." 『공법학연구』 17집 4호, 201-229.

대통령 지시각서. 1965/04/08.

동아일보. 1970. " 상층부의 솔섬수범을." 『동아일보』 (1월 12일).

매일경제. 1979. "장기정밀세무조사 단행." 『매일경제』 (10월 12일).

문우진. 2013. "한국 대통령 권한과 행정부 의제설정 및 입법결과: 거부권 행사자 이론." 『한국정치학회보』 47집 1호, 75-101.

민주공화당. 1973. 『민주공화당사』. 서울: 민주공화당.

박용수. 2016. "한국의 제왕적 대통령론에 대한 비판적 시론: 제도주의적 설명 비판과 편법적 제도운영을 통한 설명." 『한국정치연구』 25집 2호, 27-55.

박진우. 2017. "국가관료제의 정책집행과 관료적 거버넌스." 『한국행정학회보』 51권 4호, 255-290.

법제처 법령통계. "연도별 법령 현황." https://www.moleg.go.kr/esusr/mpbStaSts/stastsList.es?mid=a10109040100&srch_csf_cd=120001 (검색일: 2019. 08. 18).

법제처. 2018. 『법제처 70년사』. 세종특별자치시: 법제처.

신근호. 1996. "법제업무운영규정시행지침해설." 『법제』 1996년 2월.

신현재·홍준형. 2017. "행정입법에 대한 국회 관여 제도화 과정 분석." 『행정논총』 55집 3권, 65-91.

유재원. 2008. "계층제, 시장, 네트워크: 서울시 구청조직의 거버넌스 실태에 대한 실증적 분석." 『한국행정학회보』 42권 3호, 191-213.

윤견수. 2012. "박정희시대의 관료제: 계몽과 동원." 한국행정학회동계학술대회. 1-34.

윤견수. 2018. "한국행정의 오래된 미래: 관료제와 정치." 『한국행정학보』 52집 2호, 3-35.

윤견수·김다은. 2017. "개발연대 국가관료제의 정책집행 패러다임: 계몽행정." 『정부학연구』 23집 1호, 1-30.

윤견수·김다은. 2019. "한국 국가관료제의 플랫폼: 시행령과 당정협의회." 한국행정학회 동계학술대회. 서울. 12월.

윤견수·박진우. 2016. "개발연대 국가관료제의 정책집행에 관한 연구: 관료적 거버넌스를 중심으로."『한국행정학보』50집 4호, 211-242.

정광모. 2007. "당정협의가 나라를 망친다."『인물과 사상』106호, 181-205.

정극원. 2009. "국가권력 운용과정에 있어서 정당의 역할과 정당에 대한 국민의 통제방안."『공법학연구』10집 4호, 57-80.

정부입법지원센터. "행정규칙의 개요." https://www.lawmaking.go.kr/lmKnlg/jdgStd/ info?astSeq=24&astClsCd=CF0101 (검색일: 2019. 08. 18).

조석준. 1971. "도행정조직 비교연구."『행정논총』, 146-160.

최항순. 2007. "당정협조관계의 영향요인에 관한 고찰-역대정권별 당정협조제도 분석을 중심으로."『한국공공관리학보』21집 4호, 279-302.

한도현. 2010. "1970년대 새마을 운동에서 마을 지도자들의 경험세계: 남성 지도자들을 중심으로."『사회와 역사』88집, 267-305.

한상우. 2013. "행정입법에 대한 법제처의 통제."『행정법학』5집, 69-111.

Adorno, Theodor W., and Max Horkheimer 저·김유동 역. 2012.『계몽의 변증법(Dialektik der Aufklärung)』(원서출판: 1944). 서울: 문학과 지성사.

민주화 이후의 한국 국가 관료제의 자율성: 발전국가는 지속되고 있는가?

이병량

노무현 의원: 전경련은 법률이나 금융정책이나 조세정책 또는 토지정책 등에 있어서 상당한 영향력 행사를 위해서 정부나 의회나 정당을 상대로 교섭을 하고 있는 것은 사실입니까?

정주영 회장: 아직까지는 우리나라 의회정치가 제대로 안됐기 때문에 주로 정부를 상대로 했습니다.

노무현 의원: 정부를 주로 상대로 했습니까?

정주영 회장: 네

노무현 의원: 그거야 그렇죠, 칼자루를 오로지 정부가 쥐고 있고 (정주영 회장: 네, 그렇습니다.) 의회 이거야 바지저고리였으니까요.

정주영 회장: 뭐, 여지껏 그랬습니다. (청중 웃음)

Ⅰ 들어가며

위에서 인용한 대화는 '5공 청문회'로 더 잘 알려진 '제5공화국 비리조사 특별위원회'의 한 장면이다.[1] 당시 13대 국회의원이었던 노무현은 정주영 당시 현대그룹 회장에게 정치자금을 매개로 이루어진 전두환 군사정권과 재벌과의 정경유착 관계에 대해 질문하였다. 질의와 응답의 내용에서도 잘 알 수 있듯이 당시까지만 해도 한국에서 재벌의 정경유착의 파트너는 '정부'였다. 재벌에 영향을 미칠 수 있는 주요 정책을 결정할 수 있는 권한을 지닌 유일한 집단은 '정부'였고 의회는 그 과정에서 특별한 역할을 가질 수 없었다.

이처럼 민주화 이전 한국은 정치의 투입 기능이 존재하지 않는 상황에서 군부 출신의 집권자와 그의 조력자인 국가 관료제가 국가 발전의 목표를 수립하고 이를 위한 계획의 수립 및 자원의 동원을 독점하는 발전국가로 별다른 논란 없이 규정되고 있다. 그리고 이러한 발전국가는 외형적인 혹은 양적인 측면에서의 경제적 발전이라는 일정한 성과를 낳은 것으로 평가받기도 한다. 그런 의미에서 한국의 국가 관료제는 국가 발전의 중추로서 긍정적으로 여겨지고 있는 것도 사실이다. 당시 한국의 국가 관료제가 이룬 성취는 수많은 '스타 관료'들과 그들이 보여준 혹은 보여줬다고 여겨지는 헌신, 자기희생, 국가의식, 결단력, 추진력, 지적 능력 등에 대한 신화화를 통해 여전히 추억되고 있기도 하다. 물론 국가 관료제, 보다 구체적으로 관료들이 이루어낸 혹은 이루어냈다고 하는 성취는 관료제가 가졌던 자율성에 근거하여 가능하기도 한 것이었다. 단적으로 이야기하자면 '임자가 알아서 해'라든가, '경제에는 당신이 대통령이야'라는 식의 집권자의 강력한 권한 위임과 그에 기초한 강력한 자율성은 관료제로 하여금 발전의 목표를 설정하고 그것에 모든 자원을 동원할 수 있는 근거가 될 수 있었다.[2]

---

1) 위의 대화의 인용은 유튜브에 게시된 해당 영상을 보면서 그대로 옮긴 것이다(Kento rikujyoulovesense kento. 2017. "[풀영상] 노무현 VS 정주영 회장, 다시 못볼 명장면들, 5공 비리특위 일해재단 청문회." https://www.youtube.com/watch?v=0Hfjqhyi880) (검색일: 2020. 01. 27).

2) 예를 들면 박정희 정권 시절 총무처 장관으로 6년 9개월을 재임하면서 한국의 직업공무원제도를 설계한 이석제의 경우 대통령으로부터 "공무원은 신분이 안정되어야 열성

그러나 1987년 대통령 직선제 운동으로 정점에 이른 민주항쟁의 성과로 달성된 헌법의 개정과 이를 통한 절차적 민주주의의 확립은 권위주의적 군사 정권에 독점되었던 국가발전 목표 설정과 계획 수립 및 자원 동원의 권한을 정치의 과정으로 돌려주는 계기가 되었다. 정상적인 선거를 통한 정상적인 정권 교체 과정과 집권을 위한 정당 간의 경쟁 과정은 공동체의 문제 해결 과정에 구성원의 이해관계와 선호를 어떻게 반영하는가를 중심으로 작동하는 정치의 기능을 재생시켰던 것이다.[3] 당연히 이전 시기까지만 해도 국가 그 자체였던 권위주의적 군사정권의 의지를 구현하는 도구이면서 동시에 자율성을 구가하기도 했던 국가 관료제는 자신의 위상과 역할을 재정립할 수밖에 없는 상황에 놓이게 되었다. 그렇다면 이러한 과정에서 한국의 관료제의 역할은 어떤 방식으로 재정립되고 있을까? 이 글은 위에서 요약한 민주화 이후의 정치의 기능 정상화와 위상 및 역할 재정립의 요구에도 불구하고 여전히 한국의 관료제가 자율성을 구가하고 있는 것이 아닌가 하는 의문에서 출발하고 있다. 관료제와 관료의 의지가 국민의 대표자인 대통령이나 의회를 통해 투입되는 국민의 선호 혹은 의지와 관련 없이 정책 목표의 수립이나 결정 그리고 이의 집행 과정을 여전히 지배하고 있는 것이 아닐까?

이와 같은 이 글의 문제의식은 근본적으로는 민주화 이후 한국의 국가 성

적으로 일하는 집단이오. 공무원들이 자진해서 뛰어야 최고 지도자의 뜻이 하부까지 전달되고 제대로 수행되는 것이오. 국가 근대화의 선봉으로서 공무원제도를 확립해야 되는데 … 이 장관이 우선 공무원을 알아서 해줘야겠소. 이 장관이 나서서 정권이 바뀌어도 신분 변동이 없이 헌신적으로 일할 수 있는 직업공무원제도의 근간을 정비해주시오(조갑제, 1999: 21; 강조는 필자)"라는 당부를 들었다고 한다. 이런 강력한 자율성을 바탕으로 이석제는 당시의 경제기획원 장관과 대통령 앞에서 논쟁을 벌이기도 하고, 출근을 거부하는 등의 방식으로 원하는 일을 성취하기도 했다. 이석제는 총무처 장관 사임 이후 1971년부터 1976년까지 만 5년 간 감사원장직을 수행하였다(이병량·주경일·함요상, 2004: 770-771). 한편 '경제에는 당신이 대통령이야'라는 말은 전두환이 김재익 경제수석에게 경제정책에 전권을 주면서 했다는 유명한 말이다(백완기, 1994: 173).

3) 라스웰(Lasswell, 1936)의 유명한 정의에 따르면 정치는 "누가 무엇을 언제 어떻게 가지는가(who gets what, when, how)"를 정하는 것이다. 이를 위해 다양한 집단은 이해관계와 이념을 중심으로 때로는 경쟁하고 때로는 의견을 조정하면서 자신에게 유리한 해결책이 공동체 전체의 결정이 되도록 하기 위해 노력한다. '정치'라는 용어가 지니는 부정적 뉘앙스에도 불구하고 정치가 지니는 중요성이 강조되는 이유는 바로 이와 같은 정치의 기능에서 찾을 수 있다.

격에 관한 논의와 맥락을 같이 한다. 즉 이러한 문제의식들은 민주화를 통한 절차적 민주주의의 확립과 정치 기능의 정상화에도 불구하고 여전히 한국에서 발전국가가 지속하고 있는가라는 질문으로 요약될 수도 있는 것이다. 그런데 민주화 이후의 한국의 국가 성격에 관해서는 이미 다양한 논의들이 이루어져 왔다. 그러나 소위 '포스트발전국가론'으로도 통칭되는 이와 같은 논의를 통해 합의된 결론은 존재하지 않는다. 많은 논의들은 나름의 근거를 가지고 민주화 이후 한국에서 발전국가는 소멸했다고 주장하지만 또 다른 많은 논의들 역시 그 나름의 근거를 제시하며 한국에서 여전히 발전국가가 존속되고 있다고 결론내리기도 한다.4) 그럼에도 불구하고 이 글이 이러한 다양한 논의를 하나 더 추가하려고 시도하는 이유는 이와 같은 논쟁들이 발전국가 논의에서 관료제의 자율성에 거의 주목하지 않았다는 점이다.5) 이들 연구들은 하나의 독립적인 행위자로서 경우에 따라서는 정부 혹은 국가의 행위나 그 결과를 분석을 대상으로 삼을 뿐 국가 관료제는 정부나 국가의 의지에 종속되어 행위하는 상수로 여기고 있다. 이 글은 그런 의미에서 민주화 이후 한국의 국가 성격에 대한 논

---

4) 포스트발전국가와 관련한 그간의 논쟁은 박상영(2012), 문돈·정진영(2014), 지주형(2016) 등 다양한 연구에서 정리되어 있다. 이들 연구는 대체로 민주화 이후 한국 국가 성격을 규정하는 과정에서 국가를 하나의 독립적인 행위 주체로 상정하고 때로는 국가, 때로는 정부나 정권, 경우에 따라서는 정부 부처 등 다양한 주체들을 국가로 보면서 이들의 행위가 정책을 통해 시장이나 시민사회에 어떻게 발현되고 있는지를 평가하고 있다. 구체적으로 금융감독체계의 개혁 과정을 통해 한국 발전국가의 성격을 논의한 임혜란·이하나(2009), 이명박 정부의 저탄소 녹색성장으로 같은 시도를 한 김인영(2013), 원전산업구조 형성과정을 통해 역시 같은 시도를 한 홍덕화(2016) 등을 들 수 있다. 이들과 같이 구체적인 정책 영역을 분석의 대상으로 하지 않은 경우, 한국의 발전국가 성격에 대한 논쟁에서 국가는 보다 추상적인 수준에서 독립적인 행위자로서 상정되어 있다.
5) 정헌주·지명근(2017: 78)도 비슷한 문제의식에서 기존의 논의들이 "관료자율성과 국가자율성을 동일시 여김으로써 국가 내부에서의 동학(dynamics)을 경시"하면서 "관료자율성에 영향을 미치는 독립변수로 사회적 행위자를 강조한 반면, 정치적 행위자와의 관계는 변하지 않는 상수로 취급하였다"는 점을 지적하고 있다. 물론 기존 연구에서 보이는 국가와 국가 관료제에 동일시는 한국의 발전국가 초기에는 유용할 수 있었을 것이다. 이후에 논의하겠지만 박정희 군사정권 시절의 한국의 발전국가에서 국가 관료제는 절대적 권력을 가진 더 나아가 국가 의지 그 자체라고 할 수 있었던 집권자의 도구(Apparatus)로서 기능하였다. 그러나 민주화는 절대적인 권력을 가진 집권자가 정치의 기능을 독점하고 국가 관료제는 그에 종속되는 관계의 변화를 가져왔다. 이런 상황에서 국가 관료제의 자율성은 구분되어 분석될 필요가 있을 것이다.

의에서 국가 관료제에 주목하여 기존의 논의에서 비추지 못한 지점을 조망하고자 하는 시도이다.

이러한 질문에 답하기 위해 이 글은 먼저 발전국가의 개념에서 관료제 혹은 관료의 자율성이 어떤 의미가 있는지에 대한 이론적 논의와 발전국가와 관료제의 관계에 대한 분석의 과정에서 다루어야 할 몇 가지 중요한 논점을 정리할 것이다. 이러한 전제를 바탕으로 이 글은 민주화 이후의 한국 국가 관료제와 관료의 자율성의 현재 상황을 다양한 각도에서 조망하고자 한다.

Ⅱ 발전국가와 국가 관료제의 자율성: 발전국가와 관련한 몇 가지 논점

이 장에서는 먼저 발전국가에서 국가 관료제의 자율성이 지니는 의미에 대한 이론적 논의를 간략하게 정리한다. 그리고 발전국가의 핵심 요소로서 국가 관료제의 자율성에 대한 이론적 논의에서 확인하고 넘어가야 할 몇 가지 논점을 드러내고자 한다.

1. 발전국가와 국가 관료제의 자율성

잘 알려져 있다시피 발전국가는 기본적으로 서구와 같은 발전 경로를 거치지 않은 동아시아 국가들의 발전을 규명하는 데 사용된 개념이다. 주류 경제학의 가정에 따르면 경제적 발전을 비롯한 사회적 부(social welfare)의 증진은 시장을 통해 이루어지는 것이고 국가의 역할은 시장실패를 교정하는 데 국한된다. 그러나 동아시아 국가의 발전은 패전이나 식민지 경험, 그에 수반한 내전 등의 조건에서 시장을 비롯한 사적 영역이 붕괴된 상황에서 국가의 적극적인 주도와 개입을 통해 달성되었다. 일본의 국가 발전과 그 과정에서 통상산업성(MITI: Ministry of International Trade and Industry)의 역할에 주목한 존슨(C. Johnson)에 의해 사용되기 시작한 발전국가 개념은 이후 한국과 대만의 발전 사례를 분석한 암스덴(A. Amsden)이나 웨이드(R. Wade) 등을 통해 사용되며 국가 주도형 발전 모델을 설명하는 용어로 정립되었다(Johnson, 1982; Amsden, 1989; Wade, 1990). 결국 동아시아 국가의 발전 과정에서 발견된 "사유재산과 시장경제를 기본 원칙으로 하면서도 국가가 스스로 설정한 부국강병이라는 목표를 위해 시장에 대한 전략적 개입을 거침없이 행하는 국가"라는 특징이 곧 발전국가의 개념으로 정의되었던 것이다(김일영, 2000: 122).

그런데 이와 같은 동아시아 국가의 발전 과정은 위의 개념에서 확인할 수 있는 특징을 공유하면서도 서로 다른 측면도 내포하고 있었다. 예를 들어 제2차 세계대전의 패전국이 되기 이전 이미 자본주의적 경제 발전과 근대국가의 경험을 거쳐 비교적 이른 시간 내에 정당정치와 절차적 민주주의를 확립한 일본에 비해 오랜 식민지 경험과 뒤이은 내전 끝에 근대국가를 수립하였으나 정치적 불안정 끝에 군사정권에 의한 독재체제가 지배한 한국의 경우를 같은 선상에서 이해할 수는 없는 것이었다. 이러한 차이에도 불구하고 이들을 발전국가의 개념 속에서 이해할 수 있는 핵심적인 요인은 국가의 자율성과 국가의 능력이었다. 국가가 사회 집단에 대한 자율성을 지니지 못한다면 국가의 개입은 특정 집단에 대한 후견에 머무를 수밖에 없게 된다(구현우, 2009: 148). 또한 국가가 설정한 목표를 달성할 수 있는 능력이 없다면 발전국가 자체가 성립할 수 없게 되기도 한다. 그런 의미에서 국가의 자율성은 국가가 지배계급을 포함하여 "사회세력 및 사회계급의 요구나 이익의 단순한 반영이 아닌 목표를 설정하고 추구할 수 있는 능력, 즉 독자적으로 목표를 설정할 수 있는 자율성"으로 정의되는 한편 국가의 능력은 "국가가 스스로 설정한 목표를 집행·관철할 수 있는 능력"으로 이해된다(Skocpol, 1985: 9-16; 김일영, 2001: 90; 오재록·공동성, 2011: 31). 그렇다면 발전국가는 구체적으로 국가의 자율성과 능력을 바탕으로 국가의 개입을 통해 시장경제를 발전시킨 국가로 이해될 수 있을 것이다.

여기서 다시 논의되어야 할 점은 '국가'가 구체적으로 의미하는 것이 무엇인가 하는 점이다. 국가는 일반적으로 입법, 사법, 행정의 기능을 수행하는 포괄적인 실체이고 여기에는 당연히 국민의 선호에 기초하여 공동체의 목표를 수립하고 이를 실현할 계획을 세우는 정치의 영역과 이를 구체적으로 집행하는 행정의 영역이 포함되어 있다. 그런데 문제는 정치의 영역은 속성상 지배계급을 포함하여 사회와의 관계에서 자율성을 지니기 어렵다는 점이다. 왜냐

하면 정치, 특히 개인의 이해와 선호가 지니는 절대성을 전제로 작동하고 있는 근대사회에서의 정치는 이와 같은 개인들의 이해와 선호의 결집을 통해 공동체 문제에 대한 결정권인 권력을 획득하는 구조를 가지고 있기 때문이다. 결국 이러한 구조 하에서 국가의 자율성은 국민들의 선호나 의지와 관계없이 선발되어 집단으로 독자성을 누릴 수 있는 관료제 혹은 관료 집단의 자율성에 의존하게 되는 것이다. 이는 곧 국가의 자율성이 구체적으로 관료제 혹은 관료 집단의 정치 집단에 대한 상대적 우위, 달리 말하면 정치에 대한 행정의 우위에 바탕을 둔 관료제의 자율성으로 치환될 수 있다는 점을 의미한다. 때문에 국가의 성격에 대한 발전국가적 관점의 이해에서 국가 관료제의 자율성과 능력의 존재 여부는 매우 중요한 판단의 시금석이 되는 것이다.

2. 발전국가와 국가 관료제의 자율성에 관한 몇 가지 논점

위에서 발전국가 개념에서 국가 관료제의 자율성이 지니는 의미에 대해 논의하였다. 발전국가의 논리에 따르자면 국가의 자율성과 능력은 관료가 사회 권력 집단의 이익 압력으로부터 독립적일수록 높아지게 된다. 그런 의미에서 보편성의 원칙에 근거하여 국가의 목적을 수립·실현하는 관료제와 관료는 국가 자율성과 능력의 핵심이 된다(문상석, 2016: 41). 그리고 실제로 발전국가의 근저에는 합리적이고 근대적인 관료제가 존재했다는 점에서는 이론적인 차원에서 합의가 이루어지고 있기도 하다(Johnson, 1982; Amsden, 1989; Evans & Rauch, 1999; Wade, 1990). 같은 맥락에서 한국의 경우도 개인적인 이익이나 특수한 집단의 이해에 사로잡히지 않고 보편성의 원칙에 입각하여 국가의 이익을 지향한 국가 관료제에 의해 국가의 발전이 이루어진 것으로 평가되고 있다(김일영, 2001; 양재진, 2005). 보다 구체적으로 한국의 발전국가는 국가기구가 국익과 사회 집단의 이익을 일치시켜 정책형성과 집행을 보다 용이하게 하였으며 이를 가능하게 하였던 것은 개인적 이익에 초연하게 국가의 발전을 지향했던 합리적 관료였던 것으로 받아들여지고 있는 것이다(Evans, 1995; 문상석, 2016: 41).

그런데 한국의 경우는 이와 같은 관료제를 통한 국가의 자율성이 지배계급이나 사회로부터의 완벽한 자율성을 의미하는 것은 아니었다. 한국에서 국가 혹은 국가 관료제는 시장경제의 발전이라는 국가의 목표를 함께 지향할 수 있는 집단, 즉 기업-자본과의 파트너십 형성을 통해 더욱 효율적으로 달성할 수 있었다. 그리고 이와 같은 형태의 한국적인 의미의 국가 자율성은 '배태된(embedded) 자율성'으로 명명되고 있다(Evans, 1995; 양재진, 2005: 4; 구현우, 2009: 149).[6] 그런 의미에서 한국에서 이루어진 배태된 자율성은 기업-자본 집단을 제외한 다른 집단을 배제한 자율성이라고 할 수 있다. 또한 이는 역으로 보았을 때 국가 자율성의 개념의 기본적인 전제인 지배계급을 포함한 제반 사회계급의 이해에서조차 자유로운 국가와는 거리를 두고 있는 것으로 보아야 할 것이다.

이런 배태된 자율성이라는 형용 모순적인 개념이 한국 발전국가에서 가능했던 이유는 무엇일까? 발전국가의 이론에 따르면 한국의 경우는 오랜 전통과 식민지 경험의 과정에서 비교론적으로 유례를 찾아볼 수 없을 정도의 능력이 있는 관료제가 존재했다고 설명되고 있다. 그리고 이처럼 능력 있는 관료제는 개인적인 이익이나 특수한 집단의 이해에 사로잡히지 않고 보편성의 원칙에 입각한 국가의 이익을 지향하였다는 것이다(Evans, 1995; 김일영, 2001; 양재진, 2005). 그렇다면 한국의 국가 관료제가 실제로 능력과 지향의 측면에서 그와 같은 초월성을 가지고 있었을까? 물론 다양한 논의에서 관료에 대한 높은 사회적 평가와 그로 인한 치열한 경쟁을 통해 선발된 한국의 관료제 혹은 관료가 지니는 탁월한 능력은 상식적으로 받아들여지고 있다. 그런데 높은 사회적 평가, 치열한 경쟁, 우수한 지적 능력이 반드시 올바른 공동체 목표 설정과 이를 실현하기 위한 계획의 수립으로 이어진다는 보장은 없다. 이 지점은 민주주의 정치의 존재 이유이기도 하고 출발점이기도 하다.

그렇다면 한국의 발전국가에서 국가 관료제의 자율성은 어떻게 이해되어야 할까? 이미 언급했지만 한국의 발전국가에서 정치의 기능은 존재하지 않았거나 미약했으며 이를 우수한 국가 관료제가 대신했다는 점에서는 광범위한 합의가 이루어지고 있다. 그리고 국가 관료제는 자본 집단과의 연계를 통한 배태된 자율성을 바탕으로 국가의 목표를 수립하고 이를 효율적으로 달성한

---

6) 양재진(2005)은 이를 '연계된 자율성'으로 번역하고 있다. 연계된 자율성이라는 번역은 한국적 형태의 국가 자율성을 보다 직접적으로 지칭하는 것으로 이해되어지기도 하나 이 글에서는 일반적인 번역으로 통용되고 있는 '배태된 자율성'을 쓰고자 한다.

것으로 이해된다. 그러나 정치를 공동체의 선호의 우선순위를 발견하여 사회적으로 희소한 자원을 배분하는 과정으로 이해한다면 한국에서도 정치가 존재하지 않았다고 보기는 어려울 수 있다. 한국의 발전국가에서 정치는 정상적으로 기능하지 않았을 뿐이다. 한국의 발전국가에서 정치는 권위주의적 군사정권 혹은 그 정권의 지도자에게 독점되어 있었다.

이와 같이 정치 과정의 독점 하에서 한국의 국가 관료제는 지도자에 의해 주어진 국가 목표를 수용하는 전제 하에서 자율성을 누릴 수 있었다. 권위주의적 군사정권 혹은 그 지도자의 요구를 수용하는 한에서 국가 관료제는 사회로부터 자율성을 누리면서 정책의 수립과 집행 과정에서 자원을 제약 없이 동원하며 목표를 달성해 나갔다. 실제로 이러한 목표를 수용하지 않는 관료에 대해서, 또는 그러한 관료들이 발생하는 것을 사전에 방지하기 위해서 한국의 발전국가는 관료에 대한 대규모 숙청 작업을 주기적으로 실시하기도 하였다.7) 이는 한국 관료제의 특징이라고 알려져 있는 실적에 기반한 직업공무원제의 기본 원리라고 할 수 있는 공무원의 신분 보장을 근본적으로 훼손하는 것이었다. 그리고 이러한 원리가 근본적으로 관료제의 독립성과 권력 등의 기초가 된다는 점에서 한국의 발전국가에서 빈번하게 이루어진 공무원에 대한 숙청은 국가 관료제의 자율성을 제약하는 요인이 될 수밖에 없었다. 그런 의미에서

---

7) 박정희 정권의 경우 군사정변 직후인 1961년 6월 이후 약 한 달 동안 내각사무처의 <인사정리기본정책> 발표와 <공무원감원기본방침>, <부정공무원 정리기준> 및 <인사심의위원회운영요강> 등을 통해 병역기피자, 축첩자, 병역미필자, 부정행위자, 정치관여자 등을 단계적으로 정리하는 방식으로 당시 공무원 전체 정원의 10%에 달하는 33,000여 명의 공무원을 파면하였다(이병량·주경일·함요상, 2004: 14-15). 또한 1962년에도 <정치활동정화법>을 제정하여 약 4,300여 명의 정치인과 고위 공직자를 체포하는 한편 6,900여 명의 공무원을 군복무기피, 부정부패 등의 이유로 체포하거나 해임하였다. 또한 유신체제 중이었던 1975년부터 1978년까지 서정쇄신운동을 통해 17,562명의 공무원을 처벌하였으며 약 11,900명의 공무원을 징계하였다. 또한 전두환 정권은 광주화민화운동을 폭력적으로 진압한 직후인 1980년 7월 공무원을 대대적으로 숙청하였다. 이와 같은 숙청은 2급 이상의 공무원 12.1%, 3급 이하 공무원의 4,760명을 대상으로 한 것으로 알려졌으며 총 공무원의 40%를 교체한다는 소문이 유포될 정도였다고 한다. 더불어 전두환 정권은 1981년 10월 정부의 불필요하고 낭비되는 기능들을 제거하여 정부효율성을 높인다는 명목으로 4급 이상 고위직 약 531개를 없앴다(정헌주·지명근, 2017). 이와 같은 대규모의 공무원 숙청은 관료제 권력과 독립성의 기초가 되는 실적에 의한 충원과 승진, 그리고 신분보장의 원칙을 근본적으로 훼손하는 것이다.

한국의 발전국가에서 국가 관료제의 자율성은 '조건부(conditional) 자율성'이라고 보는 것이 더 정확해 보인다.[8] 또 그렇기 때문에 민주화 이후의 한국 관료제와 관료의 자율성의 재정립의 문제는 단순히 국가 관료제의 자율성의 존재 여부에 대한 논의를 넘어서 이와 같은 '조건부 자율성'이 정치의 정상적 기능 혹은 작동 이후에 어떤 식으로 재정립되고 또 국가 관료제, 보다 구체적으로는 관료들에게 어떻게 받아들여지고 이해되고 있는가의 문제로 다루어져야 할 것으로 보인다.

다음으로 논의할 발전국가와의 관계에서 관료의 자율성에 관한 논점은 국가 개입의 범위와 관련한 문제이다. 위에서 언급한 바 있듯이 주류 경제학의 관점에서 국가 개입은 시장실패의 영역에 국한되는 것이 원칙이다(이정전, 2005). 주류 경제학의 관점이 아니더라도 서구의 근대국가 성립 과정은 시민의 기본권 보장이라는 원칙 하에서 국가 권력을 엄격하게 제한하는 제한국가 혹은 야경국가를 이상으로 하였다. 실제로 근대국가 성립 이후 국가는 개인 혹은 시장이 스스로 해결하지 못하는 제한된 영역에 개입하는 것을 원칙으로 운영되었다. 이와 같이 제한적인 국가 개입의 범위는 공동체가 해결해야 할 문제의 범위, 즉 정치 기능이 작동해야 하는 범위 역시 제한하는 결과를 낳았다. 그 결과 행정학의 성립 과정에서 발견될 수 있듯이 공동체 문제 해결 기제로서 정책의 결정 영역과 그것의 집행 영역을 구분할 수 있다는 생각이 가능하도록 하였다. 즉 정치와 행정은 원리적으로 구분할 수 있다는 것이다(Wilson, 1987). 그러나 대공황 이후 나타난 케인즈주의적 관점에 입각한 국가 개입의 확대는 행정국가화 현상을 낳았다. 이와 같은 행정국가화 현상의 진전은 행정

---

8) 이와 같은 권위주의적 군사정권과 관료제와의 관계를 지휘자와 전투부대원으로 묘사되기도 한다(김형아, 2005: 301). 이는 박정희 정권의 중화학공업정책을 실무적으로 지휘한 오원철을 통해서 확인된다. 그에 따르면 당시 국가의 목표는 군사정권의 최고 지도자인 박정희에 의해 대부분 직접적으로 수립되고 지시되었으며 관료제는 이러한 목표를 내면화하여 이를 구체적으로 실현할 수 있는 방안을 마련하여 추진하는 것으로 역할이 국한되었다고 한다(오원철, 1995, 1997; 김준형·엄석진, 2016). 예를 들어 경부고속도로의 건설 과정도 오원철은 "경부고속도로는 박정희 대통령의 작품이다. 구상부터 감독, 검사를 혼자 해냈다"고 증언하고 있다(노화준, 1996: 162). 이와 같은 권위주의적인 군사정권과 국가 관료제의 관계를 윤견수·박진우(2016)는 주어진 목표를 단기간에 완수하기 위해 인력과 물자를 집중하고, 참여자들 간의 경합을 붙이는 동원과 경쟁 방식에 의해 운영된 '집행관료제'로 규정하고 있다.

으로 하여금 정치의 문제인 정책 결정의 문제를 담당하게 함으로써 행정의 정치화라는 결과로 이어지게 된다. 이러한 상황에 대한 문제의식은 행정의 민주화에 대한 신행정학적인 문제제기로 나타나게 된 것이다.

　　그러나 발전국가는 이와 반대의 국가 개입 범위 변화의 과정을 겪는다. 발전국가는 출발부터 시장 혹은 사회 전체 영역에 대한 국가의 개입을 전제로 한다. 특히 한국의 발전국가에서는 공동체 이익의 결정을 위한 정상적인 정치 과정이 생략된 채 권위주의적 군사정권이 제시한 국가 목표를 그대로 수용한 국가 관료제에 의한 정책결정 및 집행을 통해 사회 전체 영역에 대한 전방위적 개입이 이루어졌다. 그리고 그것은 당시의 국가가 개입할 범위가 그다지 크지 않았다는 점에서 가능하기도 했다. 그런데 발전국가를 통해 이루어진 발전은 경제적 발전뿐만 아니라 필연적으로 이해관계와 선호, 이념의 분화 등 사회적 다양성을 낳기도 했다. 민주화는 어떤 의미에서 그와 같은 사회적 다양성의 확대가 낳은 결과이기도 한 것이다. 또 한편으로 이와 같은 발전의 결과는 그 자체로 공동체가 해결해야 할 문제의 범위를 확대시키는 것이기도 했다. 그렇기 때문에 민주화가 국가가 개입해야 할 공동체 문제의 범위 확대라는 결과를 낳는다고 할 수는 없지만 민주화와 더불어 국가가 개입해야 할 공동체 문제의 범위가 확대되는 현상이 병렬적으로 나타나게 되었다고는 할 수 있다. 이런 상황에서 민주화를 통해 정상화된 정치 기능을 통해 감당해야 하는 공동체 문제의 확대가 기존의 발전국가에서 국가 관료제가 담당했던 국가 개입의 범위를 실제로 축소할 수 있을지 하는 문제가 제기될 수 있다. 그리고 이러한 문제는 민주화 이후 한국의 발전국가로서의 성격을 규정함에 있어서 국가 관료제의 자율성을 단순히 행정의 영역과 의회 등 정치 영역의 상대적 범위를 통해서 분석하거나 평가하는 것으로는 제대로 된 해답에 이르지 못할 수도 있다는 점을 보여주고 있다.

　　끝으로 논의할 논점은 위의 논점과도 연결되는 것이다. 이는 행정학에서 주로 다루어지고 있는 정치─행정 관계에 대한 논의와도 맥락이 닿아 있다. 위에서도 언급했지만 행정학의 출발이 되는 기본적인 가정은 정치와 행정이 구분된다는 점에 있다. 이러한 행정학의 전제는 베버(M. Weber)의 관료제가 지니는 가정을 공유하는 것이기도 하다. 베버의 관료제는 이전의 조직과는 달리 인간적인 요소가 아닌 규칙이나 사실과 같은 객관적인 행태의 지배 원리를 가진다는 점에서 근대적 합리성의 구현이라고 할 수 있다. 관료는 개인적 사정을 고려하지 않는, 즉 '화내지도 흥분하지도 않으며(sine ira et studio)' 규칙을 객관적으로 적용해야 하는 존재로 이해되었다(Weber, 1946; Weber[박성환 역], 1997/1922). 이를 위해서 필요한 전제 조건은 정치로부터 행정을 엄격하게 구분해내는 것이다(Ostrom, 1973). 왜냐하면 본질적으로 정치라는 것은 대중들의 욕구에 기반하여 희소한 자원을 배분하는 권력적 상호 작용이고 규칙의 객관적 적용을 허용하지 않는 과정이기 때문이다. 그런 의미에서 관료제는 정치의 영역에서 정해진 규칙들을 통일적으로 누구에게나 똑같이 적용하는 행정영역에 적용되는 원리이자 조직 체계로 볼 수 있는 것이다(이병량·김서용, 2019). 그런데 이와 같은 행정학의 가정은 위에서도 지적했듯이 행정국가화의 진전과 더불어 더 이상 의미를 가지지 못하게 되었다. 정치와 행정은 정책의 결정과 집행이라는 식으로 이분법적으로 구분이 되지 않는 연속적인 과정이고 행정 역시 정책 결정이라고 하는 정치 영역의 역할을 수행하고 있다는 것이다(Appleby, 1949; 김소희, 2014; 유현종, 2018).

이러한 상황은 국가 관료제가 공동체의 문제에 대해 독자적인 판단에 근거하여 목표를 설정하고 문제의 해결책을 제시하는 것이 일상적이라는 점을 보여준다. 이는 발전국가와 상관없이 국가 관료제는 현대 행정국가에서 불가피하게 일정한 범위의 자율성을 가질 수밖에 없다는 점도 시사한다. 이와 같은 국가 관료제의 불가피한 자율성은 선출된 대표나 정책 경쟁을 통해 집권한 정당의 대표를 통한 국민 선호 대변의 원칙과 충돌할 수 밖에 없을 것이다. 특히 발전국가를 통한 국가 발전의 과정에서 '조건부 자율성'을 누린 국가 관료제를 지닌 한국에서 이는 더욱 미묘한 문제일 수밖에 없다. 다시 말하면 이 문제는 민주화 이후 한국의 정치-행정 관계에서 나타나는 갈등을 어떤 경우에 행정의 정치적 역할 수행 과정에서 견지되어야 할 관료의 독자적이고 소신 있는 판단에 의한 것으로 보고 또 어떤 경우에 발전국가의 잔재로서 국가 관료제의 자율성에 대한 욕구에 의한 것으로 볼지를 구분하는 기준이 무엇인가라는 질문을 제기하게 된다.

위에서 정리한 이러한 논점들은 발전국가의 관점에서 민주화 이후 한국의 국가 성격을 분석하여 규정하는 것이 쉽지 않은 일이라는 점을 확인시켜주고 있다.[9] 국가 관료제의 자율성의 존재 여부, 혹은 상대적 비중의 변화에 대한 평가를 통해 한국에서 발전국가가 존속하고 있는지를 단정하기에는 현실의 변화가 너무 복잡하게 전개되고 있는 것으로 보인다. 이는 근본적으로 한국에서 국가 관료제의 자율성은 그 자체로서 다양한 해석이 제기될 수 있는 여러 논점이 존재하는 문제라는 점에 기인하기도 한다. 따라서 이 글은 민주화 이후 국가 관료제와 정치와의 관계에서 발견되고 있는 몇 가지의 현상을 제시함으로써 관련된 논쟁을 더욱 풍성하게 하고자 한다.

1. 정책 결정 체제에서 의회와 국가 관료제의 관계

위에서 언급했듯이 발전국가의 핵심적 요소로서 국가 자율성과 국가 능력은 국가가 지배계급을 포함하여 사회를 구성하는 다양한 집단의 이해관계로부터 자유롭게 국가 목표를 설정하고 이를 달성하기 위한 정책을 결정하여 집행할 수 있는 힘을 의미한다. 그리고 이와 같은 국가 자율성과 국가 능력은 구체적으로 사회의 다양한 집단에게 필연적으로 영향을 받을 수밖에 없는 정치의 영역이 아니라 국가 관료제와 관료에 의해 발휘되어야 하며, 실제로도 그런 것으로 받아들여져 왔다. 이는 구체적으로 발전국가에서 국가 관료제는 의회를 대신하여 정책 결정 체제에서 중심적인 역할을 수행한다는 것을 의미한다. 그런 의미에서 정책 결정 체제에서 의회와 국가 관료제와의 관계 변화는 발전국가의 지속성을 평가하는 중요한 기준으로 여겨지게 된다.

이와 관련해서 김두래(2018)는 한국의 의회와 국가 관료제와의 관계를 정책 결정 체제에서 행정부 우위와 소극적 의회의 특성을 보이는 소극형에서 행정부에

---

9) 민주화 이후 한국의 국가성격에 대한 논의들도 크게는 '발전국가 지속론', '발전국가 소멸론', 또 이러한 주장 각각이 지니고 있는 한계를 절충론 등으로 다양하게 합의되지 않은 채 진행되고 있다(박상영, 2012: 66-68; 지주형, 2016: 222-227).

비견하거나 능가할 정도로 의회의 역할이 증대된 적극형으로 변화하였음을 지적하고 있다. 그리고 이러한 변화는 구체적으로 행정부에 대한 의회의 정치적 통제의 증가로 나타나고 있다고 한다. 구체적으로 이러한 정치적 통제의 증가는 한국 국회의 국정감사 및 국정조사 활동의 강화로 증명된다는 것이다.[10]

위의 김두래(2018)에 의해 계량적인 측면에서 분석된 국정감사 및 국정조사의 활동의 증가 추세는 민주화와 더불어 나타나는 현상으로 확인되고 있다. 이는 국정감사 및 국정조사 활동을 실질적으로 구성하고 있는 다양한 세부 활동과 관련한 지표가 민주화 직후인 제13대 국회부터 나타나고 있음을 통해서 확인할 수 있다. 이를 통해 발전국가의 핵심으로 여겨져 왔던 국가 관료제의 의회에 대한 상대적 권한의 약화, 즉 국가 관료제의 자율성 약화라는 결론에 쉽게 도달할 수 있는 것으로 보인다. 또한 국정감사권 자체가 제4공화국의 수립을 뒷받침했던 소위 유신헌법에 의해 폐지되었다가 1987년 민주화운동의 결실인 현행 헌법을 통해 부활이 되었다는 점을 고려할 때 제도적인 차원에서도 이를 국가 관료제에 대한 정치적 통제의 제도화로 해석할 수 있는 여지는 충분하다고 할 수 있을 것이다.[11]

그런데 보다 본질적으로 정책 결정 체제에서 의회와 국가 관료제의 관계를 확인할 수 있는 것은 입법 활동의 정도가 될 것이다. 이는 바로 입법이 정책의 법적 구체화이기 때문이다. <표 1>은 국회별로 제출된 법률안과 그 가운데 어떤 형식으로든 실제 법률안으로 반영된 법률안의 건수를 정리한 표이다. 이 표를 통해서 가장 뚜렷하게 확인되는 사실은 민주화 이후인 제13대 국회 이후 국회의원이 제출한 의원안이 대폭 증가하고 있다는 점이다. 특히 그 증가폭은 2000년에 들어오면서 더욱 확대되어 제15대 국회까지만 해도 1,000건에 미치지

---

10) 김두래(2018: 69−71)의 연구에 따르면 제13대 국회 이후 국정감사의 대상 기관, 요청 증인, 요청 제출 서류의 수가 지속적으로 증가하고 있으며 또 국정조사의 발의 건수 역시 제13대 국회 이후 꾸준히 늘어나고 있다고 한다.
11) 행정부에 대한 국회의 통제가 제도적으로 강화된 또 다른 사례는 재정적인 측면에서도 나타나고 있는데, 예를 들어 기금의 경우도 2002년부터 국회의 심의·의결을 받게 하는 한편(금융성기금의 경우는 2004년부터임) 기금운용계획의 자율 변경 범위도 점차 축소하여 2007년부터는 금융성기금의 주요 항목 지출 금액의 30%, 비금융성기금의 경우는 20%를 초과하는 경우에는 국회의 심의·의결이 필요하도록 규정되었다(기획재정부 재정정보공개시스템. "기금 운용의 평가 및 기금제도 개선내용." http://www.open fiscaldata.go.kr/portal/baeoom/baeoom02.do#none) (검색일: 2020. 01. 27).

못했던 국회의원 제출 법안의 수가 제17대 국회에서는 5,000건을 그리고 제18대 국회 이후에는 10,000건을 훨씬 초과하고 있는 것으로 나타나고 있다.

표 1   국회별 발의주체별 법률안 통계[12]

	의원안	위원장안	정부안
제20대 국회 (2016~2010)	19,335 (4,445)	1,016 (1,016)	948 (566)
제19대 국회 (2012~2016)	15,444 (5,346)	1,285 (1,280)	1,093 (803)
제18대 국회 (2008~2012)	11,191 (3,866)	1,029 (1,024)	1,693 (1,288)
제17대 국회 (2004~2008)	5,728 (2,232)	659 (654)	1,102 (880)
제16대 국회 (2000~2004)	1,651 (770)	261 (258)	595 (551)
제15대 국회 (1996~2000)	806 (349)	338 (338)	807 (737)
제14대 국회 (1992~1996)	252 (99)	69 (68)	581 (561)
제13대 국회 (1988~1992)	462 (244)	108 (108)	368 (355)
제12대 국회 (1985~1988)	181 (90)	29 (28)	168 (164)
제11대 국회 (1981~1985)	164 (64)	40 (40)	287 (279)
국가보위입법회의 (1980~1981)	7 (7)	26 (26)	156 (156)
제10대 국회 (1979~1980)	5 (3)		124 (97)
제9대 국회 (1973~1979)	113 (61)	41 (41)	479 (470)
비상국무회의 (1972~1973)			270 (270)
제8대 국회 (1971~1972)	11 (5)	3 (3)	35 (34)
제7대 국회 (1967~1971)	179 (87)	64 (63)	291 (255)
제6대 국회 (1963~1967)	313 (133)	103 (102)	242 (200)
국가재건최고회의 (1961~1963)	9 (9)	534 (500)	613 (519)
제5대 국회 (1960~1961)	115 (18)	23 (17)	159 (43)
제4대 국회 (1958~1960)	93 (15)	30 (24)	201 (53)
제3대 국회 (1954~1958)	113 (40)	57 (41)	239 (91)
제2대 국회 (1950~1954)	124 (52)	77 (51)	215 (149)
제헌국회(1948~1950)	74 (35)	29 (24)	143 (109)

자료: 국회 의안정보시스템. "발의주체별 법률안통계." http://likms.assembly.go.kr/bill/stat/statFinish
     BillSearch.do (검색일: 2020. 1. 27).

당연하게도 정부안의 경우는 의원안에 비해 상대적 비중이 큰 폭으로 감소하고 있다. 그러나 주목할 만한 점은 정부안의 건수가 절대적인 수준에서 감소하고 있는 것은 아니라는 사실이다. 민주화 직후인 제13대 국회에서 국회 제출 법률안 중 정부안이 제12대 국회의 2배에 달하는 368건이 된 이후 대체로 꾸준히 증가하는 추세를 보이며 제17대 국회 이후 1,000건을 넘어서는 모습을 보이고 있다. 물론 이는 의원안의 증가 추세에는 훨씬 못 미치는 것이고 그 결과 제20대 국회의 경우 의원안 대비 정부안은 4.9% 수준에 머무르는 데 그치고 있다. 당연히 이와 같은 결과는 정책 결정 체제에서 의회 주도성 강화의 증거로 여겨질 수 있다. 그러나 다른 측면에서는 이와 같은 의회를 통한 법안 처리의 급격한 증가는 국가가 개입해야 할 영역이 급속하게 늘어난 2000년대 이후의 상황의 반영인 것으로 해석될 소지도 존재한다. 면밀하게 검토해보면 민주화 이후인 제13대 국회에서 제15대 국회까지는 의원안의 증가 추세가 확인되지만 그 속도는 대체로 완만한 것으로 확인이 되고 있다. 따라서 2000년 이후인 제16대 국회부터 나타난 의원안의 폭증은 단순히 국가 관료제에 대한 의회의 통제력 강화 이외의 다른 요인에 의해 설명될 수 있는 여지가 존재하는 것으로도 여겨진다. 또한 정부안과 의원안의 처리 절차상의 복잡성의 차이로 인해 정부 부처가 소관 상임위원회의 국회의원을 통해 법안의 제출을 청탁하는 소위 '우회입법' 혹은 '청부입법'의 관행이 존재하고 또 이러한 관행이 국회의원에 대한 평가와 맞물려 더욱 증가하고 있는 추세라는 점을 고려할 필요도 있다.[13)]

---

12) 괄호 안은 법안 반영 건수로 제출된 법안 가운데 원안 및 수정 가결을 포함한 가결과 대안반영을 포함한 건수이다.

13) 정부안이 국회로 제출되기까지는 부패영향평가, 관계기관 협의, 규제심사, 법제처 심사, 차관회의, 국무회의 등 여러 과정을 거쳐야 하고 기간도 대체로 5~7개월이 소요된다(법제처 홈페이지. "입법과정안내." http://www.moleg.go.kr/lawinfo/governmentLegislation/process/processSchedule) (검색일: 2020. 01 .27). 반면 의원안은 국회의원 10인 이상의 찬성만 있으면 국회에 법률안으로 국회로 제출될 수 있다(대한민국국회 홈페이지. "입법절차." http://www.assembly.go.kr/views/cms/assm/assembly/asswork/asswork0101.jsp) (검색일: 2020. 01. 27). 이러한 차이 때문에 정부가 국회의원을 통해 우회적으로 법률안을 제출하는 상황에 대해서는 언론에서도 빈번하게 지적되고 있음에도 불구하고 지속적으로 증가하는 추세로 알려져 있다. 특히 국회의원의 의정 활동에 대한 평가가 이루어지면서 국회의원이 정부에게 법률안을 청탁하는 경우도 늘어나고 있다는 보도도 있다(아시아경제(인터넷판), 18/12/17; 법률신문(인터넷판), 19/07/12; 한국법제연구원, 2016).

또 하나 주목할 만한 사실 중의 하나는 박정희의 군사정변 이후 수립되어 전두환 정권까지의 기간 즉, 일반적으로 한국의 발전국가 시기로 규정되는 해당 기간 중에도 1961년에서 1963년 사이의 국가재건최고회의, 그리고 1972년의 유신체제의 수립에서 박정희 대통령 사망과 뒤 이은 정치적 혼란기인 1980년과 1981년 사이의 국가입법보위회의까지의 시기를 제외한 기간 중 전체 법률안 가운데 정부안이 의원안에 비해 압도적으로 높은 시기는 없다는 점이다. 해당 기간 중이었던 제6대, 제7대, 제11대, 제17대 국회에서의 법률안 중 의원안과 정부안의 비중은 어느 한쪽이 압도적으로 우위를 차지하지 않았을 뿐 아니라 경우에 따라서는 의원안이 정부안에 비해 많이 제출된 시기도 존재하였다. 이러한 경향은 발전국가 이전 시기인 제헌국회 이후 제5대 국회까지나 민주화 이후 2000년 이전인 제13대, 제14대, 제15대 국회와 크게 차이가 나지 않는 것이다. 이러한 사실에 대해서는 역으로 발전국가 시기에도 적어도 법률의 제정을 중심으로 형성된 정책 결정 체제에서는 국가 관료제가 의회를 완벽히 압도하지 않은 것으로 해석될 수 있는 여지도 있다. 그렇다고 한국에서 발전국가가 실제로는 존재하지 않았다거나 혹은 특정한 시기에 간헐적으로 존재한 것으로 볼 수는 없을 것이다.

결국 국회를 통해 제출된 법률안의 발의주체를 통해서 확인할 수 있는 의회와 국가 관료제와의 관계, 그리고 국가 관료제의 자율성의 변화 정도는 표면적으로는 민주화 이후 정부에 대한 의회의 상대적 우위성과 국가 관료제 자율성의 약화로 이해될 수 있는 것으로 보인다. 그러나 한편으로 이렇게 표면적으로 드러난 것 이외에 다양한 해석의 여지가 존재한다는 점도 확인할 수 있었다. 이러한 상황은 다시 한 번 민주화 이후 한국의 발전국가로서의 성격을 평가함에 있어서 국가 관료제의 자율성을 단순히 국가 관료제 영역에 대한 의회 등 정치 영역의 상대적 범위를 통해서 분석하거나 해석하는 데는 유보가 필요할 수 있다는 점을 보여주고 있다.

2. 국가 관료제의 자율성과 관련한 풍경

위에서도 언급했지만 민주화 이후 한국의 국가 성격, 특히 발전국가의 존속 여부에 대해서는 서로 다른 관점의 다양한 주장이 존재한다. 이는 국가 관료제와 관료의 자율성의 변화, 혹은 정치와 행정의 관계에 대한 다양한 해석의 여지들이 존재하기 때문에 나타나는 일일 것이다. 위에서도 살펴봤듯이 정책 결정 체제에서 의회와 국가 관료제와의 관계도 표면적으로 드러나는 사실로만 판단을 내리기는 어려운 것으로 보인다. 따라서 여기서는 현재 한국의 국가 관료제와 관료의 자율성 여부에 대한 몇 가지 풍경을 묘사하고 이를 위에서 제시한 논점과의 연관 속에서 해석하고자 한다.

잘 알려져 있듯이 민주화 이후 국가 관료제에 대한 정치적 통제의 시도는 다양하게 이루어져 왔다. 특히 정권의 교체가 이루어진 직후 새로 국가권력을 획득한 정권은 관료제를 개혁의 대상으로 상정하고 강력하게 통제하려는 시도하였다. 특히 신자유주의적 정부 개혁과 더불어 관료제를 경쟁과 평가를 통해 통제하고 또한 그것이 어떻게 이해되어야 하는지와는 별개로 '작은 정부'라는 구호를 통해 축소하려는 시도가 이루어지기도 하였다. 그러나 국가 관료제에 대한 이와 같은 정치적 통제의 시도는 대체로 구체적인 성과로 이어지지 못한 것으로 평가되고 있다.

그림 1   행정부 국가공무원 정원 추이(1987~2018)

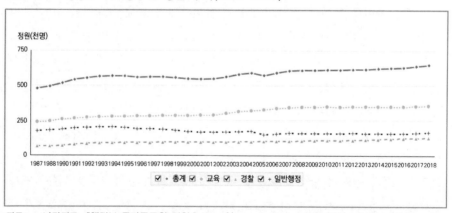

자료: e-나라지표. "행정부 국가공무원 정원." http://www.index.go.kr/potal/main/EachDtlPageDetail.do?idx_cd=1016 (검색일: 2020. 01. 27).

위의 <그림 1>은 민주화 이후인 1987년 이후 한국의 국가공무원의 정원의 변화 추이를 보여주고 있다. <그림 1>을 통해서 확인할 수 있듯이 한국의 국가공무원 정원은 1987년 50만 명에 미치지 못하는 수준이었던 것이 2018년 현재 64만 9천여 명에 달하고 있는 집계되고 있다. 그 기간 중 국가공무원의 정원이 다소 감소하였던 시기는 1995년 지방자치제의 시행으로 인해 국가공무원과 지방공무원의 조정이 이루어졌던 시기와 IMF 외환위기 이후 구조조정 시기, 그리고 2005년 철도청의 공사전환으로 인한 정원조정 시기에 그치고 있다.[14] 특히 신자유주의적 정부 개혁의 강력한 추진을 공언한 이명박과 박근혜의 보수정권에서도 국가공무원의 정원은 지속적으로 증가하고 있는 모습을 보여주고 있다.

그림 2   연도별 지방공무원 정원 추이(2000~2018)

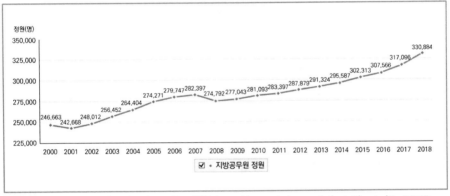

자료: e-나라지표. "지방자치단체 공무원 정원." http://www.index.go.kr/potal/main/EachDtlPage Detail.do?idx_cd=1042 (검색일: 2020. 01. 27).

<그림 2>는 통계자료가 확인되는 2000년 이후의 한국의 지방공무원의 정원 추이를 보여주고 있다. 지방공무원 정원 역시 지방분권과 균형발전을 국정 목표로 제시한 노무현 정권이 이명박 정권으로 교체된 직후인 2008년 약 8천 명 정도의 감소가 이루어졌으나 대체로 지속적인 증가 추세가 이어져 2018

---

14) 국가지표체계인 e-나라지표 해당 항목의 설명을 참고하였다(e-나라지표. "행정부 국가공무원 정원." http://www.index.go.kr/potal/main/EachDtlPageDetail.do?idx_cd=1016 (검색일: 2020. 01. 27).

년 기준으로 33만 명을 초과하고 있다. 또한 지방공무원 역시 이명박 정권과 박근혜 정권에서도 지속적으로 정원이 증가하는 경향이 나타나고 있다. 즉 적어도 신자유주의적 정부 개혁을 통해 공언된 '작은 정부'의 구호에도 불구하고 공무원 수의 감축을 통한 국가 관료제의 통제는 실제로 이루어지지 않았음을 확인할 수 있는 것이다. 특히 적어도 민주화 이후 권위주의적 군사정권에서 이루어졌던 것과 같은 대규모의 공무원 숙청을 통한 국가 관료제에 대한 통제의 시도는 존재하지 않았다.

이러한 상황에서 국가 관료제에 대한 정치적 통제의 실패 혹은 곤란성에 대해서는 다양한 방식의 언급이 존재하였다. 민주화 이후 가장 먼저 나타난 국가 관료제에 대한 정치적 영역에서의 비판은 '복지부동'이었다. 1993년 최초로 사용례가 발견되었다고 하는 복지부동은 김영삼 정권의 개혁에 대한 공무원들의 일종의 의도적 태업을 지칭하는 용어로 사용되기 시작하였다(정병걸, 2018: 443-444). 복지부동이라는 용어가 한국의 관료 행태를 설명하는 용어로 이후 지속적으로 사용되면서 그 의미에 대한 다양한 해석이 나타나기도 하지만 정치적 차원에서는 관료 통제의 곤란성을 내포하는 개념으로 이해될 수 있을 것이다.

국가 관료제에 대한 정치적 통제의 곤란성에 대한 정치 영역의 인식은 2019년 5월 10일 있었던 집권여당의 원내대표와 청와대 정책실장과의 대화를 통해서도 드러났다. 가령 "정부 관료가 말을 덜 듣는 것, 이런 건 제가 다 (이야기) 해야(한다)", "단적으로 김현미 (국토교통부) 장관 그 한 달 없는 사이에 자기들끼리 이상한 짓을 많이 했다", "잠깐만 틈을 주면 엉뚱한 짓들을 한다"는 등의 대화의 내용은 국가 관료제에 대한 정치 영역의 시각을 단적으로 드러내주고 있다(동아일보(인터넷판), 19/05/11). 즉 국가 관료제는 여전히 정치적 통제가 힘든 집단으로 인식되고 있는 것이다.

이와 같은 인식은 국가 관료제가 민주화 이후에도 여전히 정책 과정에서 주도적인 역할을 수행하고 있음을 보여주고 있는 연구의 결과를 통해서도 확인되고 있다. 유재원·소순창(2005)의 측정에 따르면 민주화 이후 세계화, 지방화, 민간화(privatization) 등 국가의 권력 약화를 불러일으킬 수 있는 여러 요인의 작동에도 불구하고 한국의 경우 여전히 정부의 영향력이 두드러지게 나타나고 있는 것으로 확인되고 있다. 또한 유재원·이승모(2008)는 관료제적인 권력 행사 방식인 계층제의 약화와 이를 대체한 시장이나 네트워크 거버넌스의 출현을 주장하는 논의에도 불구하고 현실적으로는 계층제적 권력 행사 방식이 지배적이라는 점을 실증적 연구를 통해 밝혀내기도 하였다. 민주화를 비롯한 다양한 환경의 변화에도 불구하고 유지되고 있는 국가 관료제의 권력은 결국 정권의 이념적 지향이 정책에 미치는 영향도 희석시킬 수 있다. 즉 정치의 투입의 기능을 제한하게 된다. 이는 민주화 이후 이루어진 집권 정당의 교체와 이를 통한 정책 이념의 변화에도 불구하고 구체적인 정책의 내용에 있어서는 변화가 나타나지 않고 있음을 확인한 이병량·황설화(2012)의 연구를 통해서도 뒷받침되고 있다.

　　그러나 국가 관료제에 대한 정치적 통제에 대한 인식은 관료들에게는 전혀 상반되게 해석되고 있는 것이 현실이다. 아래의 면담의 내용은 각각 중앙부처 차관과 광역자치단체 부단체장으로 공직을 마친 행정고시 출신의 엘리트 공무원의 관료와 정치와의 관계에 대한 진단이다.[15]

　　관료와 정치의 관계 그거부터 이야기가 들어가야 되는데, 하여튼 국회가 강해져서 모든 것이 국회에 가야 하게 되었어. 상임위도 가야 하고, 예산 관계는 예결위, 거기서 법이 제대로 통과되어야 일을 하는 거니까 법사위도 가야 하고 … 그러니까 완전히 상전이 되었고, 어떤 때는 청와대도 거기 가서 부탁을 하고 사정을 해야 하는 시대가 되었어. 입법부 만능시대가 되었어.

　　　　　　　　　　　　　　　　　　　　　　　－ 전 중앙부처 차관 A

　　제가 처음 공무원 시작할 때는 제 시간 쓰는 거의 4분의 1 정도를 정치적인 이유, 즉 의회라든지 도의회, 국회, 감사원, 청와대 이런 것들에 그 당시엔 한 4분의 1 정도를 썼어요. 4분의 3을 일하는 데 썼거든요. 그런데

---

15) 아래에 인용된 면담은 각각 2019년 5월 20일과 6월 7일 필자가 참여하고 있는 SSK 정부의 질과 거버넌스의 다양성 연구단의 관료적 거버넌스 팀에서 수행한 것이다. 또 결론에서 인용한 면담은 2019년 9월 17일 수행되었다. 구술한 면담 내용을 전체적인 맥락을 훼손하지 않는 범위에서 어법 등을 고려하여 다소 수정하였다.

CHAPTER 08 민주화 이후의 한국 국가 관료제의 자율성　253

퇴직 즈음에서는 3분의 2를 그런 일에 쓰고 실질적인 일을 3분의 1밖에 못 하는 거예요. 젓가락 놓는 놈이 너무 많아요. 숟가락 놓는 놈.

- 전 광역자치단체 부단체장 B

대체로 발전국가 후반에 공직 생활을 시작하여 최근까지 공직 경험을 쌓았던 위에서 인용한 관료들의 면담 내용에 따르면 정치와 행정의 관계에서 정치의 우위는 압도적인 것으로 이해되고 있다. 입법부 만능시대라고도 단적으로 표현하고 있는 이와 같은 변화는 관료들에게 있어서 관료의 자율성을 심각하게 박탈하는 것으로 여겨지고 있다. 다음은 위의 전 중앙부처 차관의 관련한 언급을 인용한 것이다.

나는 오히려 시대가 … 옛날에는 관료들이 소신 있게 정책 입안 주도권을 가지고 있을 때는 눈치 안 보고 소신껏 하는 사람들이 많았어. 우리가 공무원 시작할 때 내가 78년도 합격 79년부터 수습에 들어갔는데 그때 박정희가 돌아가신 무렵이지만 선배들이 개발, 나라 경제의 성장을 이끌어오던 사람들이라서, 모든 사람들이 와서 교육원에서부터 처음에 배울 때부터 조선시대 선비정신을 배웠어. 우리가 따라서 하도록 목민심서 그런 걸 기본 교육할 때 목민심서 시대의 선비교육을 배웠지. 부패하지 말고 백성들을 잘 다스려야 한다. 또 하나는 엄청난 신화들을 만들어 나가는 개발연대 젊은 장관들도 있었고 … 그때는 발탁도 많이 했거든. 박정희 때는 … 그런 사람들이 우리 공직내부에서는 특히 고시 출신들한테는 하나의 우리가 닮아야 될, 우리의 롤모델로 신화 같은 그런 스토리로 내려왔거든. 근데 지금은 관료들이 다 할 수 있는 시대가 아니야. 오늘도 우리 차관 했던 사람들 점심을 같이 먹었는데 우리 때까지는 그런대로 이렇게까지는 안 갑갑했는데 하면서 지금 애들은 청와대에서 결정해 내려오기만 기다린다는 거지.

- 전 중앙부처 차관 A

위에서 인용한 면담 내용과는 반대로 소신껏 일하던, 즉 국가 관료제가 자율성을 구가하면서 정책 입안에서 주도권을 가지던 시절에 대비한 최근의 국가 관료제의 상황에 대해서는 '공무원의 영혼'과 관련된 논의가 있다. 복지부동과 마찬가지로 이명박 정권 이후 용례를 획득하여 정치권력에 대비하여 자신의 전문직업적 윤리와 그에 근거한 재량적 판단을 포기한 관료를 의미하는 공무원의 영혼이라는 용어는 위에서 인용한 관료들이 진단하고 있는 정치－행정의 관계, 즉 정치에 의해 통제되어 자율성을 상실한 국가 관료제의 상황을 단적으로 드러내고자 하는 의지가 나타나고 있는 것으로 보인다.[16]

위에서 서술한 것처럼 민주화 이후 국가 관료제의 자율성과 관련해서는 서로 다른 해석을 가능하게 하는 모순되는 양상이 펼쳐지고 있다. 이러한 양상은 한국의 국가성격, 보다 구체적으로는 발전국가의 존속 여부에 대한 단정적인 판단을 곤란하게 하고 있다. 그러나 한 가지 언급하고 넘어갈 필요가 있는 사실은 권위주의적 군사정권에 의한 신분의 박탈을 수단으로 이루어진 강력한 국가 관료제에 대한 통제가 준 '조건부 자율성'의 상황에서는 자율성을 누리며 소신껏 일했다고 여기고 있는 한국의 관료 집단이 어떤 이유에서 그와 같은 비일상적인 통제가 이루어지지 않은 현재의 상황에서 영혼을 상실했다고 생각하고 있다는 점이다. 이와 같은 모순을 국가 관료제의 자율성 차원에서 어떻게 해석해야 할까?

Ⅳ 마치며

이 글은 민주화 이후 한국 국가 관료제 자율성의 현재적 상황에 대하여 조망하기 위해 쓰였다. 국가 관료제의 자율성은 한국의 국가 발전 모델인 발전국가의 핵심적인 요소이다. 따라서 그 현재적 상황에 대한 조망은 한국의 국가성격에 관한 논의, 구체적으로는 한국에서 발전국가의 존속 여부를 가늠

---

16) 윤견수·김순희(2013, 18)는 공무원의 영혼을 단순히 관료제와 정치권력과의 관계가 아니라 통치와의 관계로 보면서 "공무원에게 영혼이 없다는 것은 통치권력과의 관계에서 행정이 전혀 자율성을 갖지 못했다는 것을 의미하며, 동시에 공무원들 간에 아직 공직에 대한 정체성과 전문직업주의가 구축되지 않은 상황을 뜻한다"고 정리하고 있다.

할 수 있는 중요한 잣대가 될 수 있다. 그러나 이러한 평가와 판단, 해석은 단순하지 않다는 사실만이 이 글을 통해 밝혀진 것 같다.

그럼에도 불구하고 이 글은 한국의 발전국가와 국가 관료제의 자율성과 관련하여 고려할 필요가 있는 몇 가지 논점을 제기하고자 하였다. 먼저 정책 결정 체제에서 의회와 정부의 역할이나 관계에 대한 평가에 있어서 국가가 개입해야 할 범위가 늘어나는 행정국가화 현상의 진전을 고려해야 할 필요가 있다는 것이다. 이는 정치의 정책 결정 체제에서의 역할이 상대적으로 증대하는 것을 단순히 국가 관료제의 자율성 약화로 보기 어렵게 하는 요인이 될 수 있다. 즉 정책 결정 체제에서 의회의 비중 증대에도 불구하고 국가 관료제 역시 이전의 수준, 혹은 이전보다 훨씬 더 넓은 수준에서 정책의 결정과 집행을 통해 국가의 일에 개입할 경우 이를 국가 관료제의 자율성 차원에서 어떻게 해석할 것인가의 문제가 제기된다는 것이다.

또 한 가지 고려해야 할 사실은 한국의 발전국가에서 국가 관료제에게 허용된 자율성은 권위주의적 군사정권에 의한 비일상적인 통제에 근거한 '조건부 자율성'이었다는 점이다. 그와 같은 조건부 자율성은 민주화 이후에는 더 이상 존재할 수 없는 성격의 것이기도 하다.

권위주의 시대는 주문사항이 하나라기보다는 조정이 되어서 내려왔어요. 그러니까 위에서 결정이 되면 토를 달 수 없이 한 루트로 내려왔거든요. 그때는 관계기관대책회의가 있었어요. 안기부장 검찰총장 몇몇 사람 모여서 거기서 결정하면 토 안 달아요. 요즘같이 중구난방으로 원내대표 청와대 소리 그런 거 없죠. 그게 좋다는 얘기는 아니에요. 그때 뭐 이렇게 해 가지고 내려왔고 그 후에 시대가 바뀌면서 절대적인 권위와 권력을 이미 분산이 되어버려요.

－ 전 중앙부처 장관 C

위의 인용문은 발전국가 시기의 '조건부 자율성'의 구체적인 양상이 어떠한 성질의 것이었고 또 그것이 민주화 이후의 맥락에서 어떻게 변화하고 있는지를 단적으로 보여주고 있다. 그런데 중요한 것은 이러한 '조건부 자율성'은 민주화 이후 어떤 방식으로 국가 관료제에 재정립되었으며 어떻게 관료들에게 수용되고 이해되었을까 하는 문제이다. 절대적 권위와 권력의 분산은 그 자체로 민주화의 산물인 동시에 정치의 정상적인 작동을 의미하는 증거이기도 할 것이다. 그럼에도 불구하고 국가 관료제가 이러한 상황을 불편하게 여기고 있음은 전 장의 다양한 진술을 통해서도 확인할 수 있었다.[17] 더구나 이러한 상황 인식은 국가가 개입해야 할 일의 범위가 확대되면서 행정의 정치화가 심화되는 현실에서 국가 관료제의 정치에 대한 부정적인 인식을 고조시키고 있는 것으로도 보인다. 그렇기 때문에 민주화 이후 발생하는 정치와 행정과의 갈등을 어떤 경우에 행정의 정치적 역할 수행 과정에서 견지되어야 할 관료의 독자적이고 소신 있는 판단에 의한 것으로 보고 또 어떤 경우에 발전국가의 잔재로서 국가 관료제의 자율성에 대한 욕구에 의한 것으로 보아야 하는가는 매우 도전적인 논점이 될 것이다. 이는 발전국가와는 별도로 행정의 정치화가 일상적으로 이루어질 수밖에 없는 현재적 상황에서 더욱 중요한 의미를 가진다.

이처럼 이 글은 제기한 질문에 대한 해답 없이 다시 질문을 제기하고 말았다. 물론 한국의 국가 성격에 관해 이 짧은 글을 통해 결론을 내린다는 것이 애초부터 불가능한 시도였을 수 있다. 문돈·정진영(2014: 132)이 지적한 것처럼 이러한 시도 자체는 "'기존 발전모델에 대한 평가와 새로운 발전모델의 정립'이라는 대규모 프로젝트"로서 "총론으로서의 발전모델부터 각론으로서의 개별 정책까지 통일적으로 조망하는 집단적인 작업을 요구"하는 것일 수 있다. 또 이를 위해서는 "과거에서 현재에 이르는 한국 정치 경제사회체제의 성격과 그 변화를 분석하고 이를 토대로 대안을 모색하는 경험적, 실증적 연구가 절대적으로 필요"할 것이다. 더구나 이러한 작업은 박상영(2012: 65)이 지적

---

17) 박천오(1995)와 박천오·강여진(2003)은 민주화 이후 한국의 국가 관료의 정치적 태도에 관한 실증적 분석을 시도하였다. 연속선상에서 이루어진 이 연구의 결과에 따르면 한국의 관료는 다른 정치주체들의 정책과정 참여에 대해 매우 부정적인 태도를 지니고 있는 것으로 나타나고 있다. 이러한 결과에 대해 박천오·강여진(2003: 46)은 한국의 관료가 민주화와 발전국가의 해체 속도에 뒤진 채 공익을 판단하고 실현하는 것을 자신들에게 독점된 의무와 책임으로 여전히 인식하고 있는 것으로 진단하고 있다. 최근 발표된 이병량·김서용(2019)의 연구에서도 한국 관료의 정치에 대한 부정적인 인식이 확인되고 있다. 지방 관료를 대상으로 한 면담내용을 분석한 이 연구에서 관료들은 대체로 일관되게 정치를 정치인 개인 혹은 지지집단의 자기 이익 추구 과정으로 부정적으로 평가하고 있는 것으로 나타나고 있다.

한 것처럼 포스트발전국가의 개념, 더 근본적으로는 발전국가 개념에 대한 일관된 합의도 존재하지 않는 상황에서 이루어져야 하는 일이다. 이런 상황을 전제로 이 연구는 기존의 연구들이 상대적으로 덜 주목하였던 국가 관료제의 자율성에 초점을 맞추고자 하였다. 국가 관료제의 자율성은 그 자체로 발전국가 개념의 중요한 구성 요소이면서 실제로는 거의 분석의 대상이 되지 못했던 개념이었다. 이 글에서는 한국 관료제의 자율성을 이해하기 위한 개념으로 '조건부 자율성' 개념을 제기하였다. 그리고 그와 관련하여 정치와 국가 관료제의 관계를 둘러싼 다양한 양상을 드러내 보이고자 하였다. 그 결과 이 글은 국가 관료제의 자율성이 구체적인 정책에서 혹은 이를 통해서 국가 이외의 영역에 어떠한 영향력을 미치고 있는지에 대해서는 분석을 하지 못하였다. 이 점은 이 글이 지니는 한계라고 할 수 있다. 그럼에도 불구하고 이 글은 기존의 다양한 관련 논의들이 미처 주목하지 못한 점을 환기시키는 몇 가지 질문을 던진 시도로 받아들여지길 바란다. 이러한 질문을 다듬어 나가는 과정에서 민주화 이후의 한국의 국가, 그리고 한국의 국가 관료제에 대한 의미 있는 논의가 이어지기를 기대하면서 글을 마무리하고자 한다.

| 참고문헌 |

강성휘. 2019. "이인영 – 김수현 "관료들이 말 안들어"." 『동아일보』(5월 11일).

구현우. 2009. "발전국가, 배태된 자율성, 그리고 제도론적 함의: 이승만 정부, 박
    정희 정부, 전두환 정부의 산업화 정책을 중심으로." 『한국사회와 행정연구』
    제20권 제1호, 145 – 178.

국회 의안정보시스템. "발의주체별 법률안통계." http://likms.assembly.go.kr/bill/s
    tat/stat FinishBillSearch.do (검색일: 2020. 1. 27).

기획재정부 재정정보공개시스템. "기금 운용의 평가 및 기금제도 개선내용" http:
    //www.openfiscaldata.go.kr/portal/baeoom/baeoom02.do#none　(검색일:
    2020. 01. 27).

김두래. 2018. "한국 정책결정체제의 변화가 의회와 정부관료제의 관계에 미치는
    영향: 국회 국정감사 및 조사를 중심으로." 『한국행정연구』 제27권 제2호,
    61 – 81.

김소희. 2014. "민주화 이후 행정과 정치 간 관계의 변화: 직업공무원의 국회진출
    을 중심으로." 고려대학교 대학원 행정학과 석사학위논문.

김인영. 2013. "발전국가에서 포스트 발전국가로: 이명박 정부 '저탄소 녹색성장'을
    중심으로." 『세계지역연구논총』 31집 1호, 29 – 53.

김일영. 2000. "1960년대 한국 발전국가의 형성과정: 수출지향형 지배연합과 발전국가
    의 물적 기초의 형성을 중심으로." 『한국정치학회보』 33집 4호, 121 – 143.

김일영. 2001. "한국에서 발전국가의 기원, 형성과 발전 그리고 전망." 『한국정치
    외교사논총』 23권 1호, 87 – 126.

김준형 · 엄석진. 2016. "한국의 고도성장기의 고위관료의 역할: 1960~70년대 중화
    학공업화 정책 추진과정에서의 리더십을 중심으로." 『한국사회와 행정연구』
    제26권 제4호, 287 – 310.

김형아. 2005. 『유신과 중화학공업: 박정희의 양날의 선택』. 서울: 일조각.

노화준. 1996. "한국관료의 정책역량변화." 『행정논총』 제34권 제2호, 147 – 173.

문돈 · 정진영. 2014. "'발전국가모델'에서 '신자유주의모델'로: '한국발전모델' 논쟁
    에 대한 비판적 평가." 『아태연구』 제21권 제2호, 129 – 164.

문상석. 2016. "관료의 국가제도 전용과 발전국가의 종언." 『사회이론』 49호,
    33 – 70.

박상영. 2012. "한국 포스트발전국가론의 발전과 전개: 90년대 이후 한국 발전국가 연구 경향과 향후 연구 과제."『현대정치연구』제5권 제1호, 63-90.

박천오. 1995. "한국 국가관료의 정치적 태도."『사회과학논총』제10집, 61-77.

박천오·강여진. 2003. "다원주의적 정치환경과 한국관료의 태도 정책역량변화." 『행정논총』제41권 제4호, 23-49.

백완기. 1994. "경제자율화의 기수: 김재익 론." 이종범 편.『전환시대의 행정가: 한국형 지도자론』, 167-212. 서울: 나남출판.

양재진. 2005. "발전이후 발전주의론: 한국 발전국가의 성장, 위기, 그리고 미래." 『한국행정학보』제39권 제1호, 1-18.

오원철. 1995.『한국형 경제건설: 엔지니어링 어프로치 1』. 서울: 기아경제연구소.

오원철. 1997.『한국형 경제건설 6: 에너지정책과 중동진출』. 서울: 기아경제연구소.

오재록·공동성. 2011. "배태된 자율성?: 한국 발전모델에 대한 이해와 오해."『한국행정학보』제45권 제4호, 29-55.

유재원·소순창. 2005. "정부인가 거버넌스인가? 계층제인가 네트워크인가?."『한국행정학보』제39권 제1호, 41-63.

유재원·이승모. 2008. "계층제, 시장, 네트워크: 서울시 구청조직의 거버넌스 실태에 대한 실증적 분석."『한국행정학보』제42권 제3호, 191-213.

유현종. 2018. "정치-행정 관계의 이론적 곤경과 해결 방안."『한국행정학보』제52권 제4호, 331-354.

윤견수·김순희. 2013. "공직의 정체성에 대한 연구: 공무원의 영혼에 대한 내러티브를 중심으로."『한국행정학보』제47권 제1호, 1-23.

윤견수·박진우. 2016. "개발연대 국가관료제의 정책집행에 관한 연구: 관료적 거버넌스를 중심으로."『한국행정학보』제50권 제4호, 211-242.

이병량·김서용. 2019. "지방관료제의 정치화에 관한 연구."『행정논총』제57권 제4호, 1-30.

이병량·주경일·함요상. 2004. "관료의 충원방식을 통한 한국관료제의 형성과정에 대한 연구: 전 총무처장관 이석제의 역할을 중심으로."『한국행정논집』제16권 제4호, 759-788.

이병량·황설화. 2012. "정책 이념과 정책의 변화: 노무현 정부와 이명박 정부에서의 문화 정책."『한국행정연구』제12권 제3호, 255-2700.

이승윤. 2019. "부실·과잉입법 막기 위해 '사전적 입법영향분석' 도입해야."『법률신문』(7월 12일).

이정전. 2005. 『경제학에서 본 정치와 정부』. 서울: 박영사.

임혜란·이하나. 2009. "한국 금융감독체계 개혁의 정치경제." 『한국정치연구』 제18집 제1호, 119-146.

정병걸. 2018. "공직행동으로서 복지부동: 담론의 재생, 확장과 역설." 『한국행정학보』 제52권 제4호, 441-465.

정헌주·지명근. 2017. "한국의 발전국가와 관료자율성: 대내외적 자율성과 정책결정 집권화를 중심으로." 『사회과학연구』 제43권 제2호, 75-98.

조갑제. 1999. 『내 무덤에 침을 뱉어라7』. 서울: 조선일보사.

지연진. 2018. "'도 넘은' 청부 입법...카풀 논란 한 복판, 국토부 뒷짐." 『아시아경제』(12월 17일).

지주형. 2016. "한국의 발전국가와 신자유주의 국가: 역사적 변동과 형태분석." 『인문논총』 제41집, 219-261.

한국법제연구원. 2016. 『19대 국회 입법현황 및 향후 입법 방향성 분석 연구』. 차현숙·강현철 저. 서울: 한국법제연구원.

홍덕화. 2016. "발전국가와 원전산업의 형성: 한국전력공사 중심의 원전산업구조 형성 과정을 중심으로." 『공간과 사회』 제26권 제1호, 273-308.

Amsden, Alice H. 1989. *Asia's Next Giant: South Korea and Late Industrialization.* New York: Oxford University Press.

Appleby, Paul H. 1949. *Policy and Administration.* Alabama: University of Alabama Press.

e-나라지표. "지방자치단체 공무원 정원." http://www.index.go.kr/potal/main/EachDtl PageDetail.do?idx_cd=1042 (검색일: 2020. 01. 27).

e-나라지표. "행정부 국가공무원 정원." http://www.index.go.kr/potal/main/EachDtlPage Detail.do?idx_cd=1016 (검색일: 2020. 01. 27).

Evans, Peter. 1995. *Embedded Autonomy: States & Industrial Transformation.* Princeton: Princeton University Press.

Evans, Peter, and James E. Rauch. 1999. "Bureaucracy and Growth: A Cross-National Analysis of the Effects of "Weberian" State Structure on Economic Growth." *American Sociological Review* 64: 748-765.

Johnson, Chalmers. 1982. *MITI and the Japanese Miracle: The Growth of Industrial Policy, 1925－1975.* Stanford: Stanford University Press.

kentorikujyoulovesense kento. 2017. "[풀영상] 노무현 VS 정주영 회장, 다시 못볼 명장면들, 5공 비리특위 일해재단 청문회." https://www.youtube.com/watch?v＝0Hfjqhyi880 (검색일: 2020. 01. 27).

Lasswell, Harold D. 1936. *Politics: Who Gets What, When, How.* New York: Whittlesey House, McGraw－Hill Book Company, Inc.

Ostrom, Vincent. 1973. *The Intellectual Crisis in American Public Administration.* Alabama: The University of Alabama Press.

Skocpol, Theda. 1985. "Bringing the State Back In: Strategies of Analysis in Current Research." In *Bringing the State Back In*, edited by Peter Evans, Dietrich Rueschemeyer, and Theda Skocpol, 3－37. Cambridge: Cambridge University Press.

Wade, Robert. 1990. *Governing the Market: Economic Theory and the Role of Government in East Asian Industrialization.* Princeton: Princeton University Press.

Weber, Max. 1946. *From Max Weber: Essays in Sociology*, translated and edited by Hans H. Gerth and C. Wright Mills. New York: Oxford University Press.

Weber, Max 저·박성환 역. 1997. 『경제와 사회I(*Wirtshaft und Gesellshaft: Grundriss der Verstehenden Soziologie*)』(원서출판: 1922). 서울: 문학과지성사.

Wilson, Woodrow. 1887. "The Study of Administration." *Political Science Quarterly* 2(2): 197－222.

제**4**편

국가 권력구조

민주화 이후 한국의 국가

CHAPTER 09

헌법재판권에 의한 국가권력 구조 변화: 사법우위와 행정우위 국가 사이에서*

오향미

Ⅰ 헌법규범과 현실의 괴리: 정치적 자기이해의 필요성

한국정치사의 시대구분에서 이른바 "민주화"라는 기준은 87년 이전과 이후의 정치체제를 구분하는 관점을 제공한다. 민주정 원칙과 더불어 현대국가의 토대가 되는 법치와 권력분립 원칙의 관철이라는 측면에서 한국정치사를 구분하면 민주화 과정에서 쟁점이 되었던 집행권과 입법권뿐만 아니라 사법권의 독립과 위상이 중요해진다. 현대국가에서 사법부는 입법부가 제정한 법에 근거한 심판이라는 전통적인 과제 외에 '헌법'에 근거한 국가권력의 심판권도 획득하게 되었다. '헌법재판권'으로 불리는 심판권한은 개인들 사이의 분쟁이 아니라 법제정 및 집행을 담당하는 국가권력을 대상으로 함으로써 개인의 기본권과 권력분립의 보장을 명시한 헌법을 수호하는 고유한 과제를 갖는다. 현대국가가 실현하려는 개인의 기본적 권리와 민주정 원칙이 모두 헌법적 원리의 지위를 갖고 있고, 헌법수호는 이 원리의 수호를 의미한다. 행정재판을 통해 행정권을 감독하던 사법권이 국민대표기관이 제정한 법률의 위헌여부를 심판하는 기관으로, 나아가 모든 국가권력 행사의 합헌성을 심판하는 기관으로 확장된 것이다.

---

* 이 글은 『평화연구』 제28권 1호(2020)에 실린 같은 제목의 글을 수정한 것이다.

헌법재판권 가운데 위헌법률심판권은 건국 이후 아홉 차례의 헌법 개정에도 불구하고 그 담당 기관과 재판관의 자격이 변화하면서 계속 존재해왔다. 우리 헌법에 위헌심판권이 늘 규정되기는 했지만 순수하게 법관자격을 가진 구성원에 의해 조직되어 실제로 위헌 법령을 심사한 시기는 제3공화국(1963~1972)과 현행 헌법(1988~현재) 하의 두 시기이다. 제2공화국 헌법이 법관으로 구성된 헌법재판소를 규정했지만 실시되지는 못했다. 제1공화국 '헌법위원회'는 대법관과 국회의원으로 구성되었고, 제4, 5공화국 헌법위원회는 정치가, 관료, 법률가, 법학교수 등의 자격을 가진 위원으로 구성되는 비상설기구였다. 제3공화국과 현행 헌법 하의 위헌법률심판은 법관자격을 가진 재판관으로 구성된 기관이 담당하지만 그 지위와 구성 방법에서는 큰 차이가 있다. 제3공화국에서 행정과 입법권으로부터 비교적 독립적인 일반법원이 위헌심판권을 행사한 반면, 현행 헌법재판소는 3권에 의해 구성되지만 사법권과 완전히 분리된 독립기관이다.

현행 헌법재판소의 확대된 권한이나 30여 년간의 왕성한 활동에 비하면 다른 시기의 위헌심판권은 상대적으로 미미했던 것으로 평가되기 쉽다.[1] 위헌심판의 활성화 여부는 단순히 '위헌 판결'의 숫자에 있는 것이 아니라, 헌법을 준거로 국가권력 행사의 남용에 대한 위헌심판이 정치과정의 일부로 일상화되느냐의 문제이다. 제3공화국에서는 군사쿠데타에 의해 성립된 정권에 치명적이라고 할 수 있는 위헌제청[2]과 법원의 위헌결정에 맞서 정부와 여당의 대응입법이 이어지는 매우 역동적인 헌법정치가 있었다. 제3공화국 헌법이 제정된 이후 헌법학자들은 제1공화국과 비교하여 제3공화국이 "사법우위" 국가가 될 수 있다고 우려를 표명할 정도로[3] 위헌심판권은 당시 권력구조에서 나름 확

---

1) 1987년 헌법재판소를 설립할 때 제기된 헌법재판회의론의 근거 가운데 하나는 헌법재판에 대한 "경험"과 "연구"가 축적되지 않았다는 것이었다(헌법재판소, 1998: 81). 적지 않은 경험이 있었음에도 불구하고 그 경험을 제대로 평가하지 못한 것은 아닌지 생각해 볼 일이다.

2) 1963년 10월 15일 대통령 선거에서 박정희가 당선되자 상대후보로 윤보선을 내세웠던 민정당이 박정희의 당선무효소송을 제기하였다. 그 근거는 쿠데타 세력이 62년 9월 공포한 "집행정지중의 군법회의판결의 효력상실에 관한 법률"이 위헌이므로 박정희 후보가 피선거권이 없다는 것이었다. 대법원은 이 법률이 합헌이라고 판결(대법원 1965.3.25 선고 63수3 판결)하여 박정희의 피선거권을 인정했다. 헌법재판소(2018: 114 이하)

3) 제3공화국 헌법의 "사법우위" 경향은 제3공화국 헌법개정심의위원회에 참여했던 헌법

고한 지위를 차지했다. 헌법재판권은 법치와 민주정 원칙이 확고한 정치제도를 토대로 하기에 서구정치사에서도 비교적 뒤늦게 등장한 국가권력의 한 부분이다. 그런 점에서 한국정치사에서 헌법재판권의 주요 부분인 위헌법률심판권이 건국헌법에서부터 규정되었다는 것은 '조숙한 근대국가'로서의 특징을 보여준다. 특히 제3공화국에서 국가 권력구조상 결코 예사롭지 않은 소송제기와 판결이 있었고, 그 과정에서 위헌심판권을 행사한 법원과 그에 맞선 정부의 대결은 헌법재판권의 실현에서 나타는 전형적인 갈등을 보여준다는 점에서 현행 헌법재판권에 대한 비판적 숙고에 시사하는 바가 크다.

건국 이후 다양한 위헌법률심판권 실험을 배경으로 등장한 87년 헌법의 헌법재판제도는 제3공화국에서 잠시 나타났던 사법권력과 다른 권력들 사이의 긴장을 가져왔으며, 이는 "민주화"라는 개념만으로 충분히 설명되지 않는 현상이다. 헌법재판권의 인정은 전통적인 권력분립의 수정을 요구하고 그럼으로써 국가권력 구조에 관한 이해의 변화를 촉구한다. 그럼에도 우리 역사에서 다양한 방식으로 실험되었던 위헌심판권이 권력분립의 관점에서 명확히 이해되었다고 보기 힘들다. 헌법재판권은 일반적으로 사법권을 구성하는 방식과 동일한 인적 구성을 갖지만, 그 권한이 일반법원에 주어지느냐, 독립된 헌법재판소에 주어지느냐에 따라 별개의 권력으로 이해되기도 한다. 특히 독립된 헌법재판권은 민주정 원칙에서 볼 때 최고권력이라고 할 수 있는 입법권의 위상에 변화를 초래하는 것을 넘어, 일반 사법권에 대해서도 헌법을 근거로 제한을 가할 수 있다.[4]

학자 문홍주(1963), 한태연(1963)의 견해이다. 반대로 김철수는 1970년 상황에서 위헌심사권이 법원의 "사법자제주의" 때문에 제대로 행사되지 않고 있다고 비판한다. 자세한 것은 III.2에서 다룬다.

4) 이 때문에 정종섭은 법원과 분리된 헌법재판 전문기관이 행하는 헌법재판만을 온전한 헌법재판으로 규정한다. 제3공화국에서 법원이 위헌심판권을 행사하고 탄핵심판위원회가 탄핵을 담당했기 때문에 헌법재판권이 제대로 실현될 수 없다는 점에서 3공의 헌법재판이 "형체를 잃어버리고 미미한 수준"에서 "형식적"으로만 유지되었다고 평가한다(2002: 70). 장영수 역시 독립된 기관에 의한 "헌법재판제도"와 법원의 위헌법률심사제도를 구분하여 대한민국에 헌법재판제도가 처음 도입된 것이 제2공화국이라고 본다(1994: 32). 독립된 헌법재판소가 일반법원보다 더 강력한 헌법재판권을 행사할 수 있는 것은 재판권의 집중 때문으로 보이지만 미국처럼 일반법원도 강력한 위헌심사권을 행사한다는 점에서 일반화하기는 힘들다. 이 글에서는 위헌법률심판권에 중점을 두고 헌법재판기관의 독립 여부와 상관없이 넓은 의미로 헌법재판권이라는 말을 사

헌법재판권이 전통적인 권력구조에 변화를 가져왔다는 것을 고려할 때 우리 헌정사에서 헌법재판권이 권력구조 내에서 차지한 위상과 그 기능을 재인식함으로써 현행 헌법 하의 헌법재판권의 지위와 역할을 숙고하는 토대로 삼을 수 있다. 의식적이든 아니든 정파의 이해에 매몰되어 헌법재판소 결정에 일희일비하며, 헌법재판소에 가해진 모순된 주장과 기회주의적 평가는 각각의 국가권력의 기능과 과제 그리고 그로부터 도출되는 권력의 구성방식과 정당성의 근거에 대한 공통된 인식이 결여되어 있기 때문으로 보인다. 헌법과 헌법재판권의 의미를 국가권력의 구성과 배분이라는 차원에서 고찰함으로써 헌법재판권력은 물론 헌법이 한국정치에서 변화된 지위와 역할을 갖게 되었음을 명확히 할 수 있을 것이다. "정치의 사법화", "사법의 정치화"라는 헌법재판제도의 '부산물'로부터 출발해서는 헌법재판권이 한국정치에서 담당하고 있고, 담당해야 할 역할을 정확히 이해할 수 없다. 제3공화국의 일반법원이 행사한 위헌심판권과 독립된 헌법재판소가 행사하는 현재의 위헌법률심판권을 국가권력 구조라는 틀에서 고찰함으로써 제3공화국의 "사법우위"와 현행 헌법 하의 "헌법우위"라는 차이를 가져온 헌법과 헌법재판권력의 지위 변화를 볼 수 있다.

Ⅱ 헌법국가의 등장: 입법우위로부터 헌법우위 국가로

헌법재판권력은 물론 입법권력이 정치사에 처음 등장한 서유럽에서도 절대군주제 시대에는 국가권력이 분리되지 않고 군주 1인에 집중되어 있었다. 행정과 사법이라는 권력행사 방식의 기술적 차이는 있었지만 국가권력은 분리될 수 없는 것이었다. 국가기능의 효율이라는 관점에서 뿐만 아니라, 단일한 절대권력의 남용을 방지하는 방법으로 대두한 것이 권력의 기능적 분할이다. 대표적으로 로크(John Locke)는 단일한 통치권으로부터 입법권을 독립시킴으로써 자의적 권력 행사를 막을 수 있다고 보고 독립된 입법권 아래 집행권을

용했다.

종속시킨다(이경구, 1984: 74). 법 제정권력을 최고권력으로 세우고 법 집행권력을 입법권에 종속시킴으로써 궁극적으로 '법의 최고성'을 확보하고자 한 것이다.[5] 몽테스키외(Charles-Louis Montesquieu)에게도 권력분립은 투쟁하는 세력들 모두에게 합당한 정치적 참여권을 부여하기 위한 원칙이라는 의미를 갖는다(정창조, 2015: 321, 327). 법이 투쟁하는 모든 세력에게 공정한 규범이 되기 위해서 입법권은 '선출된 대표'에게 주어진다. 입법권력은 공동체의 대표로서 공동체 전체의 의지를 "일반의지"로, 공정한 법으로 결집해내는 과제를 갖는다. 입법권이 선출된 대표에게 맡겨짐으로써 법의 제정과 그 법의 집행은 정당한 권력행사로 인정된다. 통치권으로부터 독립된 입법권이 전체국민의 대표로서 법에 의한 통치의 중심 역할을 하는 권력분립과 법치의 구상은 18세기말 서구 시민혁명을 통해 실현되었다(문홍주, 1966: 268 이후).

18세기 후반 북미에서 공화정 형태의 연방국가가 수립될 때 입법권력은 최고권력으로 인정받았지만 바로 그렇기 때문에 행정권보다 더 위험하고 제어되어야 하는 권력으로 인식되었다(Hamilton 외, 1787: 57번, 78번). 통치권 행사를 제어하는 방식이 '법'이고 그 주체가 입법권력이었다면, 법을 제정하는 권력을 제어하는 방법은 법 위의 법에, 즉 '성문헌법'에 권력을 구속시키는 것이었다.[6] 국민의 제헌권력에 의해 공화정이라는 근본질서를 수립한 미국연방헌법은 모든 국가권력의 한계가 됨으로써 이제 '위법'을 심판하는 사법권뿐만 아니라 '위헌'을 심판하는 권력이 필요해졌고, 그 권력을 연방대법원에 부여했다. 위헌법률심사권이 정당한 국가권력의 일부로 등장한 것이다. 제1, 2차 세계대전을 거치면서 민주정이 일반화되고 입법권력을 제한하는 헌법재판권력

---

5) 로크가 『통치론』에서 입법권력을 최고권력으로 선언하고 집행권력을 그에 종속시킴으로써 권력분립 사상을 처음으로 전개했다고 볼 수 있다. 로크의 통치권과 입법권, 집행권의 관계에 대해서는 오향미(2018) 참고.

6) 미국 사법심사의 기원으로 간주되는 1803년 연방대법원장 마셜(Marshal)의 판결문에 나타난 헌법과 입법권의 관계를 보여주는 인용은 다음과 같다. "헌법이 가장 우월한 최고법이라면 일상적 방법으로 변경될 수 없으며, 또한 일반적인 의회제정법과 동일하다면 다른 법률처럼 입법부가 수정하고자 할 때 수정할 수 있다. 만약 전자가 참되다면 헌법에 위배되는 의회제정법은 법률이 아니다. … 분명히 성문헌법을 제정한 모든 사람들은 헌법을 국가의 가장 근본적인 최고법으로 간주했으며, 이와 같은 모든 정부이론에 따르면 헌법에 위배되는 입법부의 제정법은 무효이다." 한국미국사학회 엮음 (2006), 97-102

도 이른바 '입헌민주정' 혹은 "민주적 헌법국가"의 일부로 전파되었다. 1948년 신생 민주공화국 대한민국의 헌법에도 '헌법위원회'가 행사하는 위헌법률심판권과 법원이 행사하는 위헌법령심판권이 규정된 것은 이른바 세계사적 흐름에서 민주공화국이 당연히 갖추어야 하는 필수불가결한 제도로 위헌심판권이 이해되었음을 보여준다.[7]

17세기 말 영국에서 입법권력이 독립되었을 때 통치권을 제한하고 집행권을 법의 지배 아래 두는 과정에서 권력 간 투쟁은 피할 수 없었다. 18세기 후반 새로 등장한 위헌심판권도 실효를 위해 기존 권력과의 투쟁을 거치지 않을 수 없었다. 무엇보다 위헌심판권의 실효를 위해 전제되어야 하는 헌법상 규정은 '헌법의 우위'이다. 미국연방헌법(1787) 제6조는 주의 헌법과 법률에 대한 연방헌법의 우위, 국가 고위공무원의 헌법 준수 의무를 규정한다.[8] 미국연방 수립을 결정지은 헌법은 최고규범으로서 공동체의 존립과 질서의 토대로 인정된다. 헌법제정이 곧 연방수립을 의미하므로 헌법의 최고성은 연방의 최고성, 연방의 절대 불가침을 의미하는 것이기도 하다. 침해될 수 없는 미국민의 권리와 연방의 질서를 결정한 제헌권력의 의사가 주와 연방권력에 의해서도 훼손될 수 없다. 따라서 헌법에 명시된 제헌권력의 의사가 시간을 초월하여 그때그때 2년 혹은 4년 임기로 선출된 권력에 대해 우월하다. 나아가 이런 "헌법의 우위", 제헌권력의 우위가 준수되는지를 감독하는 권한이 사법심사권과 탄핵심판권이라고 할 수 있다. 헌법에 토대를 둔 민주공화정은 처음에는 위헌법률심판권을, 이후에는 더 확장된 권한을 갖게 된 헌법재판권을 장착하게 되었고, 이로써 헌법이 법규범으로서 사법심판의 근거가 되는 '헌법국가'라는 국가형태가 등장한 것이다. 민주적 헌법국가는 권력분립과 민주적 선거라

---

7) 건국헌법의 기초자 유진오는 명령, 규칙의 위헌여부를 "법원"이 심사하는 것은 "세계 각 민주국가에서 인정되어 있는 원칙"이라고 소개하고 있다(1949: 247). 제1공화국 위헌법률심판권은 당시 이승만 국회의장의 주장에 따라 일반법원이 아니라 법원과 분리된 헌법위원회에 주어졌다. 헌법재판소(2018: 64)

8) 미국 연방대법원이 사법심사권을 행사하는 근거가 되는 또 다른 조항은 입법권의 한계를 명시한 수정헌법 제1조, 종교, 언론, 출판, 집회의 자유와 청원권을 제한하는 법률을 의회가 제정할 수 없다는 규정이다. 한태연은 미국 위헌심판의 헌법적 근거로 헌법 제3조 2항 1의 사법권의 우위, 그리고 남북전쟁 이후 제정된 수정헌법 제14조, 시민의 자유와 재산을 보호하기 위한 적법절차조항을 지적한다(1963: 524).

는 "정치적" 장치 이외에 별도로 헌법재판이라는 "사법적" 장치를 통해 권력 남용을 효과적으로 제한함으로써 헌법에 보장된 기본권과 권력분립을 관철하는 국가 형태를 말한다. 입법, 집행, 사법이라는 전통적인 국가권력 외에 헌법재판권을 인정하는 헌법은 권력의 '자기제한'의 또 다른 형식을 만들어냈다는 점에서 정치적 진보로 평가될 수 있다.

국가권력의 자기제한의 의미를 갖는 헌법재판권은 입법권, 집행권, 사법권의 관계에 변화를 가져온 이른바 "신흥권력"(김선택, 2005: 183)이다. 입법권력이 절대군주의 권한에 대항하여 등장한 적극적, 구성적 권력인 반면, 헌법재판권은 헌법이라는 미리 합의된 규범의 실효를 위해 만들어진 소극적, 규제적 권력이다. 또한 법의 집행과 적용이 국가권력에 의해 수행되는 반면, 헌법재판의 대상은 바로 법을 만들고 집행하는 국가권력이므로 상위의, 초국가적 집행 권력이 존재하지 않는다. 헌법재판제도는 국가권력이 자기제한에 의해 헌법재판 결과에 따르는 고도의 정치적 역량을 토대로 가능하다. 이 신흥권력은 성문헌법과 함께 많은 국가로 전파되지만 그 작동을 위해 헌법의 최고성을 인정하는 정치세력 간 합의가 필요하기 때문에 형식적 모방만으로 제대로 작동되지 않는다. 입법권력이 법의 최고성과 불가분의 관계에 있듯이,[9] 헌법재판권은 헌법의 최고성이 인정되지 않고서는 실현될 수 없다. 헌법의 최고성, 다시 말해 국가권력들 사이에서 헌법과 헌법재판권의 지위를 명확히 자리매김하는 것이 헌법재판권의 실효를 결정한다고 할 수 있다. 헌법의 최고성과 헌법재판권을 명시했다고 실제로 정치적 문제의 최종결정을 헌법재판권에 유보하는 헌법국가가 되는 것은 아니다. 예컨대 헌법의 최고성을 그 어느 헌법보다 명확하게 인정한 헌법을 보유한 일본에서 '통치행위'는 사법적 심판이 불가능하다는 입장이 유지되고 있다. 왜 일본이 헌법의 최고성[10]과 헌법재판권[11]을 명시

---

9) 헌법학자 다이시(Albert Dicey)에 따르면, 영국헌정에서 법의 지배는 법의 최고성이 인정되기에 가능한 것이고, 법의 최고성은 입법주권, 즉 입법권력이 다른 권력에 대해 최고성을 가짐으로써 가능하다고 해석된다. 다이시가 입법주권과 법의 최고성을 중심으로 영국헌정을 이해하는 방식에 관해서는 오향미(2016: 110 이하) 참고.

10) 일본국헌법 제98조 제1항, 이 헌법은 국가의 최고 법규로서, 그 조규(條規)에 반하는 법률, 명령, 조칙 또는 국무에 관해 기타 행위의 전부 또는 일부는 그 효력을 갖지 아니한다. 제99조, 천황 또는 섭정과 국무대신, 국회의원, 재판관 기타의 공무원은 이 헌법을 존중하고 옹호할 의무를 진다.

11) 일본국헌법 제81조, 최고재판소는 모든 법률, 명령, 규칙 또는 처분이 헌법에 적합한지

했음에도 '헌법국가'의 길로 가지 않았는지는 다른 논의가 필요할 것이다.[12) 유럽에서는 스위스가 헌법재판권을 보유했음에도 정치적 최종결정의 방법으로 국민투표를 택하고, 헌법재판권은 연방체제의 문제를 해결하는 데 한정하고 있다.[13) 헌법국가 원리를 헌법에 명시했다고 실질적으로 헌법국가가 되는 것은 아니다.

권력분립의 관점에서 보면 정치적 문제의 최종결정권이 시대의 과제와 함께 이동해 왔음을 알 수 있다. 절대국가의 통치권으로부터, 통치권에서 분리된 입법권으로 그리고 다시 헌법재판권으로 정치적 최종결정권이 옮겨왔다. 물론 이런 최종결정권의 이행은 정상상태 하에서의 주권 행사를 말하며 "예외상태"에서 주권자가 누구이냐, 최종결정권자가 누구이냐는 다른 차원의 논의에 속한다.

국가권력 가운데 입법우위를 가장 먼저 인정하고 지금까지 유지하는 대표적인 나라가 영국이다. 그 밖의 정치적 후발국들은 명확한 입법우위 국가를 경험해 보지 못하고 행정우위 국가를 거쳐 헌법재판권이 행정과 입법을 동시에 제한하고 나아가 일반 사법권까지 제한하는 헌법국가가 되었다. 헌법재판권은 자체의 관철력을 가졌다기보다는 헌법의 최고성을 인정하고 헌법을 수호하려는 의지[14)에 의해 권위를 부여받는 권력이다. 헌법재판권력이 전제하는 국가권력들 각각의 기능적 분배와 자기제한이라는 고도의 정치적 역량 그리고 헌법의 최고성 인정이라는 조건들을 고려할 때 대한민국 건국과 함께 위헌법률심판권이 포함된 헌법을 제정하고 운영했다는 것은 놀라운 일이 아닐 수 없다.[15)

여부를 결정하는 권한을 가지는 종심 재판소이다.

12) 민병로는 일본의 "사법소극주의" 요인을 열거하고 있는데, 그 가운데 국가권력 구조와 관련된 요인으로는 "행정권 우위" 전통, "통치행위론", 일반재판권과 헌법재판권이 분리되어 있지 않아 법관들이 헌법수호자로서의 자각이 충분하지 않다(2012: 121-122)는 점을 들고 있다.

13) 한동섭은 헌법의 "사법적" 보장이 아니라 "정치적" 보장을 택한 대표적인 나라(1975: 27, 28)로 영국과 스위스를 들고 있다. 영국은 의회가, 스위스는 국민이 최종결정권을 갖기 때문이다.

14) 헌법재판에 의해 헌법수호가 가능하기 위해서는 "국가기관"과 "국민" 모두 헌법이 "규범적 효력"을 갖고 있음을 인정하는 "헌법에의 의지"를 갖고 있어야 한다는 견해는 허영(1990: 84) 참고.

15) 헌법재판소의 공식견해를 보여주는 『헌법재판소 30년사』에 따르면, 제1공화국은 "신생 독립국가"로서 "법치국가"를 구현하기 위해 헌법재판제도를 도입하였고(2018: 68), "위헌입법은 교정된다"(민운식(『법정』 1959.5, 헌법재판소, 2018: 79에서 재인용)는

1. 위헌법률심판권의 다양한 실험

건국헌법에서 위헌법률심판권은 법원과 분리된 '헌법위원회'라는 독립된 기관이 담당하고, 탄핵심판은 따로 '탄핵재판소'(헌법 제47조)에서 담당했다. 위헌심판권을 행사하는 헌법위원회는 대법원장을 위원장으로 하고 대법관 5인과 국회의원 5인으로 구성되어(헌법 제81조), 순수한 사법기관이 아니라 입법부와 사법부가 의견을 조정하는 기관이었고, 상설기관이 아니라 판결이 있을 때만 모이는 수시기관이었다(김철수, 1988: 114). 헌법제정 당시 사법부 인사들은 헌법위원회 창설을 반대한 것으로 알려져 있다. 당시 대법원장은 위헌심판권이 "권력분립 원칙"에 따라 사법부에 속하고(헌법재판소, 2018: 64), 사법권력만이 "정쟁에서 초연"하기에 다수파의 권한 남용을 시정할 능력이 있다고 주장했다. 또 다른 문제는 위헌법률심판권이 미국식 "사법우월주의"를 가져올 수 있다는 것이었다. 이에 대해 건국헌법 기초자 유진오는 법원이 단지 위헌법률심판 제청권만을 갖고, 위헌심판을 하는 헌법위원회는 대법원 판사와 국회의원이 5인씩 동수로 구성되어 "사법권 우월과 입법권 우월"의 어느 편에 치우치지 않는다(1949: 250－251)는 의견을 제시했다.

제1공화국에서는 6건의 위헌심판 제청이 있었고 그 가운데 2건이 위헌으로 결정되었다. 위헌결정을 받은 '농지개혁법'과 "비상사태하의 범죄처벌에 관한 특별조치령"은 모두 국민의 재판을 받을 권리를 확인했다는 점에서 사법권의 확립과 관련되는 결정이었다. 이 두 건의 위헌결정이 1952년이라는 전시상황에서 내려졌다는 것도 주목할 만한 일이다.[16] 1959년에는 정부의 경향신문에 대한 허가취소처분에 대해 고등법원이 효력정지 판결을 내리는 대립이 일어났고, 신문사가 정기간행물허가정지에 관한 법률의 위헌심판을 제청하자 고등법원이 기각하는 일이 벌어진다(헌법재판소, 2018: 78). 이 사건이

관념을 일반인들에게 알렸다는 점에서 헌법재판제도는 법치주의에 기여했다고 평가한다.

16) 전시라는 비상상황에서도 헌법재판이 진행되었다는 사실이 헌법재판이 정착될 수 있는 "가능성"을 보여준 것으로 평가된다. 헌법재판소(2018: 69).

대법원에 상고되자 정부는 대법관 신분 헌법위원의 임명을 보류함으로써 심판을 지연시켰고, 대법원은 1960년 4.19 이후 정부의 정간처분 집행을 정지하는 판결을 내린다(헌법재판소, 2018: 80).

4.19를 계기로 수립된 제2공화국은 민주정 원칙의 강화라는 목적아래 사법부로부터 분리되고, 위헌심판을 독점하는 "집중형" 헌법재판소를 신설했다. 심판대상도 위헌법률심판을 넘어, 탄핵과 정당해산 심판, 권한쟁의 심판 그리고 선거소송에 관한 심판으로 확대되었고, 헌법에 관한 최종해석이라는 포괄적 헌법수호 권한도 부여되었다. 헌법재판소가 설립되고 한 달 뒤에 5.16 군사 쿠데타가 일어나면서 헌법재판소법은 6월 6일 공포된 국가재건비상조치법에 의해 효력이 정지되었다가 1964년 12월 30일 폐지된다.

제1, 2공화국을 극복한다는 취지에서 출발한 제3공화국 헌법은 대법원에 위헌심판권(헌법 제102조)과 정당해산권(헌법 제103조)을 부여하고 탄핵심판권은 국회의원과 대법원 판사로 구성된 "탄핵심판위원회"(헌법 제62조)에 부여한다. 각급 법원이 위헌법령심판을 할 수 있다는 헌법해석(1969)이 내려진 이후 법원 전체가 행정심판과 위헌법률심판을 할 수 있게 되었다. 이 시기는 우리 헌정사에서 유일하게 법원이 일반재판권 외에 위헌심판권을 보유했던 시기이다. 정부와 여당의 정책을 통제하는 의미 있는 위헌제청이 있었고, 법원은 1970년대 들어서면서 정부가 예상치 못한 위헌결정을 내리기도 했다. 이에 대응하는 정부와 법원은 각각의 헌법적 권한을 동원해 첨예하게 대립했고, 결국 정부는 개헌을 통해 법원의 위헌심판권을 박탈하고, 순수한 사법기관이 아니라 정치적 기관으로서의 헌법위원회에 헌법재판권을 부여한다.

제4, 5공화국에서 헌법위원회는 사법부와 완전히 분리된 비상설기구로서 법조인 외에 전직 고위공직자와 법조계 종사자, 법학교수가 명예직으로서의 위원 자격을 갖는 기구였다(정종섭, 2012: 73). 헌법위원회는 사법권의 성격을 벗어나게 되었고, 위원 선출권도 입법, 집행, 사법부가 3인씩 나누어 가졌으므로 오히려 구성 방식에서는 정치적 성격을 갖게 되었다. 또한 법관재임용 제도를 통해 위헌제청권을 갖는 대법원이 위헌심판을 제청하는 것을 꺼리도록 만들었다.

권력분립의 관점에서 보면 개헌과 함께 헌법상 최종결정권의 소재가 변천했음을 알 수 있다. 건국헌법에서 국회가 대통령을 선출하고, 국회의원 5인이 헌법위원회와 탄핵재판소를 구성하고 있었다는 점에서 짧은 기간이지만 우리역사에서 유일하게 '입법우위' 경향이 나타난다. 법원이 위헌법령심판권을 행사하기는 했지만, 위헌법률심판권을 가진 헌법위원회가 법원과 국회의 합의 기관이었고, 상설기관이 아니라 수시기관이었다는 점에서도 사법적 통제는 미약했다고 할 수 있다. 1952년 개헌에 의해 대통령 직선제가 실시되면서 입법 우위는 약화되었다.

반대로 제2공화국에서는 양원이 대통령을 선출하고, 의원내각제가 채택됨으로써 입법우위를 추구했지만, 동시에 사법부와 분리되고 3권에 의해 재판관이 구성되는 강력한 헌법재판권을 인정했다는 점에서 '헌법우위' 경향도 보였다. 헌법의 최고성과 헌법재판권의 독립성 인정 여부는 실제 실행되지 않았기 때문에 평가하기 힘들다. 다만 제2공화국 수립 직후 법치주의에 반하는 소급입법인 특별법 제정을 위한 개헌(1960년 11월)이 이루어지고, 위헌법률심판을 피하고자 헌법재판소 설치를 유보한 점 등으로 미루어 볼 때 헌법과 현실의 괴리가 심각했음을 알 수 있다.[17]

2. 법원에 의한 위헌법률심판권 행사: 사법우위로의 경향

제3공화국 위헌심판권은 헌법 규정 자체부터 매우 양면적이었다고 할 수 있다. 쿠데타를 통해 집권한 세력이 그 구성상 정부와 국회로부터 독립된 법원에 위헌심판권을 부여했기 때문이다.[18] 우리 헌정사에서 유일하게 일반법원이 동시에 헌법재판 기관 역할을 한 제3공화국의 법원과 정부의 대결은 위헌

---

[17] 4.19 이후의 "급진적 정치상황"을 고려할 때 제2공화국의 헌법재판제도가 "이율배반적" 제도였다고 보는 견해는 갈봉근(1988: 83) 참고. "혁명입법"의 위헌성이 문제될 것을 고려해 헌법재판소 설치를 의도적으로 유보했다고 보는 견해는 김철수(1970: 568) 참고. 제2공화국에서 반법치주의적 "혁명입법"을 추진한 세력과 법치주의를 수호하려는 세력 사이의 논쟁에 관해서는 서희경(2017) 참고, 특히 p.209 이하.

[18] 제3공화국 헌법에서 위헌법률심사권이 법원에 주어진 명백한 이유는 알려져 있지 않다. 다만 법조계는 법원의 위헌심판권을 지지하고 공법학계는 헌법재판소 제도를 지지했다(박찬권, 2008: 383 이후; 헌법재판소, 2018: 90-91). 당시 정치상황에서 "미국식 민주주의"를 해야 한다는 사고가 지배적이어서 미국과 같이 일반법원에 사법심사권을 맡겼다는 견해도 있다(정종섭, 2012: 70).

심판권이 국가권력 구조에 가져오는 변화를 여실히 보여준다. 제1공화국의 헌법위원회가 "사법작용"과 "정치작용"의 타협(김철수, 1988: 114)을 지향했다고 평가되고, 제2공화국의 헌법재판소[19])가 사법부와 완전히 독립된 기관이었던 반면, 제3공화국의 위헌심판권은 일반법원에 의해 행사되는 순수한 사법권력을 지향했다. '헌법개정심의위원회' 위원으로 활동한 헌법학자 문홍주(1918~2008)는 각급 법원이 법률과 법령에 대한 위헌심판을 담당하게 되어 헌법상 "사법우위"(1963) 정치 구조가 마련되었다고 평가했다. 제3공화국 헌법은 그 태생적 한계 때문에도 사법권의 독립과 지위 향상을 고려한 헌법이다. 문홍주에 따르면 사법권의 독립, 특히 법관의 독립이라는 점에서 제3공화국 헌법은 큰 진전을 보았다. 대법원장을 '법관추천회의'의 제청과 국회 동의에 따라 그대로 임명하고, 대법원 판사는 대법원장의 제청과 법관추천회의의 동의를 받아 임명하여 집행권과 입법권으로부터 독립된 법원을 만들었기 때문이다. 9인의 법관추천회의도 대법원장이 추천한 4인의 법관, 2인의 변호사, 대통령이 지명하는 법률학 교수 1인과 법무부 장관, 검찰총장으로 구성되어(헌법 제99조) 사법권도 집행권도 우위를 갖지 않는 기관이었다. 대법원은 위헌법률심판권과 행정재판권 외에 정당해산심판권(헌법 제103조)도 보유했다. 제3공화국 헌법은 당대에 사법우위 국가라는 평가를 받았을 뿐만 아니라 이후의 헌법사 서술에서도 "사법우위" 권력구조를 갖고 있었다고 평가된다. 특히 '일반법원'이 헌법수호자로 등장했다는 점에서 "사법권우월 국가"가 되었다고 본다(김철수, 1988: 119; 구병삭, 1991: 138).

하지만 헌법이 시행되기 전부터 실제 사법심사에 대해서는 회의적이었다. 문홍주는 헌법상 독립적인 법원이 입법부와 행정부의 "정치적 결단"에 참여하는 "사법의 우위"가 인정되었지만, 실제로 사법우위를 유지하기 위해 필요한 "사회적 조건"이 당시 한국사회에 갖춰지지 않았다고 본다(1963). 문홍주에 따르면 헌법상의 사법우위 국가는 "높은 교양과 영단성(英斷性)"을 가진 "법관"에 의해서만 실질적으로 관철될 수 있으므로 실제 사법우위 국가가 되느냐는

---

19) 제2공화국 헌법재판소의 재판관이 법관의 자격을 가진 자로만 구성되었다는 점에서 "진정한 사법기관"으로 볼 수도 있고, 심판관을 대법관회의에서 3인, 참의원에서 3인 선출하고 대통령이 3인 지명하여 임명했기 때문에 입법, 집행, 사법권력이 동등하게 참여한 "정치적 기관"으로 볼 수 있다는 견해는 김철수(1988: 117) 참고.

법관의 역할에 달려 있다.[20] 역시 헌법개정 논의에 참여한 헌법학자 한태연(1916~2010)도 위헌심판권의 "사회적 조건"(1963: 502)이 결여되어 있을 경우 사법권의 우위는 유지되기 힘들다고 본다. "후진국"은 기본권에 관심을 기울이는 "시민계급"이 제대로 형성되어 있지 않고, "법치 전통"도 일천하기 때문에 "사법권의 우위"가 헌법상 보장되어도 실질적으로 관철되기 힘들기 때문이다(한태연, 1963: 502). 위헌심판권이 정부와 여당의 정책 집행에 대한 "방해물"이 될 수 있고, 이 때문에 정부와 법원의 대립이 결국 "사법권의 약화와 무력화"(한태연, 1963: 503)라는 결과를 가져올 것이라고 예측한다.

사법권의 약화가 예상되는 또 다른 이유는 제3공화국 헌법이 "실제로는" "행정국가적 경향"을 갖고 있지만, 헌법 조문상으로 "가상적 사법우위" 경향(한태연, 1963: 80)을 보여주기 때문이다. 한태연에 따르면 행정국가란 "국민의 생존을 위한 새로운 사회질서의 형성"을 위해 구체적 상황에 가장 효과적으로 대응할 수 있는 행정에 국가권력이 집중되는 국가(1963: 76)이다. 3공 헌법은 제2공화국과 비교하여 전형적인 대통령제와 단원제 국회 등을 통해 국가권력이 행정권에 집중되도록 했다는 점에서 행정국가를 지향하고 있다. 위헌심판권을 법원에 부여하기는 했으나 제2공화국처럼 별개의 기관에 헌법재판권을 부여하여 강력한 통제를 하는 것이 아니라 일반법원이, 그것도 재판의 대상이 된 법률의 위헌여부만을 심사하는 "구체적 규범심사권"만 갖기 때문이다. 재판의 전제가 되는 법률의 위헌심판만으로는 권력통제 기능을 충분히 할 수 없다는 점에서 제3공화국을 "가상적" 사법우위 국가로 보았다. 갈봉근(1932~2002)도 제3공화국이 위헌법률심사제의 "역사적", "법사상적 기본요소"를 결여하고 있다는 점에서 그 실현은 "비관적"이라고 본다(1966: 147). 실질적인 행정국가적 경향에 의해 "정치적 결단"(한태연, 1963: 80)의 담당자가 된 행정부와 가상적 우위만을 갖는 사법부가 대립하는 경우 사법부의 약화로 귀결되는 것은 당연하다. 제3공화국은 제1, 2공화국의 극복을 위해서도 행정국가여야 하지만, 개인의 자유를 보호하기 위해 사법국가이기도 해야 하는 어려운 과제를 안고 있다(한태연, 1963: 76).

---

20) 문홍주는 사법심사권의 기원인 미국의 예를 들어 위헌심판권이 헌법에 명확히 규정되지 않았음에도 헌법 운영 과정에서 법관들의 노력으로 확립되었다(1963)는 점을 강조한다.

    최소한 1970년까지 법원은 "사법자제주의"를 견지해 소극적 판결을 하고 계엄선포와 같은 "통치행위"는 사법심판의 대상이 될 수 없다고 판단했다는 점에서(김철수, 1970: 571) 헌법상의 가상적 사법우위국가였다고 할 수 있다. 하지만 1971년 5월 총선 이후 상황은 실제로 사법우위 국가로 기울었다. 헌법상 우위를 점한 법원과 정치적으로 우위를 점한 정부는 위헌법률을 두고 심각한 대결을 벌인다. 제3공화국에서 사법권과 집행권의 대결을 보여주는 가장 잘 알려진 심판은 국가배상법 제2조 제1항 단서 조항을 둘러싼 충돌이다. 이 법의 내용이나 판결에 대한 평가는 논외로 하고[21], 이 법을 둘러싸고 집행권을 통제하려는 법원과 이에 대응하여 집행권을 관철시키려는 정부 및 여당의 대결은 주목할 만하다. 국가배상법은 1967년 3월 3일 제정되었고, 1971년 대법원은 지방법원이 내린 위헌결정을 최종 확인한다. 대법원의 위헌심판을 앞둔 1970년 8월 정부는 대법원의 위헌결정을 가능한 어렵게 하기 위해 법원조직법을 개정한다.

    제3공화국 헌법에서 위헌정당해산 결정은 대법관 정수의 3/5이 찬성해야 하고(헌법 제61조), 탄핵심판위원회의 탄핵결정도 위원 9명 가운데 6명이 찬성해야 한다고 규정했다(헌법 제62조). 반면에 위헌법률심판을 규정한 헌법 제102조는 대법원의 위헌결정 정족수를 명시하지 않아 과반수의 찬성으로 위헌을 결정할 수 있었다. 일반적으로 의회의 입법권을 존중하는 의미에서 위헌결정은 가중다수결을 필요로 하는데 제3공화국은 위헌심판도 일반재판의 판결 정족수를 따랐다. 1968년 5월 문제의 국가배상법 제2조 제1항 단서조항이 지방법원에서 위헌결정을 받자, 정부와 여당은 최종결정권을 가진 대법원의 판결 정족수를 변경하기 위해 법원조직법 개정에 착수한다. 기존의 법원조직법에 따르면 헌법 및 법률에 다른 규정이 없으면 법원의 판결은 과반수의 찬성으로 결정한다고 되어 있었다. 반면 개정 법률은 법에 근거한 심판과 헌법에 근거한 심판을 구분하여, 위헌심판은 대법원 판사 전체 2/3의 출석과 2/3의 찬성이 필요하다고 규정했다. 하지만 대법원은 이 개정 법원조직법 제59조 제1항의 2/3 판결 정족수 규정에 대해서도 위헌결정을 내린다. 재판의 근본원칙은 "법관의 과반수"로써 재판하는 것(헌법재판소, 2018: 111)이라는 대법원의 판결 이유는

---

21) 국가배상법 제2조 제1항 단서조항의 자세한 내용은 헌법재판소(1998: 50 이후) 참고.

헌법재판과 일반재판을 구분하지 않고 있음을 보여준다. 나아가 대법원은 국회가 만든 법률이 "헌법의 근거 없이" 법원의 위헌법률심판권을 제한할 수 없다는 이유를 제시했다(헌법재판소, 2018: 112). 대법원은 위헌결정과 합헌결정의 정족수는 구분하지 않으면서도, 일반법에 대한 헌법의 우위를 주장했다.

이 두 판결은 제3공화국에서 헌법상 규정된 행정과 입법에 대한 법원의 "사법우위"가 실현되었음을 여실히 보여준다.[22] '헌법상' 법원의 위헌결정에 복종할 수밖에 없었던 정부는 1972년 12월 27일 공포된 유신헌법 제26조 제2항에 위헌판결을 받은 국가배상법 조항을 그대로 옮겨놓는다. 위헌법률로 판결 받은 법률조항을 헌법조항으로 격상시킴으로써 위헌심판의 대상에서 원천적으로 제외시킨 것이다.[23] 정부는 위헌법률심판이 헌법과 법률의 위계질서를 토대로 한다는 원칙을 이용하여 정책을 관철했다. 여기서 그치지 않고 정부는 국가배상법 조항을 위헌 판결한 법관을 1973년 법관재임용에서 탈락시킨다(헌법재판소, 2018: 96; 정종섭, 2012: 72, 박찬권, 2008: 388).

집행권에 대한 사법권의 통제라는 측면에서 제3공화국 위헌심판권은 결코 미미하지 않았다. 정부 정책에 맞서 위헌법률심판권을 관철한 법원의 힘의 근원이 무엇이었나는 간단히 말할 수 없지만, 헌법조항 만으로 그 요인을 좁힐 경우 법관의 독립성 보장이 집행권과 입법권으로부터 독립적인 법원을 만들었고, 법관의 독립성은 법관추천회의에 의한 법관 임명제에 힘입었다고 볼 수 있다. 제3공화국 헌법재판권이 결코 미미하지 않았다는 것은 그에 이어진 제4공화국과 제5공화국에서 헌법재판권이 대폭 축소되었다는 데서도 방증된다. 70년대 초 사법우위가 현실화되자 정부는 유신개헌을 통해 '헌법상' 확고한 행정우위 국가로의 전환을 시도한다.[24] 제3공화국 헌법에서 개헌은 국민투

---

22) 국가배상법과 법원조직법에 대한 대법원의 위헌결정을 제3공화국 초기 법원의 "극단적 사법소극성"이 "사법적극성"으로 전환된 사건이라고 보는 견해는 갈봉근(1988: 87) 참고.

23) 판결 내용을 검토하는 것은 이 글의 범위를 벗어남으로 생략하지만, 위헌법률을 헌법조항으로 격상시킨 정부의 대응을 둘러싸고 '헌법학의 관점'에서 많은 논의가 있으며, 일단 김선택(1996, 특히 331)을 참고할 수 있다는 것만 밝혀둔다.

24) 공식적인 유신헌법 해설서에 따르면, 70년대 초 제도적 개혁이 요구된 계기는 "양극체제"로부터 "다극체제"로 변한 국제정세이며, 이 냉엄한 현실에 대처하기 위해 "국력의 조직화", "능률의 극대화"를 꾀하기 위해 개헌이 필요했다. 갈봉근(1975: 3 이후). 한태연은 "정당국가적 경향"을 지양하고 "국민총화적 경향"을 추구하는 것이 개헌의 이유

표에 의해 최종결정되는 것으로 규정(헌법 제121조)되었기 때문에 정부는 법원과의 대결에서 '국민의 의사'에 기대어 사법우위를 넘어서고자 한 것이다. 독립적 법원이 정부와 국회를 통제하는 사법우위 국가는 대내외적 상황에 신속하고 적절하게 대응할 수 있는 통일적 국가권력이 필요하다는 주장을 근거로 하여 행정우위 국가로 전환되었다.

3. 헌법의 최고성과 헌법재판권 인정: 행정우위 국가로부터 헌법우위 국가로

유신헌법 이후 지속된 "행정권우위"(헌법재판소, 1998: 56)는 87년 헌법에서 헌법재판권이 강화된 형태로 재등장하면서 변화되지 않을 수 없게 되었다. 제3공화국이 법원에 의한 위헌법률심판권에 의해 사법우위 경향을 보여준 반면, 87년 헌법은 '헌법우위' 국가로의 경향을 갖고 있다. 87년 헌법이 규정한 헌법재판권에 의해 유신헌법 하에서 강화되었던 집행권력만이 아니라, 유신헌법에 의해 권한이 축소되었던 입법권력은 물론 제3공화국에서 위헌심판권을 행사했던 사법권력도 일정 정도 헌법규범의 통제 아래 놓였기 때문이다. 포괄적인 헌법재판권이 명시되면서 국가권력 구조는 물론 국가권력과 헌법 사이에도 중대한 변동이 일어났다.

사법우위로부터 헌법우위를 구분하는 차이는 무엇보다 헌법재판권이 전통적인 권력구분에 속하지 않는 권력으로서 사법권을 포함한 세 분야의 국가권력을 통제하는 권력으로 등장했다는 것이다. 87년 헌법이 규정한 헌법재판소 구성원이 법조인에 한정되어 있고, 재판 절차에 의해 결정을 내린다는 이유만으로 헌법재판권을 사법권의 일부라고 볼 수 없는 이유이다. 오히려 사법권이 법률에 근거하여 결정하는 법적 심판인 반면 헌법재판권은 헌법을 근거로 하는 "정치형성" 재판(허영, 1990: 786)의 성격을 갖는다는 점에서 사법권과 구별되고, 3권의 분립을 보완하고 통제하는 "제4의 권력"(허영, 1990: 790; 791)으로 볼 수 있다.[25] 재판절차와 구성원에서 사법적 성격을 갖고 있지만 그 대

였다고 밝히고 있다(1973: 59, 76).

25) 입법, 행정, 사법을 초월하는 제4의 권력만이 효과적으로 권력남용을 억제할 수 있다는 사고가 법원이 아니라 독립된 헌법재판소를 설치해야 한다는 주장으로 이어진다.

상과 심판근거가 일반 사법권과 구별된다는 점에서 헌법재판소는 '정치적 사법기관'의 특성을 갖는다.

1988년 헌법재판소가 실제로 활동하면서 헌법재판권이 제4의 권력으로서의 면모를 보여주었고, 이는 단순히 "민주화"라는 관점에서는 이해되기 어려운 국가권력 구조의 중대 변화를 의미한다. 헌법재판소는 위헌법률심사권에 의해 국회와 정부의 위헌입법을 심판할 뿐만 아니라, 대통령의 고유한 권한인 "통치행위"도 제한한다. 금융실명제 실시를 위한 긴급명령(1993)에 대해 헌법소원이 청구되었을 때 헌법재판소는 긴급명령을 합헌으로 결정했다. 하지만 헌법재판의 대상이 어디까지인가라는 문제에서 논란이 되는 정부의 긴급명령을 헌법재판의 대상으로 선언한다. "헌재는 헌법의 수호와 국민의 기본권 보장을 사명으로 하는 국가기관이므로 고도의 정치적 결단에 의한 국가작용이라도 국민의 기본권 침해와 직접 관련되는 경우 헌법재판소의 심판 대상이 될 수 있다"(헌재1996.2.29 93헌마186, 111)는 것이 그 이유였다. 이로써 통치행위를 포함한 모든 국가작용이 국민의 "기본권 침해와 직접 관련되는 경우"에 한하여 헌법재판소의 심판대상이 되었다. 제2공화국의 광범한 헌법재판권에 속하지 않았던 "헌법소원"이 87년 헌법에 의해 도입된 것도 국가기관 간 견제를 넘어 국민이 직접 위헌적 국가권력 행사에 대해 이의를 제기할 수 있는 권한을 부여했다.[26] 기소독점권을 누리고 있는 검찰의 불기소처분에 대해서도 헌법소원이 가능해졌고(헌법재판소, 1998: 158) 군이나 국가의 정보기관에 의해 기본권이 침해된 경우에도 한정된 범위에서 구제받을 수 있게 되었다는 점에서 헌법규범이 미치지 않는 국가권력이 없다는 것이 87년 헌법재판권에 의해 증명되었다고 볼 수 있다(정종섭, 2001: 68, 74 이후).

87년 헌법에서 헌법재판권이 일반 사법권과 구별되는지, 헌법재판권이 사법권을 제한하는지의 문제는 이론적으로뿐만 아니라 두 기관의 팽팽한 경쟁

이미 제2공화국 개헌 논의에서 헌법재판소 설치를 주장하는 논리로 "제4권"으로서의 헌법재판권이라는 주장이 등장했다. 자세한 것은 정종섭(2009: 410 이후) 참고. 따라서 헌법재판권을 인정한 현행 헌법에서 국가권력이 4권으로 "분립"되어 있다고 보는 견해(정종섭, 2001: 101)는 제2공화국의 논의를 잇는 것이다.

26) 법원이 재판 중에 적용된 법률의 위헌제청을 거부할 경우 당사자가 위헌제청을 직접할 수 있는 "위헌심판형 헌법소원"(헌법재판소법 제68조 제2항)이 인정된다는 것도 현행 헌법재판권에 의해 확장된 기본권 보장 방식의 하나에 속한다.

을 통해서 실질적으로도 초미의 관심사였다. 무엇보다 헌법재판소법에서 "법원의 재판을 제외한" 국가 공권력 행사에 대해 헌법소원을 신청할 수 있다고 규정(제68조 제1항)함으로써 법원의 재판이 헌법재판의 대상이 아니라는 해석이 가능했다. 하지만 헌법재판소는 "위헌결정이 내려진 법률"을 적용하여 재판할 경우 기본권을 침해한 것이므로 이 경우에는 법원의 재판도 헌법소원의 대상이 된다고 결정(헌재 1997.12.24 96헌마172, 173병합)하여 일반 사법권에 대한 통제를 분명히 하였다(헌법재판소, 1998: 153, 195). 헌법재판소가 통치행위와 국가정보기관과 군대, 나아가 법원의 재판에 이르기까지 그동안 법적 통제의 범위에서 벗어나 있던 국가권력에 대해 기본권 침해 여부를 심판하게 되었다는 점에서 분명 '헌법우위' 국가로의 진전을 보여주었다.

제3공화국의 "사법형 헌법재판제도"(헌법재판소, 2018, 116)에서 충분히 강조되지 않았던 헌법의 "최고규범성"(헌법재판소, 2018: 53; 김선택, 2005: 181; 허영, 1990: 24, 785)이 헌법재판권의 조건으로 가장 먼저 언급되는 것이야말로 헌법우위를 보여주는 중요한 변화이다. 법치가 '법의 최고성'의 인정 없이 불가능하듯이, 헌법우위 국가는 헌법의 최고성과 헌법재판권의 권위를 인정하지 않고서는 유지될 수 없다. "호헌철폐"(이국운, 2017: 80)라는 역설적 구호에 힘입어 제정된 "민주화 헌법"의 위엄이야말로 1기 헌법재판관들이 사명감을 갖고 위헌법률심판을 할 수 있었던 힘이 되었다.[27] 헌법재판권은 헌법의 권위에 기대어서만 행사될 수 있기 때문이다. 87년 헌법이 한국헌정사에서 차지하는 위상과 헌법재판권의 위상은 불가분의 관계에 있다. 헌법재판권의 실효를 보장하는 헌법의 권위는 다시 국민의 "헌법의식"(헌법재판소 1998, 81)과 "헌법수호의지"(정종섭, 2012: 78)로부터 나온다. 87년 헌법의 별칭인 "민주화 헌법"이야말로 국민의 헌법의식을 보여주는 이름이다.

---

27) 이범준도 같은 맥락에서 헌법재판권의 활성화를 분석하고 있다. 1기 헌법재판소의 반인권적 법률에 대한 위헌판결들, 예컨대 보호감호법의 위헌 심판, 변호인의 조력을 받을 권리에 관한 권리구제형 헌법소원 인용, 형사소송법 제331조 단서 조항, 무죄라도 석방금지 조항의 심판, 국가보안법의 한정합헌 결정 등 일련의 판결이 국민에게 헌법재판권이 기본권 보장의 보루임을 알렸다고 평가한다. 이범준(2009: 42 이후) 헌법재판소도 자체 평가에서 제1기 헌법재판부의 노력에 의해 헌법재판소가 "기본권 보장의 보루"라는 인식을 국민에게 심어주었고, 이를 통해 헌법수호기관으로서의 권위를 획득했다고 서술하고 있다. 헌법재판소(2018: 300)

그 밖에도 87년 이후 30여 년간 헌법재판소가 권위를 획득한 다양한 요인이 거론될 수 있지만,[28) 앞에서 간략히 정리한 것처럼 1948년 이후 우리 헌법에서 다양한 방식으로 지속되어온 헌법재판 실험의 역사적 축적을 지적하지 않을 수 없고, 헌법재판의 역사적 축적의 배경에는 '헌법을 둘러싼 정치'의 역사가 존재한다. '위법적' 개헌을 통해서라도 헌법이라는 규범적 형식을 국가공동체의 근본규범으로 삼고자 했던 개헌의 역사가 헌법중심의 사고를 가져왔다. 우리는 이미 독립운동시기부터 헌법을 제정하여 독립에 대비했고, 독립운동 과정도 헌법에 의해 진행하고자 했다(조동걸, 1996: 295 이후; 오향미, 2009). 이승만 정권도 박정희 정권도 위법적 개헌을 해서라도 정책의 정당성을 '헌법'에 새기고자 했다[29)는 역설이 바로 헌법을 정치적 권위의 중심으로 세우는 역사를 만들어 왔다. 헌법이 한국정치의 변혁에서 항상 중심에 있었다는 사실은 헌법재판권 행사의 토양이 되었다. 1948년 대한민국 건국과 한국전쟁의 수행, 4.19와 5.16 군사쿠데타, 유신 그리고 6.10항쟁에 이르기까지 정치적 격변은 '개헌' 또는 '호헌'이라는 헌법을 둘러싼 대결이었고 종국에는 헌법개정으로 마무리되었다. 헌법을 수호하거나 "호헌"에 맞서 개헌의 방식으로 정치적 변혁을 도모하는 과정에서 헌법은 정치세력의 타협을 통해 당위와 현실을 일치시켜 나가는 과정의 산물이 되었다.

건국 이후 70여 년간 법치와 민주정 그리고 헌정주의를 동시에 추구하면서 입법우위, 사법우위, 행정우위라는 국가권력 구조의 변화를 경험하고 마침

---

28) 국민의 "기본권에 대한 의식변화"(박은정, 2010: 6), "법학자들의 노력"(정종섭, 2012: 78) 그리고 모호하기는 하지만 "정치적 분위기"(헌법재판소, 1998: 81) 등이 열거된다. 좀 더 면밀한 분석이 필요하지만 대한민국 건국 시기에 활동한 법조인들이 가졌던 정의의 수호자, "체제 수호자"라는 자의식과 사명감의 전통이 헌법재판관들의 의식으로 연결되었다고도 볼 수 있다. 하지만 해방 이후 대한민국이라는 "체제의 수호자"(이국운, 2019: 6)로 자처한 법률가 집단의 자의식과 사명감이 87년 이후 "헌법재판소"가 최종권력화 되고 검찰권력이 "정치화"되는 원천이 되었다(이국운, 2019: 12)는 비판적 시각도 있다. 사법권력의 성격을 특징짓는 기원의 추적이라는 점에서 동의하지만 "체제수호자"로서의 법조인들의 자의식이 부정적 결과만을 가져온 것은 아니라고 본다.

29) 대표적인 논의로는, 1952년 전시상황에서 이루어진 이승만의 직선제 개헌을 "북진통일론"의 실현 수단이었다고 보는 견해이다(김일영, 2002: 194). 유신헌법(1972) 역시 당대의 긴박한 대내외적 위기에 효율적으로 대처한다는 과도적 임무를 수행하기 위한 수단으로 제정되었다(한태연, 1973: 62). 두 경우 모두 헌법은 지속가능한 근본질서로서의 의미를 갖는 것이 아니라 정책실현의 수단이라는 역할을 했다.

내 헌법우위 국가를 실험하고 있다. 87년 이후 헌법재판권의 활성화는 이러한 헌법을 둘러싼 정치개혁 논의와 헌법재판권 실험의 결과이다. 위헌심판권의 관점에서 보면 '실패한' 시기로 보일 수 있는 제4, 5공화국 역시 사법우위에 대해 행정우위 국가를 실험한 시기로 해석 할 수 있다.[30] 이런 과정을 통해 헌법을 '둘러싼' 정치적 투쟁이 아니라 헌법을 '토대'로 한 정치세력의 경쟁이 정착되었을 때 비로소 87년 헌법이 규정한 국가정체성인 '민주적 헌법국가'가 실제로도 작동하고 있다고 말할 수 있을 것이다.

Ⅳ 헌법재판권의 정당성과 민주적 정당성

최근 한국정치에서 헌법재판소가 담당하는 역할은 대한민국의 권력구조가 민주적 헌법국가를 향해 나아가는 경향을 보여주었지만, 여전히 헌법재판권을 둘러싼 논쟁에서 민주정의 원칙과 헌법국가 원칙이 명확히 구분되지 않고 있다. 헌법수호에는 동의하면서도 헌법과 국민의사 사이에서, 혹은 헌법에 나타난 국민의지를 대변하는 헌법재판소와 선거로 나타난 국민의지를 대변하는 국회나 정부 사이에서 "민주적 정당성"의 이름으로 헌법을 무시하는 경우가 있다. 헌법국가 원칙에서 보면 대의기관이 대변하는 국민의지와 헌법에 나타난 국민의지의 구별이 필요하고, 그런 점에서 헌법재판소의 지위를 생각해 볼 필요가 있다.

헌법은 정치세력 사이의 투쟁 속에서 축적된 전통과 광범한 동의에 의해 확정된 국가정체성 그리고 공동체의 목표와 바람을 담고 있다. 이는 정권 교

---

30) 87년 헌법재판제도 도입이 어떤 역사적 경험을 계승하고 또한 지양하며 이루어진 것인 지는 보다 면밀하게 각각의 위헌법률심판권 제도를 분석한 뒤에야 말할 수 있을 것이 다. 예컨대 담당기관이나 재판관 선출 방식, 심판범위, 더 나아가 정치적 상황과 다른 권력들과의 관계라는 복잡한 상관관계를 모두 고려해야 할 것이다. 제1공화국의 헌법 위원회 실험과 제2공화국의 헌법재판소 설치의 관련성을 지적하고, 87년 헌법과 제2공 화국의 헌법재판제도를 연속선상에서 보는 견해는 정종섭(2009: 417 이후) 참고. 개헌 논의를 중심으로 헌법재판의 역사를 정리한 논문으로는 박찬권(2008)이 있다.

체나 국가 내 이익집단의 세력 다툼에 의해서도 쉽게 변할 수 없는, 오히려 정치적 투쟁과 이익 분배의 토대가 되는 원칙을 의미한다. 이 원칙 역시 변할 수 있지만 '원칙의 원칙'으로서 공동체를 유지하는 토대이기 때문에 쉽게 변할 수 없게 성문으로 규정하고 공동체의 최고규범으로 보호한다. 법체계 내에 위계가 있듯이 국민의지에도 위계가 있으며, 헌법에 나타난 국민의지는 그때그때 정권의 담당자를 선출하거나 국회의원을 선출하는 국민의지 또는 여론조사에 나타나는 일시적인 국민의지와 구별된다. 제헌국회가 일반국회와 구별되는 것도 같은 이유이다. "최상위 국민의사"(허완중, 2009: 30)로서의 헌법은 다수 국민의 의사인 법률에 대해 우위에 있고, 이에 따라 헌법의 위반여부를 심판하는 헌법재판권은 헌법이 규정한 다른 국가권력인 입법권, 집행권, 사법권이 "제헌권력의 기초"(이영재, 2012: 92)를 허무는 위헌 행위를 하는지를 심판하는 과제를 갖는다. 여기서 제헌권력은 역사적 시초를 의미하는 것이 아니라, 제헌권력으로서의 자각을 가진 국민이 일정 임기의 대표선출권을 행사하는 유권자로서의 자각을 가진 국민과 구별되고, 구별되어야 한다는 의미에서의 제헌권력이다.

입법부가 제정한 법률을 적용하고 심판하는 집행부와 사법부는 법체계상 입법부의 하위권력이고, 이 모든 권력들은 헌법의 지배를 받으므로 헌법재판권 아래 있다고 할 수 있다. 헌법재판소는 헌법에 나타난 국민의지를 수호하고 관철한다는 점에서 입법권과 집행권을 행사하는 대표를 선출한 국민의지와 다른, 그보다 상위의 국민의지를 실현하는 역할을 한다. 이것이 "선출되지 않은 권력"이 보유한 상위의 "민주적 정당성"이다.[31] 제헌국회 의원을 선출하는 제헌권력으로서의 국민은 일반국회 의원을 선출하는 유권자와 구별된다. 국가 공동체의 근본규범을 결정하는 제헌권력과 일정 기간 정부와 국회에서 일할 대표를 선출하는 유권자는 그 사안에 따라 다른 태도를 가져야 한다. 헌법개정에 찬반을 표시하는 국민 역시 "개정권력"으로서 투표하는 것이지 정해진

---

31) 이영재는 "제헌권력의 진원지"인 시민사회의 "민주적 버팀목"이 헌법재판의 "민주적 정당성"(2012: 96)이라고 본다. 헌법의 민주적 정당성은 인정하지만, 헌법재판권에 굳이 민주적 정당성을 부여하려는 노력은 헌법재판권의 이해를 어렵게 할 수 있다. 헌법재판권을 권력분립 원칙에 따라 고유의 기능에 적합한 고유의 정당성을 부여하는 것이 헌법재판권을 올바로 이해하는 방식이라고 본다.

임기의 단기간의 대표를 선출하는 "유권자"가 아니다. 따라서 입법권과 집행권이라는 국가권력의 창출에서 작용한 민주적 정당성과 제헌과 개헌에서 작용한 민주적 정당성의 무게를 굳이 구분한다면 제헌권력과 개정권력의 민주적 정당성이 일반대표를 선출하는 유권자의 민주적 정당성을 넘어선다.

87년 헌법의 헌법재판권이 민주적 정당성을 결여하고 있다는(최장집, 2005: 28) 견해는 정확히 말하면 '헌법재판권력'에 대한 견해이기보다 '헌법재판관'이 이른바 "선출되지 않은"(박명림, 2004: 29) 사람들이라는 것이다. 대통령과 국회라는 선출된 권력이 재판관을 지명하기 때문에 어느 정도의 간접적인 민주적 정당성이 확보되어 있다는 견해도 선출된 권력만이 정당성을 갖는다는 전제에서 출발하고 있다. 국민주권이 현대국가의 토대이며, 국민의사는 국가권력의 핵심인 입법권력과 집행권력을 구성하는 근본원리라는 것을 아무도 부인하지 않지만, 국가권력들의 고유한 기능에 근거할 때 '직접적'으로 국민의사에 토대를 둘 필요가 없는 권력도 존재한다. 국가권력 가운데 일반 사법권력과 헌법재판권력이 국민에 의해 직접 선출된 사람들로 구성되지 않는 이유는 사법권력이 담당하는 고유한 과제의 성격 때문이다.

국가권력은 그 기능에 따라 최적의 행사 방식과 구성 방식을 갖고 있다. 정치적 결정을 내려야 하는 입법권은 국가공동체 전체 구성원의 대표로 구성되어 "국민의 의지"를 결집해 내고 그 결과를 법규범으로 형식화한다. 입법권이 민주적 정당성을 토대로 해야 하는 이유는 공동체 전체의 위임을 받아 정치적 결정을 하는 권력이기 때문이다. 반면에 사법권은 입법권이 제정한 법률을 근거로 심판하는 권력이다. 심판과정에서 다시 국민의 의사가 개입되거나 다른 권력이 개입되면 애초에 국민의 의사를 결집한 입법권과 그 결과인 법의 권위가 손상 받는 것이다. 그럼에도 불구하고 사법권의 "민주적 정당성"을 주장하는 것은 사법권의 본질을 간과한 것이며, 이미 민주적 정당성을 확보한 법을 근거로 한 심판에 또다시 민주적 정당성을 묻는다는 점에서 오류이다. 법은 이미 제정과정에서 합의를 통해 모두에게 평등하게 적용되는 일반적 원칙이 되었고, 사법권의 과제는 공정하고 무차별하게 이 법을 적용하는 것이다. 사법권력은 '다수의지'를 직접 반영하는 것이 아니라, 다수의지에 의해 이미 마련된 '일반적 원칙'을 무차별하게 적용해야 하므로 임기가 보장되고, 여론에

휩쓸리지 않고, 정치 상황과 거리를 둘 수 있도록 조직되어야 한다. 무엇보다 원칙의 적용이라는 과제는 훈련된 지식을 필요로 하므로 능력위주의 선발과정도 필요하다. 일반원칙이 이미 주어져 있고 그 '원칙'의 위반여부만을 심판하기 때문에 이미 그 원칙의 형성에서 충족된 민주적 정당성의 '보호'가 더 중요한 과제이며 따라서 그 원칙에 대한 충분한 이해와 전문적 지식이 요구되므로, 그 능력을 구비한 인물을 '선발'하는 것이 사법적 심판의 고유한 기능에 합당한 구성방식이다.

같은 맥락에서 헌법재판관의 "민주적 통제"와 헌법재판의 결과가 "민주적 요청"을 반영한 것이어야 한다(이영재, 2012: 91)는 주장도 좀 더 다듬을 필요가 있다. 헌법재판관 선출을 국회에서 함으로써 선출된 권력에 의한 임명으로 "민주적 정당성"을 간접적으로 확보할 수 있다는 사고는 헌법재판권의 본질에 다소 어긋난다. 재판관을 공정하게 선발하는 방법으로 국회에서 전원 선출하는 것은 동의할 수 있지만, 그것이 '판결의 민주적 정당성'을 가져오기 위한 것은 아니다. 재판관은 자신을 누가 지명했는가와 상관없이 오직 대한민국 헌법을 근거로 공동체 전체를 위한 판결을 해야 하기 때문이다. 판결에서 민주적 요청을 반영해야 한다는 것은 자칫 헌법재판소가 '민심'에 좌우되는 것을 당연하다고 보는 것으로 오해될 소지가 있다. 헌법이 늘 새롭게 해석되어야 한다는 것은 재판관이 시대적 과제와 역사의 흐름으로부터 자유로울 수 없다는 것이지 그때그때의 여론에 굴복해도 된다는 것이 아니며, 세계관, 정치적 지향으로부터 무색무취한 인간이어야 한다는 것도 아니다. 헌법재판소의 결정은 민주적 정당성이 아니라 '헌법적 정당성'을 추구해야 한다.[32] 법의 제정과 집행이 담당하는 기능과 구분되는 고유한 기능을 수행하도록 만들어진 심판권력에게 다시 입법과 집행 기능을 요구한다면 헌법재판권이 따로 존재할 이유가 없다.

헌법재판소의 결정을 둘러싼 논쟁 가운데 권력분립 체계 내에서 헌법재

---

[32] 차동욱은 헌법재판소가 민주적 정당성이 아니라 "제도적 정당성"(2006: 187)에 근거하고 있으므로 여론으로부터 독립하여 "사법적 전문성"에 따라 판단해야 한다고 주장한다. 제도적 정당성의 의미가 명확하지는 않지만, 이를 위해 헌법재판관의 자격을 전문성을 기준으로 학계로도 확장할 것을 건의하고 있다(2006: 189 이후). 법관자격이 아닌 재판관의 선발은 헌법재판의 사법적 성격을 퇴색시킬 수 있다는 점에서 심도 있는 논의가 필요해 보인다.

판권이 차지하는 이러한 위상과 고유한 역할을 제대로 고려하지 않은 주장들이 등장했다. 예컨대 2004년 10월 신행정수도이전특별법에 대한 심판(2004헌마554·566 병합)은 법률이 헌법에 명시된 정치적 기본권을 침해했다고 제기된 '헌법소원' 심판이었다. 국민의 대표기관인 국회가 수도 이전을 의미하는 법률을 제정하였고, 국민은 이 법률이 관습헌법적으로 인정되어 온 수도의 이전이라는 점에서 국민의 직접적 승인을 필요로 하거나 또는 헌법개정에 준하는 방식으로 결정되어야 한다고 보았다. 주권자인 국민이 자신의 대표의 결정에 문제제기를 한 것이다. 하지만 놀랍게도 많은 논의가 헌법소원을 제기한 국민의 입장이 아니라 "선출된 권력"이 결정한 사안을 사법권력이 폐기했다고 판단했다. 일련의 헌법재판 청구 자체가 판결 결과와 무관하게 "민주주의 규범과 원리"에 배치되며, 헌법재판소의 "개입"으로 입법부의 결정이 무효화되고 민주정의 원칙인 다수의 결정이 헌법재판소에 의해 "번복"(최장집, 2005: 61)되었다고 보았다. 민주정의 원칙을 보호하기 위해 민주적 결정이라도 헌법을 위반할 수 없다는 것이 87년 헌법이 규정한 헌법국가의 원칙이다. 선거에서 패배한 정당과 그 지지 세력이 "헌법재판소 결정을 통해 선거결과를 변화시킬 수"(최장집, 2005: 64) 있게 되었다는 비판은 오히려 다수결 민주정을 보완하는 헌법재판권의 과제를 옹호하는 것으로 해석될 수 있다. 헌법재판소 결정이 "총구"에서 나오는 것도, "여론"에서 나오는 것도 아니며, 헌법해석의 "논리적 설득"에서 나와야 한다는 주장을 하면서도(국순옥, 2005: 457) "헌법재판관들의 사법쿠데타", "헌법해석 놀이"로 위헌결정을 비판한다. 더 나아가 "국민이 직접 선출한 국가원수로서" 대통령은 "위헌결정과 상관없이" 위헌결정을 받은 법률을 "한 치의 오차도 없이" 집행하라고(국순옥, 2005: 461) '반헌법적' 주문을 하는 것이 "헌법재판권의 본질"[33])에 부합하는 것인지 의문스럽다.

헌법재판권력을 민주주의의 이름으로, 선출된 권력이 아니라는 이유로 폄

---

33) 국순옥은 헌법재판제도의 이데올로기적 측면에 주목하여, 헌법국가에서 노동자계급이 우세할 경우 입법부 중심의 통합형태가 나타나고, 부르주아계급이 지배적일 경우 집행부 중심의 정치적 통합형태가 나타난다고 본다. "헌법재판국가" 현상은 노동자 계급과 부르주아계급의 정치적 역학관계가 최소한 균형을 이루었을 때 나타난다고 보고 있는데(국순옥, 1996: 48 이후), 그렇다면 87년 헌법 하의 대한민국이 "헌법재판국가"로서 바람직한 통합형태를 갖고 있다고 보는 것이 논리적인데 정작 헌법재판소를 근본적으로 비난하고 있다.

하하는 것은 국가의 근본질서와 기본권을 규정한 헌법의 관점이 아니라 헌법에 의해 규정된 국가원리의 하나인 '민주정'의 관점에만 서 있는 것이다. 그 결과 헌법재판소 결정에 대해 "사법쿠데타"(국순옥, 2005: 457), "제왕적 헌법재판소"(최장집, 2005: 59)라는 말이 생겼고, 2015년 통합진보당 해산심판은 "법조쿠데타"(홍윤기, 2015: 285, 288)로 명명되었다. 그러나 2017년 3월 헌법재판소가 "국민이 직접 선출한" 대통령을 파면한 이후 "헌법공동체"(홍윤기, 2017: 1)와 "헌법의 재발견"(홍윤기, 2017: 37)이라는 말이 등장했다. "선출되지 않은 권력"이 대통령 탄핵을 결정했는데 헌법재판권에 대한 인식이 극적으로 전환되었다는 사실이 더욱 우려스럽다. 이 극적인 전환이 언제 다시 극적으로 반전될지 모르기 때문이며, 이는 헌법과 헌법재판권력이 한국정치에서 차지하는 지위와 역할에 대한 명확한 인식이 부족하다는 것을 말해주기 때문이다. 헌법과 헌법재판권에 대한 근본적 이해에 토대를 둔 비판이 아니라 편협한 정파적 이해에 근거한 비논리적 비판은 헌법재판권은 물론 정치적 토론과 발전에 기여하기 힘들다. 헌법을 정파의 이익을 위해 편의적으로 해석하는 것은 헌법을 "도구화"하는 것일 뿐이며(김동하, 2014: 267), '헌법의 이념'을 파괴하는 것이다. 판결의 결과와 상관없이 헌법재판권력 자체를 온전하게 이해할 때 개별 결정에 대해서도 의미 있는 소수의견을 제시할 수 있다.[34] 헌법재판권의 '본질적' 원리를 무시하고, 단지 "정치의 사법화", "사법의 정치화"[35]라는 '부수적' 현상의 측면에서 헌법재판권을 이해하는 것은 우리의 정치적 삶의 토대가 되는 근본질서에 대한 몰이해를 드러내는 것이다. 우리가 헌법재판권을 명시한 헌법 아래 살고 있다는 현실은, 전통적 권력분립 체계를 변화시킨 헌법재판권의 고유한 기능과 그 토대가 된 헌법의 최고성을 인정할 것을 요구한다.

---

34) 이른바 "정치의 사법화" 현상으로부터 긍정적 결과를 이끌어내기 위해서는 사법권력을 "성역화"해서도, 사법권력의 결정에 불복해서도 안 되고, 사법적 결정의 "공론화"가 필요하다고 보는 견해는 김종철(2005: 246) 참고.

35) 본래 "정치의 사법화", "사법의 정치화"라는 문제는 200여 년의 역사를 갖는 미국 위헌법률심사제의 문제로 등장했다. 헌법재판제도를 헌법재판권의 역사적 등장과 본질이라는 측면(김종철, 2005)이나 권력분립의 관점(오승용, 2011)에서 고찰하는 것이 아니라, 문제 발생의 역사적 배경이 상이한 미국 사법심사제로부터 출발해서 한국 헌법재판권을 조망하는 역전된 방식은 문제를 제대로 인식하기도, 대안을 제시하기도 힘들다고 본다.

건국 이후 위헌법률심판권이 규정되고 행사되면서 국가권력에 대한 인식, 특히 법원과 정부의 대결, 집행과 통제 사이의 갈등, 헌법재판권과 통치권의 경계를 설정하는 문제가 등장했다. 현재 '헌법상' 헌법우위 국가를 유지하고 있지만 여전히 충분히 해결되지 않은 문제들이 있다. 현행 헌법재판권은 다시 '사법우위'를 가져온 것이 아니라, 모든 국가권력의 상위에 있는 '헌법의 최고 성'을 토대로 하는 헌법우위 경향을 내포하고 있다. 헌법우위 경향을 갖는 87 년 헌법을 단순히 "민주화 헌법"으로만 이해해서는 헌법규범과 현실을 일치시 킬 수 없다. "민주화 헌법" 또는 "6월항쟁 헌법"(박명림, 2004: 31)으로도 불리 는 87년 헌법은 대한민국의 입법권, 집행권, 사법권 행사의 한계를 헌법에 두 고, 권력의 위헌적 또는 위법적 행사여부를 헌법재판권에 의해 심판한다고 규 정함으로써 국가권력에 대한 '헌법의 최고성'을 인정하고 있다.36)

87년 헌법에 의해 한국 헌정사에서 다시 포괄적인 헌법수호 임무를 부여 받은 헌법재판소는 지난 30여 년 간 국가권력의 위헌적 행사를 심판하고 저지 하는, 정치적으로 매우 민감하고 어려운 일을 해왔다. 많은 문제에도 불구하고 이 방식으로 거리의 정치를 헌법재판소로 끌어들여 해결해왔다는 것은 현대 한국정치사에서 발전으로도, 반대로 '정치의 무능'으로도 기록될 수 있다.37)

---

36) 대한민국헌법은 미국, 일본, 독일 헌법과 달리 헌법의 최고성을 명시적으로 규정하고 있지는 않다. 다만 모든 국가권력 행사의 위헌여부를 심판대상으로 한다는 점에서 헌 법의 최고성이 간접적으로 선언되고 있다. 헌법의 최고성을 보여주는 헌법조항은 제8 조 제4항, 정당의 목적이나 활동이 민주적 기본질서에 위배될 때에는 … 정당은 헌법 재판소의 심판에 의하여 해산된다. 제65조 제1항, 대통령·국무총리 … 기타 법률이 정 한 공무원이 그 직무집행에 있어서 헌법이나 법률을 위배한 때에는 국회는 탄핵의 소 추를 의결할 수 있다. 제107조 제1항, 법률이 헌법에 위반되는 여부가 재판의 전제가 된 경우에는 법원은 헌법재판소에 제청하여 그 심판에 의하여 재판한다. 헌법 제111조 제1항은 헌법재판의 대상을 열거하고 있다. 위헌법률심판, 탄핵심판, 위헌정당해산심 판, 국가기관 간 권한쟁의 그리고 헌법소원이 그 대상이다.

37) 정치의 사법화의 일차적 책임은 사법권력에 있는 것이 아니라, "정치의 실패", 특히 "의회정치의 실패"(박명림, 2004: 28)이며, 정당과 의회가 자초한 현상(채진원, 2011: 278)이라고 볼 때, 정치의 사법화를 극복하는 선결조건은 "의회와 정당의 정상화"(오 승용, 2011: 190)라는 결론에 도달하게 된다.

정치세력 간 투쟁이 정치세력 사이의 합의를 통해 해결되지 못한 경우, 불행 중 다행으로 헌법재판소에서라도 헌법을 토대로 마무리되었다는 점에서 발전이다. 하지만 헌법재판권이 정치적 문제의 최종결정권을 행사해도 되는가, 나아가 불가피하게 헌법상 최종결정권을 보유했다 해도 확고하게 그 역할을 수행했는가라는 질문에는 아직 명확히 답할 수 없다.[38) 이 문제는 건국헌법에서 잠시 입법우위를 경험한 이후 87년 헌법에서 집행권 견제 기능이 강화된 국회의 역할에 따라 좌우될 것으로 보인다. 민주화 이후 1기 헌법재판소가 국가보안법을 "한정합헌"(헌재1990.4.2 89헌가113)으로 결정할 때까지 대한민국국회는 스스로 국가보안법의 합리적 개정을 하지 못했다. 헌법재판소의 한정합헌 결정에 따라 국회는 비로소 1991년 5월 문제가 된 국가보안법 제7조를 개정했다. 국회는 국회 내에서 스스로 해결해야 할 문제와 헌법재판소의 합헌성 여부에 대한 결정이 필요한 사안을 구분하지 못하고 권한쟁의심판을 남발하기도 했다.[39)

우리는 19세기 말 이래로 군주정으로부터 식민통치를 거쳐 민주공화정으로 이어지는 정치적 단절을 겪었고, 그 과정에서 공동체의 암묵적 지지를 받는 최고의 '정치적 권위'로서의 "정치적인 것의 장소"(Preuß, 1994: 19)를 만들어내지 못했다. 건국초기를 제외하면 국회는 이런 권위를 누리지 못했고, 유신헌법에 따라 대통령이 국가원수이자 통합의 구심점으로서 권력의 효율성이라는 측면에서 권위를 입증했지만 지속가능한 구심점이 되지 못했다. 이런 상황에서 87년 헌법에 의해 비로소 헌법재판권이 불완전하기는 하지만 정치적 권위를 축적해 갈 수 있는 '구심점'으로 형성되어 가고 있다는 조심스러운 전망을 해본다.[40) 국회 또는 정부가 정치적인 것의 장소이어야 하느냐, 헌법재판소가 정치적인 것의 장소가 될 수 있느냐는 일차적으로 각 기관의 구성원에게

---

38) 헌법재판소의 위헌결정은 구속력이 없기 때문에 다른 국가권력들의 자발적 복종이 필요한데 아직 위헌심판에 대한 각 권력들의 대응이 미흡하다. 특히 법원과 헌법재판권이 미묘하게 경쟁하고 있는 것도 헌법재판소의 권위 축적에 하나의 걸림돌이 되고 있다. 자세한 것은 허완중(2014: 322 이후) 참고.

39) "정치의 사법화"와 "사법의 정치화"를 구분함으로써 국회와 헌법재판소 모두에게 각각의 고유한 과제를 보여준 논문은 차동욱(2016)이다.

40) 김동하는 1987년 헌법에 이르러 비로소 한국헌법이 "서구와 구분되는 자기 나름의 고유한 동학"(2014: 234)을 갖게 되었다고 본다. 한국적 헌법재판권의 실현이 그 한 요소가 될 수 있을 것이다.

달려 있다. 우리 역사에서 대통령과 정부 아니면 국회 또는 법원과 헌법재판소 가운데 어느 기관이 혹은 어떤 국가 기능이 대한민국이라는 공동체의 방향을 좌우하기 위해 고군분투했는가, 국회보다 정부나 헌법재판소가 서로 다른 수준에서 다른 방식으로 국민의 의사를 결집하고 국가의 방향을 결정하는 데 더 중요한 역할을 한 것은 아닌가라는 질문을 해본다. 국가권력들 사이의 권위 축적의 의지와 실행력에 대한 국가공동체 구성원의 광범한 인정을 통해서만 정치적인 것의 장소로 격상될 수 있는 권력이 결정될 것이다. 어떤 권력이 우위를 점하든 이제 최소한 근본질서로서의 헌법이 정치적인 것의 토대가 되어야 한다는 데 이의가 없을 것이다.

87년 6.10항쟁에서 나타난 국민의지가 '헌법'이라는 더 높은 국민의지로 승화됨으로써 이후 정치적 사안의 최종결정이 헌법재판소의 헌법해석에 의해 내려진다는 것은 "민주화 헌법"의 역설이라고 할 수 있다. 87년 민주화 헌법이 국민이 직접 선출한 대통령과 역시 국민이 직접 선출한 국회의 권한을 비롯한 모든 국가권력과 국민을 '헌법의 이념' 아래 제한했기 때문이다. 하지만 87년 헌법이 형식상 부여한 최종결정권이 얼마나 헌법재판소에 주어지느냐는 정부와 국회의 역량과 국민의 헌법의식에 따라 달라질 수 있다.[41] 사법적 결정이 아니라 정치적 결정을 추구함으로써 정치적인 것의 장소는 달라질 수 있기 때문이다. 87년 헌법은 절차에 따라 개정 가능하고, 또한 시대정신에 부합하도록 개정될 것이다. 하지만 국가와 개인의 관계, 권력과 법, 집행과 통제의 관계를 규범화하고 공동체 전체의 근본질서로 삼는, 정치적인 것의 토대로서의 헌법이라는 이념은 공동체가 존재하는 한 유지될 것이다.

---

[41] 차동욱(2016)은 국회의원 간 권한쟁의심판의 사례를 통해 하나의 헌법기관이 정치적 권위의 장소가 되기 위해서는 주어진 고유한 권한을 최소한 합헌적으로 행사해야 함을 보여준다. 김선택도 헌법재판소를 비롯한 국가권력들이 각각의 "지위와 기능"을 이해하고 활동하는 "방식과 정도"에 따라 국가기능이 구체화될 것으로 보고 있다(2005: 203).

| 참고문헌 |

갈봉근. 1966. "우리나라 위헌법령심사제의 기초". 『서울대 법학』 8: 2, 139 – 165.

갈봉근. 1975. 『유신헌법해설』 서울: 광명출판사.

갈봉근. 1988. "한국헌법상의 위헌법률심사제도의 변천과정". 『동아법학』 6, 75 – 102.

구병삭. 1991. "제3공화국헌법사". 한태연, 구병삭, 이강혁, 갈봉근 공저. 『한국헌법사(하)』. 서울: 고려원, 113 – 202.

국순옥. 1996. "헌법재판의 본질과 기능". 『민주법학』 11, 9 – 50.

국순옥. 2005. "헌법재판관들의 사법쿠데타". 『민주법학』 27, 456 – 461.

김동하. 2014. "한국 헌법의 비서구적 발전과 자기정체성 형성의 동학: 서구와 한국 헌법담론의 비교분석을 중심으로". 『21세기 정치학회보』 24: 1, 219 – 242.

김선택. 1996. "형식적 헌법의 실질적 위헌성에 대한 헌법재판. 위헌적 헌법규범의 성립가능성과 사법심사가능성에 관하여". 『법학논집』 32, 329 – 356.

김선택. 2005. "국가기능체계에 있어서 헌법재판소의 역할과 한계". 『공법연구』 33: 4 (한국공법학회), 179 – 207.

김일영. 2002. "전시정치의 재조명. 한국전쟁 중 북진통일론과 두 갈래 개헌론의 관계." 『한국정치외교사논총』 23: 2, 193 – 225.

김종철. 2005. "정치의 사법화의 의의와 한계. 노무현정부 전반기의 상황을 중심으로" 『공법연구』 33: 3, 229 – 249.

김철수. 1970. 『헌법학』 서울: 지학사.

김철수. 1988. 『한국헌법사』. 서울: 대학출판사.

문홍주. 1963. "새 헌법상의 사법권의 독립". 『월간 법제』 1963.02. https://www.moleg.go.kr/mpbleg/mpblegInfo.mo?mid=a10402020000&mpb_leg_pst_seq=124500

문홍주. 1966. 『헌법요론』 서울: 법문사

민병로. 2012. "일본의 위헌심사제의 현황과 과제". 『법학논총』 32: 2, 109 – 135.

박명림. 2004. "탄핵사태와 한국민주주의: 의미와 파장" 『당대비평』 26, 27 – 41.

박은정. 2010. "정치의 사법화와 민주주의" 『서울대학교 법학』 51: 1, 1 – 26.

박찬권. 2008. "한국헌법재판제도에 대한 헌정사적 이해 및 평가". 『법학연구』 18: 2, 373 – 400

서희경. 2017. "제2공화국의 혁명입법 논쟁과 이인의 헌정주의". 『애산학보』 44. 191−228.

오승용. 2011. "한국민주주의의 위기와 법의 지배. 정치의 사법화를 중심으로". 『민주주의와 인권』 10: 3, 163−196.

오향미. 2009. "대한민국임시정부의 입헌주의: '헌법국가'로서의 정당성 확보와 딜레마" 『국제정치논총』 49집 1호, 277−303.

오향미. 2016. "영국의 법의 지배 원칙에 의한 기본권 보장의 헌정구조: 법과 주권의 매개로서의 의회주권". 『한국정치학회보』 50: 2, 103−123.

오향미. 2018. "존 로크의 『통치론』에 나타난 국가권력의 구분과 분배의 논리". 『한국정치연구』 27: 1, 31−65.

유진오. 1949 『신고 헌법해의』 서울: 일조각, 1952.

이경구. 1984. 로크의 정치사상에 있어서의 권력체계. 『사회과학』 23(성균관대 사회과학연구소), 57−78.

이국운. 2017. "1987년 헌법의 형성과정 연구. 사건의 헌법학을 지향하며" 『헌법학연구』 23: 3

이국운. 2019. "'87년 체제'와 사법정치의 기원". 발표문 고려대 SSK(2019.12)

이범준. 2009. 『헌법재판소, 한국 현대사를 말하다』 서울: 궁리.

이영재. 2012. "'정치의 사법화', 민주주의의 위기인가?" 『평화연구』 20: 1, 71−103.

장영수. 1994. "헌법체계상 헌법재판소의 헌법상의 지위". 『법학논집』 30, 31−67.

정종섭. 2001. "한국의 민주화에 있어서 헌법재판소와 권력통제. 1988년부터 1998년까지". 『서울대학교 법학』 42: 1, 61−106.

정종섭. 2009. "1960년 헌법에서의 헌법재판소의 최초의 등장과 배경". 『법과 사회』 36, 385−418.

정종섭. 2002. 『헌법소송법』 서울. 박영사, 2012.

정창조. 2015. "권력분립과 인민권력 사이의 관계에 대한 연구. 몽테스키외, 맑스주의, 아렌트를 중심으로." 『현대유럽철학연구』 38, 317−350.

조동걸. 1999. "임시정부의 역사적 의의와 평가". 『한국현대사의 이상과 형상』. 서울: 푸른역사, 2001.

차동욱. 2006. 위헌법률심사제도의 민주적 정당성에 관한 고찰. 대의제 민주주의 하에서의 헌법재판제도의 정당성. 『정부학연구』 12: 2, 161−195.

차동욱. 2016. "정치의 사법화에 대한 헌법재판소의 책임: 국회의원과 국회의장 간 권한쟁의 사건을 중심으로. 『한국정당학회보』 15: 2, 69–102.

채진원. 2011. "정치의 사법화 현상의 이론적 쟁점. 민주주의의 비관론과 낙관론 및 정당기능의 정상화 방향". 『평화연구』 19: 2, 257–295.

최장집. 2005. "한국어판 서문: 민주주의와 헌정주의. 미국과 한국". 달, 로버트 (2001). 박상훈, 박수형 옮김. 『미국헌법과 민주주의』. 서울: 후마니타스.

한국미국사학회 엮음. 2006. 『사료로 읽는 미국사』. 서울: 궁리.

한동섭. 1975. "현행 각국헌법재판제도의 유형". 현민유진오박사 고희 기념논문집 간행위원회 편. 『헌법과 현대법학의 제문제』. 서울: 일조각, 1975, 25–56.

한태연. 1963. 『헌법』 서울: 법문사

한태연. 1973. 『헌법학』 서울: 법문사, 1977.

허 영. 1990. 『한국헌법론』, 서울: 박영사, 20046

허완중. 2009. "헌법재판소의 지위와 민주적 정당성". 『고려법학』 55, 1–36.

허완중. 2014. "간추린 한국헌법재판사. 『헌법재판연구』 1, 283–327.

헌법재판소10년사 편찬위원회. 1998. 『헌법재판소 10년사』. 서울: 헌법재판소

헌법재판소30년사 편찬위원회. 2018. 『헌법재판소 30년사』. 서울: 헌법재판소

홍윤기. 2015. "헌재 결정의 위헌성, 국가 진로의 위험성". 『황해문화』 86, 265–291.

홍윤기. 2017. "대한민국을 민주공화국 주권자의 헌법공동체로 만들기. 촛불시민혁명의 주권자적·시민적 요구에 부합하는 국가 개조의 규범적 통합 이념에 관하여". 『NGO 연구』 12: 2, 1–44.

Hamilton, Alexander, James Madison, John Jay. 1787–88. *Federalist Paper*. 김동영 옮김. 『페더랄리스트 페이퍼』. 서울: 한울아카데미, 1995.

Preuß, Ulrich. 1994. Einleitung: Der Begriff der Verfassung und ihre Beziehung zur Politik. ders. (Hg.) *Zum Begriff der Verfassung. Die Ordnung des Politischen*. Frankfurt. a. M.: Fischer 1994. 7–30.

CHAPTER 10

권력분립과 정치적 책임성*

배진석

Ⅰ 서론

이 글은 권력분립에 기초한 대통령제의 제도적 특성이 정치적 책임성에 미치는 영향을 이론적으로 고찰하는 것을 목적으로 한다. 한국 국가권력의 책임성 문제를 권력분립의 관점에서 진단하고, 그 논리구조를 바탕으로 한국적 맥락에서 정치적 책임성 및 민주주의의 질 향상을 위한 권력구조 개혁의 함의를 찾고자 하는 것이 이 글의 궁극적 목적이다.

책임성(accountability)은 대표성(representation)과 함께 대의민주주의의 질을 결정하는 핵심 개념으로 거론되어 왔다. 책임성 결핍은 한국 민주주의 발전의 오랜 과제이다. 권위주의 시기는 물론이고 1987년 민주화 이후 역대 대통령 중 책임성 문제로부터 자유로운 사례는 없다고 해도 과언이 아니다. 정당 간의 잦은 이합집산, 정당운영의 비민주성, 이에 따른 정치 전반에 대한 불신 등은 모두 책임정치의 실종으로 표현되고 있다. 개별 정치적 행위자의 자질이나 능력으로 책임성을 논하기에는 그 범위가 너무 광범위해졌다. 정치적 책임성 제고가 필요하다는 당위적 요청과는 별개로, 국내 관련 연구는 매우 부족한 상황이다. 많은 논문에서 정치적 책임성을 거론하고 있지만, 정치적 책임성의 분석적 개념과 이와 관련된 학계의 논쟁을 다룬 이론적 탐색은 찾아보기 쉽지 않다. 권력구조 개편과 관련된 많은 논의들 속에서도 정치적 책임성

---

* 이 글은 대한정치학회보 제28집 2호에 게재된 원고를 단행본의 성격에 맞추어 자료를 보강해 수정, 보완한 것이다.

제고가 필요하다는 당위적 주장들은 곳곳에서 발견되나, 이를 중심으로 한 이론적 논의는 드물다.

　권력분립이라는 정치적 개념도 정치현실과 언론에서 널리 활용되는 쓰임새에 비해 학문적인 실체 규명은 미흡한 것이 사실이다. 오랜 권위주의의 경험은 한국정치에서 권력이 집중되면 안 된다는 강박으로 작용했다. 그 결과 민주화 이후 한국정치 발전은 대체로 권력의 분산과 관련되어 있다. 실제 한국의 민주화 과정은 "실질적인 삼권분립을 촉진시키고 대통령의 여당 장악력을 감소시켜 제도적 거부권행사자의 지속적인 증가"로 묘사되기도 한다(문우진, 2007: 23). 그럼에도 불구하고 여전히 대통령에게 집중된 권력은 '제왕적 대통령제'라는 레토릭과 함께 비판의 대상이 되어왔다(강원택, 2006; 박명림, 2005; 진영재, 2004: 문우진, 2016). 역대 대통령들이 예외 없이 부패 및 권력남용으로 불행한 상황에 처하게 되고 그 결과 한국정치의 발전이 지체되고 있는 것은, 한국 대통령에게 주어진 정치적 권한이 다른 대통령제에 비해 과도하기 때문이라는 설명이다. 헌법상 부여되는 입법·비입법적 권한은 물론이고, 권위주의적 유산에 따라 관행적으로 부여되어온 대통령의 과도한 권한이 한국정치 발전의 중요한 도전요인으로 지적되어 온 것이다. 대통령에게 집중된 권력을 효과적으로 견제하지 못한 제도적 결함이 한국정치의 치명적 약점으로 인식되고 있는 것도 이 때문이다. 이에 대한 반론도 만만치 않다. 한국 대통령의 헌법적 권한은 결코 다른 대통령제 국가들에 비해 과도하지 않다는 주장(박용수, 2016; 신우철, 2011)도 있다. 이러한 주장은 대통령의 과도한 헌법적 권한이 아니라 정당정치의 취약성이 한국정치 발전에 가장 심각한 도전 요인이라는 주장으로 이어진다(장훈, 2017; 최장집, 2012). 그 결과 한국정치는 임기 초반의 '제왕적 대통령'과 임기 중후반의 '취약한 대통령'이 공존하는 모순상황에 처하게 된다(Bae and Park, 2018; Im, 2004).

　이런 논란을 배경으로 한국정치는 '분권'을 화두로 권력구조의 개편을 끊임없이 모색해왔다. 협치라는 목적이 최근 들어 개헌논의에 추가되었지만, 분권이 전제되어야 협치가 가능하다는 점에서 개헌논의와 관련된 최대 관심사는 역시 분권이라고 할 수 있다. 대통령 권한의 적절한 범위 설정을 통해 하위 정치제도와 조화를 이루려는 노력이 이러한 논의의 주종을 이루었다. 우선 현행 대통령제에서 나타나는 의회제[1]적 요소가 대통령제 본연의 견제와 균형이라는 권력분립의 목적과 충돌하기 때문에 '순수' 대통령제를 지향해야 한다는 주장이 있다(박찬욱, 2004; 조정관, 2004; 임혁백, 2011). 하위 정치제도로서 미국식 양당제가 함께 거론되기도 한다. 반대로 현행 헌법의 다수제적 특징을 완화하기 위해 의회제와 선택적 친화성을 가지는 합의제적 요소를 확대해야 한다는 주장도 있다(최태욱, 2011). 비례대표제의 확대를 통한 다당제가 대통령제와 조화를 이룰 수 있다는 주장이 흔히 이 입장과 연관된다(홍재우 외, 2012). 소수이기는 하나 대통령제의 본질적 한계를 극복하기 위해 의회제로 권력구조를 개편해야 한다는 주장도 있다(김용철, 2017; 안순철, 2004).

기존 권력구조 개편 논의들은 대개 승자독식의 권력집중, 정치적 불안정성, 정책결정의 비효율성 등을 극복해야 할 한국정치의 과제로 제시하고 있다. 민주주의의 질적 심화와 관련된 정치적 책임성 제고라는 과제는 권력구조 개편 논의에서 그다지 중요하게 다루어지지 않고 있다.[2] 이런 배경에서 이 연구는 정치적 책임성 결핍의 원인 진단 중 하나로서 대통령제의 핵심 제도적 기제인 권력분립의 영향력을 이론적으로 탐색하고자 한다. 권력분립의 영향력이 국가권력기구 간의 권력분배에만 그치는 것이 아니기 때문에, 이 연구는 권력분립이 미치는 정치적 영향력을 선거 및 비선거 책임성의 통합적 관점에서 고찰한다. 권력분립이 책임성에 영향을 미치는 과정에서 정당의 역할 또한 이 연구의 주된 관심사가 된다. 이 연구는 권력분립과 정치적 책임성 간의 관계를 규명하는 이론적 논의를 통해 한국적 맥락의 권력구조 개편 과정에 필요한 함의를 찾아 민주주의의 질적 심화를 도모하려는 노력의 일환이다.

이 글은 다음과 같이 구성되었다. II절은 정치적 책임성의 개념적 정의를 다룬다. 또한 책임성의 주체, 객체, 수단, 그리고 범위를 둘러싼 주요 논쟁이 소개된다. III절은 대통령제의 권력분립적 특성을 의회제와 비교해 두 권력구

---

1) 의회제(parliamentarism)는 한국의 많은 연구에서 내각책임제로 번역되고 있으나, 의회의 주도성을 인정하는 제도 본연의 의미를 살려 이 논문에서는 의회제로 칭한다.
2) 예외적으로 김용철(2017)의 연구는 수직적, 수평적 책임성 모두 의회제에서 높게 나타난다는 점을 지적하고 있으나, 수직적, 수평적 책임성이라는 개념 자체가 도전받는 최근의 이론적 논의들을 포괄하지는 못하고 있다. 이와 관련된 논의는 II절을 참고할 것.

조의 선거 책임성을 비교한다. 덧붙여 대통령제 내에서 책임성과 관련된 편차의 원인을 추적해 주요 정치적 맥락 속에서 검토한다. IV절은 권력분립이 정당 조직과 행위에 미치는 영향을 검토하고, 정당의 역할이 정치적 책임성과 연결되는 논리를 진단한다. IV절 결론에서는 요약 및 연구의 이론 및 실천적 함의를 모색한다.

Ⅱ 정치적 책임성의 개념정의와 관련 논쟁

정치적 책임성(accountability)은 정치적 위임(delegation)과 동전의 양면이다. 주인-대리인 관계에 기반하고 있는 대의민주주의는 인민주권의 원칙에 따라 주인인 유권자가 대리인인 정치인 혹은 국가기구에게 한시적으로 주권을 위임하는 체계이다. 반대로 대리인인 정치인 혹은 국가기구는 위임된 권한의 행사와 관련해 주인에게 책임성을 갖는다. 엘스터(Elster, 1999)에 따르면, 정치적 책임성은 다음과 같은 삼각구조로 이루어져 있다. "대리인 A는 X라는 행위에 대해 주인 B에게 책임을 진다: an agent A is accountable to a principal B for an action X"(255). 이 관계는 위임-책임성의 관계를 규정하는 현대 대의민주주의의 제도적 배열이나 작동방식으로 운영된다. 다시 말해 책임성의 문제는 관련 개별 행위자의 자질 혹은 덕성과 관계된 것이 아니라는 의미이다 (Bovens, 2010: 946-948).

한시적인 권한을 위임받은 대리인은 그 권한의 행사와 결과에 관해 주인이 대답을 요청할 때 응답해야 할 책임(answerability)이 있다. 주인과 대리인의 이해관계는 다를 수밖에 없고(conflicting interest), 또한 주인-대리인 사이에 정보의 양이 다를 수밖에 없기 때문에(asymmetric information) 주인은 필연적으로 발생하는 대리손실(agency loss)을 줄이기 위해 대리인에게 설명을 요구할 수 있다. 대리인은 이에 응답해야 할 의무가 있다. 대리인의 성과에 만족하지 못할 경우 주인은 대리인에게 위임한 권리를 회수할 수 있다. 일종의 제재

(sanction)를 가할 수 있다는 의미이다. 이런 배경으로 쉐들러(Schedler, 1999)는 책임성의 두 측면을 응답성(answerability)[3]과 문책(enforcement)으로 구분한 바 있다. 영어 표현 accountability는 대리인 입장에서 책임을 진다는 의미가 되고, 주인 입장에서는 책임을 묻거나 부과하는 의미가 된다.[4]

1. 수직적-수평적 책임성

책임성과 관련된 학술적 논의는 오도넬(O'Donnell, 1994; 1999; 2003)의 선구적 연구로 활성화되었다. 오도넬은 선거의 유무와 관련해 책임성을 구별하고, 이를 수직적 책임성(vertical accountability)과 수평적 책임성(horizontal accountability)으로 명명했다. 제3의 물결 이후 라틴아메리카에서 정착되어 가고 있던 선거민주주의의 전개과정을 수직적 책임성의 발전과정으로 이해한 오도넬은 이 지역의 포퓰리즘(populism)의 횡행을 관찰하면서 그 특징을 수평적 책임성의 결핍으로 설명하고자 했다. 즉 유권자로부터 권한을 위임받은 국가기관들(대리인들) 간의 견제와 균형의 부족을 라틴아메리카 신생민주국가들의 정치적 책임성 저하의 원인으로 파악한 것이다. 오도넬의 수직적-수평적 책임성 구분은 직관적인 시각적 비유로 학계의 주목을 받았다.

<그림 1>에서 확인되듯이, "이론적 차원에서 민주주의체제는 수직적 책임성과 수평적 책임성이 모두 높은 체제"이고, "반대로 권위주의체제는 두 차원의 책임성이 모두 낮은 체제이다."(배진석, 2019: 163-164) 오도넬이 주목한 현상은 수직적 책임성은 높아졌으나 수평적 책임성은 여전히 낮은 체제이다.

---

3) 한글 번역으로 이와 혼동되는 개념 중의 하나가 바로 responsiveness이다. 이 연구는 responsiveness를 대응성 혹은 반응성으로 번역할 것을 제안한다. 대응성은 주인인 유권자의 선호가 선거 당시와 달라졌을 때, 그 변화에 대응하는 대리인의 능력으로서 동적 대표성(dynamic representation)을 의미한다. 이와 관련된 자세한 논의는 Stimson et al.(1995)을 참조할 것. Stimson et al.(1995)에 대한 비판은 Manin et al.(1999)을 참조할 것.

4) 박종민·윤견수는 이런 관점에서 accountability를 '문책성'으로 번역한 바 있다. "문책성은 책임을 진다는 의미보다는 책임을 부과한다는 의미로 사용되며, 이의 영어 표현은 accountability다. 이 글에서는 문맥에 따라 유사 용어인 책임성이나 책무성 등의 용어와 혼용하되, 선거를 통해 정부에 대한 책임을 묻는 상황에 대해 특히 문책성이라는 표현을 주로 사용했음을 일러둔다." (2015: 37)

그림 1   수직적-수평적 책임성과 체제유형

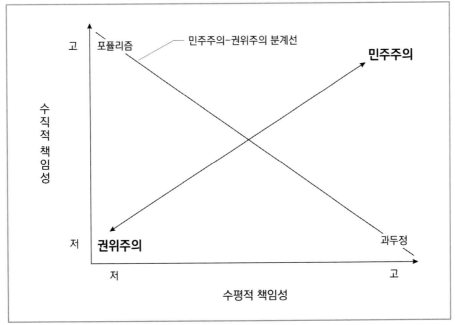

출처: Slater(2013)[5]을 배진석(2019)에서 재인용

<그림 1>에서 좌측 상단에 위치한 포퓰리즘(populism)은 오도넬에 의해 위임민주주의(delegative democracy)로 명명된다(O'Donnell, 1994). 그 특징은 권력기관들 사이의 불균형이다. 선출된 대통령은 국민들과 직접 접촉해 정책을 추진한다. 대통령과 마찬가지로 역시 선출된 권력기관인 의회나, 그 의회를 구성하는 핵심 기관인 정당은 이 과정에서 배제된다.

수직적-수평적 책임성과 관련된 오도넬의 주장은 이후 논쟁의 대상이 되었다. 비판은 주로 수평적 책임성 개념에 집중되었다. 첫 번째 논점은 오도넬이 명명한 수평적 책임성이 과연 책임성의 정의에 부합하는가 하는 비판이

---

5) "Slater는 <그림 3>의 체제유형에 민주주의-권위주의 분계선을 포함시켜 <그림 4>와 같이 표현한 바 있다. 그림 좌측 상단에 위치한 포퓰리즘과 우측 하단에 위치한 과두정은 민주주의-권위주의 분계선 부근에 자리잡고 있다. 민주주의와 권위주의는 그 자체로 명확히 구분되지만, 포퓰리즘이나 과두정 그 자체로는 민주주의와 권위주의로 쉽게 구분되지 않는다는 의미이다. 수직적-수평적 책임성의 정도에 따라 민주주의에 가까울 수도 있고, 반대로 권위주의에 가까울 수도 있다는 의미이다." (배진석, 2019: 164)

다. 주인-대리인 관계를 충족하지 못하는 사례를 두고 수평적 책임성이라고 무리한 주장을 펼쳤다는 것이다(Moreno et al., 2003). 오도넬은 수평적 책임성의 결핍을 라틴아메리카 신생민주국가들에서 찾았고, 이들 국가는 대통령제를 운용하고 있다. 대통령제에서 견제와 균형의 대상인 대통령과 의회 사이는 주인-대리인 관계라고 볼 수 없기 때문이다. 두 헌법 기관 모두 주인인 유권자들의 대리인이기 때문에, 상호 간에는 위임-책임성의 관계가 적용되지 않는다는 것이 이들의 비판이었다. 오도넬이 직접적으로 거론하지는 않지만, 수평적 책임성의 범주에 의회제 국가들의 의회-행정부 관계가 과연 수평적이냐는 비판도 이 지점에서 문제가 된다. 오도넬의 주장과 달리 의회제 국가에서 의회-행정부의 관계는 수직적 관계에 가깝다고 할 수 있다(Mainwaring, 2003). 내각은 의회의 처분에 정치적 운명이 달려있기 때문이다.[6]

두 번째 논점은 주인의 선호에 부합하지 않는 대리인의 행동에 대해 법률로 주어진 직접적 제재능력(direct legally ascribed sanctioning power)이 없는 경우에도 책임성의 관계가 형성되느냐 하는 비판이다(Kenny, 2003; Moreno et al,. 2003). 선출직 혹은 비선출직 공무원을 감시 감독하는 각종 감찰기구는 법률상 직접적으로 처벌 혹은 제재능력을 가지지 못하는 경우가 많다. 라틴아메리카 국가들의 옴부즈만 기관들이 대표적이다. 앞서 살펴본 바와 같이 책임성은 응답성과 처벌능력으로 구성된다는 논의를 따르자면, 이들 기관들은 응답성에 기반한 감시능력은 가지고 있지만 자체적인 제재권력은 가지고 있지 않기 때문이다. 제재 권력 없이도 책임성 관계가 형성될 수 있느냐 하는 것이 이들의 비판이다.

세 번째 논점은 책임성의 범위와 관련된 비판이다. 오도넬은 국가행위자들의 법률위반 사례에만 책임성을 물을 수 있다는 입장이다. 주요 관찰 대상이 대통령제를 채택한 라틴아메리카 국가들이기 때문에 오도넬은 대통령 탄핵의 구성요건인 헌법 혹은 법률 위반으로 책임성의 범위를 제한했을 것으로 유추된

---

6) 모레노 외(Moreno et al., 2003)는 주인-대리인 관계의 바깥에 존재하는 감독이나 견제균형의 관계를 "수평적 교환"(horizontal exchange)이라는 개념으로 부른다. 책임성을 주인-대리인 관계로 국한시키려는 노력의 일환이다. 메인웨어링(Mainwaring, 2003)은 이에 대해 비판적이다. '교환'이라는 개념은 국가기구 간 감시감독 관계에서 그 상호작용을 제대로 포착하기에 한계가 있다는 것이다. 견제와 균형, 감독, 관리 등은 교환이라는 개념보다 훨씬 구체적이고 정확하다고 메인웨어링은 주장한다.

다. 그러나 의회제 국가들의 경우 의회가 내각 혹은 총리를 문책할 때 그 범위는 사법적 위반 사안에만 국한되지 않는다(Mainwaring, 2003). 이때의 문책 범위는 정치적인 책임도 포함한다. 선거를 통해 구현되는 수직적 책임성의 범위는 사법적 영역에 국한되지 않는데, 수평적 책임성은 왜 법적 영역에 국한되어야 하는지 오도넬은 답하지 않고 있다. 결국 내각 혹은 총리의 의회에 대한 책임성은 정치학의 매우 오래된 용례라는 점을 감안할 때, 오도넬의 수평적 책임성은 국가기구 간 책임성의 매우 중요한 측면을 배제했다는 비판을 피하기 어렵다.

2. 선거-국가기구내 책임성

이런 비판을 수용해 메인웨어링(2003)은 정치적 책임성을 선거 책임성(electoral accountability) – 국가기구 내 책임성(intrastate accountability)으로 구분할 것을 제안한다. 오도넬의 수직적 – 수평적 책임성 구분이 시각적으로 직관적인 장점이 있지만, 개념적 엄밀성이 떨어진다는 점에서 메인웨어링의 구분을 대안으로 고려할 수 있다고 이 연구는 판단한다.

이 연구의 직접적 주제인 권력분립과 책임성의 관계에 집중했을 때 짚고 넘어가야 할 또 다른 이슈가 남아있다. 권력분립과 수평적 책임성은 어떤 관계인가? 대통령제에서 권력분립, 견제와 균형, 그리고 수평적 책임성은 정치적 의미가 같은 개념으로 봐야 하는가? 이 질문에 답하기 위해서는 대통령제 권력분립의 이론적 기초가 된 페더럴리스트로 복귀할 필요가 있다고 케니(Kenny, 2003)는 주장한다. 페더럴리스트의 저자들은 정부가 스스로를 통제하는 방법으로서 다양한 제도를 모색했다. 크게 세 가지로 요약된다. 첫째, 서로 다른 부처에 권력을 분배하는 것, 둘째, 의회와 행정부 간의 견제와 균형의 도입, 그리고 셋째, 대통령 탄핵[7]이 그것이다. 이들 정부 자체 통제의 유형 중 첫 번째는 나머지 두 유형의 전제조건이다. 정부 기관들이 기원, 작동, 생존에 있어서 서로 분명히 구분되지 않는다면, 견제와 균형 혹은 수평적 책임성을 논하기 힘들다. 입법, 행정, 사법 권력이 한 곳에 집중되어 있으면 그게 바로 페더럴리스트 저자들이 우려했던 다수의 독재다. 마찬가지로, 의회의 견제와 균형, 그리고 수

---

7) 오도넬은 대통령 탄핵을 수평적 책임성의 대표적 사례로 간주했다.

평적 책임성은 효과적 권력분립의 조건이다. 이런 메커니즘이 없다면, 정부의 다양한 기관들은 권리침해에 맞서 그들의 자율성을 방어하기 힘들게 될 것이다.

정부 자기통제의 두 번째 형태인 견제와 균형은 정부 개별기관들에 의한 권력공유(power-sharing)와 연관되어 있다. 입법 및 다른 정부부서의 공직 임명과 관련된 권위를 공유함으로써 특정 정부 부서가 정책을 입안하고 실행하는 것에 제약이 생기는 것, 바로 그 수단이 견제와 균형을 의미한다. 특정 정부 부서와 기관의 구성원들이 다른 국가 행위자들에 의해 제재를 당할 수 있다는 점에서, 오도넬이 이름 붙인 수평적 책임성은 정부 자기통제의 세 번째 차원이다. 견제와 균형은 권력을 통제함에 있어 중요하지만, 책임성의 행사로 볼 수 없다는 점에서 수평적 책임성과 구분된다. 의회가 통과시킨 법률에 대통령이 거부권을 행사하거나 대통령이 추진한 공직임명의 승인을 의회가 거부할 때, 이들은 자신들의 특정 행동에 대해 책임성을 요구받지 않는다. 따라서 수평적 책임성은 정부의 자기통제라는 광의의 범주 일부로서 제대로 이해될 수 있다. 수평적 책임성은 권력분립이나 의회의 견제와 균형과 혼동되어서는 안 된다는 것이 케니의 주장이다.

이에 덧붙여 메인웨어링 역시 이 개념들을 섞거나 혼동해서는 안 된다고 주장한다(Mainwaring, 2003). 모든 견제와 균형이 책임성의 부분집합인 것은 아니라는 의미이다. 의회와 행정부 사이의 정치적 이견 그 자체가 반드시 책임성 관계를 형성하는 것은 아니다. 예를 들어 만약 의회가 행정부 발의 법안의 승인을 거절했을 때, 이 행위 자체는 응답성이나 제재와 관련이 없기 때문에 본질적으로 책임성 관계를 형성하지 않는다. 그러나 견제 및 균형은 경우에 따라 책임성 메커니즘을 구성할 수도 있다. 여기에서 제안된 책임성 정의의 핵심 이슈는 특정 행위자가 공무원들에게 책임을 요구하거나 제재를 가할 수 있는 헌법적·법적 능력을 보유하고 있는지의 여부이다. 만약 그렇다면 책임성 관계가 맞다. 의회가 행정부의 행위를 조사할 수 있는 위원회를 구성하면, 이것은 감독의 형태이고 응답성을 요구하는 것이다. 따라서 책임성 관계가 형성된다. 마찬가지로, 의회가 행정부 기관을 감독할 상임위를 연다면 책임성 관계가 존재한다.

이상의 논쟁을 정리하자면 다음과 같다. 첫째, 책임성의 관계를 주인-대리인 관계로 국한시켰을 때 개념의 외연이 급격히 좁아져 현실 정치상황을 설명하기에 개념적 한계에 봉착할 가능성이 높다. 실제로 국가기관들 간에 현실적으로 발생하는 감시 감독 및 잠재적 제재능력을 외면하면서까지 개념적 엄밀성을 추구할 필요는 없다는 것이 이 연구의 판단이다. 공공기관이나 공무원이 다른 국가 행위자에게 공식적으로 응답해야 할 책임이 있고, 직접적 제재능력을 가지고 있는 사법부가 책임성의 연결망 안에 존재한다면, 이는 직접적인 제재능력을 갖추지 못하고 있더라도 책임성의 범위 안으로 포함시킬 필요가 있다. 메인웨어링, 케니 등의 주장처럼 주인-대리인 관계는 책임성 관계의 부분집합으로 접근하는 것이 현실적이다. 둘째, 책임성의 범위를 사법적 영역으로 국한시킬 필요는 없다. 대통령 탄핵 요건을 중대한 사법적 위반으로 국한시킨 것은 대통령제의 이원적 정통성에 따라 의회와 행정부가 기원과 생존에서 독립적이기 때문이다. 의회제 국가로까지 분석범위를 확대할 경우 책임성의 범위는 정치적 영역으로 확장할 수 있다. 셋째, 모든 권력분립과 견제 및 균형의 행위가 책임성 관계에 포함되는 것은 아니다. 특정 국가 행위자가 다른 국가 행위자에게 책임을 요구하거나 제재능력을 법률적으로 가지게 된다면, 이들 기관의 존립 기원과 생존의 독립성 여부와 관계없이 책임성 관계가 형성된다. 그렇다면 이상의 논의에서 확인한 바를 권력구조와 연결시켜 책임성 문제에 접근한다면 어떤 잠정 결론에 도달하게 될 것인가? 일반 이론 차원에서는 비선거 책임성의 경우 의회제에서 더 명확하게 발견된다는 점은 분명하다. 다만 개념적 정의와 관련해 오도넬식의 수평적 책임성이라는 용어를 사용하든, 메인웨어링 식의 국가기구 내 책임성이라는 용어를 사용하든, 혹은 모레노 외처럼 수평적 교환이라는 용어를 사용하든, 개념의 엄격성을 어느 정도 완화시킬 때 권력분립을 핵심으로 하는 대통령제에서도 비선거 책임성의 관계를 확인할 수 있다.

한국적 맥락에서도 이 논의는 적용된다. 첫째, 정치적 책임성 제고와 관련한 권력구조 개편 논의에서 대통령제가 대안에서 배제될 필요는 없다. 대통령제의 특성상 행정부-의회 관계가 주인-대리인 관계는 아니지만, 대통령에 대한 의회의 직접적 제재수단인 탄핵이 헌법상 보장되어 있고 실제로 작동한 바도 있다. 감사원, 그리고 특별검사제나 최근에 통과된 고위공직자범죄수사처(공수처) 등이 대통령과 의회를 감시하고 간접적으로 제재를 가할 수 있다는 점에서, 정도의 차이는 있더라도 비선거 책임성이 구현될 수 있는 제도적 환경은 대통령제 내에서도 논의될 수 있다. 관건은 사법부를 포함해 이들 감시 기구들이 실질적 차원에서 독립성을 확보할 수 있느냐 하는 문제이다. 물론 의회제와 달리 대통령제 내에서 이러한 제재의 범위는 정치적 영역이 아니라 사법적 영역에 국한된다는 제약은 있다. 둘째, 헌법에서 보장하고 있는 대통령의 법률안 거부권이나 국회의 공직임명 동의 거부 등 일상적인 견제와 균형 행위까지 책임성 차원에서 다루어질 필요는 없다. 이들 행위는 대통령과 의회의 권력공유 차원의 행위이지, 이 행위를 통해 각각의 행위자들이 응답성과 제재라는 정치적 책임성을 요구받는 것은 아니기 때문이다.

Ⅲ 권력구조와 선거 책임성

Ⅲ절은 Ⅱ절의 논의를 바탕으로 선거 책임성에 초점을 맞추어 권력구조의 특징을 비교한다. 대의민주주의에서 선거는 책임성 실현의 가장 중요하고 직접적인 수단이다. 주권자인 유권자가 대리인인 정치인 혹은 정당에게 응답성 (answerability)을 요구하고, 그에 준해 위임했던 권한을 회수하거나 갱신하는 문책의 수단이 바로 선거이기 때문이다. 비교정치학에서는 이와 관련해 오래된 질문이 있다. 정치적 위임─책임성의 사슬관계가 상이한 대통령제와 의회제 중 어느 권력구조가 선거를 통한 책임성 실현에 더 우월한가? 이 질문에 답하기 위해 정치학자들이 고안해낸 개념은 '책임의 명확성'(clarity of responsibility)이다(Powell and Whitten, 1993; Whitten and Palmer, 1999; Nadeau et al., 2002; Anderson, 2006). 어떤 권력구조가 유권자에게 정책 책임성을 구별할 수 있도록 돕는 정보를 더 많이 제공하는가에 따라 선거 책임성의 정도가 달라지기 때문이다. 최근의 연구들은 책임의 명확성과 함께 유권자들이 실제로 정당이나 정치인들에게 제재를 가할 수 있는 능력 역시 책임성 구현에 큰 영향을 미친다는 점을 확인하고 있다(Strom, 2000; Samuels, 2004; Hellwig and Samuels, 2007). 책임

성이 아무리 잘 드러나더라도 유권자가 투표를 통해 실제로 제재를 가하지 못한다면 정치적 책임성이라는 개념은 공허해지기 때문이다. III절은 책임의 명확성과 유권자의 상벌능력을 기준으로 대통령제와 의회제의 장단점을 비교한다.[8]

1. 책임의 명확성

대통령제의 가장 큰 특징은 주인–대리인 관계가 병렬적이라는 점에서 발생하는 이원적 정통성이다. 행정부의 수반인 대통령과 입법부의 구성원인 의원들이 각각의 독자적인 선거를 통해 고정된 임기의 정치권력을 위임받는다. 이에 반해 의회제에서는 주인–대리인 관계가 직렬적이다. 행정부의 생존은 의회의 신임에 달려있다.

두 권력구조의 기원과 생존의 차이는 당연히 책임의 명확성에도 영향을 미친다. 우선 대통령제가 의회제에 비해 책임의 명확성이 떨어진다는 입장이 있다(Linz, 1994; Lijphart, 1999; Manin et al., 1999). 국정운영의 두 축인 행정부와 입법부가 각각 독립적으로 위임받은 권력을 행사하기 때문에, 정부 국정성과의 책임소재가 명확하지 않다는 입장이다. 특히 분점정부가 형성되었을 경우 책임소재는 더욱 가려지기 힘들다(Manin et al., 1999). 의회의 다수를 점하고 있는 야당은 대통령의 국정수행을 방해할 유인을 가지기 때문이다. 입법활동과 관련해 집권당이 야당의 동의를 얻기가 그만큼 어려워진다. 이때 국정성과에 대한 책임소재 규명은 더욱 모호해진다.

대통령제의 분점정부와 마찬가지로 의회제에서도 집권다수당이 의회의 과반을 차지하지 못해 연합정부를 구성할 경우 비슷한 책임소재 문제가 발생한다. 거부권 행사자의 수와 이들 간의 이념적 차이로 입법 효율성을 설명한 체벨리스(Tsebelis, 2002)의 논의는 이 문제와 관련해 시사하는 바가 크다. 의회제에서는 일단 행정부와 의회가 정치적으로 같은 입장을 취한다. 또한 집권다수당이 의회 과반 확보에 실패하더라도 연정에 참여한 정당들은 집권다수당과

---

8) 준대통령제 혹은 이원집정부제로 번역되는 semi–presidentialism이 분석에서 제외되는 이유는 권력분립을 중심으로 이념형 대통령제와 의회제를 대립시켰을 때 정치적 책임성과 관련된 논의가 더 분명해지기 때문이다.

이념적 거리가 가까울 가능성이 높다. 따라서 대통령제에서 분점정부일 때보다 의회제에서 연정은 거부권 행사자들로부터 동의를 구하기가 수월하다. 다시 말해 의회제에서는 국정성과에 대한 책임성이 대통령제에 비해 명확한 편이라는 입장이다.

대통령제가 의회제에 비해 책임성의 명확도가 취약하지 않다는 주장도 만만하지 않다. 페르손 외(Persson et al., 1997)는 권력분립을 기반으로 한 대통령제가 책임성 증진 측면에서 우월하다고 주장한다. 행정부와 의회 간의 이해충돌을 제도화한 대통령제는 특정 정책의 책임성 소재를 판별할 수 있는 정보를 유권자에게 더 많이 노출한다는 것이다. 견제와 균형을 제도화한 대통령제에서는 대리인들 간의 경쟁으로 주권자인 유권자들은 대리인들의 업무수행에 관한 정보를 더 많이 얻게 되고 이를 통해 감시를 효과적으로 수행할 수 있다는 점도 지적된다(문우진 2007). 게다가 유권자의 직접 위임으로 선출되는 대통령은 책임성 규명에 타깃이 될 수밖에 없다는 점도 책임소재를 더 잘 드러내는 이유가 된다.

오히려 의회제가 책임의 명확성 측면에서 취약하다는 주장도 있다(Strom, 2000; 정진민, 2004). 의회제는 직렬적인 위임관계로 구성되기 때문에 병렬적 위임관계로 구성되는 대통령제에 비해 책임소재가 명확해 보일 수 있지만, 유권자와 최종 정책결정자 사이에 더 많은 위임의 단계들이 있기 때문에 책임소재가 불분명해질 소지도 크다. 위임의 단계가 많아질수록 민의 전달이 왜곡될 가능성을 배제할 수 없다. 실제로 의회제를 채택하고 있는 국가들의 유권자들은 집권과 관련된 정당 혹은 정당연합의 특성을 식별하는 데에 더 어려움을 겪는다는 연구(Strom, 1990)도 이러한 주장에 힘을 싣는다.

대통령제에서 대통령선거와 의회선거는 고정되어 있지만, 의회제에서는 선거일이 고정되어 있지 않아 총리와 다수당의 정략적 판단에 좌우될 수 있다는 점도 책임의 명확성 문제와 관련해 의회제의 약점으로 지적된다. 실제로 정치적 경기순환(political business cycles) 이론에 따르면, 대통령제에서는 고정된 선거일에 맞춰 경기 조작을 시도하는 경우가 많지만, 의회제에서는 경기조작보다도 선거일 조작에 더 많은 신경을 쓴다(Ito, 1990). 총리와 집권당은 자신들에게 가장 유리한 시점에서 선거일을 정하려 하기 때문이다. 결국 선거일

지정과 관련해 책임성 문제를 회피할 수 있는 유인이 의회제 내에 존재한다는 것이다.

2. 유권자의 심판 능력

앞서 살핀 바와 같이 책임성의 두 요소는 응답성(answerability)과 문책성(enforcement)이다. 응답성이 주로 정보와 설명, 즉 책임의 소재를 파악하는 능력이라면, 문책성은 응답성에 기초해 상벌을 내릴 수 있는 유권자의 능력이다. 1절에서 살핀 책임의 명확성은 응답성과 관련되어 있고, 2절에서 검토하는 유권자의 심판 능력은 문책성과 관련되어 있다. 2절의 핵심은 유권자가 선거를 통해 정부구성에 영향력을 미칠 수 있는 의사표출의 기회가 충분한가 하는 문제이다.

직관적인 기준에서는 유권자가 정부구성에 영향력을 미칠 수 있는 의사표출의 기회가 의회제보다 대통령제에서 더 많아 보인다. 권력분립의 원칙에 따라 대통령제 하의 유권자들은 대통령과 의회를 각각 선출한다. 대통령제 하에서는 행정부와 의회에게 사안에 따라 책임을 각각 물을 수 있는 기회를 유권자들에게 제공하기 때문이다(Shugart and Carey, 1992). 하지만 의회제에서 유권자들의 영향력은 비례제일 경우 특정 정당을, 다수제일 경우 지역구의 의원후보를 대상으로 자신의 정치적 선호를 표현하는 것에 그친다. 대통령제와 달리 의회제에서는 "정당들이 어떠한 조합으로 집권할 것인지 누가 총리가 되어 국정을 책임질 것인지에 대하여는 정확하게 알지 못하며 내각의 구성은 정당을 대표하는 정치인들 간에 막후의 협상을 통해서 결정될 뿐"(정진민, 2004: 285)이기 때문이다. 실제로 의회제에서 총리의 교체가 선거 이외의 방법으로 결정되는 사례가 절반에 가깝다는 연구(Cheibub and Przeworski. 1999: 232-233)도 있다. 내각불신임이라는 제도를 활용한다면 유권자들이 관여하는 선거 외의 방법으로도 행정부 수반을 교체할 수 있다는 의미이다. 즉 유권자들이 국정성과의 책임소재를 파악하고 있더라도 직접 상벌을 내릴 수 없는 구조라면, 유권자의 심판능력은 제한될 수밖에 없다. 또한 의회제와 선택적 친화성이 높은 비례대표제, 특히 폐쇄형 명부제(closed-list) 비례대표제에서는 선거를 통해 내각을 새로 구성해도 내각에 참여하는 정치인들의 획기적인 교체는 쉽지 않다(Lardeyret, 1993). 이는 의회제에서 정부 안정성의 근거로 활용되기도 하지만(Linz, 1994), 유권자들의 심판능력을 제약한다는 점은 분명하다. 이상의 논거들은 유권자 심판능력과 관련해 의회제가 책임성 측면에서 취약하다는 점을 보여준다.

의회제의 유권자 심판능력이 취약하다는 점이 곧바로 대통령제의 우월성을 증명하는 근거가 되지는 않는다. 실제로 대통령제 하에서도 여러 정치적 맥락에 따라 책임성의 편차가 크기 때문이다(Shugart and Carey, 1992). 책임성 측면에서 대통령제에 대해 가장 낙관적인 입장에 있는 페르손 외(Persson et al., 1997)나, 가장 비관적인 입장에 있는 린츠(Linz, 1990, 1994)의 연구도 대통령제의 다양한 측면들을 포착하는 데에는 한계가 있다. 최근 연구들은 대통령제에서 어떤 정치적 조건들이 선거에서 책임소재의 명확성과 유권자들의 심판능력을 좌우하는가에 집중하고 있다(Samuels, 2004; Hellwig and Samuels, 2007).

가장 먼저 거론되는 요인은 선거주기(electoral cycles)이다. 특히 대통령 선거와 의회 선거가 동시에 실행되는지(concurrent elections), 그렇지 않은지가 책임성 측면에서 매우 중요하다(Shugart, 1995). 동시선거 – 비동시선거의 구분은 의회제와 달리 대통령제 국가에만 해당되는 독특한 제도적 특성이다. 결론부터 말하자면, 대통령 선거와 의회 선거가 일치하는 동시선거는 문책성을 향상시키고, 비동시선거는 약화시킨다.

먼저 대통령제에서 동시선거는 의회제 선거와 가장 유사하다(Samuels, 2004). 동시선거에서는 공식적인 제도상의 권력분립에도 불구하고, 두 선거의 연계로 인해 유권자들이 특정 정당의 대통령 후보와 의원 후보를 한 팀으로 인식한다. 동시선거의 경우 유권자들은 정부 전체의 성과에 초점을 맞추게 된다. 동시에 치러지는 두 선거에서 같은 당 후보들에게 표를 몰아주는 일괄투표(straight – ticket voting) 현상도 쉽게 관찰된다. 후광효과(coattail effects)가 나타나는 이유이기도 하다. 선거 캠페인도 팀플레이로 이루어진다. 특별히 국가 차원의 경제상황이 선거에 큰 영향을 미친다. 동시선거는 정부 전체의 성과에 초점을 맞추게 한다. 그 결과 행정부와 의회가 정부성과에 공동책임이 있다고 믿는 유권자들은 두 곳 모두에 책임을 물을 수 있다. 투표행위와 당파성의 연계가 강해지는 것도 동시선거에서 확인된다. 반면 비동시 선거의 경우 유권자의 관심 이슈는 분산되는 경향이 있다. 주로 대통령선거에서는 후보의 개인적 자질에, 그리고 의회선거에서는 로컬 이슈에 관심이 모아진다. 그 결과 유권자들이 정부 전체의 성과에 관해 심판할 수 있는 기회는 축소된다. 당연히 투표행위와 당파성 간의 연계도 약해진다. 국가차원의 경제상황도 그 중요성이 동시선거에 비해 줄어든다.

비동시 선거의 타이밍에 따라 선거결과나 책임성 소재파악도 달라진다. 비동시선거(의회선거)의 종류는 직전 대통령 선거와 시간적 차이로 구분된다. 대통령 임기 초반에 치러지는 신혼선거(honeymoon elections), 대통령 임기 중반에 치러지는 중간선거(midterm elections), 그리고 대통령 임기 후반에 치러지는 황혼선거(counter-honeymoon elections)로 크게 나누어진다. 대체로 새로 집권한 대통령에 대한 기대감으로 국정지지율이 높은 시기에 치러지는 신혼선거에서는 집권당 후보들이 선전한다. 임기 중후반으로 갈수록 대통령 국정지지율이 떨어지고,[9] 중간선거나 황혼선거에서 집권당은 고전하게 된다. 비록 비동시에 치러지는 의회선거에서는 유권자의 관심 이슈가 국지적 이슈나 후보자 개인의 자질 등으로 분산되지만, 다른 조건이 같다면, 집권당의 의회선거 결과는 대통령 지지율에 영향을 받는다는 점을 확인할 수 있다.

대통령제에서 의회 선거제도 역시 국정성과에 대한 문책성에 영향을 미치는 요인이다. 기본적으로는 선거제도가 선거구별 지역 이슈나 후보개인을 중요하게 만드는 제도인지, 반대로 의회선거를 전국화하여 정부의 국정성과에 대한 평가와 심판의 장으로 만드는 제도인지에 따라 문책성에 영향을 미친다. 전자의 경우는 후보자 중심의 선거제도로서 정당 차원의 문책성을 약화시키게 되고, 후자의 경우는 정당 중심의 선거제도로서 정당 차원의 문책성을 강화시킨다(Samuels, 2004). 후보자 중심의 선거제도는 후보의 개인표(personal vote)를 최대한 늘릴 수 있는 단순다수 소선구제(plurality)나 중선거구제(Single-Non-Transferable Vote: SNTV)가 있고, 대표적인 정당 중심의 선거제도는 후보의 개인표를 최소화시킬 수 있는 폐쇄형 명부(closed-list) 비례대표제가 있다.

대체로 후보자 중심의 선거제도는 지역구 내 선심경쟁을 부추긴다. 그 결과 전국 차원의 정책과 관련된 소속 정당의 당론을 따르기보다 지역구 예산

---

9) 대통령 국정지지율은 임기 말로 갈수록 필연적으로 하락한다. 마라 외(Marra et al., 1990)는 이를 "필연적 하락의 법칙"(the law of inevitable decline)으로 명명했다.

확보에 몰두할 유인을 의원들에게 제공한다.[10] 지역구 예산확보를 위해서는 집권당으로 당적을 변경하는 사례도 발생해 선거를 통해 민의가 반영된 정당체계가 왜곡되는 현상도 나타나게 된다. 이에 비해 정당 중심의 선거제도는 후보자의 개인능력보다 정당 간 정책경쟁으로 선거를 유도하는 효과를 낳는다. 이런 배경에서 정당 중심의 선거제도가 선거 책임성에 우호적인 것은 분명하다.

한 가지 난제는 정당 중심의 선거제도가 선거 책임성과 관련해 가지는 정치적 영향력이 양면적이라는 점이다. 정당 중심의 선거제도를 통해 형성된 정당체계가 산출 측면에서는 선거 책임성 향상에 도움이 되지 않을 수도 있기 때문이다. 뒤베르제 법칙에 따르자면, 대표적인 후보자 중심의 선거제도인 단순다수 소선구제는 양당제와 선택적 친화성이 있고, 대표적인 정당 중심의 선거제도인 폐쇄형 명부 비례대표제는 다당제와 선택적 친화성이 있다. 다시 말해 정당 중심의 선거제도로 형성되는 정당체계는 거부권 행사자의 수가 늘어나게 되고, 이로 인해 분점정부가 등장할 가능성이 높아 책임의 명확성에는 부정적인 영향을 주게 된다는 논리로 귀결된다. 따라서 정당 중심의 선거제도는 투입 측면에서는 책임성 향상에 도움이 되지만, 산출 측면에서는 책임성 저하로 이어질 수도 있다. 반대로 후보자 중심의 선거제도는 투입 측면에서는 책임성에 부정적 영향을 미치지만, 산출 측면에서는 책임성 향상에 도움이 된다고 할 수 있다.

대통령의 중임 혹은 연임 여부도 정치적 책임성에 영향을 미치는 요인이다. 대부분의 대통령제 국가들이 중임제 혹은 연임제를 실시하고 있기 때문에,[11] 최근의 비교연구들에서는 단임제 대통령과 정치적 책임성 간의 관계는

---

10) 의회선거 후보자들이 지역구 문제를 중심으로 캠페인을 전개하고, 지역구에 제공되는 서비스를 유권자들이 중요한 평가기준으로 삼는 것이 문제될 것은 없다고 사무엘스(Samuels, 2004)는 주장한다. 그 자체로 대표성과 문책성이 반영된 것으로 사무엘스는 진단한다. 대통령제에서는 한 정당의 대통령 후보와 의원 후보들 사이에 목적이 다를 수 있기 때문이다. 이른바 목적의 분리(separation of purposes) 현상이다. 대통령의 재선(또는 퇴임 후 평판)에 유리한 정책과 의원들의 재선에 유리한 정책이 항상 일치하는 것은 아니기 때문이다.

11) 2017년 기준으로 대통령제를 채택하고 있는 99개 국가 중 단임제를 실시하고 있는 국가는 총 15개국이다. 한국 이외에 단임 대통령제를 채택하고 있는 국가는 볼리비아, 칠레, 코모로 제도, 코스타리카, 가봉, 과테말라, 온두라스, 하이티, 멕시코, 말리, 필리

제대로 다루어지지 않는 경향이 있다. 슈가트와 캐리(Shugart and Carey, 1992)는 국정성과에 대한 책임이 대통령 개인에게 집중되기 때문에 일반적으로 대통령제가 정치적 책임성이 높다고 주장했지만, 대통령제 일반에 대해 부정적 평가를 내린 린쯔(Linz, 1994)는 단임 대통령제가 정치적 책임성에 특별히 취약하다고 주장했다. 대통령의 재선 출마가 허용되지 않는다면, 유권자는 다음 선거에서 현직 대통령을 응징(punish)할 수도, 보상(reward)할 수도 없기 때문이다. 다음 선거에서 유권자의 심판이 면제된 현직 대통령은 유권자의 심판에 정치적 생사를 걸어야 하는 연임제 대통령에 비해 상대적으로 책임성에서 이탈할 제도적 유인이 분명 존재한다. 중임 혹은 연임 대통령제가 단임 대통령제에 비해 책임성 측면에서 우위에 있다는 주장이 성립하려면, 국정운영 결과에 대한 책임소재가 분명해야 한다는 전제가 필요하다(김용철, 2017). 국정성과에 대한 책임소재가 명확하지 않을 경우 전자가 후자보다 항상 우월하다고 볼 수 없기 때문이다(문우진, 2007).

　　요약하자면, 권력분립을 기반으로 한 대통령제는 의회제에 비해 선거 책임성과 관련해 훨씬 동적이다. 책임의 명확성 측면에서는 대통령제의 장단점이 팽팽히 맞서지만, 유권자의 심판능력 측면에서는 대통령제가 의회제보다 우월하다고 볼 수 있다. 그러나 선거 책임성과 관련해 대통령제 자체로만 평가하는 것은 큰 의미가 없다. 정치적 맥락에 따라 선거 책임성의 편차가 크기 때문이다. 일반적으로 동시선거는 비동시선거에 비해 책임성이 더 잘 구현되는 것으로 파악된다. 선거제도 역시 대통령제의 선거책임성에 영향을 미치는 중요한 변수로서, 정당 중심의 선거제도와 후보자 중심의 선거제도가 선거 투입 측면과 산출 측면에서 상반되게 책임성에 영향을 미친다는 점을 확인했다. 대통령의 중임 혹은 연임 여부도 정치적 책임성에 미치는 영향이 크다.

　　대통령제 내에서 책임성의 편차가 나타나는 요인들을 한국 정치상황에 적용해보기로 하자. 먼저 선거주기의 일치 여부와 관련된 논의이다. 1987년 헌법 개정 이후 한국은 5년 주기의 대통령 선거와 4년 주기의 국회의원 선거가 불규칙하게 조합되었다. 일단은 비동시 선거이기 때문에 동시선거보다 책임성 구현이 쉽지 않다는 점은 쉽게 유추할 수 있다. <그림 2>는 현직 대통

핀, 엘살바도르, 우루과이, 베네수엘라 등이다(Database of Political Institutions, 2017).

령의 국정지지율과 집권당 국회의원 선거 결과의 관계를 보여준다. 대통령 임기 초반의 신혼선거에서는 집권당이 유리하고, 중간선거나 임기 후반의 황혼선거에서는 집권당이 과연 불리했을까? 선거의 문책성이 강하다면, 대통령 국정지지율은 국회의원 선거에 영향을 미칠 것이다. <그림 2>에서 막대그래프는 국회의원 선거 직전 분기의 대통령 국정지지율이다. 우리가 알고 있는 바와 같이 대체로 임기 초반의 국정지지율은 높고, 후반의 국정지지율은 낮다. 그러나 현직 대통령의 국정지지율과 집권당의 의석비율 간에는 일정한 패턴을 발견하기 어렵다. 대통령 임기 1년 차에 치러진 1988년과 2008년 국회의원 선거결과는 상반된다. 1988년 선거에서 집권당인 민주정의당은 41.7%에 그쳐 민주화 이후 총 8회의 국회의원 선거에서 집권당의 평균 의석비율인 46.2%에 크게 못 미쳤다. 역시 대통령 임기 1년 차에 치러진 2008년 선거에서는 51.2%로서 평균보다 높고 과반까지 차지했다. 대통령 임기 5년 차에 치러진 1992년과 2012년 선거에서는 오히려 집권당이 평균보다 높은 의석비율을 차지했고, 2012년에는 과반을 획득하기도 했다. 오히려 국회의원 선거에서 정당 파편화의 영향력이 개입했을 가능성도 있다. 의석비율 기준으로 역대 국회의원 선거에서 유효정당의 수는 평균 2.76이었다. 이보다 낮은 경우인 2012년 선거는 대통령 임기 5년 차에 24%라는 낮은 국정지지율에도 불구하고 집권당인 새누리당이 과반을 확보했다. 1992년 선거 역시 대통령 임기 5년 차에 13.5%라는 낮은 국정지지율에도 불구하고 집권당인 신한국당이 과반에 근접하는 성과를 내기도 했다. 양당구도로 치러진 선거에서는 집권당이 크게 불리하지 않다는 점을 시사한다. 1988년 선거는 노태우 대통령 임기 1년차에 국정지지율도 60%대로 높았지만, 다자구도로 치러진 선거 결과 여당인 민주정의당은 평균보다 훨씬 낮은 41.7%에 그쳤다. 2000년 선거는 양당구도로 진행됐지만, 이 패턴은 발견되지 않았다.

그림 2   대통령 국정지지율, 집권당 국회의원 선거결과 및 유효정당의 수

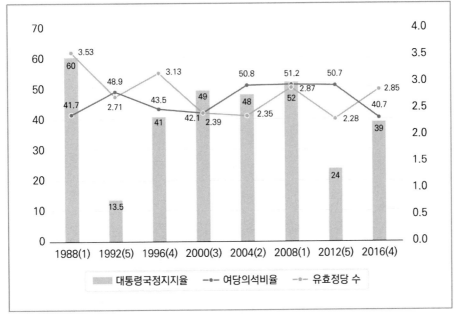

출처: 한국갤럽 및 중앙선거관리위원회.
비고: 연도 옆 (괄호)에 표시된 숫자는 대통령 임기 연차임.

    결국 비동시 선거의 타이밍과 관련된 일반적 이론이 한국선거에 직접적으로 적용되기는 힘들다는 점을 확인할 수 있다. 단임 대통령제에서 현직 대통령의 국정지지율과 집권당의 국회의원 선거결과 사이에 상관관계가 보이지 않는다는 것은 두 가지 차원에서 해석이 가능하다. 첫째, 유권자들은 국회의원 선거에서 현직 대통령의 성과를 중요하게 여기지 않는다는 것이다. 동시선거였다면 대통령 후보와 국회의원 후보는 유권자들에게 한 팀으로 인식되었을 가능성이 크다. 그러나 단임 현직 대통령은 재선의 기회가 없기 때문에 유권자들에게 회고적 평가의 대상으로서 큰 의미를 가지지 못하는 것이다. 다시 말해 집권당의 현직 국회의원이나 국회의원 후보들은 현직 대통령이 주도하는 국정을 성공으로 이끌기 위해 헌신할 유인이 약하다고 할 수 있다. 이는 책임 정당정부와 정면으로 배치되는 결과이다. 둘째, 한국 국회의원 선거제도가 정부의 국정성과와 긴밀히 연결되어 있는 정당중심의 선거제도와 거리가 멀다는 해석이 가능하다. 오히려 지역구나 후보자 개인의 특성이 강하게 반영되는 후

보자 중심의 선거제도임을 보여주는 결과라고 할 수 있다. 비례대표제를 강화하려는 최근의 시도들이 입법과정이나 실제 선거에서 도전받고 있는 상황과 무관하지 않다. 선거주기의 불일치, 현직 대통령의 영향력 약화, 후보자 중심의 선거제도 등의 한국 정치상황은 선거 책임성 측면에서 부정적인 영향을 미치고 있음을 어렵지 않게 확인할 수 있다. 다음 장에서는 대통령제의 권력분립적 특성이 정당을 통해 책임성으로 발현되는 경로를 추적하기로 한다.

Ⅳ 정당정치와 정치적 책임성

대통령제와 의회제는 대의민주주의의 대표적 권력구조로서 주인－대리인 관계에서 필연적으로 발생하는 대리손실을 최소화하려는 제도적 모색의 결과이다. 의회제는 역선택(adverse selection)을 방지하기 위해 성공적인 대리인 선택이라는 사전적(ex ante) 방법에 집중해왔다면, 대통령제는 도덕적 해이(moral hazard)를 방지하기 위해 권력분립과 상호견제라는 사후적(ex post) 방법에 더 많은 관심을 기울이고 있다(Strom, 2000). 권력구조와 정치적 책임성의 관계를 개관한 Ⅲ절의 문제의식은 위임－책임성 관계의 중심에 있는 정당의 관점에서 재해석되었을 때 보다 분명히 드러날 수 있다. 권력분립이라는 대통령제의 정치적 특성은 대의민주주의에서 유권자(주인)－정부(대리인) 관계를 매개하는 정당의 구조와 행위에 직접적 영향력을 행사하기 때문이다. 그 영향력은 정치적 책임성에 투영되어 헌법 차원의 권력구조와 관련 제도적 배열로 환류된다.

사무엘스와 슈가트(Samuels and Shugart, 2010)는 정당 내부의 주인－대리인 관계에 주목해 대통령제와 의회제의 특성을 구체화한다. 당원들과 의원들로 구성된 정당의 주인은 대통령이나 총리 등의 정당지도부를 대리인으로 내세운다. 이 관계에서도 대리손실은 불가피하다. 정당의 대리인인 대통령이나 총리가 정강에 기반한 정책적 목표에 근거해 정당의 집합이익(collective goods)과 상표가치(brand name)를 보호하기보다 자신의 정치적 목적을 위해 정당의 주인인 당원들로부터 위임받은 권력을 오남용할 가능성이 있기 때문이다. 정당 역시 성공적인 지도부의 선택이라는 사전적 방법과 도덕적 해이에 빠진 지도부의 제재라는 사후적 방법을 사용할 수 있다. 의회제와 대통령제는 대리손실을 줄일 수 있는 수단에서 차이가 난다.

대통령제는 권력이 분립(separation of powers)된 정치체제이지만, 동시에 목적이 분리된(separation of purposes) 정치체제이기도 하다(Samuels, 2002). 정당의 대통령 후보와 의원 후보들의 정치적 목적이 다를 수 있기 때문이다. 대통령 선거와 의회 선거로 분리된 대통령제에서는 목적의 분리가 때때로 상호보완적일 수 있지만, 경쟁적일 가능성도 크다. 이때 정당은 제한적일 수밖에 없는 정치적 자원의 활용에서 딜레마에 빠질 수 있다.

우선 대리손실 중 역선택 방지에 있어 대통령제의 정당이 활용할 수 있는 수단이 제한적이다. 의회제 정당의 대리인인 총리의 자질 및 능력과 대통령제 정당의 대리인인 대통령의 자질 및 능력에 차이가 있기 때문이다. 의회제에서 총리는 소속 정당의 의회선거를 승리로 이끌 수 있도록 정당이념에 충실하고 당내 갈등을 조정할 수 있는 능력을 필요로 한다. 당내에서 오랜 검증을 거친 당파적 내부자(partisan insider)가 총리에 오를 가능성이 크다. 대통령의 자질과 능력은 총리의 자질 및 능력과 다를 가능성이 크다. 총리에게 요구되는 정당이념이나 당내 갈등 조정능력보다는 대통령 선거에서 당선되기 위해 필요한 대중적 인지도와 초당파적 이미지가 대통령 후보에게 요구된다. 그 결과 정당은 투표과정에서 정책선호를 내세우기보다 대통령 후보의 자질과 이미지에 집중하게 된다. 정당의 정체성은 자신들의 정책기반으로부터 멀어지게 되고, 당내에서 검증된 내부자보다 대중적 호소력이 뛰어난 정파적 외부자(partisan outsider)를 대통령 후보자로 찾게 된다.

대통령제에서 정당은 도덕적 해이를 방지할 수 있는 사후적 수단도 의회제에 비해 제한적이다. 의회제에서 총리가 소속 정당의 집합이익을 소홀히 할 경우, 정당은 총리를 불신임해 교체할 수 있다. 앞서 살펴본 바와 같이 의회제에서는 총선을 다시 치르지 않고서도 총리의 교체가 가능하다. 대통령제에서 행정부의 수반인 대통령과 의회는 고정된 임기를 보장받기 때문에, 정당의 집합이익보다 개인적 정치이익을 추구하는 대통령을 견제할 방법이 사실상 존재하지 않는다. 매우 드물게 나타나는 대통령 탄핵도 정치적 책임성이 아니라 헌법 위반 등의 엄격한 법적 책임성으로 국한된다.

권력분립이라는 대통령제의 특성은 이처럼 정당이라는 정치적 행위자의 조직과 행위를 대통령 개인에 의존하게 만들었다. 사무엘스와 슈가트(Samuels and Shugart, 2010)는 이러한 현상을 '대통령제화된 정당'(presidentialized party)이라고 명명했다. 대통령에 대한 의존도가 높아짐으로써 조직으로서의 정당은 약해졌고, 그 결과 책임정당정부(responsible party government)는 대통령제 하에서 더욱 이루기 힘든 과제가 되었다는 것이다. 대통령 선거의 승리를 위한 득표 극대화 전략은 정책 선거와 양립하기 더욱 힘들게 되었고, 당선 이후에 대통령 선거 공약을 번복하는 비율도 높아졌다.

정당의 '대통령제화'에 대한 이러한 우려는 정당연구에서 논의되고 있는 이른바 '대중정당의 위기'와 연관시켜 검토할 필요가 있다. 크로티(Crotty, 2006)는 1970년대 이후 미국의 정당에서 발견되는 변화를 당파성과 정당일체감의 약화, 정당 체제의 해체(dealignment), 당원의 감소, 후보자 중심의 투표 행태, 정당제도의 약화와 사인화(personlization) 등으로 지적한 바 있다.12) 달톤과 와텐버그(Dalton and Wattenberg, 2002) 역시 정부와 유권자를 매개하던 정당의 연계기능이 한계에 도달했음을 인정했다. 샤츠슈나이더(E. E. Schattschneider) 이후 민주주의 정당모델의 전범으로 인정되어 왔던 책임정부모델이나 대중정당모델로 복귀하는 것은 불가능하다는 것이다. 스카로우(Scarrow, 2000)는 산업사회의 유물인 대중정당모델이 사망(demise)했다고 선언하기도 했다.

흥미로운 것은 대중정당의 위기 혹은 쇠퇴를 지적한 학자들이 내세운 근거들은 정당의 대통령제화 현상과 매우 유사하다는 점이다. 대중정당 위기론의 근거가 후기산업사회로의 이동 등과 같은 사회구조적 변동이라면, 정당의 대통령제화의 근거는 권력분립에 기초한 대통령제의 내재적 속성이라는 점만 차이가 있을 뿐이다. 원인에 대한 진단은 다르지만 대중정당의 위기라는 결과는 같다고 할 수 있다.

정당정치와 정치적 책임성 간의 관계를 고찰한 이상의 논의는 한국 상황

---

12) 크로티는 이러한 정당정치의 변화가 미국뿐만 아니라 의회제를 시행하고 있는 유럽 민주주의 국가들에게서도 공통적으로 발견된다고 했다.

에 시사하는 바가 크다. 특히 정당의 대통령제화 현상은 한국에서 두드러진다. 민주화 이전 권위주의 시대는 물론이고 민주화 이후 이른바 "3김 시대"에도 대통령 개인에 대한 정당의 의존성은 막대했다. 2000년대 초중반 "3김 시대" 종식 이후 정당 민주화에 대한 요구가 거세지면서 집권당에 대한 대통령의 공식적 영향력은 축소되는 경향을 보이고 있지만, 그 영향력은 여전하다. 한국의 대통령제 하에서 정당정치와 정치적 책임성 간의 관계는 다음과 같은 특징을 가진다.

첫째, 대통령제 하에서 '목적의 분리' 현상은 정파적 외부인이 당 지도부로 영입되는 경향에서 쉽게 확인된다. 당내에서 오랜 검증을 거친 당파적 내부자가 아니라, 대중적 인지도와 호소력이 높은 당외 인사들이 당 지도부로 선택되는 경향이 강해졌다. 김영삼 정권 말기에 '대쪽' 이미지로 인지도가 높아진 이회창, 당내 비주류였지만 지역감정 타파 등으로 대중적 호소력이 컸던 노무현, 국회와 정당의 기반은 약했지만 성공한 기업인 이미지가 강했던 이명박, 그리고 권력의지가 없는 것으로 인식되어 왔던 문재인 등 역대 대통령 후보들의 면면이 당파적 내부자와는 거리가 멀었다. 이들이 정당의 지도부로 영입된 것은 정당의 이념과 정책에 충실하고 당내갈등을 조정할 수 있는 능력을 가졌기 때문은 아니었다. 대통령 선거에서 득표력의 극대화가 필요했기 때문이었다. '권력분립'과 '목적의 분리'라는 대통령제의 속성이 불러온 결과였다.

둘째, 대통령과 집권당 간에는 끊임없는 긴장관계가 형성된다. 당파적 외부인이 정당의 대통령 후보가 됨으로써 대통령 선거가 정당 중심이 아니라 후보의 개인 선거캠프 차원에서 준비되고 치러지게 된다. 이들이 대통령 선거에서 당선되면, 발탁할 수 있는 인재풀은 정당 차원이 아니라 선거캠프 중심으로 구성된다. 집권 초기에 높은 국정지지율은 대통령으로 하여금 집권당과 거리를 두게 만든다. 정파성이 강한 집권당과 연계되어 정치적 신선함을 상쇄하고 싶지 않기 때문이다. 이른바 "집권당 없는 대통령"(최장집, 2012)이 등장하게 된다. 임기 중후반으로 가면 이 현상은 역전된다. 대통령 개인에 주로 의존하던 국정지지율은 대통령 측근 비리 등이 밝혀지면 쉽게 와해된다. 인기 없는 대통령은 집권당에게 부담으로 작용한다. 국회의원 선거가 다가오면, 집권당이 오히려 대통령과 거리두기를 시도한다. 이른바 "대통령 없는 집권당"이 등장하게 된다. 많은 현직 대통령들이 집권당의 압력으로 탈당하는 사태가 벌어졌다. 정당 입장에서는 정당의 대리인인 대통령의 도덕적 해이를 제재할 방법이 없다. 대통령제의 고유한 속성상 임기가 보장되기 때문이다. 결국 정당의 선택은 대통령을 집권당에서 밀어내는 방식으로 압력을 가하게 된다. <표 1>에서 확인되는 바와 같이 임기 말의 국정은 여당의 협조 없이 대통령 개인이 낮은 국정지지율로 행정부를 운용해야 하는 상황에 처하게 된다. 그 결과 한국의 대통령제는 집권당의 정책적 협조로 운영되는 책임정당정부와 점점 거리가 멀어지게 된다. 정당 차원에서는 인기 없는 현직 대통령의 부담을 줄이기 위해 당명을 개정하는 등의 방법으로 집권당의 책임을 회피하려는 유인이 생기게 된다. 정당은 점점 더 취약해지고, 잦은 이합집산으로 정당체계의 제도화는 더 요원해진다.

표 1   현직 대통령의 집권당 탈당 기간

대통령	기간	일수
노태우	1992. 9. 9 - 1993. 2. 25	160
김영삼	1997. 11. 7 - 1998. 2. 25	110
김대중	2002. 5. 6 - 2003. 2. 25	295
노무현	2007. 2. 28 - 2008. 2. 25	362

출처: 박명림(2010)

Ⅴ 결론

이 연구는 대통령제의 권력분립적 특성이 정치적 책임성에 미치는 영향과 정당의 매개적 역할을 이론적으로 검토했다. 기본적으로 정치적 책임성은 응답성(answerability)과 문책(enforcement)으로 구성된다. 대체로 주인 ─ 대리인 관계에서 위임된 권한과 관련된 활동 및 결과를 대리인은 주인에게 설명해야 할 책임이 있고, 주인은 그 평가에 따라 위임된 권한을 회수할 수 있다. 대리인 입장에서는 책임을 진다는 의미이고, 주인 입장에서는 책임을 묻거나 부과한다는 의미로 쓰인다. 책임성과 관련해 선구적 연구인 오도넬의 수직적-수평적 책임성 구분은, 전자의 경우 선거를 통해 유권자(주인)와 국가기구(대리인) 사이에 형성되는 책임성을 의미하며, 후자의 경우 국가기구(대리인)들 간에 형성되는 책임성으로 이해되어 왔다. 수직적-수평적 책임성의 구분은 시각적으로 직관적인 장점이 있지만, 개념적 엄밀성을 위해 선거 책임성(electoral accountability)과 국가기구 내 책임성(intrastate accountability)으로 대체되고 있다.

이와 관련된 논쟁을 정리하자면, 첫째, 주인-대리인 관계는 책임성 관계의 부분집합으로 이해하는 것이 적절하다. 직접적 제재능력이 없더라도 응답성의 범주 안에서 감시 및 감독의 업무를 실행하는 국가기관의 경우 책임성 관계에 포함시킬 수 있다. 둘째, 책임성의 범위를 사법적 영역에 국한시키는 것보다 정치적 영역으로까지 확장하는 것이 개념의 일반화에 도움이 된다. 셋째, 권력분립, 견제와 균형, 그리고 수평적 책임성은 구분되어야 한다. 모든 권력분립과 견제 및 균형 행위가 책임성의 관계에 포함되는 것은 아니고, 응답성과 직간접적 제재능력을 법률적으로 보유했을 때 책임성 관계가 형성된다.

선거 책임성의 경우 권력분립을 기반으로 한 대통령제가 의회제에 비해 훨씬 동적이다. 선거 책임성을 '책임의 명확성'과 '유권자의 심판능력'으로 구분해서 살펴봤을 때 책임의 명확성 부분에서 대통령제는 장단점이 경합을 벌이고 있으나, 유권자의 심판능력에서는 의회제보다 우월하다. 정당 내부에서 주인-대리인 관계의 권력구조별 특징을 분석하면 권력구조와 정치적 책임성 간의 관계가 더 잘 드러난다. '권력분립'(separation of powers)과 '목적의 분리'(separation of purposes)로 대통령제의 특징을 규정하면, 대통령제에서 정당은 역선택 방지라는 사전적 수단과 도덕적 해이 방지라는 사후적 수단 모두에서 의회제 정당보다 더 많은 제약을 받는다. 그 결과 권력분립이라는 대통령제의 특성은 대통령 개인에 대한 의존성을 심화시키고 이는 정당의 대통령제화(presidentialization of party)로 표현된다.

이 연구의 이론적 분석결과는 한국 민주주의 질적 심화를 위한 권력구조 및 하위 정치제도 개혁과 관련되어 다음과 같은 함의를 가진다. 첫째, 선거 책임성과 국가기구 내 책임성은 상호의존적 관계에 있지만, 일부의 주장(Moreno et al., 2003)처럼 유권자와 선출직 공무원 사이의 선거 책임성이 다른 모든 책임성을 압도할 정도로 우세하다고 볼 수는 없다. 메인웨어링(Mainwaring, 2003)의 지적처럼, 이 두 범주의 책임성 관계는 위의 주장보다 훨씬 상호작용이 활발하고 가변적이다. 선거 책임성을 향상시킴으로써 국가기구 내 책임성을 개선할 수 있다거나, 선거 책임성의 향상 없이 국가기구 내 책임성을 개선시킬 수 있다는 주장들은 각각 한쪽을 과대평가했거나 다른 한쪽을 과소평가했을 가능성이 크다. 두 범주의 책임성은 각각의 작동원리로 운영되지만, 경우에 따라 매우 큰 상호 영향력을 발휘할 수도 있다는 의미이다. 정당정치와 선택적 친화성이 높은 권력구조, 그리고 하위 정치제도로서 정당중심의 선거제도 등이 보장되고 그 결과 선거책임성이 제고되면, 비선거 책임성도 부차적으로 향상될 것이라는 시그널은 문제의 복잡성을 지나치게 단순화한 주장일 수 있다. 실제로 정당과 국회가 국민적 신뢰를 얻지 못하고 있는 상황에서 정당중심의 선거제도 개편이 국민적 지지를 받을 가능성은 매우 낮다. 제도개정이 먼저냐, 행태변화가 먼저냐 하는 주장은 닭이 먼저냐 달걀이 먼저냐 하는 주장과 닮아보이는 것도 사실이다. 제도의 변화로 행태의 변화를 유도할 수 있으나, 그 역의 관계도 마찬가지로 중요하다는 점이 지적될 필요가 있다.

둘째, '정당의 대통령제화'와 그 결과 취약해진 정당의 기능은 권력분립이라는 제도적 속성으로 설명할 수 있지만, 그 영향력을 과대해석하는 것도 경계해야 한다. 대중정당의 위기 혹은 쇠퇴에 관한 논의는 대통령제 국가에만 국한되는 것은 아니기 때문이다. 논리적 차원에서 의회제 국가의 정당이 책임성을 확보할 가능성이 큰 것은 사실이지만, 사회구조의 변동과 기술 변화 등으로 야기된 정당의 역할 변화는 권력구조 등의 제도적 접근으로만 설명되기는 힘들다. 정치적 책임성을 높이기 위해 대통령제화된 정당의 개혁이 필요하다는 주장은 존중될 수 있지만, 이 명분만으로 권력구조 개편을 논하는 것은 신중할 필요가 있다. 더불어 현재 한국 정당정치의 취약성에 대한 진단과 대안모색이 지나치게 이상적인 정당강화론에 치우쳐 있는 것은 아닌지 성찰이 필요하다. 논의되고 있는 정당정치의 약화 현상은 여러 논자들의 주장처럼 일반 정당의 약화가 아니라 이상적으로 거론되어 온 대중정당모델의 약화일 가능성도 배제할 수 없다(Dalton and Wattenberg, 2002; Mair, 1997; 정진민, 2003;

채진원, 2015). 이들의 주장처럼 여러 변화된 조건들을 고려할 때 대중정당모델로 복귀하는 것이 불가능한 상황으로 파악된다면, 정당의 약화 대신에 정당의 적응(adaptation) 과정으로 현상을 이해하는 관점도 생산적일 수 있다. 이 점에서 유권자 수준의 정당을 활성화하려는 일련의 대안정당 모델에 대한 학문적 관심을 긍정적인 차원에서 검토할 필요가 있다.

셋째, 정치적 책임성은 민주주의 질적 평가에서 매우 중요한 역할을 담당하지만, 그 외의 가치들도 동시에 고려되어야 한다. 정치적 책임성은 때때로 정부의 효과성을 상쇄하는 것도 엄연한 현실이다. 민주주의를 유지하기 위한 다른 가치들과 정치적 책임성이 때로는 충돌할 수도 있다는 점이 충분히 고려될 필요가 있다. 선거 책임성의 범위를 지나치게 확장해 선거를 통해 유권자들의 의사가 정책에 모두 반영될 수 있을 것이라는 낙관적 입장은 경계 대상이다. 선출된 정치인들의 자기이익 추구를 선거로서 심판할 수만 있어도, 민주주의의 상태는 나쁘다고 할 수 없다. 최근 연구결과(Achen and Bartels, 2016)는 유권자들의 선거심판 능력에 대해 매우 비관적인 입장을 취하고 있다. 선거 책임성은 말처럼 쉽게 이룰 수 있는 목표가 아니라는 의미이다. 이 점에서 선거 책임성에 부정적으로 작용하고 있는 한국적 정치제도의 배열, 그중에서도 대통령 단임제, 선거주기의 불일치 및 불규칙성 등은 권력구조 개편에서 우선적으로 고려되어야 할 과제라고 할 수 있다.

| 참고문헌 |

강원택. 2006. 『대통령제, 내각제와 이원정부제: 통치형태의 특성과 운영의 원리』. 서울: 인간사랑.

김용철. 2017. "민주주의 질적 심화의 관점에서 본 권력구조 개편: 의원내각제 도입과 비례대표제의 확대." 『21세기정치학회보』 27집 3호, 1－25.

문우진. 2007. "대의민주주의의 최적화 문제와 헌법 설계: 정치거래 이론과 적용." 『한국정치학회보』 41집 3호, 5－31.

문우진. 2016. "제왕적 대통령 권한 축소를 위한 개헌 제언." 『월간중앙』 12월호 http://jmagazine.joins.com/monthly/view/314209 (검색일: 2020. 3.1).

박명림. 2005. "헌법, 헌법주의, 그리고 한국 민주주의: 2004년 노무현 대통령 탄핵 사태를 중심으로." 『한국정치학회보』 39집 1호, 253－276.

박명림. 2010. "헌법개혁과 정치개혁: '헌법'과 '정치'의 연결지점에 대한 심층분석과 대안." 『역사비평』 90호(봄), 384－429.

박용수. 2016. "한국의 제왕적 대통령론에 대한 비판적 시론: 제도주의적 설명 비판과 편법적 제도운영을 통한 설명." 『한국정치연구』 25집 2호, 27－55.

박종민·윤견수. 2015. "민주화 및 신자유주의－신공공관리 이후 한국의 국가 관료제: 변화와 지속." 『정부학연구』 21권 3호, 3－35.

박찬욱. 2004. "한국 통치구조의 변경에 관한 논의: 대통령제의 정상적 작동을 위하여." 『한국정치연구』 13집 1호, 111－140.

배진석. 2019. "중국 체제특성 규명의 보편성과 특수성: 비교권위주의적 접근." 『세계지역연구논총』 37집 4호, 155－178.

신우철. 2011. "대통령의 헌법상 권한은 과연 강력한가?: 그 정량적 비교측정 및 이를 통한 국무총리 권한강도의 추정." 『헌법학연구』 17권 1호, 291－325.

안순철. 2004. "내각제와 다정당체제: 제도적 조화의 모색." 진영재 편. 『한국 권력구조의 이해』, 111－146. 서울: 나남.

임혁백. 2011. 『1987년 이후의 한국 민주주의: 3김 정치시대와 그 이후』. 서울: 고려대학교출판부.

장훈. 2017. "한국에는 이제 제왕적 대통령이 없다." 『중앙일보』 (6월 25일) https://news.joins.com/article/21688659 (검색일: 2020. 3. 1).

정진민. 2003. "정당개혁의 방향: 정당구조의 변화를 중심으로." 『한국정당학회보』

2권 2호, 23 – 39.

정진민. 2004. "한국 대통령제의 문제점과 극복 방안." 『한국정당학회보』 3권 1
　호, 279 – 304.

조정관. 2004. "대통령제 민주주의의 원형과 변형." 진영재 편. 『한국 권력구조의
　이해』, 65 – 110. 서울: 나남.

진영재. 2004. 『한국 권력구조의 이해』. 서울: 나남.

채진원. 2015. "'오픈프라이머리 정당 약화론'과 네트워크정당모델." 『정당정치의
　변화, 왜 어디로』. 131 – 194. 파주: 형설출판사.

최장집. 2012. 『민주화 이후의 민주주의: 한국 민주주의의 보수적 기원과 위기』.
　서울: 후마니타스.

최태욱. 2011. "복지국가 건설과 '포괄정치'의 작동을 위한 선거제도 개혁." 『민주
　사회와 정책연구』 19호, 42 – 70.

홍재우 · 김형철 · 조성대. 2012. "대통령제와 연립정부: 제도적 한계의 제도적 해
　결." 『한국정치학회보』 46집 1호, 89 – 112.

Achen, Christopher H., and Larry M. Bartels. 2016. *Democracy for Realists:*
　Why Elections Do Not Produce Responsive Government. Princeton:
　Princeton University Press.

Anderson, Cameron D. 2006. "Economic Voting and Multilevel Governance: A
　Comparative Individual – Level Analysis." *American Journal of Political*
　Science 50: 449 – 463.

Bae, Jin Seok, and Sunkyoung Park. 2018. "Janus Face: The Imperial but
　Fragile Presidency in South Korea." *Asian Education and Development*
　Studies 7(4): 426 – 437.

Bovens, Mark. 2010. "Two Concepts of Accountability: Accountability as a
　Virtue and as a Mechanism." *West European Politics* 33(5): 946 – 967.

Cheibub, Jose Antonio, and Adam Przeworski. 1999. "Democracy, Elections, and
　Accountability for Economic Outcomes." In *Democracy, Accountability, and*
　Representation, edited by Adam Przeworski, Susan Stokes and Bernard
　Manin, 222 – 250. New York: Cambridge.

Crotty, William. 2006. "Party Transformation: The United States and Western

Europe." In *Handbook of Party Politics*, edited by Richard Katz and William Crotty, 499−514. London: SAGE Publication.

Dalton, Russell J., and Martin P. Wattenberg. 2002. *Parties without Partisans: Political Change in Advanced Industrial Democracies.* New York: Oxford Press.

Elster, Jon. 1999. "Accountability in Athenian Polities."In *Democracy, Accountability, and Representation*, edited by Adam Przeworski, Susan C. Stokes and Bernard Manin, 253−278. Cambridge: Cambridge University Press.

Hellwig, Timothy, and David Samuels. 2007. "Electoral Accountability and the Variety of Democratic Regimes." *British Journal of Political Science* 38(1): 65−90.

Im, Hyug Baeg. 2004. "Faltering Democratic Consolidation in South Korea: Democracy at the End of the 'Three Kims' Era." *Democratization* 11(5): 179−198.

Inter−American Development Bank. 2019. "Database of Political Institutions 20 17." https: //mydata.iadb.org/Reform−Modernization−of−the−State/Data base−of−Political−Institutions−2015/ngy5−9h9d (검색일: 2020. 3. 1).

Ito, Takatoshi. 1990. "The Timing of Elections and Political Business Cycles in Japan" *Journal of Asian Economics* 1: 135−156.

Kenney, Charles. D. 2003. "Horizontal Accountability: Concepts and Conflicts." In *Democratic Accountability in Latin America*, edited by Scott Mainwaring and Christopher Welna, 55−76. Oxford: Oxford University Press.

Lardeyret, Guy. 1993. "The Problem with PR." In *The Global Resurgence of Democracy*, edited by Larry Diamond and Marc Plattner, 159−164. Baltimore: Johns Hopkins University Press.

Lijphart, Arend. 1999. *Patterns of Democracy: Government Forms and Performance in Thirty−Six Countries.* New Haven: Yale University Press.

Linz, Juan. 1990. "The Perils of Presidentialism." In *The Global Resurgence of Democracy*, edited by Larry Diamond and Marc Plattner, 108−126. Baltimore: Johns Hopkins University Press.

Linz, Juan. 1994. "Presidential or Parliamentary Democracy: Does It Make a

Difference?" In *The Failure of Presidential Democracy*, edited by Juan Linz and Arturo Valenzuela, 3－87. Baltimore: Johns Hopkins University Press.

Mainwaring, Scott. 2003. "Introduction: Democratic Accountability in Latin America" In *Democratic Accountability in Latin America*, edited by Scott Mainwaring and Christopher Welna, 3－33. Oxford: Oxford University Press.

Mair, Peter. 1997. *Party System Change: Approaches and Interpretations.* Oxford: The Clarendon Press.

Manin, Bernard, and Adam Przeworski, and Susan Stokes. 1999. "Introduction." In *Democracy, Accountability, and Representation*, edited by Adam Przeworski, Susan Stokes and Bernard Manin, 1－26. Cambridge: Cambridge University Press.

Marra, Robin F., Charles W. Ostrom, Jr., and Dennis M. Simon. 1990. "Foreign Policy and Presidential Popularity: Creating Windows of Opportunity in the Perpetual Election." *Journal of Conflict Resolution* 34(4): 588－623.

Moreno, Erika, Brian F. Crisp, and Mathew Soberg Shugart. 2003. "Legislative Oversight: Interests and Institutions in the United States ad Argentina." In *Democratic Accountability in Latin America*, edited by Scott Mainwaring and Christopher Welna, 79－131. Oxford: Oxford University Press.

Nadeau, Richard, Richard G. Niemi, and Antoine Yoshinaka. 2002. "A Cross－National Analysis of Economic Voting: Taking Account of the Political Context across Time and Nations." *Electoral Studies* 21(3): 403－423.

O'Donnell, Guillermo. 1994. "Delegative Democracy." *Journal of Democracy* 5(1): 55－69.

O'Donnell, Guillermo. 1999. "Horizontal Accountability in New Democracies." In *The Self－Restraining State: Power and Accountability in New Democracies*, edited by Andreas Schedler, Larry Diamond and Marc F. Plattner, 29—51. Boulder, CO: Lynne Rienner.

O'Donnell, Guillermo. 2003. "Horizontal Accountability: The Legal Institutionalization of Mistrust." In *Democratic Accountability in Latin America*, edited by

Scott Mainwaring and Christopher Welna, 34−54. Oxford: Oxford University Press.

Persson, Torsten, Grard Roland, and Guido Tabellini. 1997. "Separation of Powers and Political Accountability." *Quarterly Journal of Economics* 112: 1163−1202.

Powell, Bingham Jr., and Guy D. Whitten. 1993. "A Cross−National Analysis of Economic Voting: Taking Account of the Political Context." *American Journal of Political Science* 37(2): 391−414.

Samuels, David. 2002. "Presidentialized Parties: The Separation of Powers and Party Organization and Behavior." *Comparative Political Studies* 35: 461−483.

Samuels, David. 2004. "Presidentialism and Accountability for the Economy in Comparative Perspective." *The American Political Science Review* 98(3): 4425−4436.

Samuels, David, and Mathew Shugart. 2010. *Presidents, Parties, and Prime Ministers: How the Separation of Powers Affect Party Organization and Behavior*, New York: Cambridge University Press.

Scarrow, Susan E. 2000. "Parties without Members? Party Organization in a Changing Electoral Environment." In *Parties without Partisans: Political Change in Advanced Industrial Democracies*, edited by Russel J. Dalton and Martin P. Wattenberg, 79−101. New York: Oxford University Press.

Schedler, Andreas. 1999. "Conceptualizing Accountability." In *The Self−Restraining State: Power and Accountability in New Democracies,* edited by Andreas Schedler, Larry Diamond and Marc F. Plattner, 13—28. Boulder, CO: Lynne Rienner.

Shugart, Matthew. 1995. "The Electoral Cycle and Institutional Sources of Divided Presidential Government." *American Political Science Review* 89: 327−343.

Shugart, Matthew, and John Carey. 1992. *Presidents and Assemblies: Constitutional Design and Electoral Dynamics.* Cambridge: Cambridge University Press.

Slater, Dan. 2013. "Democratic Careening." *World Politics* 65: 729−763.

Stimson, James A., Michael B. MacKuen, and Robert S. Erikson. 1995. "Dynamic Representation." *American Political Science Review* 89: 543−565.

Strom, Kaare. 1990. *Minority Government and Majority Rule*. New York: Cambridge University Press.

Strom, Kaare. 2000. "Delegation and Accountability in Parliamentary Democracies." *European Journal of Political Research* 37: 261−289.

Tsebelis, George. 2002. *Veto Players*. New York and Princeton: Russell Sage Foundation and Princeton University Press.

Whitten, Guy, and Harvey D. Palmer. 1999. "Cross−National Analyses of Economic Voting." *Electoral Studies* 18(1): 49−67.

에필로그

'발전' 이후의 '발전(주의)'국가: 우리는 왜 '발전'에도 불구하고 '위기'를 이야기하는가?

강명구

Ⅰ 성공의 위기(crisis of success)라는 역설

대한민국이 불과 반 세기 전에 비하여 얼마나 잘 사는 부강한 국가가 되었는가를 논하는 것은 이제 매우 진부한 이야기다. 일인당 국민소득이 3만 달러를 넘고 인구가 5,000만을 넘는 세계 7대 국가에 속하였다고 자부심과 선전이 대단하다.[1] 유사한 종류의 자부심은 차고 넘친다. 해외원조를 받던 나라에서 해외원조 공여국이 된 유일한 경우이고, 경제성장과 더불어 민주주의를 공고화시킨 몇 안 되는 비서구권 국가이며 디지털 혁명의 최전선에서 K-Pop으로 만방에 문화적 역동성을 과시하는 나라이다.

그러나 동시에 정반대의 불만과 불안들도 유사한 양과 질로 공중(公衆)에 유포되고 있는 것 또한 사실이다. 이른바 '헬 조선'이라는 담론 하에 지난 수십 년간 우리가 이루어왔다고 자부하는 표상들이 어둠 속으로 서서히 사라지고 그 빈자리를 급격하게 늘어가는 대한민국이 마주한 두려운 지표들로 채워진다. 급속한 인구 감소, OECD 최고 수준의 노인 빈곤율, 식어가는 성장엔진, 심해져가는 소득의 양극화, (개천에서 용이 날 수 없는) 계층구조의 고착, 부동산

---

1) 2019년 현재 이른바 30-50 클럽에 속한 7개국은 미국, 일본, 영국, 프랑스, 독일 이탈리아와 대한민국이다. 1970년 대한민국은 1인당 GNP가 300달러가 안 되었으니 50년 만에 1인당 국민소득이 100배 이상 된 것이다.

가격의 폭등, 높은 자살률, 회복 기미를 안 보이는 실업률, 극심한 지역 불균형, 여타 중진국의 추월로 인한 샌드위치 신세, 불안한 진화의 조짐을 보이고 있는 한반도 주변 국제질서 등 등 … 더더욱 문제가 되는 것은 이와 같은 자부심과 불안감이 보수 대 진보간 이념 대결로 증폭되고 있으며 근자에 들어서는 세대 간 갈등으로까지 비화하고 있다는 사실이다.[2]

아무리 에누리를 하더라도 객관적으로 보아 경제뿐 아니라 정치의 영역에 있어서도 대한민국이 대단한 성공을 이루었음에도 불구하고 왜 우리는 위기라고 야단들인가? 이 연구는 이 단순한 질문에 대한 난해한 답을 구하는 과정의 *잠정적* 산물이다. 좀 거칠게 결론부터 얘기하자면 위기의 조짐은 무시하기 어렵고 바로 그 위기의 요인들은 역설적이게도 성공 요인에 내장되어 있다는 것이다. 즉, 우리는 '발전하였음에도 불구하고 (in spite of) 위기를 맞은 것'이 아니라 '*발전하였기 때문에 (because of) 위기를 맞게 된 것*'이라는 주장이다. 이러한 인식의 차이는 좀 더 자세한 설명을 요한다.

좀 자의적이기는 하지만 대체로 대한민국이 처한 위기의 조짐에 대하여 세 가지 정도의 입장을 관찰할 수 있을 것이다. 첫째는 작금의 위기가 진정한 위기가 아니므로 너무 호들갑 떨 필요 없다는 낙관주의적 입장이다. 우리가 목도하는 위기의 조짐은 선진국 모두 경험하는 발전의 통과의례 수준이라고 생각한다. 이른바 "번영이 치러야 할 대가(Price of Prosperity)"가 위기의 본질이라는 주장이다(Buchholz, 2016). 출산율이 떨어지고 애국심이 줄어들며, 성장세가 둔화되고 완전고용이 점점 더 신화에 지나지 않음이 명확해지고 외국인 노동자의 유입이 증가하는 현상 등은 우리만의 경험이 아닌 선진국 모두가 유사하게 경험하는 현상이다. 이들의 주장에 따르자면 위기는 위기가 아니라 다음 단계로 진화하기 위한 또 다른 단계일 뿐이다. 기술진보와 산업구조 변화 및 세계화로 인한 상황변화에 대처하기 위해 기본소득을 보장하자는 주장이 그 대표적 예이다(Livingstone, 2016: Skidelsky, 2012 외 다수).

위기에 관한 두 번째 입장은 앞서 지적한 '발전에도 불구하고'의 입장에서 위기를 해석하는 작업이다. 이 주장에 따르자면 위기는 기존의 발전 방향이

---

2) 세대간 갈등의 핵심은 이른바 <조국 사태>가 보여주듯 진보냐 보수냐가 아니라 기득권을 가진 민주화 세대와 그렇지 못한 20~30대의 불만이다. 대표적 논의가 이철승 저 (2019) 『불평등의 세대』 (문학과 지성사)이다.

잘못되었기 때문이 아니라 국제 환경 변화 등 외생적인 변수나 혹은 (오히려) 기존의 발전방향을 제대로 힘차게 추진하지 않고 잘못된 방향으로 나갔기 때문이다. 위기의 타개책으로서 분배보다는 성장을, 균형보다는 대기업 위주의 국가 경쟁력 강화 선호 등이 이 부류의 주장에 속한다. 세 번째 입장은 오늘날 우리가 직면한 위기의 씨앗은 지난 수십 년간 대한민국이 추구해 온 발전 모델 속에 이미 뿌려져 있다고 본다. 즉 '발전하였기 때문에(because of)' 위기가 왔다는 주장의 핵심은 성공(발전)의 요인이 곧 위기의 요인이라는 주장이다. 국가주도형 발전전략이 가져올 수밖에 없는 비효율과 부패는 소득분배의 왜곡, 자원의 비효율적 배분, 정경유착을 통한 부패의 가능성, 창의적 유연성 결여로 인한 창조적 파괴의 어려움 등으로 이어지게 마련이라는 주장이다. 그 해결책으로서 보수주의자들은 '좀 더 많은 시장(市場)'을 주문하는 반면, 진보주의자들은 '좀 더 많은 평등'을 제시하고 있다.

이 연구가 취하는 입장을 군이 택해야 한다면 대체로 세 번째 입장에 가깝다고 할 수 있다. 그러나 유사한 결론에 이르더라도 그 결론에 다다르는 논의의 맥락과 결은 기존의 주장과 사뭇 다르기에 주의를 요한다. 이 연구는 우선 대한민국의 성장과 발전을 부정하지 않는다. 이는 기존의 발전 모델에도 분명 효용성을 지닌 순기능이 있음을 인정하는 것이다. 이런 입장은 매우 중요하다. 우리가 다루는 주제가 북한이나 개방 전 중국과 같이 '실패의 위기(crisis of failure)'를 극복하기 위한 개혁 논의가 아니라 '성공의 위기(crisis of success)'를 극복하기 위해 논의를 하고 있다는 점을 출발로 삼는다. 이런 점에 있어 이 연구는 주로 권위주의 국가주도형 경제구조가 지닌 모순점들에 주목하였던 1980년대(를 횡행하였던) 국가론 및 발전에 관한 계급주의적 해석들과 궤를 달리한다. *이 연구는 어떻게 (부인하기 어려운) 성공에도 불구하고 (부인하기 어려운) 위기가 도래하게 되었는가에 보다 많은 관심을 기울인다.*

즉, 이 연구는 우리의 성공을 이끈 요인 안에 오늘날의 위기를 잉태하고 있는 요소가 내장(built-in)되어 있음에 주목한다. 빠른 기간 안에 '조국 근대화'를 크게 한 번 밀어 붙이고자(big push) 하였던 권위주의적 정치와 획일적 관료주의는 자신이 이루었던 성과들을 서서히 지속 불가능하게 만드는 엔트로피를 경험하지 않을 수 없게 된다는 주장이다. 이 연구가 주목하는 엔트로피는 굳이 정책결정자의 판단 미숙에 따른 (산업)정책 실패나 독재자의 집권욕에 따른 정치적 부하3) 등이 아니다. 정책 실패는 굳이 권위주의적 정치체에 국한되지 않으며 아무리 독재자라도 국가를 발전시키려는 선의를 가질 수 있음을 인정해야 한다는 주장과 일맥상통한다.

이 연구는 이와 같은 종류의 자발적(voluntary) 요인보다는 권위주의적 근대화에 내장된 *보다 본질적인 문제*에 주목한다. 관료적 획일화와 권위주의적 밀어붙이기 식의 근대화가 '하면 된다'는 긍정적 가치관과 결합되고 이에 더하여 열심히 하면 밝은 미래가 보장된다는 확신은 예기치 못한 내적 모순에 직면하게 된다는 것이다. 국가는 근대화 프로젝트의 완성을 위해 끊임없이 사회와 자연을 그들 계획에 맞게 획일화 단순화시켜 국가 능력(state capacity)의 향상이라는 통제력을 강화한다. 이런 상황 하에서 순치(順治)된 시민사회는 경제성장의 과실 앞에서 (합리성으로 치장된) 물질주의적 가치관을 거침없이 받아들이게 된다. 그 결과 서서히 본연의 자율성과 자발성을 질식시켜 위기 시 탈출 가능한 잠재력을 사전에 소진시켜버리는 우를 범하게 된다. 이른바 중앙의 국가로 모든 요구와 지지가 빨려 들어가는 '소용돌이의 정치'는 그로 인한 국가 능력의 부담으로 귀착된다. 민주화 이후 시민사회는 몸집은 커졌지만 저항력과 체력이 떨어지는 신체 구조의 형성과 유사한 비유가 가능할 것이다.

성공과 위기에 대한 이와 같은 인식은 당연히 다채로운 새로운 질문을 유발하지 않을 수 없게 만든다. ① 우리네 발전에 있어 성공의 요인은 무엇이었던가? ② 이러한 성공의 요인에 내장된 위기의 요소들은 무엇들인가? ③ 성공과 위기는 대체 어떤 관계에 있기에 어떤 상황 하에서 위기 요인이 성공 요인을 압도하여 나타나는가? ④ 이와 같은 성공과 위기의 관계가 향후 우리네 후기 발전(주의) 국가에 암시하는 개혁방향은 어떠한 것들인가? 바로 이와 같은 연구 질문들이 이 글이 개략적 수준에서나마 답하고자 더듬어야 하는 대상들이다.

---

3) 이와 관련한 흥미 있는 주제는 정치적 권위주의와 경제성장의 관계에 대한 논쟁이다. 이른바 '성장하기 위한 독재'였는지 아니면 '독재하기 위한 성장'이었는지의 논쟁이 바로 그것들이다.

⨍ 성공과 위기에 대한 두 가지 해석

: 『국가는 왜 실패하는가』와 『국가처럼 보기』

위와 같은 거대한 질문들에 대한 논의는 근대화론 및 종속이론을 필두로 정치경제학적 탐구가 차고도 넘친다. 지난 수십 년의 탐구는 이른바 제3세계 발전론을 거쳐 세계화 시대를 맞아 이제 매우 다양한 방향으로 진화하고 있다. 과거의 서구 중심적이며 획일적 발전 기획(development planning)에 대한 반성 위에서 발전에 이르는 다양한 경로의 가능성을 탐구하고 동시에 그 지속 가능성을 추구하고 있는 것이 대체적 흐름이다. 그러나 이러한 논의의 다양성 하에서도 대체로 논의를 이끄는 중심축은 이른바 국가의 문제와 제도의 문제 가 어떻게 '좋은 정부'와 '좋은 제도'로 구체화할 수 있을 것인가로 수렴하고 있다고 보아도 무방할 것이다(Rodrik, 1999 외 다수).

이 연구는 이러한 학문적 흐름을 세세히 짚어가는 백과사전적 접근을 지 양한다. 그 대신 이러한 흐름을 서로 상이한 각도에서 잘 반영하고 있다고 생 각되는 두 권의 영향력 있는 책을 선정하여 동정적 비판의 자세로 살피고 그 바탕 위에서 위의 질문들에 답하는 방식을 택하기로 하자. 한 권은 2012년에 출간된 경제학자 Daron Acemoglu와 정치학자 James Robinson이 공저한 *Why Nations Fail: the origins of power, prosperity and poverty* 이고 다른 하나는 정치인류학자인 James Scott의 1998년 저서 *Seeing Like a State: how certain schemes to improve the human condition have failed*이다. 이 두 권 의 저서는 책의 분량은 만만치 않지만 전하고자 하는 메시지는 매우 단순 명 료하다. *Why Nations Fail*은 제목은 '국가는 왜 실패하는가'이지만 실제로는 국가의 성공 요인을 추적한 책이다. 실패의 요인은 성공 요인의 반사적이고 잔여적 범주로 취급되고 있다. 이들의 주장은 왜 한국이 성공하였는가를 설명 하는데 부분적으로 매우 중요한 논거를 제공해준다. 반면에 *Seeing Like a State*는 국가가 발전 계획의 장밋빛 청사진을 들이대며 '크게 밀어붙이는' 정책 들이 실패할 수밖에 없는 이유를 (저자가 세밀한 인류학적 관찰을 통하여 상술하고 있듯이) 세상사의 복잡성을 단순 무식(?)하게 일반화시킨 조직과 제도의 불완전성에서 찾고 있다. 이 책을 일별하다 보면 Scott의 관찰과 주장이 우리네 발전(주의) 국가의 어두운 정책적 측면들과 유사함에 놀라움을 경험하게 된다.

그렇다면 당연히 '성공 요인에 초점을 맞춘 책과 실패 요인에 초점을 맞춘 책 모두에서 우리네 성공의 현대사를 반추하고 음미할 수 있다면 모순 아니가?'라는 질문이 떠오르지 않을 수 없다. 모순이 아닐 수 있다는 논거를 찾아나서는 노력이 이 글의 핵심이다. 이를 위해 두 권 저서의 핵심적 주장을 살피고 이런 주장들을 한국에 적용시 어떤 문제에 답할 수 없는가를 비판적으로 살핌으로써 왜 우리는 '발전에도 불구하고'가 아니라 '발전하였기 때문에' 위기를 맞고 있는가를 추적해 나갈 것이다.

1. 국가는 왜 실패하는가

신석기 시대부터 로마와 영국 산업혁명을 거쳐 제국주의 시대 아프리카와 현대 중국에 이르기까지 이 책은 동서고금을 망라한 방대한 영역에 걸쳐 왜 어떤 국가는 번영하고 어떤 국가는 빈곤에 허덕이는가를 분석한 야심찬 기획의 산물이다. 책의 부제(副題)인 *The origins of power, prosperity, and poverty*가 이 책의 집필의도를 잘 드러내고 있는바, 부제가 지칭하는 the origins의 내용이 그 핵심이다. 저자들의 주장에 따르자면 the origins의 핵심은 포용적(inclusive) 제도의 존재 및 형성 여부에 달려있다. 포용적 제도가 존재하면 한 국가는 융성하고 반대로 착취적 요소가 융성하면 그 나라는 빈곤의 수렁에 빠질 수밖에 없다는 것이다. 저자들이 말하는 포용적 제도는 두 가지인데 하나는 경제적인 측면이고 다른 하나는 포용적 경제제도를 가능케 하는 정치적 포용제도의 존재이다. 포용적 경제제도의 핵심은 인센티브에 근거한 창조적 파괴(creative destruction)가 가능한 공정한 게임의 룰(rule)로서 "사유재산이 확고히 보장되고, 법체계가 공평무사하게 시행되며, (정부가) 누구나 교환 및 계약이 가능한 공평한 경제 환경을 보장하는 공공 서비스를 제공한다는 뜻이다. 포용적 경제제도는 또한 새로운 기업의 참여를 허용하고 개인에게 직업 선택의 자유를 보장한다." (최완규, 2012: 119)

1) 포용적 제도: 다원주의와 중앙집권

포용적 경제제도의 핵심들인 사유재산권, 법질서, 공공서비스, 계약 및 교환의 자유는 누구나 미루어 짐작하기 어렵지 않듯이 이를 가능케 하는 정부의 존재 즉, 포용적 정치 제도를 요구한다. 저자들이 파악하는 포용적 정치제도의 핵심은 두 가지다. 하나는 다원주의이고 또 다른 하나는 중앙집권이다. 다원주의란 "한 개인이나 편협한 집단이 권력을 독점하지 않고, 광범위한 연합이나 복수의 집단이 정치권력을 고루 나누어 갖는 형태"(최완규, 2012: 125 – 126)를 말한다. 한 국가의 발전을 논함에 있어 다원주의의 중요성은 저자들에게 있어 아무리 강조해도 지나치지 않은 중요성이 있다. 다원주의란 권력을 쟁취하기 위한 투쟁에 있어 상호간 경쟁하는 집단들이 상황의 변화에 무관하게 항상 지켜야만 하는 게임의 규칙으로서 상호간 합의에 의해 형성된 법의 지배(rule of law)를 말한다.

저자들은 1688년 명예혁명 이후 영국의 정치 상황이 다원화 되는 과정을 전형적인 역사적 예로 들고 있다. 이른바 블랙 법(Black Act)의 예에서 보듯이 왕정을 대치한 의회파가 스스로 보수화되어 왕정 치하와 같이 행동하려는 과정을 억제하는 다원주의적 정치제도가 생겨난 것이다. 상업자본의 이익을 대표하는 휘그당(Whigs)은 강력한 의회 지배세력이었음에도 자신들의 재산권을 침해하는 폭도들(Black)을 마음대로 처벌하지 못하였던바, 이러한 결정은 그들이 그럴만한 힘이 없어서가 아니라 그럴 경우 의회 내의 견제파들로 인하여 그들의 이익에 손해를 끼치기 때문이었다. 새로이 생겨난 게임의 규칙을 지켜 의회주의를 견지하는 것이 폭도들을 무리하게 처벌하여 생길 수 있는 (왕정 치하와 유사한) 정치적 혼란을 감내하는 것보다 나은 상황이 도래하였던 것이다. 저자들은 이와 유사한 예를 1930년대 미국의 뉴딜 정책과정에서 보여준 루즈벨트 대통령과 연방 대법원간의 갈등을 의회가 어떻게 순치(順治)시키는가를 통해 보여주고 있다. 대통령이 뉴딜 개혁을 위해 (경쟁과 자유를 찬양하는) 포용적 경제제도에 제한을 두려하자 이를 대법원이 제지하고 이의 타개를 위해 상하원의 다수당인 민주당을 동원해 법원을 물갈이하려 하자 의회가 이를 제지한 것이다. 대통령에게 힘의 균형이 쏠리면 아무리 선의(善意)라도 다원주의적 제도에 해가 되며 이것은 곧 자신들을 포함한 전체 시스템의 붕괴로 이어질 수도 있다는 우려가 더욱 힘을 발한 것이다.

다원주의와 쌍벽을 이루는 또 다른 포용적 정치제도는 정치적 중앙집권의 존재이다. 저자들은 막스 베버의 정의에 기대어 정부가 합법적인 폭력을 독점하여 법질서를 강제하고 이에 근거하여 국가 전체를 위한 공공 서비스를 제공하고 시장적 경제활동을 규제하는 것을 중앙집권의 요체로 상정하였다. 중앙집권의 부재 하에 다원주의만 번창하면 이는 아프리카 소말리아의 예에서 보듯 극심한 혼란과 위기에 다름 아니기 때문에 정치/경제적 안정을 위한 중앙집권은 매우 중요한 발전의 한 축이다. 중앙집권의 제도적 표현인 국가의 존재는 이런 의미에서 포용적 경제제도와 떼려야 떼기 힘들게 엮여 있는 필수불가결한 존재이다.

그러나 이 저작에서 (그 중요성을 힘주어 강조한 다원주의의 경우와는 대비되게) 번영을 위한 정치적 중앙집권의 필요성은 매우 조심스럽게 취급되고 있다. 과도한 중앙집권이 가져올 수 있는 다원주의의 부재 가능성에 대한 우려가 저서의 곳곳에서 역사적 사례를 통하여 강조되고 있다. 가장 극적인 예는 국가주도형 계획경제 하의 소련이고 그 연장에서 개혁개방 이후 중국의 경우도 그 미래를 매우 비관적으로 예견하고 있다. 물론 저자들은 소련 중국과 같은 착취적 제도하의 성장 가능성을 부인하지 않지만 그 지속 가능성에는 지극히 의문을 제기한다. 중앙집권적 국가의 시장에 대한 지나친 간섭은 위정자들의 권력에 대한 탐닉으로 인하여 포용적 경제제도의 도입에 필수적인 창조적 파괴를 어렵게 만들고 권력 독점은 필연적으로 내부 투쟁을 통한 정치적 분열로 이어지기 마련이기 때문이다. 산업혁명 이전의 영국의 경우, 동유럽이나 터키의 전제 군주들의 경우 신기술의 도입이 가져올 권력상실의 두려움 때문에 이들은 의도적으로 창조적 파괴를 통한 번영의 길을 도외시하였던 것이다.

착취적 중앙집권 제도가 번영도 가져오지 못하면서 한 국가를 오히려 지속적 퇴보와 가난에 빠져들게 만드는 최악의 경우는 남미 잉카제국의 멸망과 식민화 이후 남미의 저발전 상태에서 더욱 분명하게 목도할 수 있다고 저자들은 주장한다. 잉카제국과 같이 문명화되고 오래된 중앙집권 국가가 소수의 스페인 침략자들에게 그토록 손쉽게 정벌당한 것은 역설적이게도 1인 권력자 중심의 중앙집권적 제도 때문이었다. 제1권력자의 제거만으로 손쉽게 거대 제국을 탐한 침략자들은 (엔꼬미엔다encomienda와 각종 노동 착취적 제도와 같은) 기존의 착취적 중앙집권적 수탈 제도를 온존 및 강화시켜 번영의 길로부터 멀어졌으며 이는 스페인으로부터의 독립 후에도 지속되었다. 이른바 경로의존에 의한 착취적 제도의 (파괴가 아닌) 승계는 남미 저발전의 핵심 요인으로 자리 잡았다는 주장이다. 그래서 불행한 남미의 역사는 (토착 인디언 외에는) 착취적 중앙집권 국가가 부재하였던 북미의 경험과 좋은 대비를 이룬다. 착취하여 기댈 곳 없던 북미의 식민세력은 생존을 위해서라도 개척민들의 인센티브를 자극하는 포용적 제도에 기대지 않을 수 없었다는 주장이다.

요약하자면 두 저자들에게 있어 다원주의와 중앙집권 이 두 가지 조건이 모두 만족되어야만 번영에 이르는 길이 열린다는 것이다. 만일 두 조건 중 어느 하나라도 충족하지 못하면 착취적 정치제도화로 이어지게 된다. 다원주의가 결여된 중앙집권 강화는 내부 모순과 투쟁으로 인한 저발전의 나락으로, 중앙집권 없는 극심한 다원주의는 무정부적 혼돈 상태로 이어지기 십상인 것이다. 두 조건 중 어느 것이 먼저 달성되어야 하는가의 선후(先後)관계에 대하여 두 저자들은 뚜렷한 견해를 밝히지 않았다. 영국의 경우는 명예혁명을 거쳐 탄생한 다원적 세력들이 합의하에 중앙집권적 제도를 만들어 나간 경우인 것에 반하여 한국의 경우는 권위주의적 중앙집권 제도가 차후에 민주적 다원주의를 포용한 예로 볼 수 있다. 여기서 가장 첨예한 문제가 되는 것은 이른바 저자들이 칭한 "착취적 제도 하의 성장"과 그 지속 가능성에 대한 질문이다. 강력한 중앙집권적 국가가 중심이 된 계획경제의 경우 (구) 소련의 붕괴가 보여주듯이 그 한계가 명확하다. 그러나 개혁개방 이후 중국의 경우처럼 다원주의적 성격이 미비한 강력한 중앙집권적 국가가 (비록 부분적이지만) 포용적 시장경제를 채택한 시장사회주의(market socialism)에 대한 해석은 논쟁의 여지가 다분하다. 이와 같은 문제는 결국 저자들이 상정하고 있는 포용적 (혹은 착취적) 정치제도와 포용적 (혹은 착취적) 경제제도 간에는 어떤 상관관계에 달려 있는바, 저자들의 논지를 따르자면 포용적 정치제도는 포용적 경제제도와 친화력이 높고 착취적 정치제도와 착취적 경제제도도 상호간 친화력이 높다. 그 결과 중국과 같이 포용적이지 못한 정치제도를 지닌 나라의 경제제도는 착취적으로 귀결될 수밖에 없어 잠시는 성장이 가능하지만 지속적인 번영은 불가능하다. 이들에게 있어 중국의 대국굴기(大國屈起)는 다원주의적 정치제도가 도입되지 않는 한 실패가 예정된 시도이다. 권력의 독점은 결국 권력쟁취를 위한 내분으로 치달아 시장의 창조적 파괴와 시장 참여자들의 인센티브를 가로 막기 때문이다.

2) 결정적 분기점(critical juncture)과 제도적 부유(浮遊)(institutional drift)

이들의 이론 구성에 있어 이제 마지막으로 남은 분야는 포용적 (혹은 착취적) 제도가 대체 어떻게 생겨날 수 있을 것인가이다. 왜 어떤 나라는 포용적 제도를 택하여 번성하고 왜 또 다른 어떤 나라는 착취적 제도를 택하여 쇠퇴의 길로 들어서는가? 이 커다란 질문에 대한 저자들의 답은 "번영은 엔지니어링의 대상이 아니다(You can't engineer prosperity)"(Acemoglu and Robinson, 2012: 446)라는 언명(言命)에 그대로 드러나 있다. 이 말은 좁게는 후진국 대상 선진국 개발원조의 한계를 드러내기 위한 것이지만 동시에 넓게는 한 국가의 번영은 어느 한 정치 공동체가 장시간 엮어온 역사의 무게를 반영한다는 뜻이다. 물론 저자들이 한 나라의 번영이 온전히 역사에 의해 결정된다는 역사 결정주의에 매몰되어 있는 것은 결코 아니다. 저자들이 강조하는 바는 굽이굽이 흘러든 역사가 한 나라의 제도적 형성과 어떠한 관계를 맺게 되었는가에 있는바, 바로 이 관계 맺음의 방식을 이해하는 열쇠 말이 '결정적 분기점'과 '제도적 부유'라는 두 개념이다.

이런 주장의 이해를 돕는 가장 극적인 질문이 저서를 관통해 여러 번 등장하는 '인류역사를 바꾼 산업혁명이 왜 당시 유럽의 강대국이었던 스페인이나 프랑스 같은 나라가 아닌 역사의 변방에 속하였던 영국에서 일어났는가?'이다. 출발은 별반 대수롭지 않은 작은 제도적 차이였다. 의회와 왕권 간의 이권 다툼은 이 세 나라 모두에 있어 '정도'의 차이가 있었을 뿐이지 '종류'의 차이는 아니었다. 그러나 세월의 흐름에 따라 이러한 차이가 축적되면 "다른 모든 면이 유사한 사회라 하더라도 제도적인 면에서 서서히 멀어져 가는" (최완규, 2012: 165) 제도적 부유 과정이 시작된다. 영국의 경우 이러한 제도적 부유의

획기적인 정치적 결과물이 1688년 명예혁명이었다. 이러한 제도적 차이가 중요한 것은 결정적 분기점이 되는 커다란 세계사적 사건들과 이런 차이들이 만났을 때 나타나는 번영의 증폭 현상 때문이다. 14세기 유럽을 휩쓴 흑사병과 16세기 들어 증폭된 대서양 무역 그리고 19세기 중엽 일본이 처한 미국에 의한 개국압력 등이 좋은 예이다. 이와 같은 사회적 대변혁 상황에 처하여 별것 아니던 제도적 차이는 기하급수적 변환을 촉발시킨다. 흑사병으로 인한 노동력 감소가 서유럽에 있어서는 농노제도의 와해 조짐으로 나타난 반면 동유럽에서는 (서유럽의 농산품 값 급등으로 인한 동유럽 농산물 수입 증가에 대처하기 위한) 농노제의 강화로 나타났다. 아메리카 대륙의 '발견'이 가져온 대서양 무역의 급증 또한 이베리아 반도에서는 왕권 강화와 독점의 증대로 귀결된 반면 영국에서는 (훗날 명예혁명의 주역이 된) 신흥 무역계급의 등장을 초래하였다. 그렇다고 제도적 부유가 결정적 분기점을 만나 항상 번영의 선순환 구조를 만들어 내는 것은 아니다. 1588년 스페인의 무적함대를 격파하여 영국을 해상왕국으로 부상시킨 해전은 누구도 예측할 수 없었던 역사적 우연(contingency)에 기댄 영국의 승리이기도 하였다.

3) 기존 발전론의 재해석과 한국에의 시사점

『국가는 왜 실패하는가』는 기본적으로 제2차 세계대전 후 3세계 발전론의 핵심으로 성행한 근대화론의 큰 흐름을 따르고 있다고 보아도 무리는 아니다. 물론 저자들은 책의 말미에 모든 발전의 종국적 지향점이 서구식 민주주의가 될 것이라고 상정하는 전통적 근대화론의 한계를 잘 지적하고 있기는 하다. 즉, "더 많은 맥도날드가 더 많은 민주주의를 가져올 것"이라던가 혹은 "중국과 자유롭게 무역을 하면 시간은 우리 편"이라는 주장을 순진한 발상으로 치부한다. 포용적 제도가 아닌 착취적 제도를 가진 국가들은 경제적으로 성장을 하더라도 서구식 민주주의로 전환된다는 법이 없으니 경제 성장이 자연스럽게 정치적 민주주의로 전환한다는 근대화론의 가정은 무리라는 주장이다. 이는 곧 착취적 제도하의 지속적 성장은 불가능하다는 저자들의 주장과 일맥상통하는 것이다. 그러나 이러한 차별성에도 불구하고 포용적 제도의 정착만이 진정한 번영으로의 유일한 길이라는 저자들의 주장은 큰 틀에서 보아 전통적 근대화론의 핵심과 맞닿아 있다. 포용적 제도의 핵심으로서 저자들이 주장하는 다원주의와 시장경제의 존재는 결국 전통적 근대화론이 발전의 궁극적 목표로서 제시한 것과 다를 바 없기 때문이다. 그리고 포용적 제도의 성공 사례로 든 예시들이 한국, 일본과 아프리카의 몇 개국을 제외하고는 거의 모두 시장경제와 정치적 민주주의에 제도적 기반을 둔 서구의 선진국들이다.

전통적 근대화론과 저자들의 종국적 도달점이 크게 다르지 않음에도 불구하고 이 저서는 어느 국가의 번영을 설명하는 방식에 있어 전통적 근대화론과 상당한 이론적 차별성을 드러내고 있다. 즉, 번영(혹은 발전)이라는 결과에 도달하는 과정을 설명하는 데 있어 기존의 근대화론이 비판받던 서구 중심주의(ethno-centrism)를 벗어나려는 노력의 흔적이 역력하다. 노력의 핵심은 발전을 설명함에 있어 '문화'를 '제도'로 치환한 것이다. '카리스마적' 성격에 대비되는 '합리성', '전통성'에 대비되는 '세속성' 또는 더 나아가 '사회적 자본론'에 이르기까지 다양한 유형의 서구 문화적 행태가 은연중 혹은 직설적으로 번영의 토대인 다원주의적 민주주의와 연계되어 논의되어 왔다. 저자들은 이러한 설명을 완전 배척하지는 않지만 (정치, 사회) 문화적 차별성 보다는 제도의 유형이 번영과 더욱 깊게 연관되어 있다고 주장한다. 동일한 문화권이면서 제도만 다른 지역(남북한, 혹은 미국-멕시코 국경의 쌍둥이 도시들)의 커다란 격차가 저서의 곳곳에 비교적 예시로서 소개되고 있다.

번영의 가장 강력한 변수로서 문화 대신 제도의 역할을 주시한 이론적 노력은 자연스럽게 가장 고차원의 제도적 형태인 정부(혹은 더 나아가 국가) 역할의 중요성으로 연결된다. 정부 혹은 국가 역할에 대한 직접적 언급 대신 중앙 집권화라는 중의적(衆意的) 개념을 선택하였지만 저자들의 시도는 전통적 근대화론의 입장에서 보면 상당한 변화다. 전통적 근대화론에서 상정하는 정부의 역할은 다원화된 사회 세력들의 합의를 집행하는 '정직한 심판관(honest umpire)'이다. 사회적 요구(demand)를 투입(input)의 형태로 받아서 산출(output)이라는 정책으로 내놓는 정부의 역할이 바로 이것이다. 저자들이 번영을 이루는 데 필수라고 생각한 "합법적 물리력의 독점과 강제적 법집행"을 주 임무로 하는 중앙집권적 요소는 '정직한 심판관'으로서의 정부 개념과 *현실적*으로 상당한 차별성을 지니게 된다. 즉, 법 집행의 과정과 정책의 설계 및 결정에 있어 정부는 사회세력의 이익과 다를 수 있는 자율성을 가질 수가 있게 된다는 말이다. 저자들은 바로 이 점에 대해 언급하고 있지는 않지만 하여간 정부(혹은 국가)라는 제도가 번영을 논함에 있어 중요 변수로 산입된 것은 전통적 근대화론과는 매우 유의미한 차별성을 보이는 것이다.

저자들의 이와 같은 이론적 탄력성은 "결정적 분기점"의 활용 예에서도 잘 드러나고 있다. 세계사를 바꾼 산업혁명의 기원을 추적함에 있어 영국이 국내 정치적 정비를 통하여 대서양 무역의 활성화라는 결정적 분기점을 어떤 방식으로 번영과 연결시켰는가를 잘 분석하고 있다. 거대한 외부의 충격이 한 국가의 번영에 미치는 영향력을 중시하였다는 점에 있어서 저자들의 관점은 왈러스타인(Wallerstein)이 이론화하였던바, 세계체제론적 요소를 다분하게 반영하고 있다. 이론적 탄력성은 여기서 그치지 않는다. 서구 제국주의가 오늘날의 제3세계를 식민화하고 착취한 것이 후일 이 지역 국가들의 발전과 번영에 끼친 악영향을 분석함에 있어서는 (전통적 근대화론의 대척점에 서 있는) 종속이론의 일정 부분을 선택적으로 받아들인 것으로 해석 가능하다. 물론 제국주의의 착취적 성격이 제3세계의 번영에 부정적 영향을 끼친 것은 인정하지만 그 설명 방식은 확연한 차별성이 드러난다. 저자들에 있어 제국주의의 착취적 성격은 제국주의 자체적 속성으로 인한 것도 부정 못하지만 그보다는 착취를 당하는 자들의 내적 모순에 기인하는 바가 더 크다. 즉, 내부적으로 착취적 제도를 견지한 나라들(이를테면 남미나 아프리카의 여러 나라들)은 제국주의로 인하여 더욱더 빈곤과 퇴보의 나락으로 빠지지만 식민 지배를 받았더라도 여러 연유로 인하여 포용적 제도를 도입한 나라들(이를테면 호주나 보츠와나 등)은 제국주의의 착취적 성격을 벗어나 번영의 길로 들어섰다는 것이다.

남한의 번영과 북한의 피폐를 비교하며 포용적 제도의 중요성을 강조한 저자들의 주장은 대한민국의 급속한 발전을 설명함에 있어 기존의 근대화론이 제공하지 못하였던 문제점들을 매우 설득력 있게 보충해주고 있다. 큰 틀에서 보아 우리네 성공의 경험을 몇 가지 측면에서 잘 설명해주고 있다는 말이다. i) 하나는 중앙집권의 중요성을 강조한 것이다. 이른바 한국형 발전국가의 존재가 번영의 중요 인자로서 인정받는 것이다. 과감한 정책 처방과 국가 주도형 시장화 및 중화학 공업화의 과정은 중앙집권의 중요성을 잘 드러내고 있다. ii) 다른 하나는 결정적 분기점이 번영과 맺는 관계의 설명이다. 수출주도형 산업화가 가능하였던 것은 세계화의 진전이라는 1970~1980년대의 획기적 대사건을 빼고는 이야기를 할 수가 없다. 이는 영국이 16세기에 마주하였던 대서양 무역의 확대에 견주어도 무리가 없는 엄청난 기회의 떠오름이었다. 남미의 경우 수출주도형이 아닌 수입 대체형 산업화의 길로 들어서서 동아시아 경우와는 다른 발전 경로를 택하였는바, 이 또한 당시의 세계화 수준이 이들 나라에 오늘날과는 사뭇 다른 영향력을 발휘하였을 요인으로부터 자유롭지 않았음을 반영하는 것이라는 해석도 가능하다. iii) 마지막으로 저자들의 분석이 역사 결정주의로부터 벗어나 역사적 우연(contingency)의 존재를 무시하지 않은 점 또한 한국의 번영을 설명하는 데 있어 시사점을 주고 있다. 냉전과 분단체제가 주는 엄혹함에도 불구하고 이 조건들은 일정부분 (소련이 지원하는 북한에 대비하여) 미국의 원조와 산업화에 대한 경쟁심을 유발시킨 측면도 있다. 이런 점을 고려한다면 한국의 경험을 순진하게 여타 개발도상국가군으로 복제하려는 오류로부터 자유로워질 수 있는 것이다.

그러나 이와 같은 장점에도 불구하고 저자들의 주장은 우리네 경험에 비추어 손쉽게 답하기 어려운 질문에 봉착한다. *우리는 발전국가라는 중앙집권과 민주화라는 다원주의화를 경험한 몇 안 되는 성공사례임에도 불구하고 왜 지속적 성장 대신 부인하기 힘든 위기적 징후를 맞이하고 있는가?* 중앙집권의 폐해를 능가할 수준의 민주화가 이루어지지 않았다는 식의 편의주의적 답을 상정할 수는 있겠지만 이런 종류의 답변은 중앙집권과 다원주의 간의 관계에 대한 근본적 질문, 즉 대체 이 양자 간의 관계를 상호보완적으로 만드는 배합 비율은 무엇이며 왜 그런가라는 질문을 마주하게 한다. 이는 곧바로 제도의 가장 고도화된 형태인 국가의 성격에 관한 질문에 다름 아니다. 저자들은 이 질문을 직접적으로 대면하지 않고 있다. 이는 곧 국가가 자본가 및 사회 제 세력으로부터 얼마만큼이나 자유로울 수 있는가라는 오래된 질문인 국가 자율성(state autonomy)의 문제를 환기시킨다.

또한 번영을 위한 새로운 게임의 규칙으로서 제시한 다원주의도 여러 질문에 봉착한다. 단적인 예시로서 '한국의 박정희 시절 (수출주도형 산업화를 통하여) 세계화라는 결정적 분기점에 올라타기는 (권위주의적) 중앙집권이 (민주적) 다원주의를 능가하였기 때문에 더 수월하였던 것 아니었을까?' 혹은 '꼭 사회세력간의 다원주의만이 다원주의인가? 국가 내부의 다양한 의사결정 수렴 방식이 다원적이라면(이를테면 중국의 중앙−지방 관계 혹은 시진핑 이전의 지도자 선출 방식처럼) 이 또한 번영을 위한 또 다른 길이 될 수 있지 않을까?'라는 등의 질문을 하게 된다는 말이다. 이 저서에서 암울한 미래를 예견하는 중국식 발전모델의 향방은 그래서 매우 흥미진진한 다음과 같은 질문을 유발한다. 대체 국가란 무엇인가? 이는 매우 본질적인 질문이다. 두 번째로 거론할 책이 바로 이 질문에 대한 답의 일정부분을 제공할 것이다.

2. 국가처럼 보기

『국가는 왜 실패하는가』는 국가라는 제도의 긍정적(즉, 포용적) 측면에 초점을 맞추어 번영을 해석하고 있다. 아울러 "번영은 엔지니어링의 대상이 아니다"라는 언명처럼 긍정적 제도의 정착은 우연한 역사적 기회의 창과 하찮은 제도적 차이의 부유과정에 의존한다. 『국가처럼 보기』는 정반대다. 국가의 번영 대신 실패 케이스에 초점을 맞추고 있으며 또한 역사적 우연과 제도적 부유 대신 확신에 찬 국가기획의 결과에 초점을 맞추고 있다. 제목인 '국가처럼 보기(Seeing Like a State)'와 부제인 '인간조건을 개선시키기 위한 기획들은 어떻게 실패하였는가(how certain schemes to improve human conditions have failed)'를 합치면 결국 '국가가 보듯이 세상을 보면 매우 역설적이게도 국가의 선의(善意)에도 불구하고 인간의 조건을 개선하는데 실패하게 되고 만다'는 이 책의 결론을 정확하게 묘사하고 있다. 국가가 의도적으로 신념에 차서 번영을 밀어붙일 때 (즉, 번영을 엔지니어링할 때) 국가의 의도와는 정반대의 현상이 나타난다는 것이다.

저자인 Scott이 연구대상으로 삼는 국가는 강력한 국가능력(state capacity)을 지닌 근대 국가이다. 이 부류에는 독일, 미국, 프랑스 등 선진국에서 시도하였던 각종 국가(도시)기획 프로젝트들도 포함되고 있지만 주된 논의의 대상은 역시 고도 근대화(high modernism)를 야심차게 추진하는 권위주의 국가들이다. 즉, 권위주의적 고도 근대화(authoritarian high modernism)를 추진하는 국가들에서 관찰 가능한 국가실패의 원인분석이 이 책의 주된 논의 대상이다. 물론 서구 선진국들도 권위주의 국가들이 추구하였던 고도 근대화의 후유증을 겪지 않은 것은 아니지만 이들 국가군들은 고도 근대화를 억제할 만한 몇 가지 조건들이 내장되어 있었기에 국가실패로부터 벗어날 수 있다고 주장한다. 저자가 자세하게 논의하고 있지 않은 이 몇 가지 조건들을 앞의 책 『국가는 왜 실패하는가』의 주장과 비교하며 잘 살피면 우리는 이 글이 던지는 궁극적인 질문(즉 "우리는 성공에도 불구하고 왜 위기를 이야기하는가?")에 한 발 더 다가설 수 있을 것이다.

1) 고도 근대화(High Modernism): 근대국가의 가독성과 단순화 프로젝트

Scott에 있어 국가를 (특히, 과학기술이 발달한 근대국가를) 특징짓는 두 가지 열쇠 말은 가독성(可讀性 legibility)과 단순화(單純化 simplification)이다. "고대로부터 왜 국가들은 '떠도는 자'들을 적대시했는가?"라는 질문에서 시작한 탐구는 국가의 고전적 *통제 기능*에 대한 연구로 자연스럽게 이어졌다. 바로 이 통제력을 위해 국가는 통치 대상과 통치 지역에 대한 가독성을 높여나가야 했고 가독성을 높이는 수단이 단순화였다는 주장이다. 조세나 징병 혹은 반란의 제압 등을 위해 국가는 통치 대상이 얼마나 생산하였는지 무슨 생각을 하는지 얼마나 건강하고 인구가 몇 명인지 등등을 해석하고자 했으며 또한 통치 지역의 부존자원과 기후 및 지형에 대한 *통치 지도*가(즉, 가독성이) 필요했다. 아울러 지도에 누구나 자신의 위치 판단을 가능케 하는 축적과 방향 표시가 있듯이 통치지도에도 누구에게나 번역 가능한 공통의 기준이 필요했으니 그 결과가 바로 국가 관리를 위한 표준화와 단순화였다. 도량형의 도입, 토지 조사와 인구등록제, 법률 용어 제정, 도시계획 등이 대표적인 예이다. 더 나아가 자원과 삼림 그리고 농업에 이르기까지 관리와 단순화의 영역은 인간을 넘어 자연에까지 두루 넓혀졌다.

가독성과 단순화는 어찌 보면 국가 통치에 있어 필수불가결이다. 그 어느 정치 공동체라도 국가로 조직화 되었을 때 통치를 위한 가독성 증진과 단순화는 피하기 힘든 과정이다. 가독성과 단순화가 문제되는 것은 이들 과정이 근대들어 강력한 사회공학적 열망과 같이하였을 때이다. 인류 역사상 유례를 보기 힘든 과학적 발견이 산업혁명의 등에 타고 비상할 때 그 누구라도 기술적 진보의 확실성에 의구심을 던지기 힘들었을 것이다. 칼 폴라니(Karl Polanyi, 1944)가 『거대한 전환(Great Transformation)』에서 유려하게 분석한바, 국가나 시장과 대비되는 사회(Society)의 발견은 국가의 사회공학적 프로젝트에 불을 붙였다. 새로이 '발견'한 사회를 *통째*로 '진보'시키기 위한 프로젝트는 가독성과 단순화의 규모 및 성격에 있어 오로지 국민국가 만이 할 수 있는 국가 프로젝트였다. 국가가 독점하는 진보를 위한 기획(planning for progress)이 바로 저자가 지칭하는 고도 근대화(high modernism) 개념의 핵심인 것이다.

*고도 근대화의 국가주의적 성격*은 피하기 힘든 것이거니와 동시에 고도 근대화는 원천적으로 *권위주의적*일 수밖에 없었다. 합리적 시고와 과학적 법칙으로 무장한 고도 근대화 이데올로기가 역사와 전통에 대한 단호한 단절을 선언하는 것은 자연스러운 귀결이었고 그 결과 과학적 지식의 소유자들이 제공하는 교육만이 '사회'를 진보에 이르는 확실한 방법이 된다. 그러나 실제에 있어 고도 근대화 담론의 이데올로기적 성격은 이를 추진하는 세력들의 이익과도 밀접히 연관되어 있었다. 대부분 경우 고도 근대화의 가장 강력한 추종자들이었던 힘 있는 관료와 국가수반이 그 이해관계의 정점에 있고 계획가, 건축가, 과학자 및 기술자들도 상당 부분 고도 근대화 프로젝트의 이해관계로부터 자유롭기 힘들었다. 그 결과 권위주의적 신념은 자연스럽게 권위주의적 부패와 일종의 선택적 친화력을 형성하게 되었다. 신념이 이익의 마중물이 되고 이익이 다시 신념을 강화시키는 악순환 과정을 우리는 소비에트 집단 농장뿐 아니라 다수 개발도상국들의 근대화 프로젝트에서 목도하게 되는 소이다. 그 결과는 정치적 탈이념에서 출발한 고도 근대화 프로젝트가 정치적 무심함을 넘어 몰(沒)정치화 과정으로 변질되는 것이다.

이와 같은 권위주의적 고도 근대화 프로젝트는 제1차 세계대전과 시장경제의 확산을 통해 국경을 넘어 더욱 확장되고 강화된다. 20세기 들어 인류가 처음으로 겪어 본 총력전(total war)인 제1차 세계대전은 군수품 공급의 과학화를 통해 (독일의 발테 라테나우가 보여주었듯) 기술 관료주의의 우월성을 입증하였으며 역사학자 홉스봄(Eric Hobsbawm)의 간명한 표현을 빌리자면 "무솔리니가 기차를 정시에 달리게"(이용우, 2009: 177) 만들었다는 시민들의 찬사로 이어진 것이다. 이런 류의 이데올로기는 자연스럽게 자본주의적 생산관계의 확장을 통해 테일러 주의(Taylorism)라는 이론적 옷도 걸치게 된다. 작업장에서의 노동을 미분화하여 반복시킴으로써 생산성을 극대화하려는 노력은 생산 제일주의의 이름하에 정치적 이념의 스펙트럼을 손쉽게 무너뜨렸다. 레닌이 극찬하여 추종한 독일식 전시경제와 저자가 6장에서 자세히 서술한 1930년대 대규모 영농산업화에 대한 미국과 소련의 공통된 집착은 고도 근대화 이데올로기가 정치 이념적 차이를 아주 손쉽게 넘나들었을 뿐 아니라 정치의 영역 그 자체를 얼마나 무력화시켰는가를 웅변적으로 들려주고 있는 것이다. 미국의 캠벨(Campbell)사와 같은 대규모 영농산업가들은 정치적 이념과 무관하게 소비에트 집단농장 형태의 영농산업 방식을 (미국과 달리) *정치적 애로 사항이 없는* 거대 프로젝트로 여겨 부러운 눈으로 바라보았으며 동시에 러시아인들 또한 대규모 자본투자로 기계화된 미국의 영농자본을 부러워하였던 것이다.

이상의 논의를 종합하면 우리는 고도 근대화 이데올로기가 왜 인류사회의 진보를 외친 애초의 의도와는 반대 방향으로 내달았는가에 대한, 즉 국가주도의 사회공학이 비극적 결말로 귀결되는 몇 가지 조건들을 추출할 수 있을 것이다. Scott은 다음과 같이 요약하고 있다. "① 사회에 대한 가독성은 대규모 사회공학을 위한 능력을 제공하고, ② 고도 근대화 이데올로기는 그러한 열망을 제공하고, ③ 권위주의 국가는 그와 같은 열망을 실행으로 옮길 수 있는 결단을 제공하고, ④ 끝으로 무력한 시민사회는 그것을 이룰 수 있는 사회적 지형을 제공한다."(전상인, 2010: 26)

아울러 저자는 책의 핵심 이론 부분인 3장 말미에 고도 근대화의 권위주의적 유혹으로부터 벗어나게 만들었던 (즉, 고도 근대화 이데올로기가 가져올 파괴적 결말을 방지하였던) 몇 가지 조건들도 제시하고 있다. 하나는 국가라는 공적 영역의 가독성과 단순화 요구에도 불구하고 함부로 없앨 수 없는 사적 영역이 존재한다는 사실이다. 미셸 푸코(Michel Foucault)의 연구들이 파헤친 (공적 권력이 통제의 수단으로 삼았던) 건강, 성욕, 공중위생 등이 그 대표적 예이다. 두 번째가 자유시장의 존재이다. 자유시장경제의 존재는 권위주의적 고도 근대화 이데올로기가 추구하는 생산성 증대(곧, 부의 증대를 통한 물질적 진보)를 가져올 수 있지만 동시에 행정적 통제를 통하여 과학적이고 합리적으로 손쉽게 통제되기 힘들다. 이른바 이익과 권위의 충돌 가능성이다. 허쉬만이 그의 고전적 저작에서 유려하게 밝히고 있듯이 초창기 자본주의 시장경제의 도입은 자의적인 군주권력 행사의 억제제로 작용하도록 설계된 측면이 강하였던 것이었다(Hirschman, 1977). "열정이 그대를 사악하게 만들지라도 이해관계 때문에 그럴 수 없게 된다"는 몽테스큐의 잠언(Hirschman, 1977: 서문)을 상기하면 좋을 것이다. 마지막으로 세 번째 조건이며 가장 강력한 장애물은 능동적 참여를 통해 동원된 강력한 시민사회의 존재이다. 집회와 결사 및 언론의 자유가 보장된 시민사회는 선거를 통해 고도 근대화 권위주의 독재를 어렵게 만들기 때문이다.

2) 실패의 진정한 교훈: 실행지(實行知) 메티스의 중요성

세상의 진보를 꿈꾸며 시작한 선의의 고도 근대화 국가기획이 재앙의 수준으로 변하는 조건들은 나열되었으니 이제 그 '조건들'의 작동 방식이 실제에 있어서는 왜 어려운가를 논할 차례다. 저자는 톨스토이의 소설 <전쟁과 평화>의 한 구절을 인용하여 '얇은 단순화(thin simplification)'에 기초한 과학적 이데올로기의 밀어 붙이기가 얼마나 현실을 왜곡하고 있는가를 증언한다. "어느 전투도 그것을 계획한 자가 예상했던 바대로 되지 않는다. 이것이 전투의 가장 기본적 조건이다." 구체적으로 진행되는 세상 상황은 전투와 같아서 관료제적 얇은 단순화로는 도저히 의도한 기획 목표를 제대로 완결하기 힘들다. 그래서 가끔씩은 차라리 관료적 단순화를 멀리하는 것이 더 나을 때가 있다. 결론 부분에서 머리말로 인용하고 있는 경제학자 슈마허(Schumacher)의 인용문은 매우 상징적이지만 저자의 주장을 정확히 반영하고 있다. "진짜라고 생각하는 상상의 지도를 가지고 여행하는 사람은 지도가 없는 사람만 못하다. 지도가 없으면 열심히 묻고 자세히 관찰하고 온갖 기지와 주의로 조심스럽게 자신이 어디로 가는지 탐구할 것이기에."(Scott, 1998: 342에서 재인용)

고도 근대화 이데올로기가 위태로운 것은 미래와 인간에 대한 단순화가 현상을 왜곡하기 때문이다. 기획가들은 마치 미래를 모두 예견가능하다는 듯이 전지전능한 자세로 밀어 붙였다. 그러나 미래는 과거의 단순한 연장이 아니라 수많은 특별상황(contingency)의 새로운 조합이다. 우리가 미래에 대해 확신할 수 있는 오직 한 가지는 미래는 불확실하다는 것이다. 우리는 딱딱한 미래가 아니라 물렁한 미래를 상정해야만 한다. 인간에 대하여도 마찬가지다. 고도 근대화 이데올로기에 젖은 기획가들은 기획의 대상인 사람들을 극단순화된 추상의 인간으로 상정하여 인간을 통제와 효율의 대상으로 격하시켰다. 마치 자연을 과학의 이름으로 재단하여 대규모 조림을 하고 기계화 영농을 하듯이. 그러나 숨 쉬고 생각하고 반응하는 인간은 결코 극단순화된 추상의 인간과는 다르다. 그래서 "테일러주의 경영방식과 과학적 농업은 단순한 생산 전략을 뛰어넘은 통제와 착취의 전략"(Scott, 1998: 312)이기도 한 것이다.

　　Scott이 보기에 인간이 살아남고 더 나아가 번영을 구가할 수 있었던 것은 고도 근대화 이데올로기의 역할도 무시하기 힘들겠지만 그 보다는 (고도 근대화 이데올로기의 파괴적 성격에도 불구하고) 변하는 상황에 적응을 잘 할 수 있는 능력이 있었기 때문이다. 만약에 고도 근대화 이데올로기의 주장처럼 과학적으로 기획된 자연과 인간 행위만이 한 사회를 번영으로 이끌 수 있다면 그 결과는 원래 의도와 정반대가 될 것이다. 과학적 기획이 현상의 극단순화를 통해 현상을 왜곡하고 이 왜곡의 과정에서 조직이나 사회의 적응력을 제압하기 때문이다. 현상의 극단순화를 제어하는 이 적응 능력을 저자는 (그리스 신화로부터 빌려온 개념인) 메티스(Metis)라 하였다. 메티스는 일상적으로 통용되는 실행지(實行知 practical knowledge)와 유사한 개념이지만 저자는 이를 좀 더 확대 적용하여 "*항상 변하는 자연과 인간 환경에 대응하는 폭넓은 실용적 기술과* (후천적으로) *획득한 지식*(a wide array of practical skills and acquired intelligence in responding to a constantly changing natural and human environment)"(Scott, 1998: 313)으로 정의하였다.

　　메티스의 존재는 자전거 타기, 운동경기 등과 같은 신체활동뿐 아니라 긴급 상황 하의 구조팀, 군사작전 및 외교 등 사회, 정치적 측면에 있어서도 필수불가결이다. 즉, 메티스는 개인과 사회를 넘어 국가적 문제에 이르기까지 *유사하지만 결코 동일하지 않은 일이 반복적으로 발생하는 상황*에서 매우 유효하다. 고도 근대화 이데올로기라는 거대한 변환도 실체적이고 구체적인 지점에 이르러서는 메티스의 존재가 필수적이 된다는 주장이다. 마치 항해지도를 갖춘 항해사도 항구에 도착하면 도선사의 인도를 받아야 하는 이치와 동일하다. 즉, 메티스는 (국가기획의 거대성과 과학성의 중요함을 인정하더라도) 특정한 지역과 특정한 상황에서 필수 불가결의 존재라는 점이다.

그래서 메티스의 *지역성과 구체성에 대한 강조*는 자연스럽게 과학적 추론보다는 상황의 관찰과 지속적 실험이 작업의 성취를 위해 더 중요하다는 주장으로 이어진다. 저자는 제너의 우두 접종을 예시로 들며 과학적 원리보다는 전통적 지혜의 지속적 관찰과 순차적 실험이 천연두의 퇴치라는 구체적 성과로 나타났음을 상기시키고 있다. 메티스에 기초한 이와 같은 지식은 한 발 더 나아가 불확실성이 너무나 지배적이라 우리의 직감을 믿을 수밖에 없는 복잡한 사회문제에 가장 잘 어울리는 사고방식이다. 직감은 그러나 저절로 오는 것이 아니라 지난 경험에 근거하여 매 한발자국 조심스럽게 나갈 때 생기는 것으로서 오래전 린드블롬(Lindblom)이 정책결정 과정을 이야기하며 언급한 "진흙탕을 지나는 과학(the science of muddling through)"과 일맥상통하는 것이다. *그가 이 유명한 논문에서 자세히 설명한바 "분절된 점증주의(disjointed incrementalism)"*는 바로 이러한 메티스의 특장을 그대로 드러내고 있다 (Lindblom, 1959). 한마디로 Scott이 보기에 사회변화에는 우리가 믿고 따라야만 하는 유일한 설계도가 없다. 우리는 조심스럽게 한 발 한 발 내디디며 모든 상황을 종합하고 과거의 경험도 참고하며 앞으로 나가는 것이다. 인간의 언어가 엄격한 문법의 존재에도 불구하고 변화무쌍하며 지역에 따라 다르고 다양한 것과 마찬가지로 메티스가 인간과 미래에 대한 우리의 오만과 속단을 제어할 수 있어야 한다는 주장이다.

다분히 전통 사회적 (혹은 전前산업 사회적) 속성을 상기하게 만드는 메티스의 존재는 경제성장과 기술진보로 인해 서서히 사라지는 수순을 밟는 것이 당연시될 수도 있다. 그러나 이는 속단이다. 기술진보와 무관하게 메티스는 인간사회의 존속을 위해 필수불가결이다. 기술진보에 따른 사회변화가 결코 사회정치적 진공 하에서 이루어지는 것이 아니기 때문이다. 자세히 살피면 메티스의 소멸은 기술 진보 그 자체보다도 대규모 관료주의와 자본주의적 시장경제의 침투에 의한 것임이 명확하다. 특히 테일러리즘이라는 유토피아적 고도근대화 이데올로기의 결과물인 것은 이미 논한바 있다. 최대의 효율성과 이익의 극대화를 위해 반복과 분업의 원칙으로 작업장을 구성하지만 보다 더 큰 이유는 효율보다 통제에 있음이 명확하기 때문이다.

Scott에 따르자면 메티스를 강조하는 것이 꼭 국가적 고도 근대화 프로젝트에 반하는 것은 아니다. 진정 문제가 되는 것은 우리가 모든 것을 알 수 있다는 과학적 지식관이 권위적 사회 변화 계획과 동시에 진행될 때이다. 지역적 요소와 메티스를 무시한 이런 사회 기획은 실패하기 마련이다. 당연한 귀결로서 사회변화를 위한 저자의 견해는 지극히 조심스러운 점증주의에 기초해 있다. 이른바 초기 근대화론에서 이야기하였던 '크게 한 번 밀어붙이기(Big Push)' 전략은 오만한 서구중심 이데올로기의 반영일 따름이다. 우리가 할 기획의 자세는 소규모로 조금씩 해보고 안 되면 후퇴하고 다시 해 보고(advantage of smallness) 잘못된 것은 항상 되돌릴 수 있도록 하고(reversibility) 예상치 못한 변화에 대비하여 여유를 좀 두고(plan on surprise) 기획 참가자들이 추후 창의적으로 개선할 수 있다는 가정(inventiveness) 하에 기획을 해야 한다는 것이다(Scott, 1998: 345).

저자는 메티스적 요소를 제도화하면 어떤 장점이 있는가를 결론 부분에서 약술하고 있다. 무엇보다도 사회적 자석처럼 다양성과 자율성을 끌어 모은다. 다양성과 자율성이 있으면 단기간의 실적은 뒤질지 몰라도 장기적으로 훨씬 더 안정적이고 자립적이며 재앙에 저항성이 강화된 사회를 만들 수가 있게 된다. 인류가 만든 제도 중 가장 오래 살아남은 것들인 가족, 소규모 공동체, 가족 기업 등은 바로 메티스적 요소가 가장 강한 조직들이었다. 이런 제도들은 가족 기업의 경우에서 보는 바와 같이 다품종 소량생산의 후기 산업화사회에서 훨씬 더 잘 번성할 수도 있는 것이다. 한마디로 인간 사회의 다양성과 복잡성을 잘 반영하는 제도만이 오래 살아남을 수 있는 것이다. 그리고 민주주의는 바로 이런 제도 하에서 융성하며 계속 발전적으로 변해갈 수 있다는 주장이다.

3) 『국가는 왜 실패하는가』와 비교를 통해 본 한국에의 시사점

'포용적 제도'와 '결정적 분기점'이 『국가는 왜 실패하는가』의 핵심적 중심 개념이라면 『국가처럼 보기』의 대응 개념은 '고도 근대화 이데올로기'와 '메티스'다. 한편에서는 다원주의를 지탱하는 국가 공권력의 중앙집권화를 번영의 초석으로 간주하는 반면, 다른 한편에서는 "얇은 단순화(thin simplification)"가 아무런 견제 없이 권위주의적일 수밖에 없는 (그래서 중앙집권화 된) 국가에 의해 주도될 때 드러나는 파괴적 성격에 주목한다. 한편에서는 사회공학(social engineering)이 가져올 혁신과 진보를 볼 때, 다른 한편에서는 테일러리즘이 파괴해버린 실행지 메티스의 필수불가결함을 강조한다. 한편에서는 예측 가능한 확고한 고체 미래를 보는 반면, 다른 한편에서는 여러 가능성이 산재해 있는 다양하고 복잡한 액체 미래를 예견한다. 한편에서는 (메티스에 기댄) 전통적 지혜를 비과학적 편견과 오해로 보는 반면, 다른 한편에서는 (삶의 방식과 환경 문제 등) 산업사회의 각종 난제를 치유할 '오래된 미래'로 본다.

이와 같이 보면 두 저서는 유사점보다는 대비적 차이점이 확연하다. 하지만 자세히 읽어보면 두 저서의 주장들이 항상 대척점에 서있는 것은 아니다. 오히려 *보완적인 관점*을 적잖이 발견할 수 있다. 특히 i) 국가의 기본적 책무 완수를 위한 중앙집권의 필요성과 ii) 시장의 역할 그리고 iii) 다원주의에 대한 해석에 있어 그러하다. 『국가처럼 보기』를 자세히 살피면 저자는 '고도 근대화' 자체의 필요성을 근본적으로 부인하지는 않는다. 가독성 증진과 단순화가 (즉, 중앙집권화가) 국가경영에 필수적임을 인정한다. 문제는 '고도 근대화'가 권위주의와 결합하여 이데올로기화할 때이다. 합법적 공권력을 독점하여 법치주의를 확립하는 의미의 중앙집권은 『국가처럼 보기』에서도 커다란 논란의 대상은 아니다. 시장의 역할에 대하여도 마찬가지다. 『국가는 왜 실패하는가』에서 시장은 아담 스미스 식의 유인(incentive)과 슘페터 식의 쇄신(innovation)을 가능하게 하는 제도로 파악된다. 『국가처럼 보기』는 『국가는 왜 실패하는가』가 보지 못한 시장의 정치적 기능, 즉 시장의 자율적 성격이 권위주의적 고도 근대화를 억제하는 역할에 주목한다.

마지막으로 다원주의에 관하여도 두 저서는 대립적이라기보다는 보완적 견해에 가깝다. 『국가는 왜 실패하는가』에서 다원주의 정치제도는 시장적 쇄신을 통한 번영에 이르는 필수불가결의 제도적 장치로 간주된다. 즉, 다원주의는 합의에 의한 법에 의한 지배(rule by law) 그리고 그 법에 의한 시장적 이익 배분을 보장하는 필수적인 *정치* 제도다. 반면에 『국가처럼 보기』는 『국가는 왜 실패하는가』가 놓치고 있는 *사회적 문화적 영역에서의 다원주의*에 유념한다. 저서에서 권위적 고도 근대화 이데올로기의 대안으로 제시한 중심 개념 메티스는 그 구체적/실천적 성격과 지역 특화적 성격으로 인하여 *원천적*으로 다원주의적 요소를 내장하고 있다. 정치적 다원주의가 놓치고 있는 다양한 사회문화적 다원주의는 이른바 '포스트 모던(post modern)'한 각종 이슈들에 매우 친화적이다. 환경, 여성, 다문화, 소수자(minority) 문제 등 다양성, 복잡성, 자율성을 주된 특징으로 하는 포스트 모던한 차원의 다원주의는 중앙이 아닌 지역, 공적 영역이 아닌 사적영역에서의 민주주의 심화와 깊은 연관이 있는 것이다. 뿐만 아니라 시장의 영역에 있어서도 작업장에서의 탈 관료화와 유연성에도 적용가능하며 장인주의적 메티스를 요하는 수많은 4차 산업 혁명 영역에도 적용가능하다.

『국가처럼 보기』의 전반부, 즉 권위주의적 고도 근대화 관련 부분을 읽으면 60년대 이래 민주화 이전 대한민국의 고도 근대화 시기를 연상하지 않기가 어렵다. '경제개발 5개년 계획'과 '주민등록증'의 발급부터 '통일벼'를 거쳐 '장발단속'과 '산아제한'에 이르기까지 '가독성'과 '얇은 단순화'가 국가주의와 결합하여 양산(量産)한 각종 규제와 제도들은 (국가부문부터 시작하여 사회적 통제와 개인의 사생활 통제에 이르기까지) 차고도 넘친다. '반공'과 '경제성장'은 '조국 근대화'라는 고도 근대화 이데올로기에 올라타고 발전국가라는 이름표를 단 권위주의 정권으로부터 동력을 받아 치솟아 올랐다. 시민사회는 무력하지는 않았지만 대체로 점증하는 물질적 향상에 성취감을 느끼며 신분 이동의 사다리에 발을 걸치고 있어 (조직화된 시민사회의 부분을 제외한다면) 대체로 순응적이었다.

하지만 Scott이 분석한 권위주의적 고도 근대화 이데올로기의 문제점과 일치하지 않는 부분도 적잖다. 대한민국의 '새마을 운동'은 책에서 예시로 든 실패한 농촌 고도 근대화 프로젝트인 나이지리아의 우자마(Ujama) 운동과는 상당한 차별성을 드러내고 있으며 '경제개발 5개년 계획'도 소비에트 식 발전 경로와는 달리 '유례없는' 성공 신화를 적어내려 갔다. 한 마디로 『국가처럼 보기』는 우리네 권위주의 고도 근대화 프로젝트의 문제점을 여실히 드러내주는 데는 공감을 주지만 그런 *문제점에도 불구하고 왜 성공하였는가*를 답하는 데는 만족할 만한 설명이 부족하다. 책의 여기저기에 그 설명의 단초들을 추상적으로 나열하고 있을 뿐이다.

『국가처럼 보기』의 후반부, 즉 4부(The Missing Link)에 자세히 소개된 메티스의 효용성과 실행지에 대한 논의는 대한민국이 현재 경험하고 있는 '성공의 위기(crisis of success)'에 비추어 볼 때 시사하는 바가 적지 않다. 전반부가 우리의 과거를 반추하는 기회를 제공한다면 후반부는 우리의 미래를 예견하고 대처하는 데 적잖은 시사점을 주고 있다. 특히 Scott이 분석의 중심개념으로 제시한 메티스에 대한 천착(穿鑿)은 그러한 기회를 제공하고 있다. 메티스의 효용은 고도 근대화의 전면적 부정에 있는 것이 아니라 고도 근대화의 부정적 측면을 *완화*시키는 데 있다는 점에서 매우 매력적이다. 그런 면에 있어 메티스의 존재는 고도 근대화의 대체제가 아니라 보완재 역할을 하는 것이고 바로 그런 연유로 우리는 메티스 논의를 통해 과거의 경험을 '퇴행적 과거'가 아닌 '오래된 미래'로 재해석하는 기회를 얻게 되는 것이다.

한마디로 메티스에 대한 논의는 압축성장이라는 권위주의적 고도 근대화가 만들어낸 압축모순을 *지혜롭게* 푸는 열쇠 말이 될 수 있다. '지혜로움'의 핵심은 과거를 부정하지 않으면서도 앞으로 나아가는 것이다. 이는 곧 오늘날 한국이 겪고 있는 각종 어려움의 해결책이 곧바로 과거와의 단절을 통해서만은 이루어질 수 없음을 깨닫는 과정이다. 복합적이고 다원적 성격의 메티스가 압축 모순의 해결을 위해 이론적 호출을 당해야만 하는 소이다. 이렇게 빨리 모두가 부정하기 어려운 성공 신화를 써내려갔는데 이렇게 많은 사람들이 '헬조선'을 외치는 모순 간에는 분명 "끊겨진 고리(missing link)"가 있을 터인데 바로 메티스의 탄력적 해석이 그 단초를 제공할 것이다.

대한민국의 발전을 특징짓는 핵심은 변화의 방향보다는 *변화의 속도*에 있다 할 것이다. 그 어느 나라도 경험해보지 못한 광폭한 속도의 변화는 그에 준하는 압축모순을 만들어내었다. 사회변화의 한 척도인 도시화율만 보더라도

1960년 30%에서 불과 사반세기 후인 1985년에는 도시화율이 70%가 되어 농촌과 도시의 인구가 완전히 뒤바뀐 상황이 되었다. 수백 년의 서구 경험을 수십 년으로 압축한 우리네 역동성의 뒷면은 각양각색의 압축된 모순구조로 나타났다. 게다가 우리네 특유의 역사적 경험으로부터 유래하는 분단은 남북모순을 고착시켜 격화된 이념 갈등으로 나타났고, 그에 기댄 지역주의는 선거를 통해 온존 강화되었다. 문제는 여기서 그치지 않는다. 근대화가 압축적이었던 것만큼 탈근대화적 이슈들도 압축적으로 나타나고 있다. 급격한 고령화와 인구감소, 미투(Me too) 운동을 위시한 페미니즘 이슈들, 세대 간의 갈등, 가족의 재구성, 환경문제, 동물권 이슈, 다문화 및 소수자(minority) 문제 등이 이에 속한다. 이들 이슈들은 고도 근대화적 문법으로는 해석이 어렵고 더욱이 권위주의적 고대 근대화의 맥락에서는 이해도 어렵고 해결도 어렵다. 우리의 경우는 이러한 문제들이 근대화적 압축 모순과 더불어 동시적으로 압축하여 나타나고 있다는 점이다. 『국가처럼 보기』가 우리네 경우에 던지는 화두의 중요함이다.

Ⅲ 끊겨진 연결 고리(The Missing Link)

: 우리는 왜 '발전'에도 불구하고 '위기'를 이야기하는가?

한국의 사정을 염두에 두고 두 권의 영향력 있는 저서를 서평의 형식을 빌려 살펴보았다. 대체적 인상으로 말하자면 『국가는 왜 실패하는가』는 어느 국가가 번영할 수 있었던 요인을, 『국가처럼 보기』는 어느 국가가 번영에 실패할 수밖에 없었던 요인을 설명하고 있다고 보아 무방하였다. 하지만 동시에 양 주장이 서로 배타적이었다기보다는 보완적 측면 또한 있음을 부인하기 어려웠다. 이와 같은 주장을 한국의 경험에 비추어 해석해 보니 두 저서의 장단점이 보다 뚜렷해졌다. 『국가는 왜 실패하는가』는 한국의 성공 경험을 큰 틀에서 대체로 잘 설명해주고 있지만 동시에 설명력이 떨어지거나 이론적 보완이 필요한 부분이 있음을 간과하기 힘들었다. 한국은 『국가는 왜 실패하는가』 모델이 명하는 바와 같이 '중앙집권화와 (정치적) 다원주의를 통해 번영을 이루었음에도 "왜 이렇게 급격하게 위기적 상황에 직면하고 있는가?"라는 질문에 답을 못하고 있다. 반면에 『국가처럼 보기』는 우리네 압축성장의 부정적 측면들을 잘 분석하고 있지만 역으로 "이런 모순에도 불구하고 한국은 어떻게 이처럼 성공할 수 있었는가?"라는 질문에 답을 못하고 있다. 한마디로 두 저서 모두 우리네 성공과 위기를 동시적으로 이어주는 일관된 이론적 장치가 결여되어 있음을 알 수 있다. 부인하기 힘든 성공신화와 그에 수반하는 급격한 위기상황의 도래를 이어주는 이론적 연결고리를 찾아내야 우리는 왜 한국이 '성공의 위기'라는 역설적 상황을 맞고 있는가를 설명할 수 있을 것이다.

항용 '성공의 위기'라는 개념은 '성공'으로 인하여 (성공을 지속시키기 위해서는) 기존의 성공 요인이 오히려 성공의 걸림돌이 되어버리는 역설적인 상황을 말한다. 이를테면, 국가의 주도적 역할로 경제 성장을 이룬 결과 지속적 성장을 위해서는 국가가 행했던 기존의 역할이 재고되어야 하는 상황이라던가 혹은 '한국의 발전 관료제는 급격한 번영의 제도적 디딤돌이었지만 한국의 성공 신화 후에는 오히려 번영과 발전의 걸림돌'이 되었다는 주장 등이 이런 해석에 속한다. 국가 주도형 수출과 기간설비 확충으로 급격한 성장을 이룬 중국이 이제는 더 이상 기존의 성장 전략으로는 지속적 성장이 불가능하기에 기존 모델에서 수혜를 누린 정치 경제적 기득권을 쇄신하는 것만이 유일한 해결책이라는 주장(Overhalt, 2017)도 바로 이런 종류의 설명에 의존한다. 『국가는 왜 실패하는가』에서 '착취적 제도하의 성장'이 처음에는 가능하지만 그 지속가능성이 어려운 것은 성장을 가능케 하였던 요인들이 기득권화 되어 더 이상의 쇄신을 방해하기 때문이라고 하는 주장도 정확하게 이런 종류의 해석과 동일하다. 그 결과, '성공의 위기'라는 역설을 바로잡는 방법은 기득권 타파를 통한 쇄신만이 있을 뿐이다. '뼈를 깎는 고통', '좁은 문으로 들어가기', '알을 깨고 나오는 고통', '혁명적 변화', '변하지 않으면 도태' … 등등 무수한 수사적 표현들이 전가(傳家)의 보도(寶刀)마냥 회자되고 있다.

1. 발전국가가 주조(鑄造)한 가치체계의 시장화

그러나 이러한 분석과 주장은 매우 조심스러운 평가에 직면해야 마땅하다. '기득권 타파'라는 해결책은 분명 현상의 냉철한 관찰에 의한 것일 수 있으며(즉, 번영의 자연스러운 귀결은 어디서나 나태와 지대 추구적 기득권 수호로 나타날 수 있으니 경계가 마땅하며) 또한 도덕적 호소력도 있기에 분명 강력한 개혁의 무기가 될 수 있다. 하지만 이런 해결책은 잘못하면 기존의 번영을 가능케 하였던 토대를 무너뜨리는 동시에 새로운 번영의 씨앗도 뿌리지 못하는 진퇴양난의 상황, 즉 "게도 잃고 구럭도 잃는" 위험성에 처할 수도 있다. 한 가지 예를 들어 보자. 재벌이라는 경제력 집중에 의거한 초기 발전 전략은 초창기에는 매우 유효한 성장 전략이지만 번영의 어느 시점을 지나면 기득권화되어 번영을 저해하는 요인이 된다는 주장은 분명 일리가 있는 분석이다. 그렇지만 재벌에 의한 경제력 집중문제를 해결하기 위해 단호한 방법으로 탈(脫)재벌화 정책을 시도할 경우 우리는 재벌 시스템의 장점을 잃는 동시에 탈재벌의 혜택도 누리지 못할 수 있는 가능성 또한 배제하기 힘든 것이다. 국가주의적 발상이 번영의 걸림돌이니 탈국가적 시장주의적 방향으로 전환해야 한다는 시장주의자들의 주장 또한 위험하기는 매한가지다. 우리는 이러한 이분법적 주장들의 호소력 있는 *문제제기를 받아들이면서도* 동시에 이러한 주장들에 *숨겨진 가정*들이 없는지 그리고 이러한 숨겨진 가정들이 정말로 제대로 검증된 가정들인지 살펴야 한다. 그래야만 번영에도 불구하고 우리는 왜 위기를 이야기하고 있는지 이해할 수 있을 것이다.

『국가처럼 보기』는 『국가는 왜 실패하는가』가 제기하는 문제의식에 숨겨진 가정들이 없는지 살피게 하는 효능이 있다. 『국가는 왜 실패하는가』가 '어떻게 해야 번영하는 국가를 만들 수 있는가?'라는 질문에 대한 답이라면 『국가처럼 보기』는 '*대체 우리에게 국가란 무엇인가?*'라는 가장 원초적이고 근본적인 질문을 던지고 있기 때문이다. 이 두 저서의 기본 메시지를 결합한다면 아마도 "우리는 성공했음에도 왜 이리도 심각하게 위기를 이야기하는가?"라는 질문에 대해 다소 거칠지만 다음과 같이 답할 수도 있을 것이다. "*우리는 부국강병, 즉 잘 살고 강한 나라를 만드느라고 '대체 국가란 우리에게 무엇인가?'라는 본질적 질문을 애써 외면하였고 그 결과 우리가 알게 모르게 소멸시켜버린*

중요한 가치들의 중요함을 깨닫기 시작하였기 때문이다." 답변이 이러하다면 우리는 '발전에도 불구하고' 위기를 이야기하는 것이 아니라 '*발전하였기 때문에*' 위기를 이야기하는 것이다.

'발전하였기 때문에' 드러난 '숨겨진 가정'들은 1960년대 이래 한국의 발전국가가 고도 근대화 이데올로기 하에 당연시하였던 '확신'이었다. 그 중 으뜸은 주조(鑄造) 가능한 시민사회에 대한 확신이었다. (Scott이 지적한바) "얇은 단순화"를 통한 "가독성" 증진은 (막강한 권한을 부여받은 발전 관료제를 이용하여) 시민사회를 조직하고 시장주의적으로 순치시키는 주요 메커니즘이었다. '국민교육헌장'부터 시작하여 '새마을'과 '반상회'를 거쳐 '장발단속'과 '통일 벼'에 이르기까지 '국민'들의 육체와 정신과 물적 토대를 단순화시켜 정책적 가독성을 높이는 작업은 대한민국 성공신화의 밑거름이자 숨겨진 가정이었다. 때로는 '긴급조치'와 같은 권위주의적 방식으로 '국가처럼 보기'를 강요당하였고, 또 때로는 국민들은 반공과 애국이라는 자발적 동원으로 '국가처럼 보기'를 실행하였다.

그러나 권위주의적 고도 근대화 이데올로기만이 작동하였다면 정형화된 시민사회의 순치(順治)는 어려웠을 것이다. 시민사회 순치의 보다 강력한 작동 메커니즘은 시장기제의 확산에 있었다. 고도 성장기의 대한민국은 많은 이들에게 신분 상승의 사다리를 타고 오를 기회를 제공하였고, 1970년대 초반 '잘살아보세'라는 대중가요의 노래말 대로 '우리도 한 번 잘 살아보세'의 대열에 모두를 동참시켰고 이는 2010년대 들어서까지 어느 광고모델의 유명한 광고 멘트 "부자 되세요, 여러분! 꼭이요!"로 확장 전파되었다. 이러한 해석은 1970년대 농촌 개발운동인 <새마을 운동>에서도 잘 드러난다. <새마을 운동>에 비판적인 지식인 사회는 (정치적 목적을 위주로 하였던) 관주도의 지역사회 동원 메커니즘에 주로 분석의 초점을 맞추었다. 하지만 새마을 운동의 성공사례를 자세히 분석하면 위로부터의 권위주의적 동원만으로는 설명이 어려운 지역사회 내부로부터의 시장적 인센티브, 즉 잘 살아보려는 주민 내부로부터의 기업가적 쇄신 노력 또한 적지 않음을 알 수 있다.

그 결과는 유례를 보기 힘든 물질주의적 시민사회의 탄생이었다. 전 세계 100여 개 국가가 참여하여 얻은 '세계 가치관 조사(World Values Survey)'를 기초로 하여 장덕진이 분석한 결과에 따르자면(장덕진, 2019) 대한민국은 (전통적 가치관에 대비되는) 세속적 가치관과 (자기 표현적 가치관에 대비되는) 생존적 가치관이 매우 강력한 국가군에 속한다. 대한민국의 세속적이며 생존적 가치관 조사결과를 국민소득의 변화 추이와 겹쳐서 살펴보면 다른 나라의 경우에 비하여 한국이 얼마나 물질주의적 가치관을 지니고 있는지 확연하게 드러난다. 대부분의 나라들에서 국민소득이 낮을 때는 전통적이고 생존적인 가치관을 지니지만 국민소득이 올라갈수록 세속적이고 자기 표현적 가치관의 비율이 높아진다. 분석에 따르자면 1인당 GNP가 15,000달러를 넘게 되면 급속하게 (생존적 가치관을 넘어서) 자기 표현적 가치관을 지니게 된다. 유일한 예외가 한국으로서, 1인당 국민소득이 3만 달러에 이르렀음에도 한국은 1인당 국민소득 2,000달러 시대의 생존적 가치관을 견지하고 있다. 그 결과 대부분의 OECD국가에 있어 (시민참여와 인권, 환경, 개인 발전 등 포스트 모던한 가치를 소중히 여기는) 탈물질주의자의 비중이 45% 수준인 데 반하여 한국의 경우는 15% 남짓에 불과하다.

장덕진은 이러한 결과를 못 먹고 못 살던 시절의 어려웠던 경험이 각인된 효과로 판단하고 있지만 우리의 분석을 따르자면 <국가처럼 보기>의 자연스러운 결과물이다. 한국의 발전국가는 시장적이고 권위적인 방식을 통하여 "얇고 단순화된" 물질주의적 시민사회를 주조하였다. 권위주의 국가가 위로부터 작동시킨 얇고 단순한 시민사회는 정치적 민주주의의 심화와 더불어 *정치적*으로는 해소되어가고 있으나 발전국가의 유인과 시민사회 내부로부터의 자발적 동원이 어우러져 만들어낸 시장주의적 물질주의는 더욱 강고해져가고 있다. 드러내어 외치고 있지는 않지만 진보나 보수나 모두에게 있어 물질주의는 강고하다. "한국사회에 좌우는 없고 위아래만 있다."는 언설은 그래서 반만 진실이다. 자산의 차이는 날지언정 '위'나 '아래'나 모두 물질주의적 가치관을 지닌 것에는 별반 차이가 없기 때문이다.

이런 점에 있어 *발전국가의 위기는 양극화도 문제지만 오히려 모든 사적 그리고 공적인 가치의 판단 기준이 시장적 이해관계로 치환되는 가치체계의 시장화에 있다고 해석하는 것이* 오히려 위기의 본질에 더 다가서있다. 발전국가가 주조해 놓은 물질주의적 가치체계는 *그 자체가 악이라기보다는 탈물질주의적이며 공동체적인 사고를 논의의 대상에 두지 않게 만든다는 점에 있어* 더욱 커다란 문제이다. 이러한 주장에 따르자면 재벌을 규제하여 공정한 거래를 보장하는 것도 발전국가 위기 해소책의 중요한 부분이겠지만 이에 못지않게 중요한 일은 발전국가가 고도 근대화 이데올로기의 신념 하에 독점적으로 범주를 규정하고 자의적으로 사용해온 *공공 영역의 사회적 환원* 또한 이에 못지않게 중요할 것이다. 공공의 영역을 국가가 고도 근대화 이데올로기 하에서 독점하고 '국민'으로 성격 규정된 '시민사회'는 공공 영역의 규정에 있어 객체화되고 주변화 되어 문제가 발생하면 그 스스로 해결하려기보다는 모든 것을 국가를 바라보고 국가의 지시와 통제에 따르게 된 것이다.

2. 시민사회의 자율능력 약화와 전도(顛倒)된 국가 자율성: 메티스의 관점

공공 영역의 국가 독점으로 인한 폐해는 '국가처럼 보기'를 통하여 '국민화(國民化)된' 시민사회의 발현과 피동적이고 시장화된 시민사회의 출현으로 나타났다. '국민화'되고 '시장화'된 시민사회는 국가 권력의 중앙집중을 가속화시켰지만 국가 능력(state capacity)의 강화로 나타날지는 미지수다.[4] 공공영역의 성격과 범주 규정을 국가에 내맡긴 시민사회는 스스로 피동화되어 시민사회의 문제해결 능력을 스스로 가두고 대신에 국가에 모든 것을 요구하고 시민사회의 과도한 요구를 부여받은 국가는 국가능력의 과부하로 더욱더 중앙집권화 하려는 경향성을 띄게 되기 때문이다. 이른바 규제 만능주의(혹은 규제 무능주의) 정부의 탄생이다. 이러한 악순환 과정을 선순환과정으로 되돌리는 것은 지난(至難)한 과정의 연속일 것이다. 경제적 압축 성장은 발전국가로 인하여 가능하였지만 그에 걸맞는 시민사회의 성숙은 발전국가 주도로 압축하기 힘들기 때문이다. "압축 성장은 가능하지만 압축 성숙은 어렵다"는 언술은 그 연유에 대하여 좀 더 자세한 설명이 필요하다.

---

4) 만병의 근원으로 치부되는 부동산 가격의 폭등은 '시장화된' 시민사회가 주택의 공공적 성격 규정을 정부에 내맡긴 대표적 사례. 정부의 강력한 규제에도 불구하고 정부의 능력을 비웃듯 부동산 가격은 폭등한다. '시장적 가치체계'를 내재화시킨 '시장적' 시민은 부동산의 공공적 성격에 대한 개념 자체가 없고 오로지 시장적 재화로만 여긴다. 맑스가 지칭한 이른바 '교환가치'(exchange value)'가 '사용가치'(use value)'를 구석으로 밀쳐낸 것이다.

한국에 있어 1990년대 이래 폭발적으로 늘어난 시민단체의 역할에 대하여 많은 긍정적 논의에도 불구하고 비판 또한 만만치 않다. 그 중에서도 '시민 없는 시민단체'는 매우 뼈아픈 지적이다. 시민의 참여가 부족하다는 말인 동시에 좀 더 정확하게 말하자면 공공의 영역이 시민사회 내부에 자리 잡는 데 실패하였다는 말이기도 하다. 이러한 과정이 진척될수록 '국가처럼 보기'에 익숙해진 시민사회는 Scott이 메티스라고 규정한 상황의 자율적 대처 능력을 상실하게 된다. 메티스가 발달 가능한 사회적 조건은 메티스를 중심으로 형성된 i) 관심 공동체의 존재와 ii) 축적된 지식과 iii) 축적된 지식을 변화하는 상황에 맞추어 실행하는 지속적 실험이다. 그런데 이러한 조건들이 위로부터의 근대화 이데올로기와 시장화로 인하여 형해화 되었다. 지식인 사회의 담론은 물론 언론, 예술, 과학, 전통 등 거의 모든 분야에서 국가주의와 시장주의의 지속적 침투로 인하여 관심 공동체는 와해되고 지식의 축적이 더디어지거나 소멸하고 그 결과 지속적 실험은 근대화의 파고 하에 불가능하게 되었다.

이와 같은 상황에서 메티스를 키워나갈 관심 공동체의 선택은 매우 제한적일 수밖에 없었다. 적극적 저항은 막강한 고도 근대화의 파고 하에 대체로 무력하였고 남은 선택지는 (Scott이 저서에서 언급하였듯) 소비에트 체제 하에서 성행하였던 *편법의 만연과 부패의 유혹*이었다. 아무리 강력한 정부의 규제가 있어도 (혹은 아무리 강력한 위로부터의 개혁의지가 있어도) 중국에서 회자되었던 유행어처럼 "정부에게 정책이 있다면 대중에게는 대책이(上有政策 下有對策)" 있게 되는 것이다. 법규의 미비나 행정적 지도의 취약성이 드러나는 곳에서는 '준법 투쟁'과 같은 태업 형태의 수동적 저항이 창궐하게 되는 것이다. 아무리 정교한 정책도 현장에서는 메티스의 존재 없이는 정책 효과를 내기 힘들다. 마치 "그 어느 전투도 계획된 바대로 진행되지 않는다"는 톨스토이의 언명대로 삶의 문제를 *구체적*으로 마주해야 하는 사람들에게 국가에 의한 메티스의 활용 가능성 제거는 물이 아래로 흐르듯 자연스럽게 새로운 양식의 대처법을 만들어내기 마련이었다. 이러한 대처법이 특히 유효한 분야는 우리네 삶의 구체적 영역이 삶의 질과 연결되는 곳이다. 주택 문제와 교육(육아) 문제 등은 그 대표적 예이다. 국가의 일방적 정책 집행을 법/행정적으로는 순응(compliance)이나 실제적으로는 불응(non-compliance)하게 만드는 현장에서의 진실이다.

번영을 구가하는 성공한 국가에서 '시민'들이 구체적 삶의 현장에서 느끼는 '위기'의 본질이다.

'가치체계의 시장화'가 내면화된 시민사회가 메티스의 결핍으로 공공성의 자율적 생성에 실패하여 국가의 번영 하에서도 구체적 삶의 위기를 느끼게 된 반면 국가부분은 오히려 막강한 자율성을 바탕으로 메티스의 독점과 과다로 인해 위기를 느끼게 되었다. 우리가 쉽게 상정하듯 아무리 막강한 고도 근대화 이데올로기로 무장하였다 하더라도 발전국가는 수미상관하고 종횡무진하게 개발계획들을 밀어부쳤던 것은 결코 아니었다. 중공업화와 수출을 통한 경제성장 그리고 반공이라는 큰 방향은 일관되었지만 그 방향의 설정과 구체적 계획의 집행에 있어서는 수많은 변수가 산재해있었다. 이 과정에 있어서 발전관료제는 성공의 경험과 더불어 위기의 경험을 내재화하면서 축적된 학습효과에 기댈 수 있었고 바로 이 축적된 학습효과는 발전 관료제에 특징적인 '정책유산(policy legacies)'의 형태로 내재화되었다(구현우, 2019: 43). 우리의 논의를 따르자면 정책유산 내재화 과정이 곧 메티스의 주된 논의들과 일맥상통함을 쉽사리 알 수 있다. 특히 이러한 과정들이 메티스의 가장 커다란 특징인 *지역성*과 *구체性*이라는 요소에 크게 기대어있음을 알 수 있다.

우선 발전국가가 택한 발전계획 자체도 거시적인 근대화론의 큰 틀을 대체로 수용하면서도 (즉, 거시 발전 경제학의 이론적 도입) 한국이라는 구체화되고 특수한 지역적 요소를 도입하여 전개시켜 나갔다. 근대화론적 시각에 매몰되었다면 국가의 역할에 방점을 찍을 수 없었던 것이다. 근대화론의 배경인 사회적 다원주의는 전혀 존재하지 않았고 그 자리는 반관반민의 국가 기생적 관변단체로 채워졌다. 당시 경제수준으로 볼 때 많은 전문가들이 무리하다고 판단한 중화학 공업화를 추구한 것은 주류 경제학 이론과는 거리가 먼 허쉬만의 '불균형 발전전략'(Hirschman, 1958)이 더 큰 영향을 미쳤다고 판단 가능하다. 예측 불가능하였던 1973년과 1979년 오일쇼크를 이겨낸 경험과 상황의 지속적 관찰 및 순차적 실험은 과학적 경제 이론보다는 메티스적 요소에 기댄 바 더욱 크다 할 것이다. "유사하지만 결코 동일하지 않은 일이 반복적으로 발생"하였을 때 축적된 지식들은 발전 관료들의 메티스를 통하여 전승되고 축적되는 학습효과를 나타낸 것이었다. 이렇게 보면, 한 국가의 발전이 미리 정해진 방법과 전략이 있는 것이 아니라 상황에 맞추어 최선의 방법을 택하다 보면 메티스라는 "숨은 손(hiding hand)"이 나타나 인도하는 여러 갈래의 길 중 하나를 택하는 것이다(강명구, 2007). 『국가는 왜 실패하는가』의 저자들은 한국의 번영을 논하면서 이런 측면을 그들의 이론적 논의에 전혀 반영하고 있지 않다. 포용적 제도를 택하더라도 그 성공신화의 밑바닥에는 이런 숨겨진 이야기들이 (즉, 숨겨진 가정들이) 있는 것이다.

이런 숨겨진 이야기는 1987년 민주화 운동 이후 『국가는 왜 실패하는가』의 예상과 또 다른 반전을 보여주고 있다. 민주화로 (『국가는 왜 실패하는가』가 번영의 주요 변수로 선정한) 다원주의가 도입되었음에도 그간 번영의 기관차 역할을 하였던 발전 관료제는 오히려 한편으로는 (Lowi(1979)가 걱정하였던바) 다원화된 이익집단에 포위되고 다른 한편으로는 (보수주의자들이 포퓰리즘으로 걱정하는바) 시민사회의 보다 많은 공공 서비스 요구에 직면하게 되었다. 이런 상황에서 발전 관료제는 그간 물려받은 정책유산들에 근거한 메티스적 자율성의 전도(顚倒) 위험성에 직면하게 된다. 즉, 공공성의 확대와 국가발전을 위한 제도적 도구로서 긍정적으로 작용하였던 관료제적 자율성이 오히려 순기능은 약화되고 역기능적 메티스만 강화되고 있는 것은 아닌지 우려된다. 횃불을 들고 야간 새마을 운동을 독려하던 1970년대의 발전 관료제는 개인적 이해관계도 있었겠지만 동시에 조국 근대화의 신념 또한 내면화시키고 있었을 것이다. 그러나 2020년대, 발전국가의 중추조직인 관료사회는 이해관계가 신념을 압도하는 합리적인 조직으로 변모하였으며 그 와중에 문제해결의 공동체로서 습득해온 '통치'의 메티스들을 내면적으로 자기 해체시키는 위기의 국면을 맞고 있는 것이다.

3. 결론에 대신하여: 압축 성숙의 난제

요약하자면, 우리네 지난 반세기의 앞면은 유례없는 압축 성공의 신화였지만 그 뒷면은 가치체계의 시장화와 공동체적 메티스의 소멸과 전도로 인한 '성공의 위기'의 축적과정이었다. 성공 스토리가 압축 가능하였다면 동일한 논리 하에 압축 실패 또한 그 가능성을 봉인할 수 없을 것이다. 압축 성장이 압축 실패로 결말나지 않기 위해서는 압축 성장에 걸맞은 압축 성숙이 필요하지만 '성숙'은 '성장'과 달라 압축이 어렵다. 유형의 인프라 구축은 (<새마을 운동> 담당자들이 행하였던) 횃불 켜든 야간작업으로 가능하였지만 (메티스와 같은 사회적 자본인) 무형의 인프라 구축은 제도의 변화와 더불어 가치관과 행동양식의 변환이 요구되기 때문이다.

　그렇다고 비관적 전망만이 우세한 것은 아니다. 가장 커다란 버팀목은 역시 오랜 기간 축적해온 성공 경험과 그러한 경험을 바탕으로 학습과 실험을 통해 *축적된 메티스의 존재*다. 아주 못 살다가 애써 노력하여 매우 잘 살게 된 *성공의 경험*은 어려운 시절이 닥쳐도 다시 일어날 수 있다는 자신감의 원천이 되므로 매우 중요한 사회적 자산이다. 특히, 국가부문의 메티스는 많이 사라져 가고 있기는 하지만 아직 복원 가능하다. 제도와 관행으로 오래 자리 잡았기 때문이다. 한편으로는 이익집단에 포획되어가고 다른 한편으로는 복지부동(伏地不動)과 같은 부작위(不作爲)의 합리성으로 보수화되어가는 관료집단의 개혁이 중요한 이유다.

　반면에 사회부분의 메티스는 *재생이 아니라 생성*이 문제시될 정도로 박약하기에 매우 세심하고 끈질기고 일관된 노력이 필요하다. 사회부문 메티스 생성의 가장 난적은 역시 시장적 가치로 한정된 생각의 프레임이다. '어떻게 해야 시민사회가 메티스 생성을 통하여 역동성을 찾아갈 것인가?'는 이 글의 주제를 벗어난 것이기에 상술(詳述)의 여지가 적지만 역시 핵심은 *있는 그대로의* 시민사회로부터 시작해야 한다는 것이다. 고도 근대화 이데올로기가 상정하였던 (교육과 과학적 조작으로) '주조 가능한' 시민사회에 대한 환상 대신 시장적 가치에 포획된 시민사회로부터 새로운 길을 모색해야한다. 시민사회에 자율성이 주어졌을 때 자신의 이익만을 추구한다면 결국 '공유지의 비극'으로 결말난다는, 그래서 스스로를 통제하는 규칙이 내장되어야 한다는 메티스를 깨닫게 해주어야 할 것이다. 그렇다면 역시 큰 흐름은 '개명(開明)된 이기주의'가 공동체 정신과 조화를 이루는 방향일 것이다.

　우리가 직면하고 있는 세계화 시대의 성격변화와 산업혁명에 버금가는 4차 산업혁명이라는 기술진보는 영국이 산업혁명 전 마주하였던 대서양 무역의 전개와 마찬가지로 '결정적 분기점(critical juncture)'으로 해석 가능하다. 1970년대와는 다른 (그러나 그로부터 유래한) 새로운 버전의 메티스를 장착한 중앙정부의 역할이 중요한 이유다. 이미 널리 알려진 미국의 사회학자 다니엘 벨 (Daniel Bell)의 언명(言命) ('국가는 큰일을 하기에는 너무 작고, 작은 일을 하기에는 너무 크다 the nation-state has become too small for the big problems of life and too big for the small problems)은 그래서 우리의 경우 "국가는 큰일을 하기에는 너무 작지만 그래도 대체제가 없고, 작은 일을 하기에는 너무 크지만 그래도 대체제가 있다." 정도로 전환 가능할 것이다. 세계사적인 결정적 분기점에 대처하는 '큰일'을 위해서는 국가(즉, 중앙정부)의 역할이 중요하다. 우리의 경우 발전국가의 메티스가 내장되어있기에 더욱 그러하다. 하지만 발전에도 불구하고 위기를 이야기하게 만드는 주제들은 대개 소비의 정치로서 (물론 우여곡절과 대가를 치러야 하겠지만) 지방정부가 상당부분 대처 가능한 영역이다. 굳이 토크빌(de Tocquiville)의 *Democracy in America*를 거론하지 않더라도 지방은 사회적 메티스 생성을 위해서 최적 수준의 정부이다. 우리가 발전국가의 대안으로서 지방자치를 심각하게 고려해야 하는 이유다. 잘만 살게 되면 모든 것이 해결되는 것으로 속단하고 애오라지 발전과 성장에만 목매던 고도 근대화 이데올로기로 무장하였던 발전주의 '국가'는 이제 어지간히 '발전'하였으니 지속가능한 발전을 위해서라도 '발전*주의*' 국가가 아닌 부분적 '발전' 국가로 탈바꿈할 시기이다.

| 참고문헌 |

강명구. 2007. "알버트 허쉬만의 발전론 연구: '숨은 손'이 인도하는 여러 갈래의 길."『한국정치학회보』 41집 4호, 265 – 290.

구현우. 2019. "한국의 산업화, 어떻게 볼 것인가?: 학습효과의 관점에서 본 한국의 산업화."『행정논총』 57권 1호, 31 – 66.

이철승. 2019.『불평등의 세대』. 서울: 문학과 지성사.

장덕진. 2019. "한국인은 안보와 성장 중시하는 물질주의자 많다."『중앙일보』 (7 월 1일), 26.

Acemoglu, Daron and Robinson, James 저 · 최완규 역.『국가는 왜 실패하는가』. 서울: 시공사.

Hobsbawm, Eric저 · 이용우 역.『극단의 시대』. 서울: 까치글방.

Scott, James저 · 전상인 역.『국가처럼 보기: 왜 국가는 계획에 실패하는가』. 서울: 에코 리브로.

Acemoglu, Daron, and Robinson, James. 2012. *Why Nations Fail: the origins of power, prosperity and poverty*. Crown Business.

Buchholtz, Todd. 2016. *The Price of Prosperity: Why Rich Nations Fail and How to Renew Them*. Harper.

De Tocqueville, Alexis. 2003. (originally 1835) *Democracy in America*. Penguin Books.

Hirschman, Albert O. 1958. *The Strategy of Economic Development*. New Haven: Yale University Press.

Hirschman, Albert O. 1977. *The Passions and the Interests: Political Arguments for Capitalism before Its Triumph*. N.J.: Princeton University Press.

Hobsbawm, Eric. 1996. *The Age of Extremes: A History of the World, 1914 – 1991*. Vintage.

Lindblom, Charles. 1959. "The Science of Muddling Through." *Public Administration Review* 19(2): 79 – 88.

Livingstone, James. 2016. *No More Work: Why Full Employment Is a Bad Idea*. Chapel Hill: University of North Carolina Press.

Lowi, Theodore. 1979. *The End of Liberalism*. Norton.

Overholt, William. 2017. *China's Crisis of Success*. Cambridge University Press.

Polanyi, Karl. 1944. *The Great Transformation: the political and economic origins of our time*. Farrar and Rinehart.

Rodrik, Dani. 1999. *The New Global Economy and Developing Countries: making openness work*. Baltimore, MD.: Johns Hopkins University Press

Schumacher, E. F. 1973. *Small is Beautiful: As If People Mattered*. London: Blond & Briggs

Scott, James. 1998. *Seeing Like a State: How certain schemes to improve human condition have failed*. Yale University Press.

Skidelsky, Robert, and Skidelsky, Edward. 2012. *How Much Is Enough: Money and the Good Life*. New York: Other Press.

| 색인 |

| 저자 약력 |

강명구
University of Texas, Austin 정치학 박사
아주대학교 행정학과 교수

김 정
Yale University 정치학 박사
북한대학원대학교 조교수

박선경
New York University 정치학 박사
인천대학교 정치외교학과 조교수

박종민
University of California, Berkeley 정치학 박사
고려대학교 행정학과 교수

배진석
University of Texas, Austin 정치학 박사
경상대학교 정치외교학과 조교수

신진욱
베를린 자유대학교 사회학 박사
중앙대학교 사회학과 교수

오향미
베를린 자유대학교 정치학 박사
고려대학교 정부학연구소 연구교수

오현진
University of Virginia 정치학 박사
고려대학교 정부학연구소 연구교수

윤견수
고려대학교 행정학 박사
고려대학교 행정학과 교수

이병량
고려대학교 행정학 박사
경기대학교 행정학과 교수

조인영
University of Oxford 정치학 박사
국회미래연구원 부연구위원

민주화 이후 한국의 국가

초판발행	2020년 6월 15일
엮은이	박종민
펴낸이	안종만 · 안상준
편 집	전채린
기획/마케팅	이영조
표지디자인	박현정
제 작	우인도 · 고철민
펴낸곳	(주) **박영시**
	서울특별시 종로구 새문안로3길 36, 1601
	등록 1959. 3. 11. 제300-1959-1호(倫)
전 화	02)733-6771
f a x	02)736-4818
e-mail	pys@pybook.co.kr
homepage	www.pybook.co.kr
ISBN	979-11-303-0696-4 93350

정 가   24,000원

이 저서는 2018년 대한민국 교육부와 한국연구재단의 지원을 받아 수행된 연구임(NRF-2018S1A3A2075609)